转型中的法国

纠结、痛苦与希望

徐波◎著

中信出版集团 | 北京

图书在版编目（CIP）数据

转型中的法国 / 徐波著 . -- 北京：中信出版社，
2020.8
ISBN 978-7-5217-2026-6

Ⅰ. ①转… Ⅱ. ①徐… Ⅲ. ①法国—研究 Ⅳ.
① K956.5

中国版本图书馆 CIP 数据核字（2020）第 123536 号

转型中的法国

著　　者：徐波
出版发行：中信出版集团股份有限公司
（北京市朝阳区惠新东街甲 4 号富盛大厦 2 座　邮编　100029）
承 印 者：中国电影出版社印刷厂

开　　本：787mm × 1092mm　1/16　　印　　张：28.5　　字　　数：400 千字
版　　次：2020 年 8 月第 1 版　　印　　次：2020 年 8 月第 1 次印刷
书　　号：ISBN 978-7-5217-2026-6
定　　价：68.00 元

目录

第四章　一个人不能只有一种生活 / 133

第五章　有一种创造叫法国 / 179

推荐序 1

法国的另一面

法国前总理 让–皮埃尔·拉法兰

人类已进入一个全新的时代，历史牌局再次被打乱重洗。那些曾经被人们小心翼翼恪守的个人利益、族群利益和国家利益，从此将被全球化市场和颠覆性的技术创新搅乱而让人感到忧心忡忡。今天的人类社会，无论它属于哪个国家和哪种文明，如果想生存下来，都必须进行一次必要的和紧迫的社会转型。

法国和中国是两个伟大的国家和两个伟大的文明，但如同它们的邻国那样，法中也不能逃避这场浩大的社会革命，必须创新，因为建立在它们过去光辉历史上的那些参照系和模式已不足以帮助它们去探寻自己未来的道路。

我祝贺我的老朋友徐波出版这部涉及法国社会转型题材的著作。徐波好奇、敏锐和善意的眼光，清醒而深刻的思考，使我们能够更好地理解由他为我们所描绘的这幅活生生的法国社会众生相，即便他这样直白的描述会使我们面对一些令人沮丧的画面，如法国黄背心抗议活动和声势浩大的全法国反对养老金改革的大罢工浪潮。

然而，对于徐波来说，法国不仅仅是黄背心和大罢工，还有爱好和平的人民和在人类生活各个前沿领域依然充满活力的法国社会。如果说黄背心运动和连绵不断的罢工是发达国家当前社会转型时期不可避免的社会危机的直接后果，那么，这些问题也只能是我们见到的法国社会的一片叶子，而非其社会的树干。为此，徐波实际又为我们描述了法国生活中通常被隐藏着的另一面，即法国真正的国际影响力和法国人民的身心发展度是远远超出目前 GDP（国内生产总值）增长这一简单的衡量标准的。

我要感谢徐波向我们展示了另一个“并不那么糟糕”的法国，在这样的一个法国中，其平等的社会制度、医疗卫生、教育、研发、诺贝尔奖和菲尔兹奖获奖者的数量，使我们的国家跻身世界各国前列。在法国，一些人可以梅开数度，多次选择其职业，做更多提升其人生价值和对社会有益的工作。在法国，有 1/3 的人参与了各种社会公益活动，通过自己的努力，使法国社会，或一定程度上使国际社会，在轰轰烈烈的遍及全球的社会转型过程中寻找到和谐与和平。

我有幸担任“吴建民之友”协会的名誉主席。吴建民是一位杰出的大使，也是我的好朋友，更是全体法国人民的好朋友。今天，吴建民的“爱祖国、爱人类”座右铭对所有人来说都是弥足珍贵的，特别是在这样一个社会转型时期，各国人民之间的团结，尤其是青年之间的团结尤为重要。我很高兴地注意到，连续三年“吴建民奖学金”的优胜者通过在中国的“创新和创业”主题旅行，非常兴奋地发现了中国社会“创新和创业”的活力。这样的主题访问也是法国青年更好地了解当前中国社会转型的有效方法之一，为此，我同样非常期待这些法国青年能够通过他们在中国的所见所闻，向法国人民真实地介绍这样的一个创新国家，从而像我的朋友徐波在本书中出色的描述一样，使法国人由于媒体误导所产生的对中国的那些偏见不攻自破。

2020 年将是我本人关注中国的第 50 个年头。在这 50 年里，我访问中国上百次，而正是这些旅行和我与无数中国朋友的交往，使我对中国社会的独特性有了深刻的了解。

其实，这种方式与我本人在《中国悖论》一书中所采取的方法在某些方面是一致的。和平只有通过对话才能存在，而为了使和平成功，了解对方是先决条件。雅克·希拉克过去曾经常对我说，要说服对方接受你的观点，首先你必须尊重对方。

2020 年是徐波与法国相爱的第 40 个年头，我自然要向他表示祝贺，正是他这些年来与法国社会水乳交融般的交流，使其得以更好地了解我们美丽的国家，从而能够给我们的中国朋友们展示法国社会的树干，而不仅仅是那些叶子。

Préface

Jean-Pierre Raffarin

Ancien Premier ministre

L'humanité est entrée dans une nouvelle ère où les cartes sont à nouveau battues. Les intérêts individuels, communautaires et nationaux, jadis stables et jalousement préservés, sont dorénavant inquiétés par la globalisation des marchés et l'innovation disruptive de la technologie. Les sociétés humaines, quels que soient les pays et les civilisations auxquelles elles appartiennent, doivent opérer une transformation nécessaire et urgente si elles veulent survivre.

La France et la Chine, deux grands pays et deux grandes civilisations, ne sont pas épargnés au même titre que leur voisins dans cette vaste révolution et doivent innover, les références et modèles de leur passé glorieux ne suffisant plus à leur tracer une voie d'avenir.

Je félicite mon ami XU Bo pour son nouvel ouvrage qui porte sur la transformation sociétale en France. Son regard curieux, aigu et bienveillant, sa réflexion lucide et profonde nous permettent de mieux appréhender la photographie française qu'il nous livre, même si elle nous met en face d'images désolantes comme celles qu'illustre le mouvement contestataire des Gilets jaunes et la grève actuelle contre la retraite.

Pour XU Bo cependant, la France, ce n’est pas que les Gilets Jaunes et la grève : c’est aussi son peuple épris de paix, son dynamisme sur tous les fronts de la vie humaine. Et si les Gilets jaunes et les grèves continues sont aussi les conséquences des malaises français liés à la transformation inéluctable des sociétés avancées, ils ne constituent que les feuilles, pas les arbres de notre société. XU Bo a en effet décrit une autre face, plus cachée, de la vie française, où l’influence internationale réelle de la France et l’épanouissement des Français dépassent le simple critère actuel de la croissance du PIB.

Je remercie XU Bo de nous avoir montré cette autre France qui ne va pas si mal que ça, où le système social égalitaire, la santé, l’éducation, la R&D, les prix Nobel et les prix Fields reçus nous classent dans les pelotons de tête des nations, où certains Français se distinguent par les différents parcours d’excellence qu’ils ont suivis durant leur vie, où un tiers de la population française s’investit dans les actions de bénévolat, chacun apportant sa pierre pour que la société française globalement et, dans une certaine mesure, la communauté internationale retrouvent l’harmonie et la paix dans ce vaste mouvement de transformation planétaire.

J’ai la chance de parrainer la Bourse Wu Jianmin, qui fut un ambassadeur exceptionnel et un de mes grands amis ainsi qu’un grand ami de tous les Français. Aimer la Patrie, Aimer l’Humanité, cette devise de Wu Jianmin nous est très chère à tous, surtout dans cette période de transformation sociétale où la solidarité entre les peuples, de concert avec la jeunesse, est particulièrement cruciale. Je constate avec plaisir que nos trois éditions ont permis à nos lauréats de découvrir avec bonheur la Chine dans sa dimension « Innovation et Entreprenariat », une des clés pour mieux connaître la société chinoise en transformation et je compte beaucoup sur cette jeunesse française pour présenter aux Français leur propre expérience relative à cette Chine innovante et faire tomber, à leur tour, les clichés à l'instar ce que mon ami XU Bo a fait si bien dans son brillant ouvrage.

L'année 2020 marquera le 50ème anniversaire de mon attention pour la Chine, de ma centaine de voyages effectués en Chine et de mes innombrables contacts avec mes amis chinois qui m'ont permis d'avoir un regard singulier sur leurs pays.

Cette démarche est un peu une approche réciproque de celle que j'ai menée avec mon livre « Chine, le grand paradoxe ». La paix n'existe que par le dialogue et pour le réussir la connaissance de l'autre est un préalable. Jacques Chirac me disait toujours pour convaincre il faut respecter.

Je félicite bien sûr XU Bo pour son 40éme anniversaire d'amour pour la France et pour son voyage au cœur de notre société française qui lui a permis de mieux comprendre notre beau pays et d'en saisir les Arbres, et pas seulement les feuilles , pour nos amis chinois.

推荐序 2

法国是当今世界各国社会转型的实验室

新加坡国立大学东亚研究所教授 郑永年

《转型中的法国》是徐波先生“法兰西三部曲”的第三部，讲述了其本人从 2010 年上海世博会结束后重返巴黎以来对法国社会“人与事”的各种直接观察与体验，书中的故事不仅真切、新鲜、生动，让人大开眼界，更重要的是这些故事能够让读者对今天法国社会的方方面面进行理性的思考，获得不一般的收获。

在徐波近乎百科全书般的笔触下，我们看到的法国确实有点乱：经济停滞、失业、无休止的罢工、移民、伊斯兰化、治安恶化等，这似乎与我们在国内电视上看到的法国并无大异。在中国，人们常会问，那个曾经向世界奉献了伏尔泰、雨果那样的世界哲人和文学大师，涌现了太阳王路易十四、一代枭雄拿破仑和 20 世纪世界巨人戴高乐的伟大的法兰西民族究竟还有救吗？持续不断的黄背心抗议运动是否意味着法国将会出现一场新的“法国大革命”？然而，读徐波的书，我们既能看到一个乱哄哄的法国，也看到了乱哄哄的法国背后那些鲜为人知的“人与事”。比如，今天的法国是诺贝尔奖获奖人数世界第四多的国家，是世界数学界最高奖“菲尔兹奖”获奖最多的国家。法国基础研究雄厚，工程师教育蜚声世界，美国硅谷的许多世界科技大公司中的首席科学家不乏法国人。法国人爱思辨、爱读书、爱写书，从过去到今天，这个更像“文科生”的国家让人类社会发展深深地打上了“法兰西人文关怀”的烙印。

徐波平铺直叙，给我们展现的法国社会充满悖论，但荒唐中有真理，怠慢中有活力，批评中有参与，自私中有公心。如一个人能有多种人生，法国青年爱创业，社团组织如日中天，全国居然三分之一以上的老百姓热衷各种公益，如果不从 GDP 增长的维度看，今天的法国在人文指数、社会公平、绿色生活、男女平等、国际影响力等方面均名列世界前茅。实际上，从更广的角度来看，法国的情形也是大多数西方国家的情形。在很大程度上，这种“乱”本身就是西方秩序的内在部分。人们甚至很难想象，如果没有各种“乱”，西方社会的活力从何而来。道理也不难理解，自由一方面往往和“乱”相关，另一方面也通向了创造力。

从深层次来看，今天的法国再次处于转型过程之中。我本人研究国际关系，一直关注大国崛起和社会转型这两大时代命题。我也一直认为两者相辅相成，也就是说，凡世界崛起之大国均是转型成功之国。我非常赞同拉法兰总理的观点，在全球化的今天，世界上没有一个国家可以逃脱由于技术进步和全球化市场迅速扩张所带来的社会转型。我甚至觉得，世界上没有一个国家的转型是不痛苦的，徐波只不过为我们分享了一个“法国案例”。事实上，半个世纪前法国的“五月风暴”就已拉开法国社会进入后工业化时代社会转型的序幕。简言之，法国人 50 多年来纠结的问题就是“既要假期，又要罢工”。假期是其权利，罢工是维权手段，原因是过去的福利经济实在太好：35 小时工作制、漫长的假期、免费医疗和教育、各项社会补助、60 岁退休制度等，但国际经济竞争又实在太残酷，各国政府面对如此激烈的国际竞争均被迫像管理公司一样管理着国家，进而努力迎合资本，取悦跨国公司，挤压社会公正。为此，法国人提出了要“市场经济，不要市场社会”的口号，而法国社会的转型更似一个在坚守福利制度和社会对抗的同时寻找“第三条道路”的过程。

读徐波此书，我们至少能得出三种印象：第一，法国确实“乱”，但“乱”是一种表象，社会总体平静，咖啡馆的慢生活更似法国人今天的生活状态，游行抗议则是季节性的。法国社会宪制坚固，“乱”只是其制度安排的一部分，正是这样的“小乱”使法国社会颠覆性的“大乱”几无可能。或者说，“乱”是在笼子里面的“乱”。第二，每次上街游行的基本队伍是公务员和铁路、地铁等国企员工，而民营企业老板和员工、自主创业者、自由职业者均是沉默的大多数，他们更主张改革。因此，法国的改革也是针对国家在经济生活中作用的一场改革。第三，法国人生来好抱怨，但这种批评和不满丝毫不能改变法国在世界许多领域的领先地位。正是这种批评精神使法国人更加重视生命意义，从而可以超越权力、金钱等世俗的牵绊，坚持做自己喜欢做的事，而法国社会多元文化及其包容性又使之成为可能，特别是法国特色的公务员停薪留职制度使其国家治理精英队伍推陈出新，朝气蓬勃。

徐波研究法国数十年，对法国社会如此熟悉，让人羡慕。人们很难想象，如果缺失了法国人那种天然的独立与批评精神，今天世界的知识体系会是怎样的。笛卡儿的“我思故我在”开启了近代世界寻求知识的天窗。之后，卢梭的主权在民、伏尔泰的批评精神、雨果的人文关怀、托克维尔的革命理论、加缪的怀疑定式，抑或今天皮凯蒂的社会再分配理论，都是世界各国社会转型问题中难得的理论工具。因此，读徐波的书，既可看到法国社会的风情画，也可从法国人的思想渊源中找到那种追求社会公平的思想因子。在一定意义上，法国人也一直在扮演着人类社会进步的思想实验室，正是法国人的这种激情与浪漫，使人类社会在经济、技术进步的同时有了一种社会进步的维度。

其实，在这“百年未有之大变局”的时代，面临转型的不仅是法国，它涉及地球上每个国家，也包括我们每个人。徐波从一位职业外交官到今天在国际舞台上的中外文化对话，特别是中法友好交流的“摆渡人”角色，也是一种转型，而正是他这样的转型使我们今天可以读到这部涉及法国社会内涵如此丰富的好书。笔者非常荣幸与徐波曾有一位共同的老朋友，他就是已故中国驻法国大使吴建民。徐波在书中专门提到希拉克总统对吴大使的赞扬。吴大使生前一直倡导“爱祖国、爱人类”，我觉得在整个世界大转型时期，这样的理念弥足珍贵。徐波书中还提出中法人民之间“情感交流”的 2.0 版，并分享了他在法国从事人民交流的故事，难能可贵。我认为，越是在社会转型的困难时候，越是要加强人民之间的对话交流，这就如同拉法兰总理所言，换个角度看法国，其“他山之石”的经验，包括不成功的教训，对中国社会，包括我们每个人的转型都大有裨益。

毋庸置疑，今天的中国面临着鸦片战争以来民族复兴的最佳时机，而这种民族复兴在国际上就是中国的和平崛起，在国内就是深化改革开放，是一场史无前例的社会转型与革新。为此，笔者相信法国社会转型的纠结、苦痛与希望对中国读者朋友会有一定的启发与借鉴。我认为，在全球新冠肺炎如此肆虐的今天，人类社会共同面临的生存与发展的巨大挑战已使徐波所说的 2.0 版合作更加紧迫，而人民之间的这种相互了解、理解、包容，甚至借鉴与互助，对人类社会从工业化到今天的后工业化、智能化转型来说极富意义，甚至也可以说是我们的唯一选项。

自 序

零距离看法国

2019 年盛夏，我有机会在北京见到中信出版集团朱虹女士，她告诉我中信出版集团与法国有缘，原因是最近两年连续出版了两本法国的畅销书，一本是托马斯·皮凯蒂的《21 世纪资本论》，另一本是皮耶鲁齐的《美国陷阱》。朱女士顺势问我，可否根据我在法国的经历，从中国人的视角写一本介绍当今法国社会的书？

朱女士的美意让我倍感荣幸，其原因有三：一是本人能与皮凯蒂和皮耶鲁齐一起同在大名鼎鼎的中信出版集团出书，对我当然是件好事；二是 2020 年是我学习法语的第 40 个年头，我觉得没有比写一本书来纪念我与法国人打交道 40 年更有意义的了；三是 2020 年是戴高乐将军逝世 50 周年，也是中法建交第 56 个年头。当年戴高乐以其战略家的眼光和魄力承认新中国，并由此为法国人民打开了中国的大门。两国交往从来没有像今天这样频繁，如今中法社会都遇到了百年未有之大变局，两国人民如何互信互爱、合作共赢，同为世界和平与发展做出贡献，这是我们都要回答的问题。我想，如果我的这本书写好了，也许对中国读者了解今天的法国有帮助，从而对推动中法在新时期的全面合作有益。

从严格意义上讲，法国社会的全面转型并非始于今天，它早在1968年5月巴黎左岸拉丁街的那场举世闻名的“五月风暴”就已开始，以天主教为伦理核心的保守的法国社会在这场社会风暴的冲击下瞬间民风大开，消费主义和个人自由至上、家庭解体、政府威权瓦解，为张扬个性解放而“禁止说禁止”（Interdir d’interdir）成为一种社会文化，而这一文化从那一刻起又漫延到整个西方世界并成为今天西方社会的主流文化。不同的是，作为这场变化的始作俑者，即使在今天的西方文化中法国人还是显得鹤立鸡群，甚至前卫和激进，因此，法国人的社会转型就显得更具有某种先锋意义。

随着美苏两大阵营冷战的结束，世界进入全球化，资源、资本、技术、信息、市场甚至人员都可以在全球自由流动与配置，法国那套战后以来自鸣得意的经济组织模式突然遇到史无前例的严峻挑战，而与50多年前那场思想伦理转型挑战相比，法国人今天明显感受到这种经济模式转型给他们带来的巨大痛苦。于是，他们在大声呼吁：“要市场经济，不要市场社会！”在他们的矛盾心态中，他们在警惕和排斥政府的权威时又特别需要政府的保护，并希望政府在残酷的全球经济竞争中能继续保证他们稳定的就业、漫长的假期、体面的退休生活和各种可能的福利制度。

简而言之，这就是法国持续半个多世纪的社会转型的根源，或者说是在新的全球化条件下法国社会之“百年不遇之大变局”的政治、经济、文化和社会背景！

诚然，面对这样剧烈博大的社会转型变化，我的描述充其量也只是管中窥豹，要全面解读或得出某种结论几无可能，但本书的所见所闻皆出自真实生活和真切感受，而非道听途说，对读者朋友了解全球化浪潮下法国人如何应对这场史无前例的社会转型，以及这种深刻的社会转型给他们熟悉的生活、观念和治理文化所产生的强烈冲击，可能有一点帮助。

自然，我更想透过光怪陆离的法国社会，透过那些矛盾、对立甚至荒诞的现象告诉读者，法国不是只有罢工、黄背心或漫长的假期，法国人的社会转型也不是只有迷茫与痛苦。在这个沸腾的社会里，法兰西民族依然像个顽童，他们活得真实、轻松，许多人还在寻梦或造梦，因此，这个国家拥有了世界第四多的诺贝尔奖和世界最多的菲尔兹奖。不管手机或电商给这个世界带来多大的便利，他们依然喜欢街头的店铺，喜欢看书，喜欢讨论哲学问题，酷爱美食和社团生活，乐于在生命的长河中体验不同的人生。

换言之，这样的社会转型过程并非宿命论或悲观主义的。如果我们不是从 GDP 这样的经济增长维度考量，而是换一个角度，根据社会人文发展指标看法国，我们的结论或许还会更乐观！是的，环顾当今世界，又有哪个国家不是处在社会转型之中？又有哪个社会的转型不像法国那样痛苦？

在社会转型这个世界性命题前，我想，问题的关键还是要看一个社会的精英阶层是否还在思考，民众是否还在坚守其对生命的最初认知，社会在面对财富日益集中、贫富差距拉大、权力腐败、人口加速流动、文化日益多元时，是变得更加对立、激进和撕裂，还是依然充满活力、友善、信任、包容、开放和积极向上。

加缪（Albert Camus）在其小说《西西弗斯的神话》中曾说过这样一句话："选择什么道路并不重要，只要有达到目的的意志就足够了。"

在焦虑、痛苦的社会转型面前，我们每个人的生命过程又何尝不像加缪笔下的西西弗斯那样要坚定不移地把肩上的石头往山顶上扛，去做一项看似重复却不断接近伟大目标的平凡工作？在这样的一种貌似没有变化的社会中，我们是否能从法国人的努力中看到类似的意愿？是否能看到那一缕社会转型的曙光？

由于文化、语言和习俗差异带来的沟通障碍，法语叫"树叶挡住了大树”，中国人叫“一叶障目，不见泰山”。中法两国之间的沟通和认知同样存在着差异，这是不争的事实。为此，我衷心希望本书能让国内的读者从法国社会怪诞和极端的“树叶”后面窥视到法国社会这棵大树依然常青，看到法国人爱抱怨、爱游行的背后是他们对生活依然饱满的热情。他们正在努力克服自身社会转型带来的阵痛，在争取给他们的子孙带来更公平社会的同时，也试图给今天的世界带来更多的法国式的人文关怀。

我要特别感谢老朋友拉法兰总理给拙作写序。我们相识20多年，他是一位非常受人尊敬的政治家，更是一位可爱的长者，一位智者、绅士，他高雅、博学，富有激情与同情心，他的人格魅力，让我看到法国人对法国社会转型的信心。

本书最初完稿于2019年圣诞节，但由于接下来的一场始料未及的新冠肺炎疫情，此书出版暂被搁置了一段时间。不料法国也不幸被这场席卷全球的疫情击倒，成千上万的法国人接二连三地被病毒夺走生命，法国全社会苦不堪言，孤独、恐惧、痛苦、迷茫、失望与希望成为我与法国人这段难忘的共同闭关生活的写照。

在这段中法两国时钟停摆的日子里，面对死神，我与法国朋友们通过电话、微信、脸书、WhatsApp（脸书旗下的一款通信应用）和邮件等相互问候与鼓励，并通过一起重读加缪的小说《鼠疫》，体会病毒如何凸显我们生活中的那些谬误、冷漠和无知，思考在全球化的过程中我们的生活和生命的意义。

因此，法国式的禁足也让我对法国社会的转型思考有了新的维度和深入思考的时间。如果说新冠肺炎考问的是我们每个人对生命的态度，那么本书涉及的社会转型问题就是生命意义在法国人社会生活中所要呈现的那种形式，我所要揭示的就是转型期间法国人精神生活的本质。

衷心希望这样一本断断续续写就、由本人亲眼见证的有关法国社会转型问题的书，能让读者朋友与我一起对当今的法国社会问题开展一次巡礼，并进行一次共同的深入思考。

感谢中信出版社洪勇刚先生、朱虹女士，特别是策划编辑李琛、刘淑娟二位女士和设计师崔振江为本书出版所做出的努力。

谨将此书献给关注社会转型问题并有志于促进新时期中法友好关系的中国青年朋友们。

徐波

2020 年 5 月 31 日于巴黎家中

第一章

一个扑朔迷离的国家

重回法国

差不多10年前，2011年1月15日那个漆黑的早晨，我告别了轰轰烈烈的2010年上海世博会组织工作，回到了阔别已久的巴黎。

由于东航的飞机凌晨5点半就到了巴黎戴高乐机场，机场里空空荡荡，门可罗雀，边检人员睡眼惺忪地上下打量着我们这批来自中国上海的最早的乘客，心里可能在抱怨，你们干吗坐那么早的飞机来巴黎，害得我们一个个都得早起。

我取下传输带上我的那两件行李箱，打了个哈欠，定神向这个熟悉而又陌生的国家迈出我世博后新生活的第一步。

我重回巴黎的个人背景是上海世博会圆满结束，而世界的时代背景却是一场源于2008年美国华尔街的次贷危机所引发的全球性的金融危机，然后这场危机迅速使希腊整个国家破产，而希腊债务也逐渐演变成整个欧元区的经济危机。

事实上，希腊债务危机已不仅仅危及欧元作为欧盟统一货币的存在，更威胁着希腊、西班牙、意大利、法国等欧洲国家的社会稳定。

在这样一个历史时刻，我回到的是一个在欧元危机阴霾笼罩下的法国。

一下飞机，我看到的是比浦东国际机场小得多的戴高乐机场，一切是那么的熟悉而又陌生。记得中国改革开放前，多少人踏上法国领土，对戴高乐机场宏伟的气势感慨不已。如今，北京、上海等中国城市的机场越建越好，相形之下，戴高乐机场的设施显得老旧，自然雄风不再。

行进在巴黎的晨曦里，感觉这座城市显露出的已不是昔日“光明之都”（Ville de lumière）的那种光芒，而是一种说不出的破旧和简陋。

在这里，我再也看不到北京环城公路或上海延安高架、外滩高楼大厦上终年无休的令人目不暇接的各种 LED（发光二极管）广告牌。

进入巴黎市区后，一切都和我离开时一模一样。楼还是过去的楼，路还是过去的路，这里 10 年，甚至更长的时间里一切都会保持不变。

这里，没有车水马龙的街道，没有熙熙攘攘的人群，街头的咖啡馆里三三两两地出没着男男女女，小报亭前行人已开始伫立等候购买当天的《费加罗报》和《巴黎人报》，偶尔还能看到骑自行车的人，肩上背着包，骑车上班。习惯了上海快节奏生活的我，真有一种隔世之感……

如果你恰好是在上海坐磁悬浮列车到浦东国际机场，之后又乘坐戴高乐机场 RER 火车 B 线到巴黎市区的话，你就会在沿途体会到一种仿佛回到卓别林电影中那个工业革命时代的感觉（在联合国教科文组织上班后，我出差时常选择此种出行路线）。

不用说那火车车厢的陈旧，且只说火车晃晃悠悠逢站必停的做派，就会让你觉得时间好像在法国凝固了。

车厢里坐着的全是从郊区赴城里上班的打工族。他们的特点是肤色特别深，很少看到浅颜色的，即便有，恐怕也是从东欧那边来的新移民。他们在法国从事建筑或城市保洁工作，操着一口东欧腔法语。

无论是坐出租车还是郊区火车来到巴黎，摆在我面前的都是一个在欧债危机笼罩下、充满各种社会矛盾、处在深刻变化前夜的法国。

这场举世瞩目的欧元区经济危机始于 2008 年冰岛政府的财务危机，最有象征意义的日子是 2010 年 5 月 2 日，这一天，欧元区国家与国际货币基金组织达成一致，向希腊提供总值 1 100 亿欧元贷款纾困。这一天也是举世瞩目的 2010 年上海世博会开幕的第二天。这一年，中国经济在前几年顺利超过法国、英国、德国后终于超越了日本，比日本的

GDP 总量 54 742 亿美元多出 4 000 多亿美元。

从中国这样一个生机勃勃的经济体来到欧债危机下的法国，这里的一切让人触目难忘。

首先，在我抵达法国后，我发现法国社会对如此深刻的欧债危机是缺乏认识的，甚至有不少法国人认为，欧元区经济危机与法兰西无关，法国人依然可以偏安一隅，只有一些敏锐的经济学家在高喊“狼来了”。

只有当穆迪将法国主权信用评级由最高级 Aaa 下调一档至 Aa1 时，法国人才开始意识到，欧债危机已殃及“池鱼”。

一夜之间，法国从欧元区原先的“好学生”变成“问题生”，国际舆论和法国社会从原先对希腊债务危机的关注转为对法国自身经济的担忧。

英国《经济学人》杂志更是推波助澜，封面标题就是《法国：埋在欧洲心脏的一枚定时炸弹》。

在欧债危机的阴影下，法国经济千疮百孔，不是外贸逆差，就是失业率飙升，电视里报道的全是企业破产的消息，而对法国朝野震动最大的莫过于当时的弗罗朗日（Florange）钢铁厂 650 名工人和标致雪铁龙集团 8 000 名工人的裁员案。

弗罗朗日钢铁厂已经被印度的世界钢铁大王安赛乐米塔尔钢铁集团（ArcelorMittal）收购，当时米塔尔曾允诺予以投资，扩大生产，但国际市场上钢产量供大于求，米塔尔对法国的这个钢铁厂已兴趣不再。

米塔尔提出要关闭钢铁厂，马上招致法国朝野的强烈谴责。

当时法国政府负责重振制造业的经济部部长叫阿尔诺·蒙特布尔（Arnaud Montebourg），他属于社会党的极左路线代表，年轻气盛，根本不把印度人放在眼里，甚至公开指责印度钢铁大王不守信用，“一再对法国食言”，继而威胁称“米塔尔不尊重法国”，法国“也不再需要米塔尔”。

蒙特布尔甚至威胁要将弗罗朗日钢铁厂“国有化”。

接下来又传出标致雪铁龙集团在戴高乐机场边上的工厂要关闭的消息。

有意思的是，这家工厂原本是标致汽车最主要的装配线，曾在20世纪八九十年代接待了不知多少前来法国考察汽车工业的中国代表团。

标志家族一直强调，虽然全球汽车市场竞争日益白热化，法国劳动力成本高，汽车市场小，但他们一直坚持把工厂留在法国。而与此同时，雷诺早早地把生产线迁到了中国的湖北省。

然而，标志家族的美意并没有让市场领情。面对全球汽车市场的激烈竞争，标志雪铁龙裁员只是早晚的事。

记得萨科齐在2012年总统选举败选时曾感慨地说，法国当时面临的这场欧元区经济危机是历史罕见的，其影响不会比1929—1933年的世界经济大萧条来得小。

有意思的是，萨科齐在2008年讲这番话时，曾招致不知多少媒体、反对党、社会精英、独立人士的口诛笔伐，他们不约而同地指责老萨是在吓唬老百姓，目的是想通过恫吓百姓来换取选民支持，保住总统宝座。

随着时间的推移，我们今天回过头来看，老萨的话一点都不假！

我关注了一下，法国社会由欧债危机引发的争论可谓铺天盖地，人人都在议论，但概括起来无非是：

1. 法国要不要继续维护现有的经济模式？
2. 法国还需要保留制造业吗？
3. 如何保护法国竞争优势产业，保护发明专利不被剽窃？
4. 如何避免法国外贸赤字的继续攀升？
5. 如何进行退休制度的改革？

经过国际货币基金组织、欧洲中央银行及欧盟成员国的共同出资救助，爱尔兰、希腊、意大利等国家的债务危机在两三年后总算得到抑制，重灾区爱尔兰在 2014 年经济增长率还达到 4.5%。

与此同时，欧元与人民币兑换的曲线从 2010 年 5 月的 1∶8.69，到 2015 年 5 月的 1∶7.00，再到今天的 1∶7.70~8.00，欧元总体汇率趋于稳定，但与欧债危机前的 1∶11 相比，欧元区经济的下滑和中国经济的持续上升是不言而喻的。

回过头来看，在欧元区陷入危机时，中国政府曾给予了坚定的支持，不仅自身出台了 4 万亿人民币的国内经济振兴计划，还大量购进欧元债券，帮助欧元区渡过难关，从而与美国媒体和华尔街幸灾乐祸、希望欧元破产的立场形成强烈对比，这在当时曾赢得法国舆论和老百姓的好评！

然而，多少年过去了，法国总统已从萨科齐换成奥朗德，然后又从奥朗德改为马克龙，围绕欧债危机及法国面临的各种经济问题，法国社会各界为寻找解决方案开展的全民性“大鸣、大放”却从未停止过。尽管法国政府振兴经济的各种政策及名目繁多的国家产业振兴部门和机构也似雨后春笋，但法国经济给人的感觉还是鲜有起色，与我过去所熟悉的那个辉煌时期的法国相比，今天的法国已明显缺乏活力，整个国家暮气沉沉，不仅各种基础设施显得特别老旧，老百姓也突然变得穷酸起来，这从他们穿的衣服和马路上开的车就可略见一斑。

这样的感觉不仅是我一个人有，近 10 年来，我在巴黎遇到的几乎每个中国人都与我分享过这样的感受。而这种强烈的感受也同样反映在我那些法国朋友身上，特别是那些在中国生活多年或刚刚从中国回来的法国人身上。他们说起中国各地的摩天大楼、地铁以及四通八达的高铁和高速公路时总是充满羡慕之情，同时也表达了对法国衰落的痛惜之情。

于是，那些目不转睛看着微信或四处寻找二维码付款的同胞总会问我，法国还有戏吗？你觉得究竟是上海好还是巴黎好？

更有甚者，他们还会问我，法国，乃至整个欧洲还能撑多久？

同胞们的话让我陷入沉思，我也在思考，我所熟悉的那个法国是否真的变得越来越不行了？

记得 20 世纪 80 年代我刚刚开始学习法语，法国给我的印象是那么美好；我们从课堂上，从法国外教带来的影片，从《巴黎竞赛》等花花绿绿的法国杂志中窥见的那个法国是多么的繁荣和发达：高耸入云的埃菲尔铁塔、车水马龙的香榭丽舍大道，还有像影星阿兰·德龙、时装大师皮尔·卡丹、足球巨星普拉蒂尼、车王阿兰·普罗斯特等在各个领域闪耀的法兰西巨星，让我们个个成为法国的铁杆粉丝。

想象一下吧，在 40 年前的北京，在我们无论从穿衣到思维都非常保守和封闭的时期，能接触到浪漫的法兰西文化，甚至每周能看一部法国电影，那简直是个奇迹，如同过农历新年一样令人激动。

我今天还记得有一位姓吕的北京同学当着大家的面郑重说过，这一辈子要是能到法国，就是让他马上死都值得……

难道这样令几代中国人向往的法兰西已成为明日黄花？

难道法国真是如大家所说家道中落，不再是引领人类发展的灯塔？抑或与时代前进的步伐渐行渐远？

我们究竟应该如何看今天的法国社会和法国人？

生活在巴黎的我又该如何看待今天的法国和向国人如实地讲述我眼中的法国？

让人费解的罢工文化

抵达巴黎后，由于身份的改变，不再是中国外交官的我从另一个角度开始了全面认识法国社会的旅程，而广泛的法国朋友群和新工作的丰富内涵，包括坐地铁等日常出行工具的变化，使我与法国社会各界建立了几乎零距离的关系。

在我面前的是一个扑朔迷离的国家，一个华丽又破旧、平静又喧嚣、法治又混乱、和平又暴力、民主又集权、细腻又粗心、博爱又自我、勤奋又懒散、理智又极端的马赛克般的社会，一个甚至让人觉得处处充满矛盾，有时甚至是极度矛盾的国度。

这里发生的一切总是让人费解，有时还会让人对这个国家的运作机制感到啼笑皆非。有人为此形象地戏称，法国人一年只做两件事，要么在罢工，要么在休假！

我们先说说法国人的罢工吧。

法国人的罢工和游行名目繁多，数不胜数，我在法国定居快 10 年了，这里的游行从未间断。游行通常是为了争取权益，而罢工的部门应有尽有，只要认为政府动了他们的奶酪，马上全民罢工。

罢工的可以是铁路工人、地铁司机、航空公司飞行员和地勤，也可以是医生、护士、助产士、养老院护工、中小学教师、国家公务员，甚至是警察、消防员、宪兵……

从 2019 年 12 月 5 日起，法国全社会各个行业 80 万人走上街头，抗议马克龙的退休金制度改革，如果不是因为这场席卷世界的新冠肺炎，我估计今天法国围绕退休金制度改革的大罢工还不会善罢甘休。这场持续了数月的大罢工，让法国全国铁路、地铁、公交、机场全部瘫痪，媒体将此大规模罢工游行形容为“宇宙级”。

在此前的两个月，成千上万的法国警察走上街头，抗议工作条件不断恶化，特别是从 2015 年反恐到近两年的黄背心反政府活动使他们时时刻刻处在警戒状态，没有白天和黑夜，没有休息，没有家庭生活，他们强烈要求政府改善他们的待遇，并按时发放加班补贴。

警察举行的大游行结束不到两周，也就是 10 月中旬，近万名法国消防员也走上街头，抗议政府压缩预算，导致他们在严重缺编的情况下超负荷工作和领不到必要的出勤津贴。

警察和消防员上街游行，委实让国内来的朋友瞠目结舌。我告诉他们，这不算什么，想当年我在使馆工作时还遇到过更匪夷所思的法国宪兵大游行。那天我正好外出后要回使馆，我的外交车被堵在游行的宪兵人流后面，我是看到了法国宪兵是如何向政府争取待遇的，他们居然骑着警用摩托车，开着车大灯，浩浩荡荡冲向香榭丽舍大道……

总之，在法国，人人都可以游行，但如果我们说法国的游行全是社会各阶层保护自己权益和经济收入的街头政治，也未必，也有一些罢工和游行与权益无关，而是出于信念。几年前，奥朗德总统签署通过了同性婚姻法，允许同性恋者结婚，惹怒了一大批传统的法国天主教教徒，他们针对同性恋的“人人可以结婚”（Mariage pour tous）举行名为“人人可以游行”（Manif pour tous）的反同性婚姻法游行，双方剑拔弩张，一时间巴黎街头连空气都变得紧张，秩序混乱不堪。

需要指出的是，不管罢工和游行的诉求是什么，法国人游行的时间具有很强的季节性。虽说在法国一年四季天天可以上街游行，但绝不会发生在 7—8 月的度假黄金期。权益的诉求者首先要享受假期，然后在 8 月底假期结束后再与政府或雇主展开激烈的斗争。

按照一般的规律，游行在年底前比较多，这样的游行总会使政府或雇主在最后一刻让步，然后在 12 月圣诞节到来前结束社会风潮，双方各让五十步，高高兴兴跨年。

在这样的罢工和游行风潮中，法国公众总体表现冷静。尽管罢工给他们的生活带来诸多不便，但他们往往会耸耸肩，脸上露出一丝无奈。对罢工者予以强烈谴责的有，但并不多见。原因一是在法国人人都罢工，五十步笑百步，大家半斤八两，没什么可说的；二是法国是个宽容的国家，只要符合法律，就可以举行罢工，这样就慢慢形成了法式罢工文化。

历史上，罢工和游行在很大程度上是法国老百姓捍卫自身权益，反抗强势集团的最后手段，胜利来之不易，如法国人民在1906年通过罢工才争取到8小时工作制，1936年的罢工为法国人民争取到了带薪休假的权利。

因此，在法国，罢工不仅是宪法赋予公民的权利（白纸黑字，三百六十行，谁不高兴谁就可以罢工），也是被社会普遍接受的权利，甚至被广泛认为是弱势群体向强势集团抗争的最后手段。

根据法国法律，不管你出于什么目的，只要向警察局提出游行申请，警察局不能拒绝，必须予以批准，警察局唯一可做的是对游行地点和路线的调整，这就是警察手中仅有的一点权力。例如发生在2019年9月21日的第45次黄背心游行，这一天还是法国一年一度的文化遗产日，又有巴黎地铁工会抗议退休金制度改革的游行，外加环保组织保护地球的大游行，至少四大游行集中在同一天，让法国警察署署长迪迪埃·拉勒芒叫苦不迭。但他叫苦归叫苦，却没有任何拒绝游行的权力。

由此可见，游行在法国已成为一种国家文化，虽然这有利于社会某个阶层或群体就某种利益分配或社会发展方向与政府进行博弈，但也给整个社会的经济带来巨大损失。

据法国有关部门统计，由于各种罢工游行，法国GDP的增长速度被拖累了0.1%~0.3%。2018年，仅仅一场由法国航空公司员工举行的罢工活动就使法航损失了3.35亿欧元，一场由法国铁路工人举行的罢工就使法铁损失7.9亿欧元。本次号称宇宙级罢工的经济损失就更大了，有人做了粗略统计，因罢工造成的地铁公司损失每天是300万欧元，法国铁路局的损失是每天2 000万欧元，加上罢工给旅游餐饮等行业带来的损失，这次罢工使法国经济损失至少在150亿欧元以上。如按法国全国

6 700 万人口计算，也就是法国老百姓每人要为此买单 975 欧元，而这仅是不完全统计，许多间接损失还没有统计在内，如法国的投资环境、一些法国企业因罢工不能及时向客户供货造成的理赔或客户转移等。一些法国朋友心疼地对我说，法国即使再有钱也经不起这样的折腾，况且，今天的法国确实已没有多少钱了……

法国的游行实在太多，使得它几乎成了与埃菲尔铁塔齐名的法国代名词。在萨科齐总统任内，法国议会通过了一部有关罢工时期的最基本服务法，也就是说，罢工虽然天经地义，但工会必须向政府保证给社会提供最低水平的公共交通服务，这样即便有罢工，也不至于让法国的上班族们走投无路。但近来我才知道，这部法律仅仅是政府对企业的"建议"，没有强制性，也就是说，罢工企业可以这么做，也可以不这么做。

更让人匪夷所思的是，当法国工会决定罢工时，同一企业的员工可以罢工也可以不罢工，你是自由的，但如果你上班，肯定会受到歧视，别人会对你说："嘿，我们罢工也是为了你的权益，你倒好，还上班挣钱，合适吗？"有的甚至因此而发生内斗。法国电视台就报道过，在这次反政府退休金制度改革的罢工中，有公交车司机要为乘客开车，但遭到其罢工同事的怒斥，硬要把他拉下来，引起乘客的强烈不满。法国电力集团的部分罢工者为了向政府施压，将他们所辖地区的电网拉闸，造成大面积停电，手段极其恶劣，但罢工者说，他们也没有办法，不这么做，政府怎么会坐下来与他们对话。

当然，每次罢工对在法国生活的每个人都是一种考验。法国接二连三的罢工常常让来法出差的人措手不及，无论是坐飞机，还是坐出租车、地铁，都非常不便，苦不堪言。然而，相形之下，让人最害怕的还不是游行和罢工，而是巴黎日益严重的治安问题。

“梁上君子”有点多

说到巴黎不断恶化的治安问题，这几年我不仅亲眼目睹，而且深有体会，颇有一种切肤之痛。

我在巴黎经常坐地铁，不幸连续两年被偷手机，而像我这样在巴黎遭遇小偷的国人更是不计其数，有的甚至是白天公然被抢。

如果我们在国人中做个民调，让大家说出最喜欢巴黎和最不喜欢巴黎的方面，我不知道最喜欢巴黎的选项会是什么，可能是巴黎的博物馆，也可能是美食，还有可能是琳琅满目的精品商店，总之答案会很多，但最不喜欢的肯定只有一个，那就是巴黎的小偷。

因为巴黎的小偷在中国实在太有名了，当年柳传志率领中国企业家代表团访问法国，奥朗德总统在总统府回答中国企业家提问时就颇为尴尬，他的回答是，建议中国人多加小心，同时出门时要“少带现金”。

巴黎小偷问题不仅影响了国人对花都巴黎的好感度，也导致了中法关系中一个非常不愉快的议题。国内有关部门曾提出让中国警察帮助法国警察在香街一起巡逻执勤，此建议法国高层也非常重视，但巴黎警察当局并不认同。有法国朋友私下对我解释说，中国警察不能来巴黎的一个原因是法国警察不愿意给外界造成自己无力解决香街治安的印象。

后来，在与法国朋友的交流中我发现，法国的治安问题确实远比我们想象的要复杂。

首先，巴黎是国际大都市，特别是由于欧盟东扩，大量的东欧无业游民流入，其中不乏惯偷，对于这些来自东欧的“梁上君子”和“江洋大盗”，法国电视台曾有不少专题报道。

其次，除这些四处游荡的“外来”小偷，法国还有一个“世袭”的小偷部落，他们就是住在法国的罗姆人，国内通常翻译成“吉卜赛人”。

这是一个古老的民族，源于中东欧地区，这些人浪迹天涯，也不融入所处国家。在雨果的《巴黎圣母院》中，被敲钟人卡西莫多暗恋的女人艾丝美拉达就是吉卜赛人。比才的歌剧《卡门》的女主角卡门也是吉卜赛人。

吉卜赛人居无定所，他们中的不少人将偷盗变成职业，在意大利、西班牙等国也非常猖獗。如果你在巴黎圣母院、埃菲尔铁塔、香街等公共场合见到一群姑娘让你在她们的请愿书上签字，你一定要小心，她们很可能是吉卜赛女郎，在你不注意时她们会将手伸进你的背包。

最后，法国的独特地理位置也让它招来了全世界的小偷，特别是地中海沿岸国家和北非过来的小偷。他们当中不少人是移民的后代，生于斯，长于斯，在法律上就是法国人，因此说他们是外国人有失公允。但这些移民后代不思进取，在学校不好好念书，街头扒窃就成为他们谋生的手段。

对于这些小偷，如果在中国，派几个警察，顶多几个星期就把他们法办了。但在法国，此事就变得特别难办。法国朋友向我坦承：

首先，法国街头摄像头很少，无法取证。没有小偷作案时的录像，你自然就不能提起诉讼。

其次，法国法律程序太严，惩罚太轻。说程序严，就是什么事都要有证据。这里的证据不仅是旁证，还得小偷自己承认。他要是不承认，你还不能打他。最可气的是，法国法律过于保护青少年，要是不满 18 岁，法律根本不予追究。

最后，更让人匪夷所思的是，由于法国司法部缺钱，监狱早已人满为患，因此，即使法院判决了，也没有地方羁押小偷。

这就是法国治安问题的悖论！

让我们一起归纳一下吧：

第一，法国拥有世界上最好的警察，其特警（GIGN）在历次解救人质时战功卓著，全世界无人不晓，但法国警察可以干大事，抓小偷却不在行。

第二，法国可以生产世界上最好的摄像头，就连华为最新款的手机照相镜头也来自法国，但因为法国人过于强调保护个人隐私，担心到处安摄像头会使法国有朝一日成为英国小说家奥威尔小说《1984》所描绘的那种受高科技压迫的社会。因此，法国政府在立法上总是小心翼翼，唯恐触动老百姓的敏感神经。

据统计，法国今天全国各种公共场合的摄像头约 165 万个，平均每百人约 2.48 个，远远低于美国每百人 15.28 个和英国 7.5 个的水平。伦敦有 63 万个摄像头，而巴黎才 1 333 个，里昂 300 个，图鲁兹 400 个，南特 134 个，北部大城市里尔更少，才区区 8 个。

由于法国人对个人隐私的格外提防，面对不断恶化的治安，法国摄像头的数量明显杯水车薪，而没有足够的摄像头，法院就没有足够的小偷街头盗窃时的录像资料。

第三，法国有世界上最健全的司法体制、最好的法官，历史上曾审判过举世闻名的里昂刽子手、纳粹战犯巴比（Klaus Barbie，1987），却审判不了区区一个小偷！

近年来，随着越来越多的中国游客来到法国，中国人遭遇小偷甚至被公然抢劫的事情层出不穷，在法华人媒体，甚至法国媒体的有关报道也屡见不鲜。使馆领事官员们为此绞尽脑汁，尽力为同胞提供救助。但遗憾的是，随着数百万级中国游客的到来，中国人遭遇法国小偷的概率也呈日益上升趋势，这从另一方面折射出法兰西民主和法治建设中的一个盲区。

许多法国朋友怀着遗憾的心情对我说，法国有许多好东西，中国媒体不报道，但只要有一个中国人在法国被偷遭抢，马上就上中国媒体的头版头条。每当此时，我往往会接着话题说，如果中国游客在法国没有遭抢，或者遭抢的频率低于其他欧洲国家，中国媒体还会那么感兴趣吗？

恐怖袭击与法兰西的“国运”

然而，与上面谈到的巴黎小偷相比，巴黎的恐怖袭击才是最让国人担心的，很多国内朋友有非常好的项目，也因为对法国安全的担忧而“防范性”地取消了。

他们对我说，法国确实是个景色美丽、文化丰富、人杰地灵的国家，但法国不安全，我们是不会考虑到法国旅游的，更不会在法国投资和开展任何经营活动。

就我而言，发生在 2015 年 11 月 13 日的巴黎恐怖袭击，是我终生难忘的一个惊悚经历。

当晚，我们全家晚餐后正天南海北地闲谈，突然，女儿在脸书上无意中看到她的同学圈里刚刚发布的巴黎恐怖袭击的消息，我们马上打开电视和广播，方才得知这是自二战以来法国受到的最严重的恐怖袭击。

有关这个震惊世界的恐怖袭击及后来法国警方的反恐军事行动，国内的新闻机构几乎是在第一时间予以实时报道，有关情况读者均已知晓：恐怖袭击共造成来自 26 个国家的 127 人当场遇难，3 人被送到医院后不治身亡，80~99 人重伤，368 人受伤，巴塔克兰剧院的几乎全部观众被恐怖分子挟持为人质，其中 89 人被杀死。

此前，在这一年的元月 7 日，巴黎讽刺漫画杂志《查理周刊》总部因讽刺伊斯兰教教宗穆罕默德而遭遇恐怖袭击，包括主编在内的 12 人丧生。

的确，自“9·11”恐怖袭击后，法国的反恐形势非常紧张，记得当时我还在使馆工作，与法国政府各部门交流时，深深感到法国当局对安全形势的忧虑。

后来，世界反恐形势有所好转，特别是2011年5月本·拉登被美国海军海豹突击队击毙后，法国的安全警戒级别也开始降低，人们终于感到正常生活又回来了。

2015年元月针对巴黎讽刺漫画杂志《查理周刊》的恐怖袭击重新激发了法国人的恐惧，特别是几乎可以用“大屠杀”来形容的巴塔克兰剧院恐怖袭击。短短10个月内就有两次大型恐怖活动，其手段之残忍，场面之血腥，着实让人对法国的安全状况打了一个大大的问号！

国内家人和许多朋友都为我和我们全家在巴黎的安全担忧，亲人和朋友们遇到我的第一个问题都是：巴黎怎么了？巴黎还安全吗？

要知道，2015—2016年，欧洲在两年的时间里发生恐怖袭击达20多次，法国首当其冲。因此，大家向我提出这样的问题完全正常。

后来，在法国警方的严厉打压下，我们总算熬过腥风血雨的两年，巴黎的治安形势在2017—2018年明显好转，去大商场、博物馆等公共场合不再搜身，巴黎又回到了原来那个祥和、热闹、夜夜笙歌的模样。

然而，好景不长，2018年10月，法国黄背心运动来了。这帮人从一开始的一般性示威游行发展到今天的“每周一歌”——每个周六都要举行抗议游行，2019年3月在香街的游行中甚至出现打砸抢的暴力行为，一时间国内报纸和微信群里出现了“巴黎遭遇打砸抢”“巴黎在燃烧”“巴黎再次沦陷”等新闻报道。

那个恐怖袭击的魔影似乎又一次回到了我们的生活中，巴黎成了一座新的炼狱！

然而，现实生活并没有如此悲观。在巴黎，“马照跑，舞照跳”，我的生活没有受到丝毫影响，黄背心的“打砸抢”活动并没有国内媒体报道或渲染的那么严重，其原因说起来也非常简单。

首先，黄背心的游行区域是有局限性的，他们人数并不多，每次数千人，现在只剩下几百人，与法国 6 700 万人口相比，这个人数无论如何不能说是“大游行”。

其次，打砸抢的黄背心毕竟是少数。法国人对我说，真正的黄背心是不会这么干的，他们是法国极普通的劳动大众，游行的目的是反对政府提高油价，没有仇恨政府和社会的意思，这么干的是混在里面的“坏人”，极有可能是外国的职业打砸抢分子（持阴谋论的法国朋友告诉我，是马克龙在气候变化问题上的立场引起某些产油国的反感，它们想以此打压法国政府，不让法国在取消世界石油产业的路上走得太远）。但不知什么原因，巴黎的安全问题又一次成为国人挥之不去的阴影，抑或成为今天巴黎众多形容词中的一个，更有甚者，成为国内一些小报津津乐道的话题。

说老实话，最近几年，不知怎么搞的，接二连三的恐怖活动，加上一些别的事情，法国确实给人一种国运比较“背”的感觉，至少是好事不多吧，倒霉事倒是不少，最典型的是发生在 2019 年 4 月 15 日傍晚的巴黎圣母院大火。

这是一件既令人痛心疾首又匪夷所思的事，好端端的巴黎圣母院怎么会差一点被一场突如其来的大火烧为灰烬？由于那天我有急事，没能赶到现场（说实话，我同时也觉得，面对这样一个盖世无双的人类杰出艺术品，我没有勇气直面它的毁灭，这会让我终生痛不欲生的），只是在电视上目睹了火焰是如何烧掉教堂尖顶，然后再一点点吞噬教堂整个木质屋顶的。

在这一让全世界都屏住呼吸的灾难中，国内主流媒体、自媒体、微信群里表达的是对这一惨烈事件的悲伤，对法兰西乃至人类共同文化瑰宝毁灭的深切同情。

我看到有的文章写得非常出色，不仅把巴黎圣母院的历史及其在世界上的崇高文化地位进行了详细说明，更重要的是表达了对法国人民浓浓的情意和绵绵恻隐之情。然而，也有文章对法国教堂的防火管理提出批评，或者对法国人的管理方式提出质疑，而这样的质疑总是站在道德制高点上。毕竟如同法国人天天讲的，巴黎圣母院是人类共同的文化遗产，法国只是代表世界各国人民看护这件稀世珍宝！

于是乎，人们并不太关心路易威登的老板、古驰的老板到底捐了多少善款用于巴黎圣母院的重建，而是想知道这火苗究竟是从哪儿来的，法国人为什么会犯这样的低级错误。

巴黎圣母院的大火也让我对办事精细认真的法国人产生了疑问。我所熟悉的法国人怎么了？细腻和程序化往往到苛刻程度的法国人怎么会沦落到如此田地？

说到法国人的细腻，大概没有一个中国人不被法国大厨精益求精的精神和爱马仕工匠超出常人的耐心所折服。一直以来，在国人的眼中，法国就是品质和精益求精的代名词。

就拿法国人举办的各种活动来说吧，从一年一度的环法自行车比赛，到名目繁多的体育赛事，再到各种外交活动，如 2015 年巴黎联合国气候大会等各种国际外交会议，其组织工作不但精细，还富有一种法国人特有的浪漫。如当年中法建交 40 周年，法国人将埃菲尔铁塔染成红色，希拉克总统夫妇与胡锦涛主席夫妇在铁塔共同用餐，共叙中法友谊。这样的安排有格局，有情调，让两国人民都为自己的领袖和国家自豪。

然而，一场大火把国人对法国的这种印象烧没了！

接下来让人啼笑皆非的是 2019 年 7 月 14 日一年一度的法国国庆阅兵式，法国空军“法兰西巡逻队”喷出来的三色国旗颜色的顺序居然是颠倒的，法国摩托车手在总统观礼台前表演时还会“人仰马翻”，我在国内的朋友在微信中急得直问我：法国人怎么啦？

更有甚者，2019 年 9 月 7 日，欧洲杯足球赛在巴黎王子体育馆拉开帷幕，法国队迎战巴尔干小国阿尔巴尼亚队。在赛前演奏国歌时，法方组织者居然将阿尔巴尼亚国歌演奏成安道尔国歌，让阿尔巴尼亚国足队员们面面相觑。

更滑稽的是，一旁的法国播音员见状马上出来向阿尔巴尼亚足球队道歉，但令人匪夷所思的是，该播音员居然说成是向亚美尼亚队道歉，委实让阿尔巴尼亚队气不打一处来。最后，还是总统马克龙通过推特向阿尔巴尼亚总统表达了歉意。

难道法兰西真的不再细腻了？

法国的“宁静”与“闹腾”

每个在巴黎生活的中国人都会有这样的感觉，从国内回到巴黎，最感惬意的就是一下飞机看到的巴黎的宁静。如果你是在晨曦中到达巴黎，或是在周六、周日到达巴黎，这种久违的宁静会让人感到特别放松。

与人声鼎沸的中国城市和井然有序的中国社会相比，法国街头的宁静体现在街边餐馆、咖啡馆静静用餐的人们那种明显克制的私语（这一点尤其体现在那些真正属于法国人而非游客喜欢光顾的餐馆和咖啡馆中），体现在街头人们打招呼时彬彬有礼的问候，体现在地铁站上下车时人们鱼贯上下的秩序感，体现在人与人之间那种隐性存在的一米线距离。

徜徉在巴黎的街头，这种宁静和一米线距离会让人感到巴黎的空间很大，加上远处由埃菲尔铁塔勾勒出的天际线，更会让你感到巴黎的恢宏气势。

与井然有序的中国社会相比，法国社会在让人感觉“宁静”的同时又给人一种杂乱无序，甚至“闹腾”或“挠心”之感，其中，让人感触最深的还要数法国的电视台。

在法国，电视台非常自由，频道也很多，既有公立的也有私立的。不说别的，就说政治辩论节目吧，这类节目多到令人目不暇接，甚至会让人产生这个国家快完了的错觉。

法国人怎么天天吵架啊？而且矛头直指各个政党和政府，包括总统，似乎政府总是在做坏事，最起码也是没有把人民交办的工作做好，需要向法国人民检讨。

法国的新闻自由导致法国社会电视多、报纸多、广播多，各种新闻全天滚动播出，政府官员、媒体大咖轮流粉墨登场，但感觉他们整天在吵架。

在这些“吵架”节目中，法国形形色色的社会组织，如工会组织、环保组织、消费者协会、动物保护团体，甚至同性恋组织等，都参与其中，让人感到法国社会乱哄哄的，不太平静。但就是在这杂乱的辩论声中，你会慢慢感到法国社会的广阔与深邃。在社会内部孕育的各种公民力量经过辩论被激发出来后，成为法国社会取之不尽、用之不竭的政治思潮。推而广之，这些辩论传播到国际社会，就成为法兰西对全球化治理的建议和贡献。

一位国内企业家私下对我说，法国确实太乱，让人不习惯，搞不懂这些法国人为什么整天喜欢辩论、打嘴仗。但奇怪的是，尽管法国人自己乱哄哄的，却整天在国际上出这样那样的点子，涉及移民、文化多样性、清洁能源、气候变化、海洋经济、有机农业、人工智能、大数据与公民隐私、辅助生殖、代孕、安乐死等，好像法国人什么都管，而好多国际决议里的想法也正是由法国人乱哄哄的吵架吵出来的。

在这个企业家眼里，法国社会虽然表面看上去很乱，让人不适应，但应该承认这本身却是一种活力的体现。通过电视辩论，法国这个只有中国四川省那么大，人口也只有两个北京那么多的国家，居然能在今天的世界上呼风唤雨，并在世界的许多领域发挥着一个领军大国的作用。

与此同时，与国内人声鼎沸的街道相似，车水马龙的香街和不守规矩、喜欢横穿马路的巴黎人，让人又觉得巴黎与国内的某些大城市没有太大的区别，从而使中法两国人民之间产生一种天然的亲近感。同胞们在香榭丽舍大道、圣日耳曼大道、蒙田大道、奥斯曼大道等巴黎各种大道上漫步时，总有一种回到祖国的感觉，这种感觉自然源于对中法两国城市文化理念中宏伟街道规制产生的共鸣。

于是，国人来到巴黎，除了喜欢法国的博物馆，还特别喜欢法国宏伟的建筑，那种恢宏的气势让人感受到昔日法兰西作为欧洲霸主的显赫地位。比如，国人发现法国的政府机构大多富丽堂皇，非常有历史的厚重感，而这些政府机构又相对比较容易进出，包括总统府、总理府、参众两院在内的政府机构大楼每年都要对公众开放一次。

如果你平时在总统府、总理府、参众两院门前照相，只要不妨害公务，门口的警察通常是不会阻止你的。如果是在一年一度的公众开放日，你还极有可能在这一天见到总统、总理和两院议长。

2018 年 7 月 15 日，法国足球队赢得世界杯冠军，马克龙总统邀请法国足球队来总统府做客。国人们发现，法国国足居然反客为主，颇有点孙悟空大闹天宫的意思，而总统马克龙反倒成了整个活动的配角，一个活脱脱的打酱油角色！

从这次法国国足做客总统府，国人不仅可以看到爱丽舍宫的雄伟气势，还可以看到法国社会的以下几个特点：

首先，总统与球员非常平等。球员觉得总统就是个平常人，将总统看作一个球迷，要与其平起平坐，所以才来到总统府。

其次，来总统府做客与去其他公共场合无异，总统本来就是由他们选出来的，总统的家也就是他们的家，高兴一下，折腾一下没有什么大不了的。

再次，法国球员肤色迥异，黑色居多，除了教练德尚是纯法国白人男子，其他的白色人种很少，某种程度上反映出法国社会的多元化。

最后，教练德尚拒绝发言，他不愿意在总统府这样一个极具政治含义的地方发言，以免让公众误解足球被政治化。

国足们在总统府又唱又跳，只管自己尽兴，在折腾了近两个小时后，没有一个人、没有一句话是感谢总统马克龙和政府的，相反，满满的全是感谢自己的家人、教练和队友。

此事过去很长时间后，国内的朋友见到我时还会向我提起那天的情形，说法国足球队怎么那么牛啊，把总统府折腾成那样，连一句感谢总统的话都没说。

这些法国人啊，真是太“闹腾”……

法国式的慢生活

曾几何时，在上海世博会筹备期间，我曾卖力地向法国朋友炫耀“上海速度”（磁悬浮）和“上海高度”（金茂大厦）！但回到法国这几年，时钟好像被故意调慢了，法国人既不要上海速度，也不要上海高度（巴黎最高楼也只是20世纪70年代建造的蒙帕纳斯大厦，高210米，建成后一直饱受巴黎人诟病），法国人要的只是慢慢品味生活。

与国人相比，法国人做任何事情至少要慢半拍，甚至连过节也如此。比如当我们已在过春节的时候，法国大中学校才开始放寒假；当我们早已“立秋”，法国的各政党、各行会，包括著名的法国雇主联合会才开始召开一年一度的“夏季大会”，辩论其未来的政策；当我们农历“霜降”时，法国的大中学校才开始放秋假……

我对法国人开玩笑说，欧洲有格里高利历，也就是阳历，中国有农历，也就是阴历，你们法国人发明的究竟是什么历？

我核查了一下法国2019年关于四季的描述，春至是3月20日，夏至是6月21日，秋至是9月23日，冬至是12月22日。如果对应中国的农历，分别是三月二十一日春分，六月二十一日夏至，九月二十三日秋分和十二月二十二日冬至。

有意思的是，在四季描述方面，法国的日历和中国的农历居然高度一致，那么，又是什么原因使他们在现实生活以及四季变化的自然时刻表中出现时滞？

在刚到法国的几年里，我对法国人的这种慢生活非常不适应，在我这个上海世博会的组织者看来，这种“慢”甚至是一种罪恶。

想当年筹办世博会，我们是一天当两天用，中午吃饭像打仗，在沪6个春秋很少享受节假日。回到巴黎，上班时间、吃饭时间都比国内晚，节奏比国内慢，特别是我工作的教科文组织，上班是上午10点，下班为晚上6点半，这对我来说真有点匪夷所思。要知道，上午10点前，我在上海世博会已开完两三个工作会议，而在巴黎，一天的工作才刚刚开始！

这种法国式的慢生活让我恍然有隔世之感，我现在也不太明白究竟是什么力量让时钟的钟摆在巴黎放慢了。

然而，更让人感到不可思议的是，法国人通常下班后不接手机、不看短信，周末时光更是神圣不可侵犯。

几年前，国内媒体曾专门报道法国企业员工投诉其老板下班后给其发邮件，而法院则判决员工有权不看邮件。这类新闻报道无疑又加深了国人对于法国慢节奏的印象。

除了慢生活，与国内不同的还有法国特色的约会文化。不管做什么，凡事都要预约，甚至双方开展经济合作，明明对当事方有好处，也要提前预约。

在巴黎，即便大领导召集会议，也不能随时召见部下或员工，你得事先预告以便大家预留时间。原因很简单，大家都有各自的工作日程或规定的业绩目标和职责，上班时间效率非常高，分分秒秒安排得井井有条。如此，才能保证法国人的35小时工作制，保证他们充分的休息权利。也就是说，下班了就不要再谈工作，周末就不再接电话。

如果你坚持在没有事先通知的情况下临时召开会议，我不能绝对地说会议开不成，但肯定效果不好。员工或出于对你的尊敬，或慑于你手中的权力不得不来，但肯定心中不爽。

记得2004年初，TCL收购法国汤姆逊电子，TCL总裁李东升与法国汤姆逊总裁签署协议时还特意邀请到访法国的胡锦涛主席和拉法兰总理一起见证。我当时在使馆工作，安排了这场签字活动，因此，对中国第一家收购法国企业的TCL格外关注。

后来，听说这家春风得意的企业从国内派出高管来指导法国企业，这位高管自然也将中国企业的工作作风带到法国。他有意无意中不管上班下班，总是喜欢给员工发邮件，公司内部开会也比较随机，缺乏计划性，最终TCL在法国的这个投资项目失败了。

我们可以说失败的主要原因是这家法国企业技术上存在问题或国际市场的风云变幻，但不可否认，中方高管没有与法国员工打成一片，学会用他们的方式来管理公司，也是其中原因之一。

由于TCL的故事发生在中国企业进军欧洲的最初几年，它算是第一个“吃螃蟹”者，或者可以解读为中国企业适应法国慢文化的最初实践者，有关故事也就成为国内商学院跨文化冲突管理的案例。

法国的慢生活不仅体现在日常生活节奏中，还体现在名目繁多的假期上。

不到法国不知道，到了法国吓一跳，法国的假期实在是太多了，每年的节假日、法定带薪年假、双休日等加起来有 150 天之多，占全年时间的 40% 以上。

在法国的中国人喜欢称每年的 5 月为“红 5 月”，原因是除五一劳动节、“5·8”二战胜利日外，还有“耶稣升天节”“耶稣圣灵降临节”两个法定假期。再加上 8 个双休日，一个月只有半个月在上班。

总部位于巴黎的经济合作与发展组织（OECD）2019 年的统计表明，法国人一年的上班时间是 1 505 小时，在经合组织内部属于工作时间最少的国家之一。在此组织内，墨西哥人工作时间最长，一年 2 137 小时，美国 1 788 小时，英国 1 538 小时，德国 1 386 小时，37 国的平均工作时间是 1 726 小时。如果我们按一年 365 天、每天 8 小时计算，一年的总工作时间是 2 920 小时，而法国人的工作时间刚刚达到一半。

难怪有人调侃，法国人一年就是两件事：要么在罢工，要么在休假！

说实话，面对这种法国式的假期文化，初来乍到的“勤劳勇敢的中国人民”会感到很不适应，大家会对在那么长的时间内“无所事事”感到困惑。

当然，这时候最大的好处是整个巴黎特别安静，地铁、街道及所有的公共场合没有了平日的喧嚣。在街头遇到的人，十有八九是来法国旅游的外国人，而那些地道的巴黎人或法国人大多“远走高飞”了。他们当中最有钱的到中国，稍有钱的到南方蓝色海岸，钱最少的到郊区或法国边远区域的度假营。但不论形式如何，度假是必不可少的。

有一年，央视的一位著名主持人和家人来巴黎度假，我把法国人的度假文化告诉了他，他对法国人的生活质量非常感慨，后来在他的书中还专门讲了这个故事。我告诉他，度假在法国不仅是一种文化，更被认为是一种生命需要。法国人认为，人如同机器一样需要休息和保养，假期就起到这种作用。

我注意到，法国人度假有三个目的：一是休息；二是家庭团聚，因为度假往往是和家人一起或与好朋友一起，这是亲情和友情的需要；三是充电，利用假期看书或写书或上各种暑期班，是提高个人修养的好时机。

当然，还有第四个原因，这是我的一位在法国生活了30多年、在巴黎开了一家旅行社的朋友对我说的。他说，在法国度假，与其说是一种文化，不如说是一种“专政”，对每一个法国人或在法国生活的中国人来说，如果你不度假，或在假期里无所事事，这是非常丢人的。你必须以各种方式在假期内为自己安排一次度假活动。如果你没钱，借钱也要度假！否则，8月底9月初回到单位，朋友、同事见面时，你说你假期里什么都没干，这是很丢份的。

最后还要补充一点，假日期间你会有一种特别美妙的感觉，仿佛什么问题都不存在，漫长的夏日，天天听鸟叫，喝咖啡，非常惬意。但假期最大的优点同时也是你遇到的最大问题，因为没有人，你办什么事都不方便，不要说商店、饭店都会关门，就连医院也会凑热闹，让你看不了病（当然急诊除外），仿佛生命在这个国家静止了……

比慢生活还要慢的饭局

法国人经常得意地对我说，法中两国有许多共同点，其中最大的特点就是法国人与中国人一样喜欢吃。

是的，法国人喜欢吃、讲究吃，无论是朋友聚会，还是家人团聚，抑或是谈工作、做生意、闲聊，都离不开吃，所以也就形成了有法国特色的饭局。

在法国式的慢生活中，饭局扮演着重要的角色，一日三餐，可以说顿顿是饭局。

我们先说法国人的工作早餐吧，这主要发生在关系特别好的朋友之间。

早餐一般在上午 8 点半，约一小时，吃完正好坐地铁上班。早餐一般吃得比较简单，一杯咖啡、一个羊角面包，这对谈事很有帮助。

我与法国人一起吃早餐的习惯源于当年吴建民大使的做法。吴大使工作很忙，想与他交流的法国朋友又特别多，于是，一起吃早餐就成为吴大使对外交流的一种工作方式。

我在回到法国后，也开始学习工作早餐的方法。我发现工作早餐的作用太大了，它在让我办完一件事的同时几乎给我留下了一整天的工作时间，而且在我经常吃早餐的几个咖啡馆或饭店里还会不期而遇法国的政府部长、影视明星和大企业家等，让你感觉到，法国社会的社交活动并不刻意留在晚上，而是每时每刻都在发生。

午餐一般在中午 12 点半或 13 点，包括最后的喝咖啡时间，过程约两个小时，有时会吃到下午 3 点，这与国内工作午餐的快节奏又形成了强烈反差。难怪国内来的朋友常对我说，法国人太不爱工作了，常常利用吃午饭来挤压上班时间！

至于法国人的晚餐，一般在 20 点，也有 19 点开始的，但比较少，这对喜欢早吃早睡的国内来的朋友而言确实有点不习惯。

我记得在外交部礼宾司工作时，一年四季，国宴总是在 18:30 开始。后来我到了上海工作，发现上海市领导的外事接待晚宴也都是 18:30 开始。

然而，18:30 这个中国人对外交往最高礼仪的黄金时间，在法国则实在显得太早，此时往往餐馆还没有到开门时间。也正因如此，国内朋友参加法国人的晚宴，总是会先饿一下肚子，实在坚持不了，就先吃包方便面垫垫肚子。

晚餐是三餐中最正式的，同时进餐速度又是最慢的，从一开始的点菜就特别慢，上菜也慢，最后总算吃完，还要饭后甜食，再喝咖啡、消化酒等，有时长达三四个小时。

但法国的饭局是比较轻松的，吃饭就是吃饭，没有官场、社会等阶层观念，主人在邀请客人时也会特意邀请些不同行业的人出席，且越杂越好，以便他们相互间交流。

但说实话，在这种场合比较受欢迎的还是艺术家、设计师、建筑师等，而非官员，这一点与国内看重官衔和金钱的价值取向正好相反！

出席法国人的饭局，我还时不时会遇到一些法国政要，大家好像对“领导”的到场很不在意，各自进行着自己的谈话。

有一次画家朋友严培明请我到他家做客，同时也请了位前总理，与我聊天的是法国的一位明星电视主持人，叫杜朗（Guillaume Durand），类似央视的赵忠祥。老先生居然只向那位刚进门的前总理摆摆手，继续与我聊天。见此状，我也只好“入乡随俗”，对“领导”的到来无动于衷，这在国内恐怕是不可思议的失礼行为。

记得我当年重返巴黎时，雕塑家拉希德（Rachid Khimoune，曾赠送上海世博会一组 21 世纪世界儿童雕塑）和他太太、法国文化界大咖罗洁丽（Eve Ruggieri），请我到他们楼下一家叫里普的饭店为我洗尘。

当我走进饭店时，突然发现自己右侧的第二个位子上居然坐着法国前总统希拉克，他像一个美食家一样聚精会神地审视着盘子里的肘子（里普饭店 100 多年来的看家菜），连头都顾不上抬一下。

我与希拉克总统寒暄几句后，罗洁丽又把我介绍给左边的法国王牌政治栏目电视记者让-皮埃尔·埃尔卡巴克（Jean-Pierre Elkabbach），还有巴黎赫赫有名的刑事诉讼大律师奥利维尔·梅茨纳（Olivier Metzner）。

在一张桌子大的乾坤里，我居然右侧是法国前总统，左边是法国最著名的记者和律师，实在让人感慨不已！但这位曾为法国前总理德维尔潘、法国首富欧莱雅股东贝当古夫人等名人打官司的大律师，半年后居然在其诺曼底的乡间别墅自尽，理由是活得太没有意思，让我深感不可思议。

巴黎的饭局多，对我这个走南闯北的吃货倒是非常适合，但如果你一晚同时受邀出席两三场同样精彩的晚宴，你就会面临“选择的困惑”，需要你有足够的体力和通海入河的胃口。

在巴黎的饭局上，谈话是没有任何禁忌的，人们常常喜欢海阔天空地聊，聊国际国内大事、最新电影、体育比赛、中法餐饮、各国名胜，爱聊什么聊什么，就是很少有人会聊到股票、房价、做生意，更没有二话未说就交换名片、相互加微信的。

接下来，酒足饭饱后就是如何退场的问题。

如果你是在半夜 12 点前告辞，可能会扫主人兴，甚至让主人觉得晚餐或聚会不够吸引人，因此，大多数客人会坚持到半夜 12 点后退场。但你千万别以为那是“夜深人静”的时候，当你进入巴黎地铁时你就会非常吃惊地发现，此时地铁的人流不亚于中午 12 点，车厢里满满的，欢声笑语，人声鼎沸，甚至还会遇到艺人拉琴。

显然，这些都是刚刚从不同饭局出来正要打道回府的人。

海明威曾把巴黎比作一个流动的宴席，如果从巴黎人慢节奏的饭局角度看，此描述确实不为过。

法式生活——中国中产阶级向往的生活

面对法国马赛克式的国家与社会，在国人的诧异和批评之外，还有不绝于耳的对法式品质生活的由衷赞美。在我看来，那种对法国的抱怨只能是中国人常说的“恨铁不成钢”的流露。

这种对法国品质生活的向往不仅体现在微信群里隔三岔五出现的对法国博物馆、时尚、美食的赞美，也有对法国人生活得健康、简单，甚至可以童真般放飞自己心灵的生活方式的羡慕。

法国式的品质生活对那些天天处于竞争和亢奋状态中的中国中产阶级来说无疑是一股清新的空气，一种心向往之却难以实现的活法。

首先，法国式的慢生活。

国内朋友对我坦承，他们非常羡慕遍布巴黎大街小巷的咖啡馆，以及那些慢悠悠品着咖啡，或浏览着当天报纸，或呆呆地注视街头的行人，甚至枝头的小鸟、墙边的花草。

郎朗就亲口对我说过，巴黎太给人幸福感了，应该在巴黎多住住。

其次，法国品质生活中的精品文化。

我们只要看看在巴黎老佛爷、巴黎春天、路易威登旗舰店、乐蓬马歇（Le Bon Marché）百货公司里的中国人，你就知道中国人对法国的奢侈品有多么向往！也正因为如此，像路易威登这样在世界上享有盛誉的奢侈品，中国早已成为其最大的市场。同样，对巴黎老佛爷、巴黎春天、乐蓬马歇等大型百货公司而言，中国客户早已是它们最大的外国客户群。

在法国精品业中，不得不说的是法国的美食和美酒，从法国米其林大餐、鹅肝、蜗牛、生蚝，到法国甜点、法棍、各种马卡龙、羊角面包，到法国波尔多的八大酒庄、勃艮第的罗曼尼康帝，再到轩尼诗等各种白兰地，国人对法国美食和美酒的知识之丰富，让我这个在法国生活了快 20 年的人都汗颜。

然而，更让人可敬的是，这些中产阶级美食家并不会讲法语，也没有任何在法国生活或工作学习的经历，他们的法兰西美食和美酒知识靠的是“自学”，是他们在平日的生活中积累的。

著名投资人阎焱曾对我说过，现在是法国进入中国市场的最佳机遇期，中国中产阶级至少有 3 亿 ~4 亿人，他们渴望高品质生活，而由于中国经济的快速发展，资源和环境被严重透支，食品和水质被严重污染，在国人眼中，法国式的高品质生活就像沙漠中的一片绿洲一样显得尤其珍贵。

法国品质生活成为中国中产阶级的最爱还体现在中国人持有的 120 多个波尔多酒庄，其中包括马云和赵薇拥有的酒庄。另外，大量法国品牌在最近几年改弦易辙投向中国企业的怀抱，如山东如意集团以 13 亿欧元收购了法国轻奢集团 SMCP，从而将其旗下的 Sandro、Maje 和 Claudie Perlot 三大服饰品牌收入囊中；中国一家位于上海的投资基金收购了具有 250 年历史的法国高级水晶玻璃器皿制造商百家乐公司（也译成巴卡拉）；上海锦江集团收购了法国卢浮酒店集团，并参股法国雅高酒店集团；广东合生元收购法国诺曼底奶场；东航参股法航；等等。

当然，在中国企业把法国高质量生活象征的时尚品牌纳入囊中的国际化战略中，最出名的莫过于上海复星集团。董事长郭广昌很多年前就意识到法兰西生活的品牌价值，在几年前收购法国著名的地中海俱乐部后，又马不停蹄收购了法国知名的服装品牌朗万（Lanvin）和圣米歇尔饼干（Mont Saint Michel）等。复星集团在郭广昌的领导下成为中国中产阶级享受法国品质生活的桥梁。

2019 年 11 月 5 日，马克龙率领法国 80 家企业出席上海进博会，仅法国乳制品企业就有 7 家。法国企业通过进博会发现，中国中产阶段是如此喜欢法国优质生活品，法国媒体也为此做了大量报道。

我想，这是否也从另一个角度说明，对国人来说，费解的法兰西终究还有些容易解读的东西，让国人追捧的法兰西高品质生活方式应该是其中之一吧！

第二章

纠结、痛苦与希望

法国式的“社会主义”

法国人喜欢聊天，我喜欢问问题，因此，在法几年，我与法国朋友们无话不谈。当然，谈得最多的还是中国的飞速发展和法国经济的徘徊不前，或用法国人自己的话说是法国的衰落。

然而，每当谈话进入此类话题时，生活在法国的中国人就会非常正式地提醒我，法国虽然没有中国发展得快，但不要忘了法国是一个富裕的资本主义后工业化国家，人均 GDP 是中国的 4.4 倍，而且，法国不仅发达，还是一个相对公平、社会主义色彩非常浓郁的国家。那些 20 世纪八九十年代就从中国大陆来到法国的老留学生，甚至调侃说法国才是真正的“社会主义国家”。

首先，在法国看病吃药基本上不用花钱。

法国在战后就开始实行全民免费医疗，只要是在法国生活的人，只要加入法国社保，就自动享受医保，个人支付部分非常少。可以说，在法国任何人都不用为看病吃药犯愁。而且，一旦你加入医保，你的家庭成员也自动加入，也就是说，一人入保，全家享受。

我爱人的大学同学来法国 30 年，她母亲跟着她在法国养老，所有医疗费全免。前一阵子老太太腿不舒服，走路不方便，医生让她去找按摩师，所有按摩护理费用全部报销。

我也有类似经历，在上海世博会筹备期间，我得了一种医学术语叫“真性红细胞增多症”的病，上海瑞金医院著名专家王遵义老先生让我打干扰素，并嘱咐我最好用瑞士罗氏制药公司的，这样副作用小些。然而，且不说整个打针过程很痛苦，就是进口药昂贵的价格，也让我望而却步。现在到了法国看病，法国医生认为我这是一种慢性病，可以100% 报销，也就是说，我现在治疗此病不花一分钱。

法国这种普惠的社会福利政策还面向在法国的外国人，而这些外国人也不分合法与非法居留身份，因为在法国人的理念中，关爱、救死扶伤是天经地义、无须讨论的，也是完全超越国界和意识形态的。在法国有一种专门的医疗保险制度，叫国家医疗援助（AME）。

我查了一下，这个制度最早是在 1893 年 7 月 15 日法国第三共和国时期制定的，目的是让所有在法国生活的人都能享有医疗救助，从而体现共和国的互助精神。1945 年，法国建立了社会保障体系，这一制度之后又得以不断完善。国家医疗援助的适用人员很宽泛，包括在法国没有居留许可证或处于非法居留状态的外国人及其子女或受抚养人，还有那些被法国政府行政拘留的外国人。总之，所有没人管的非法移民的看病问题法国政府都要管起来。

刘锦勉先生是温州商会首屈一指的秀才，他原是浙大化学系 82 级的高材生，阴差阳错来到法国打拼，用他的话说，他是“不请自到，赖着不走”。他给我详细叙述了他当年是如何作为非法移民在法国生活并享受法国的“社会主义”福利的。

他告诉我，当他太太生第一个孩子时，由于担心没有合法身份，害怕警察找麻烦，直至太太临盆他才送太太去医院。

他向我强调，虽然他不会讲法语，但他心想，老婆生孩子，一定要到法国最好的医院。因此，他堂而皇之地从华人聚集的唐人街来到了巴黎圣母院边上的上帝医院（或译主宫医院）。

当他那咿呀乱叫的太太到医院时，委实把护士们吓坏了。她们从未见过一个从未来过医院检查、未留下任何记录，更别提事先预告生产的中国妇女突然闯入医院要生孩子。

惊讶不已的助产士们慌忙把刘太太扶上产床，为她接生，然后又在电脑里拼命为其找空余的病床，以便让母子能够享受到法国最好的医疗。通过强大的医院内部网络系统，她们发现巴黎郊区有家公立医院仍有床位，于是马上让急救车将刘太太母子送到那里。

20 多年过去了，当刘先生给我细说他那初为人父的经历时，他的双眼里依然充满着激动和喜悦。

他说那天晚上简直就像电影桥段一样牢记在他的脑海里。他和姐姐要回巴黎市区给夫人取点衣物，但他们没有交通工具，没有钱，不会讲法语。他至今也搞不明白他们是如何凭着自己都听不懂的法语，先是说服一位来医院办事的法国人同意让他们搭车回巴黎。然后这位热心的法国人将他们一直带到巴黎的公交车车站，大巴司机将他们送到地铁站，又将他们托付给一位地铁乘客，让后者教他们如何坐地铁回家。

最后，在经历几组接力后，他们在下半夜顺利回到巴黎家中。

刘先生说，虽然他在法国长期是“黑户口”，是一位社会最底层的非法移民，但他从未感觉到法国人对他和他全家的歧视。他甚至如法炮制，在上帝医院又生了两个孩子，照样受到法国医护人员的悉心照顾。

他还对我补充道，不仅他太太作为非法移民得到了法国医院的人道主义帮助，他的父亲作为非法移民，在身患重病时同样也得到法国医生无微不至的关怀。他说，医院在收留他父亲时，根本不问是不是非法移民，相反，给他用的是最好的药。这些药费算起来，起码十多万欧元。

刘先生告诉我，医生们接待他父亲时不仅告诉他没有医保和合法身份与就医无关，而且反问刘先生为何不申请合法居留。“你的父亲病情如此严重，必须马上申请法国合法居留”，并向他提供了“无疆界医生”组织的联系方式，声称“他们可以无偿帮助你们全家获得合法居留资格，而且，你的母亲也要申请，这样才能照顾你的父亲”。

刘先生不无感慨地对我说：“法国是一个真正的社会主义国家，没有法国，就没有我们家的今天。”

其次，在法国上学基本是免费的。

在法国，任何人理论上都可以向政府申请的各种社会补助高达 35 种，包括住房、看病、残疾服务、就业指导、能源费、交通出行等，应有尽有。当然，这些补助也是有标准的，只有符合标准的人才能享受到。在所有的社会福利政策中，教育的补助门槛是最低的，原因是在法国，法律规定上学是免费的。

这里的上学指的是中小学义务教育和大学。马克龙上台后，又把义务教育的起点从小学提前到幼儿园。也就是说，一个法国人从 2~3 岁开始到 16 岁高中会考，再上 3 年本科、两年研究生，在 21 岁前，只要你上的是公立学校，就可以免费上学。

法国实行义务教育的历史很长，在封建王朝时就有，当时是教会和一部分富人率先倡导这么做。在法国大革命期间修订的 1791 年《宪法》中，“义务教育”被第一次列为共和国未来施政目标。而真正明确提出国家要保障公民受教育的平等权利、世俗的各级公共教育是国家责任，则是在 1946 年修订的法国第四共和国的《宪法》中。

由于实行免费教育，在法国上大学是非常划算的。大学的注册费一年才几百欧元，而同样的专业在别的国家，如英国，一年得上万英镑。

好朋友王益群女士的儿子在伦敦帝国理工学院学习航空物理专业，每年学费要 3 万多英镑，而同样的专业，在巴黎综合理工大学这所由拿破仑建立的军事化管理的理工科最高学府是免费的。更不可思议的是，你每月还可以拿到 1 000 多欧元的补贴，这是拿破仑定的，当时叫“军饷”，是为了保证这些军校的工程精英能够集中精力学习。

当然，你拿国家的“军饷”也是有条件的，你必须为国家服务三年，否则要赔偿 3 万多欧元，也就是一年一万多欧元。益群的儿子对我说，即使今后不为法国服务，三年 3 万多欧元，也不过是英国一年的学费。

我还有一个有关在法国上大学的生动例子。

我的老朋友刘昆仑是斯特拉斯堡大学医学院教授，他的三个子女全部子承父业，念的是法国7年制医科，立志要像他们可敬的爸爸一样，治病救人，服务社会。如果放在英美两国，刘医生估计得倾家荡产，或一定会强迫孩子们念别的学科，原因是在英美两国，念医科的学费极为昂贵。然而，在法国念医科，一年的注册费才200~300欧元，完全是象征性的。当然，你的成绩必须非常好，因为医科非常难考。好在刘医生家的三个孩子个个出类拔萃，都是学霸型的好孩子。

由于法国的学费实在太便宜，从2019年起，法国政府试图针对外国留学生调高注册费，将几百欧元的注册费上调至一年2 000~3 000欧元，这样既可为政府财政开源，又可通过这样的经济门槛找到法国政府心仪的外国留学生。这里所谓心仪的外国留学生，肯定不是指那些来自非洲的穷学生。

可以料到，法国教育部这项改革措施一出台就遭到了非洲留学生的强烈反对，同时也遭到法国自己高校教授的诟病，他们认为这有悖于法国免费教育的共和国基本原则。但政府依然辩解说，从几百欧元上调至2 000~3 000欧元，幅度并不大，与英美两国相比还是非常便宜的。

有意思的是，法国政府擅自提高外国留学生来法上大学费用一事也遭到法国国家宪法委员会的反对，后者认为政府的决定违背了法国教育的公平原则，是违宪，不能接受！

因此，在法国上大学费用低几乎是板上钉钉、谁也改变不了的国情。

在法国上学，除了书费和餐费，家长的经济压力并不大。

就书本而言，国家对教材出版有补贴，课本的价格也就不贵，特别是法国中小学校还有个好传统，上一届的学生会主动将用过的课本传到下一届学生那里，这既为下一届学生节省了开支，又非常环保。

说到学生食堂，法国幼儿园和中小学的后勤工作是由地方政府负责的，也就是市政府负责提供学生食堂的膳食。由于地方政府的财力不一，有的学校得到地方政府的补贴多，有的学校则要少一些，但总体吃得都不错，有荤有素，营养丰富。如果学生家长的收入低于相关规定，还可以为孩子中午的膳食申请补贴，这使本来就不多的餐费变得更具象征性了。

记得 20 多年前，由于使馆的工资与当地居民的工资存在较大差距，我女儿及当时所有我国外交官的子女和中资机构的孩子在上法国当地幼儿园时，均不同程度地享受了当地政府的伙食补助。

除了免交学费和只交相当于成本费的午餐费外，新学期开学时，政府还会发给学生家长书包费。前几年经济好的时候发得比较多，现在经济不太景气，发得少了，但对困难的家庭还是坚持每年有经济帮助。

同国内的情况一样，当孩子完成中小学教育后，家长就面临着孩子上大学的问题，虽然孩子在法国上大学不用交昂贵的学费，但家长需要为他们找到住房。在法国，许多大学是不提供学生公寓的，如在巴黎的那些大学，基本都没有学生公寓，这样一来，孩子就必须在当地找房子，而租房子自然就成为家长的一笔开支。

幸运的是，法国政府对学生住房也有补贴政策，只要家长的收入低于相关标准，孩子就可以得到政府相关机构的住房补贴，平均每人可达 200 多欧元。有意思的是，这项政策不仅针对法国同学，也针对所有在法国的外国同学。

我第一次了解此政策是在法国东部城市斯特拉斯堡当领事时。我原来在外交部西欧司同一办公室的一位年轻同事被推荐到法国国立行政学院（ENA，马克龙的母校，专门培养法国高级文官）上学，他特意来看望我这个老同志，并在谈话结束后请我为他出具一个他的工资收入证明，然后凭此收入证明，他就获得了法国政府的住房补贴。

要知道，我这位年轻同事在斯特拉斯堡上的是法国最好的行政学院，这所学校给予中国外交部留学生的奖学金不知比当时我们这些中国外交官的俸禄要高多少，且这位仁兄在国内还有外交部发的工资，但他居然还能享受到法国政府的住房补助，这让我及总领馆的全体同事对法国式的“社会主义”有了新的切身体会。

这次回巴黎，碰巧我女儿也到法国上学，她和她所有来自中国的同学也都照例享受了这样的政策。

谈到法国住房的相关政策，我不得不说一下法国政府对租房者的各种法律保护措施。如著名的“冬季暂停驱逐”法规规定，在每年 11 月 1 日至翌年 3 月 15 日之间，如果房客因种种原因交不起房租，房客可以占着住房不走，房东无权将房客赶到大街上。

有意思的是，即使冬季过后房东因房客欠房租要驱逐他，法规还限制房东不得在晚上 21 点至早上 6 点之间驱逐房客，也不得在休息日和节假日驱逐房客，以保护他的尊严。

在法国，媒体还会经常报道一些人通过撬锁方式闯入巴黎的一些空房子入住，法国人把这些人称为“squatters”（擅自占据空房子的人）。那些无人居住的空房子往往是有钱人因无后嗣或子女不在巴黎而空置的，多年无人过问，或是一些大银行、财团的投资性住房。这些 squatters 进入后，房主会通过法律手续，要求警方予以驱逐。有意思的是，在警察执法时，民众却不支持警察，而是同情 squatters，有时还会有一些社会名流出现在抗议的人群中，以表达对政府的不满和对穷人的同情。

说到无房者非法占用社会空房问题，我自然也想到了法国政府战后对法国穷人实行的廉租房问题。

回到法国这些年，我目睹了巴黎房价是如何上涨的，从 2011 年的平均 7 000 多欧元一平方米到今天的 1 万欧元，即折合人民币 8 万元。尽管这样的涨幅与国内北上广深等一线城市，甚至一些二线城市相比并不算太离谱，但对广大工薪阶层来说，房价上涨毕竟是个尖锐的社会问题。为此，法国政府从二战之后一直实行一种廉租房制度。

根据法国国家统计署 2018 年的统计，法国全国各地共有 450 万套廉租房，可容纳近 1 100 万人，占全国总人口的 1/6。

在巴黎，享受廉租房制度的规定是，一人年收入不能超过 2.3 万欧元，两人不能超过 3.5 万欧元，三人不能超过 4.6 万欧元。如果你符合上述条件，在巴黎每平方米的租金是 7.4 欧元，折合人民币 50 多元。如果你是两口之家，住 30 平方米的话，就是 220 欧元，约合人民币 1 500 元。

根据法国的建筑规定，法国的住房面积是净居住面积，30 平方米折合国内的住房面积应该在 40~50 平方米。另外有一条要特别注意，法国的廉租房廉租不廉质，在建筑上与商品房质量无异，只是政府强行规定租房者只交纳法定的租金。而且更为特别的是，法国政府对各地政府的廉租房建设有硬指标，如果不完成就会对当地政府予以罚款。一些廉租房实际就是地方政府采购的商品房，然后再租给低收入人群。因此，廉租房不仅不劣质，如果你够幸运，还可以住到地段比较好的房子。

谈完法国的廉租房制度，我觉得有必要再介绍一下这个“社会主义国家”的物价。

记得当年欧债危机时，2012 年，我曾在联合国教科文组织总部组织了一个由教科文与中欧国际工商学院联合举办的论坛，论坛上有人对欧洲的经济结构予以强烈的抨击，并对中国的经济给予不太恰如其分的夸奖。

中欧基金会理事、前中国驻德国大使卢秋田结合自己在欧洲工作 40 年的经历，从中欧物价的角度实事求是地论证了中欧经济的差距，强调中国还是个发展中国家，欧洲的问题与中国的问题本质上是不一样的。

卢大使提到德国的鸡肉、鸡蛋、面包、猪肉、牛奶等价格，实际与法国的价格是差不多的。多少年过去了，法国的物价从 2012 年到现在几乎没有涨。

今天，在我家楼下的面包店里，一根法棍的价格是 96 欧分，一个羊角面包是 1.2 欧元。在我楼下的家乐福小超市，1.5 升依云矿泉水一瓶合 4 元人民币，鸡蛋每个折合人民币 1 元多，瘦猪肉折合人民币 20 元一斤。如果考虑到法国人均最低工资收入 1 521.22 欧元，其物价还是比较低的。

需要补充的是，在本次法国全国抗击新冠肺炎的过程中，法国的福利体制再次发挥了重要作用。

2020 年 3 月 12 日，马克龙针对这场“一个世纪以来最严重的公共健康危机”发表了全民电视讲话，他再三强调政府将“不惜任何代价”保护法国人民。

马克龙表示，他所领导的法国政府将会使用一切必要的财政手段救死扶伤。“无论付出的代价有多大，我们都要保护我们的人民、我们的员工和企业。”

马克龙告诉法国老百姓，法国的福利制度不会因为疫情而遭受破坏或受到质疑。法国的免费公共医疗制度，不分经济收入、职业背景和社会地位，实行全面免费，是全体法国人的一种难得的国家资产和面临像新冠肺炎这样残酷命运考问时保护每个法国人的法宝。

他向法国人保证，在任何情况下，法国政府是不会将法国人的食品安全、社会保障和免费医疗体制交给自由市场规则的。

马克龙所说的不惜任何代价，就是国家要承担每个法国人的所有医疗费用，并向由于新冠肺炎失去工作的人提供失业救济和向所有企业免征各种税收。

这项由财政部制订的 450 亿欧元的一揽子救助方案规定，在两个月的时间内，员工不用上班就可以领取一种叫“部分失业”的补助。仅此一项，国家就要支出 55 亿欧元。

这个叫“部分失业”的救助还惠及因照顾老人或孩子等原因而必须在家的员工，他们领取的补贴是其净收入的 84%。

另外，法国还针对受本次疫情冲击比较大的行业出台了许多补贴政策，如餐饮旅游和文化产业。许多法国大企业也能够在国家困难的时候停止分红，对其上下游法国中小企业实行推迟收款或免除租金等“同舟共济”的做法，甚至对禁足期间坚持在线办公的员工依然提供午餐补贴。

总之，这些点点滴滴不禁让人感受到在特殊时期法国政府对民生的重视，就连企业也更多地体现出社会职能，这是难能可贵的。

变革前夜的法国——都是全球化惹的祸？

平心而论，作为老牌资本主义国家，法国式的“社会主义”对战后法国经济的重建和繁荣稳定发挥了重要作用。法国人尽管天天游行、抱怨政府，但从内心还是认可法国的国家干预经济模式的，希望社会发展是经济与人自身的均衡发展。

然而，突如其来的全球化浪潮改变了这一切。在全世界都在讲效率、拼速度、求发展的今天，法国还沉湎于公平与博爱，强调人人平等的理念，与全球化残酷的经济竞争逻辑反向而行，并欲与其开展一场史无前例的“龟兔赛跑”。

因此，从国内来的朋友们都发现，相较于当下国内翻天覆地的经济、社会和观念的变化，法国人好像还生活在中国改革开放前后的七八十年代一样，人们大多“清心寡欲”，且津津乐道于那种平淡、惬意、小富则安的生活。

如果你有机会进入今天的巴黎地铁，你会发现在入口处总有一个木箱子，里面放着免费的地铁报，上班的人接二连三地过去取这份免费小报以打发时间，情形如同10年前的上海地铁，让人有一种恍如隔世之感。

如果你经常坐地铁，你肯定还会遇到各式各样的艺人在地铁车厢里卖艺，拉手风琴，在地铁过道里也常有人拉小提琴、唱法语歌或打非洲鼓。在协和广场这一带，你还会发现一帮来自南美的艺术家穿着民族服装在拉美音乐中引吭高歌。

再看看车厢里，你会更吃惊，居然还有那么多人在静悄悄地看书……

如果你到街边咖啡馆或小餐馆会友吃饭，你会发现这些法国人总是慢条斯理，好像总有花不完的时间，没有一点儿国人只争朝夕的工作激情……

这里没有微信支付，法国人根本听不懂什么叫“扫一扫”，更没有“刷脸”这个世界上几乎只有中国才有的最新支付发明。让人感到法国根本不像发达和高度竞争的资本主义商业社会，甚至连“社会主义初级阶段市场经济”的境界都达不到。

这里没有一天一个成功的故事、一天造就一个亿万富翁的传奇，没有“马云”式的民族英雄，也没有类似任正非这样白手起家的世界企业领袖，更没有层出不穷的各种新商业模式，比如在中国风靡一时的电商和快递。

在法国，在巴黎，古老的街道依然是处处可见的夫妻店式的小本经营经济业态，法国人对林林总总的面包房、咖啡店、小餐馆、小报厅的钟爱溢于言表，远远超过了那些价格便宜的大型超市。

法国人这种“小国寡民”的思想也体现在他们聚会时的谈话内容。

在法国，与不认识的人谈金钱以及任何与做生意相关的话题会被视作不得体。如果你冷不丁谈论股票、楼市、投资、挣钱等，他们也会听，但绝对不会接下茬儿。

法国朋友告诉我，受天主教的影响，在法国人眼中，炫耀金钱绝对不是件好事情，而关心他人，则是天主教的教义要求。由于有这样的天主教传统，法国人显得不太“贪”，也不太愿意炫富。

在法国生活那么多年，要区分法国的富豪和平民，某种意义上要比在国内难度大，比如在巴黎街头，我们往往看不到名车。就是很有钱的人，穿着也很一般，没有从头到脚全是名牌。

我身边的朋友太太从不用名贵的手袋，更不要说那些动辄几万元甚至数十万元的爱马仕和 LV 包。我的朋友们几乎也没有人开宝马、奔驰，更不要提保时捷、宾利。如果你偶尔在香街和铁塔底下发现有保时捷、宾利，车主十有八九是来自海湾国家的人，与法国人无关。

然而，如果我们把以上现象当成法国社会的全部，或法国人在全球化冲击下的真正心态，那么，我们就犯了“不知有汉，无论魏晋”的错误。

法国式的福利经济模式与欧洲所有的福利经济模式一样，在汹涌澎湃的全球化浪潮中朝不保夕，或更夸张地说是“奄奄一息”。

法国表面的田园诗般的生活，如同一条静静的小河，水面波光潋滟，水下却早已暗流涌动，各种思潮、力量和不满在迅速地聚集并向执政者冲去。而这股冲向执政者的不满的表现，就是我们看到的此起彼伏的罢工、游行集会、冲突、抗议等。

作为法国大革命“自由、平等、博爱”人类崇高理念的践行者，法国人一直为法国的福利资本主义制度骄傲，认为法国的体制是最适合人性的制度，应该成为世界各国学习的榜样。

然而，全球化无情地打破了法国原来制度设计依据的外部竞争环境，当以中国为代表的广大发展中国家迅速崛起，特别是这些国家的人民愿意以更多的劳动——如国内有一阵子广泛讨论的“996”工作制，而不是法国法定的每周35小时工作制和长达一个多月的漫长假期——来换取经济收入的迅速提高，从而获得更多的幸福感时，法兰西的这套美好的政策设计就不灵了。

于是，今天的法国人活得很纠结。一方面，过去的东西太美好，福利经济、国家的各种保护和保障是万万不能丢掉的；另一方面，出于人的本能，这种既得利益不仅不能减少，而且必须增加。

在我们这些在法国生活或来法国观光的中国人看来，有一个不争的事实是，法国这种体制并没有带来多大的益处，相反，它使法国人变得更穷，国家的各种运行机制变得更加滞涩。

对于法国人变穷的速度，我们可以从法国国家统计署2019年10月的统计中知晓。比如，2018年，法国有贫困人口930万，占全国人口的14.7%，比2017年上升0.6%。

所谓贫困人口，指的是收入低于法国人均收入的60%的人群。按此标准，月收入低于1 054欧元（约合人民币8 432元）的人在法国就是贫困人口。在这些贫困人口中，大多数是单身一族和单亲家庭。单身一族主要是25岁以下的年轻人，单亲家庭多为女性带着孩子生活。

法国著名民调公司益普索集团（Ipsos）的民调也显示，接近四成的受访者承认自己曾生活在贫困之中。

有关法国人的贫困化问题，法国媒体和社会各界非常关注，有关报道也很多，从排队领取爱心食堂免费食品的队伍逐年变长就可以窥见一二。但最让人触目惊心的是，在穷困潦倒中，一些人选择了自杀，试图以结束生命的方式来抗议这个不公平的社会和命运。

据统计，法国每年大约有一万人选择自杀，他们自杀的原因各式各样，但职业压力、失业、穷困潦倒的窘境常常占据很重要的位置。

我在前面提到法国警察上街游行。别看这些国家机器的代表平日携带武器，执法时是如此威严，但他们工作条件差、收入低，平日高度紧张，又得不到休息，缺乏尊严感，导致最近几年法国警察和宪兵自杀的特别多。

据统计，2016 年有 36 名警察和 25 名宪兵自杀，2017 年有 50 名警察和 17 名宪兵自杀，2018 年有 35 名警察和 33 名宪兵自杀，2019 年有 59 名警察和 21 名宪兵自杀。无疑，这是法兰西共和国和平卫士选择自杀人数最多的一年。

还有就是法国农民，他们辛辛苦苦一个月的收入才几百欧元，常常入不敷出，因此，自杀成了他们摆脱困境的唯一选择。据统计，2018 年有 605 名农民自杀，也就是说在法国平均每天有两个农民自杀。

根据有关方面的统计，欧盟国家的自杀率是万分之一，而法国是万分之一点三，这不能不说与法国的贫困和竞争压力增加有关。

就法国人的贫穷化，我们还可以通过地铁里那么多的乞讨者窥见一二。

在乞讨者队伍中，我印象最深的就是刚到巴黎时遇到的几位丐帮大侠。那是 2011 年秋天的一天，一位 40 开外的男子，破衣烂衫，一进车厢就自报姓名、年龄："我叫贝尔唐，失业者，一直在找工作，但仍没有找到。如果你们在座的谁给我一张饭票（法国大企业的一种福利性餐券，可在巴黎各种小饭店和食品超市购物），我就可以果腹。如果你们谁给我一欧元，我今晚就有了御寒栖身之处。"说完，他非常绅士地向我们走来，把他的帽子翻过来递到我们的面前，期待着每个人发善心。

这位男子离开后，过了一站，大约也就是 5 分钟的时间，又上来一位半老徐娘，她扯着沙哑的嗓子说道："我叫娜达莉，是个艾滋病患者。没办法，不走运的事有时就会发生在我们任何人的身上。我没有工作，没有收入，但我要生活，也要吃饭。"她耸了耸肩，非常大方地看着车厢里的每个人，然后非常有尊严地把她要钱的小包递到我们跟前。

我还曾连续几天遇到一位漂亮的姑娘，她大大方方进入车厢，用甜美的声音说道："我是一名大学生，在巴黎上学，巴黎房租太贵，家里穷，供不起，只能指望大家帮忙。"

还有一次，我遇到一个帅哥，穿着牛仔裤，上身穿一件休闲上衣，脑袋上戴着一顶绿军帽，帽子上还有一颗红五星，完全是一副中国"文革"时期红卫兵的打扮。他一进来就以洪亮的声音说，他24岁，没有工作，很不好意思打搅各位，他说他为自己沦落到今天伸手向各位要钱感到惭愧，甚至感到羞耻，但没有办法，大家千万不要以为这是他愿意做的。然后，他大大方方地向大家走来，希望车厢里有人对他的境遇表示同情。

更有甚者，当一车厢的人都安静地看书或打盹儿的时候，突然有人安安静静地走上来，在每一个空座上放一张纸，上面写着自己的情况。乘客如愿意，就在纸上放一点零钱。下车时，那人便将纸和零钱一并收去。

这种情形主要发生在郊区的火车上，市区地铁由于比较拥挤，站台之间的距离短，这种非常前卫的乞讨在时间上得不到保证。

由于2011年是我刚刚回到法国的一年，我对巴黎地铁乞讨的情景印象很深，当时觉得非常寒心，好端端的国家，居然会沦落到这种地步。最近几年，看得多了，见怪不怪，更愿意从文化角度来理解法国人的"乞讨"问题，要是在中国，不到万不得已，是没有人愿意在街头乞讨的。

当然，我还需要特别指出的是，在巴黎的丐帮中，最近几年多了不少外国人，主要是叙利亚人。由于战争，叙利亚难民大量涌入法国，而法国政府无力安置那么多的难民，有些人就到地铁，甚至在环城公路的路口拦截车辆行乞。这些人通常非常和平，不会影响到你的出行，但他们一看就不是那种气定神闲的法国丐帮。

在严峻的经济和社会形势下，法国人中有不少人认为，造成上述问题的罪魁祸首就是当下势如破竹的全球化浪潮，是全球化惹的祸。如果没有全球化，法国人的生活该多好啊！法国就没有那么多国际竞争，没有那么多外国产品，没有那么多外国人，甚至在一定程度上，世界还可以继续属于法国，而法国则继续属于法国……

因此，从一定意义上讲，法国一年四季此起彼伏的社会风潮就是法国人对全球化的一种困惑、失望和反弹，而所有的抗议游行、罢工反映的都是示威者对其权益因为全球化而被削弱所做出的维权反应。

渴望改革，害怕改革

法国问题虽多，但值得庆幸的是，法国人对现有体制的捍卫并没有使社会走向极端化，没有导致希腊和意大利那样的民粹主义政党上台，更没有出现像英国人那样选择“脱欧”这种不可思议的事件。不过，法国反全球化暗流涌动，一点也不比英国、希腊和意大利少。

还是想想 2017 年马克龙当选总统的原因吧。

在法国生活的人都知道，与其说马克龙赢得大选靠的是其政纲的吸引力，不如说是因为法国民粹主义政党“国民阵线”（现在已更名为国民联盟）的玛丽娜 · 勒庞险些赢得大选胜利，是法国公众害怕具有法西斯色彩的极右政党断送了法国的民主自由价值而奋不顾身地投票支持马克龙，从而使马克龙这个既无政党支持，又缺乏政治经验的政治素人一夜之间成为继拿破仑之后法国最年轻的国家元首。

但是，对相当数量的法国民众来说，支持马克龙并不意味着支持全球化。相反，他们希望马克龙保护他们，维护现有的生活方式，防止以经济效益和竞争为名，牺牲他们几十年来所熟悉的生活方式。

因此，从本质上讲，马克龙上台后所推行的公务员体制改革、雇佣制度改革、个人和企业所得税改革，特别是目前强势推行的退休金制度改革，是相当多的法国人不愿意看到的，这也是造成 2019 年全法连绵不断大游行的根本原因。

在法国，人们总是爱说“改革，好主意啊”，但是，不能动我的奶酪，最好不要从我这里开始，最好还是先从我的邻居那里开始……

为了留住法国的有钱人，让他们投资法国，而不是将财富转移到别的国家，特别是为了吸引外国投资，在世界投资者的心目中塑造一个对外国投资者友善的新政府形象，年轻气盛的马克龙上台不久就取消了奥朗德推出的对年收入超过 100 万欧元的法国富人课以 75% 个人所得税的规定。至于理由，一是法国由此征收到的税收非常有限，二是这种杀鸡取卵的做法在国际投资界造成了非常大的负面影响。但他的这个决定让他在后来的施政过程中付出了比较大的政治代价，执政不到 100 天，马克龙就被法国人民视为“富人的总统”！

在法国，简单讲有两个阶层：一是经济精英，主要集中在法国上市公司 CAC 40 大集团，这些人通过全球化，在世界各国市场叱咤风云，在国际化经营中收获大量好处，可以说数钱数到手抽筋；另一个阶层的人则分布比较广，理论上是除 CAC 40 大集团以外的法国各种产业的所有从业人员，特别是制造业工人或中小企业主，他们出于各种原因，缺乏参与国际竞争的渠道和能力，没能充分享受全球化的红利，相反，他们看到的却是自己从事的传统行业和市场的不断萎缩，然后是裁员和失业。

与美国等发达资本主义国家一样，法国从 20 世纪 80 年代开始过于强调发展金融、保险等现代服务经济，导致制造业在法国空心化，我在欧债危机开始的几年在法国看到很多制造业企业不断倒闭的情况和风起云涌的罢工潮，成为政府回天乏术的场景写照。

记得当年在驻法使馆工作时，一次我陪同吴建民大使会见当时的阿尔卡特总裁楚律克（Serge Tchuruk），此人不仅在法国，在中国也大名鼎鼎。他向我们大谈法国未来“零”工厂的愿景。

这位仁兄不仅对我们这么说，还在报纸上写文章，鼓吹法国只要抓住研发就行，低端的装配制造留给劳动密集型的国家，如中国。

楚律克当时的思想反映了法国经济精英的普遍看法，认为法国只要集中做好研发，就可以一劳永逸地占据世界经济发展的高地。但楚律克恐怕没有想到，阿尔卡特后来成为法国工业的笑话，股价从当年兼并美国电信巨头朗讯时的顶峰迅速坠落，最低时才卖几欧分，情形相当惨淡。

如果说法国也有“锈带”选民的话，那就是那些曾经被阿尔卡特等法国各大制造业企业无情抛弃的装配线工人，法国北部和东部传统的钢铁、汽车、化工、煤矿等重工业地区被日益蚕食的产业工人队伍，法国西部大西洋沿海城市如圣纳泽尔、布雷斯特等硕果仅存的船舶制造工人，他们历来是法国极右翼国民阵线的票仓。而深受中东欧、西班牙、葡萄牙、摩洛哥农产品、奶制品冲击的广大法国农民，并没有比那些“无产阶级”工人同胞的境遇好多少，他们最需要的无疑是一个捍卫他们利益、敢于对欧盟说不的政府，而这样的政府只能来自奉行“法国第一”的国民联盟，而非热情拥抱全球化的马克龙政府。

在这个复杂的政治生态图中，法国历届政府都在大选获胜后的最初几年雄心勃勃地推进改革，以实现法国经济、社会制度再造，让法国人民富裕起来，让法国强大起来，可是最终总是雷声大雨点小，有的甚至雨点都没有就草草收场。原因很简单，在这个国家，人人嚷嚷要改革，但人人又要维护自己的最后一点权益而反对改革。比如本次退休金制度改革的重点之一就是取消某些行业的特殊退休待遇，而在法国享受特殊待遇的行业居然多达 42 个，从警察、教师、医生、地铁司机，到火车司机、芭蕾舞演员，每个行业都在强调其特殊性。

从马克龙的本意看，这是一个用心良苦，对法国人民大有好处的改革。它用一种全民统一的退休制度取代特殊的退休制度，不仅体现了法兰西的平等精神（如国家将通过法律保证全国最低养老金不低于每月1 000 欧元，这将使广大社会底层人士，特别是农民受益），也使国家养老金的管理和使用更高效，使法国的劳动市场更富有弹性（由于目前不同行业的退休制度差别太大，员工害怕在就业市场上流动范围过大；老板也一样，担心员工跳槽后因养老制度不一样而要为此多交“四金”）。

但就是这样一个充满良好愿望的改革方案，因为动了某些人的奶酪，致使全国百万人上街抗议，那些地铁和火车司机更是借机连续罢工，使整个国家处于严重的瘫痪之中，老百姓苦不堪言。

如果从 20 世纪 80 年代我开始接触法国事务算起，近 40 年来对于各种游行我也算司空见惯，因此，我对国内朋友说，法国目前反马克龙退休金制度改革的“宇宙级”罢工算不了什么，1995 年那场反对希拉克主导的退休金制度改革的声势比这个还要大，全国 250 万人罢工持续了三个星期，迫使锐意改革的希拉克不得不牺牲其爱将总理朱佩，并在后面的议会选举中付出沉重代价，不得不与法国社会党联合执政，开了第五共和国左右政党共治的先河。

后来，年轻气盛的萨科齐当选总统，明确提出要将改革进行到底，但萨科齐强悍的施政方针并没有推动法国社会在改革的道路上向前迈出半步，相反，他本人也因为不得人心而未能连任，黯然退出政坛。

接下来的奥朗德总统更惨，其左不左、右不右的政策两边都不讨好，成为第五共和国历史上第一位没有争取连任竞选的总统。

法国朋友非常气馁地对我说，美国里根可以搞改革，英国撒切尔夫人可以搞改革，德国施罗德可以搞改革，唯独法国不能搞改革，因为法国是不可以改的国家，法国人民希望改革发生在邻居的身上，而不是他们自己身上。

冯达磊（Xavier Fontanet）是一位在法国具有教父级影响力的企业家，非常受人尊敬，他在 1975 年接手了一家叫依视路的法国眼镜片公司，经过 35 年的不懈努力，企业从小到大，从法国到世界，规模扩大 100 倍，成为法国 CAC 上市公司股票的重要参数，2017 年的销售额达 74 亿欧元，全球员工 6.9 万人。

冯先生告诉我，法国之所以目前社会问题那么多，又不能推进改革，原因很多，其中很重要的一条是，法国人的嫉妒和对特权的维护是一种根深蒂固的文化。

他说法国人虽然在理念上认同平等原则，这是法国大革命留给法国人民的政治遗产，但过分不切实际的平等很容易造成平均主义，甚至造成一种对成功者的嫉妒。前几年奥朗德左翼政府就是这种思想的代言者，而奥朗德杀鸡取卵的税收政策更是对企业生活的一种反动，直接扼杀了法国人的创业欲望。

至于那些大谈平等的法国工会，对别人的成功充满嫉妒，大谈平等的目的是要将你的变成他的，但他们对自己的特权又拼命坚守，誓死捍卫。你能想象吗？ 42 个享受特殊退休制度的行业，那些要保护自己特权的人，甚至不惜使全国交通瘫痪，让全国人民陪绑，这是哪家的道理？

冯先生越说越激动，他对我说，这些问题都是法国人的国民性造成的。他告诉我，戴高乐将军生前就对法国人的这种嫉妒和维护特权的本性十分警惕。他边说边顺手给我递来了根据戴高乐将军的儿子菲利普 · 戴高乐访谈记录所写的《我的父亲戴高乐》一书，并将菲利普 · 戴高乐与其父亲戴高乐将军有关法国人“嫉妒心”的对话摘录给我看。

戴高乐说：“嫉妒是我们（法国）全民的一种罪过，是最严重罪过中的最严重的那种，它是那种因为上帝高高在上而对上帝生气，一气之下要将天使扔进地狱的行为。

“嫉妒远比高傲要糟糕得多。高傲还有一定的贵族气，而嫉妒则是一种失败者和仇恨者的情绪宣泄，是该隐针对亚伯所犯下的那种罪行，是自己人生一无是处却要杀害自己成功的邻居的那种人。

“嫉妒是失败者的一种愤怒行为，如果法国人没有这一毛病，我们可以在许多事情上原谅法国人。”

有关特权问题，戴高乐表示：“对特权的渴望和对平等的追求，一直是法国人的情绪中占主导地位且自相矛盾的部分。”

我不了解戴高乐将军是在何种场合谈到法国人的“嫉妒”和“特权”这两个话题，但无论是戴高乐，还是冯先生的一席话，都让我对法国改革的艰巨性有了新的认识。

对于这场“宇宙级”罢工，我在电视上、朋友圈听到不少议论，大家普遍认为所有欧盟国家都把退休年龄推迟了，法国与欧洲其他国家的情况是一样的，人口出生率及就业水平远远赶不上庞大的退休大军，法国退休金制度改革势在必行，别人能改，为什么法国不能改？要知道，目前法国的养老金已占国家财政的 15%，社保占 11%，住房补贴约占 1%，三项共占财政收入的 27%，而美国这三项才占 17%。法国要提高国际竞争力，压缩这样的公共开支是必需的。

至于 42 个享受特殊退休制度的行业，涉及百万人，他们不仅退得早，如巴黎公交公司（RATP）个别工种工人可以 51 岁退休，平均退休年龄为 55 岁零 7 个月，而一般法国人要等到 62 岁后才能退休；而且他们的退休金是按照退休前最后 6 个月的平均薪水乘以 100% 来计算，其他部门的员工需要工作满 42 年才能拿到 100% 的退休金；他们的平均退休金为税前 3 705 欧元，普通私企员工的退休金只有约 1 300 欧元。特别可气的是，巴黎公交公司自己员工缴纳的公摊金不够，政府每年还要拨款补助，2019 年政府的补贴是 7.36 亿欧元，占巴黎公交公司年退休预算的 61%，等于每个法国人分摊 11 欧元。

对于巴黎公交公司这样贪婪的国企，法国普通老百姓的意见很大。他们常对我说，看看这些公司，经营乏善可陈，企业亏损严重，每年靠国家补贴过日子，连员工的退休金也要揩国家的油，但奇怪的是他们从来没有内疚过，还总要为一己之利拿全国老百姓当人质。国家一提改革，他们就罢工，不管他人死活。为什么私营企业没人上街游行？原因是私企不靠国家，它们在 20 年前就完成养老金制度改革了。法国再不改，早晚会被这帮国营企业的懒人拖垮。

至于反对者的理由，他们认为自己辛辛苦苦交了一辈子养老金，政府却突然改变游戏规则，是不公平的。更有一些左翼倾向的人表示，政府的改革就是要向老百姓要钱，哪是为了取消不平等和提高养老金的管理效率。政府财政有窟窿，要到处开源节流，这是对老百姓的剥削。政府要钱，为什么不向富人要？看看那些大公司老板和股东每年的分红吧，都是几千万几千万欧元的，政府为什么不拿他们开刀？

这些激烈的交锋引发了一个法国特色的社会问题，即今天法国的公共部门向何处去。

相较于其他发达的资本主义国家，法国公共部门的人数特别多，约有 500 万~600 万人，占全国就业人口的 20%，包括国企员工、国家和地方的各级公务员、警察、教师、医护人员。由于公共部门多，政府的开销大，征的税就多，不符合今天小政府大服务的全球化规则，特别是地铁、公交、火车、公立医院和公立大学等公共服务，由于国家长年缺钱资助它们，导致其设施日益破旧、效率低下，这让很多法国人反感。收了那么多的税，得不到好的服务，钱都拿去养懒人了。但当政府想改革、精兵简政时，这些公共部门的人就第一个站出来反对。为此，有人批评马克龙将改革的面铺得太大，不能四处出击，法国真正的问题并不在于警察、教师和医护人员，而是在于国企。

其实，法国也不是一个天生就有国企的国家，最早的国企源于1936年的左翼人民阵线政府，当时主要是对铁路管理国有化。二战后法国政府为了加大对国家重建的支持力度，一些涉及国计民生的战略行业，如航空航天、能源、交通、银行等关键部门被国有化。1947年，法国国企员工共计115万，约占全国就业人口的5.8%。1982年，密特朗领导的社会党上台，法国又搞了一次历史上最大也是最后一次国有化，国企员工骤然上升到190万，占全国劳动力的7.8%。1986年，右翼的希拉克上台后开始实行私有化，截至2017年底，法国国企员工还剩76万人，占法国就业人口的3.1%。

法国财政部的数字显示，截至2016年，法国政府直接或间接控制了1 702家公司，2017年总营业额为5 095亿欧元，税前利润为755亿欧元。在法国政府控制的这些企业中，有的确实表现不错，如空客，但也有的乏善可陈。2015年，国企净亏损共计101亿欧元，其中法铁亏损12亿欧元，恩吉（ENGIE）亏损87亿欧元，法电亏损35亿欧元。但更糟糕的是，法铁在2017年底的债务已高达466亿欧元，2020年将超过500亿欧元。虽然法铁的债务是历史遗留问题，但这样的天文数字般的债务总要有人买单，不过马克龙这回说啥也不愿意再当法国公共债务的“接盘侠”了！

马克龙和他的人民玩起了一个无解的游戏！国企亏损，政府买单；政府没钱，要开源节流，便向福利制度开刀；人民起来造反，而最后总是政府退却，街头政治取胜，如不久前的黄背心运动。两害相权取其轻，也许在此情况下，卖国企换钱填补财政赤字的政治代价要低一些，这就是法国政府通过新的企业法并决定新一轮国企出售的初衷。在此背景下，刚刚出售的法兰西彩票公司就是序幕，财政部部长勒梅尔更是对首日股价上涨喜形于色。

面对马克龙退休金制度改革引起的一浪高过一浪的抗议浪潮，一些法国人向我表达了他们对法国改革无望的深深担忧，他们说与其看着法国一天天烂下去，还不如让他们的子女到国外发展，成家立业。

法中友协秘书长阿兰是我 30 多年的老朋友，他对我坦言，他现在真正开始为他的孙子这一辈担心了，过去他没有这样的感觉，今天突然意识到了。他说，他老了，无所谓了，但他孙子的未来在哪里？至少在今天的法国，他迷茫了。

我的另一位法国政府高官朋友对我说，过去法国人认为法国什么都好，即使到国外工作，也是为了多拿一份外派的工资，年轻人也是顺着这样的逻辑，先到国外挣钱，然后在巴黎置业。但现在的情况是，越来越多的法国年轻人更愿意到国外上学，然后在当地娶妻生子，成家立业，法国只是他们的度假地，而不再是原来心目中置业生活的原点。

法国内政部曾做过一个统计，近年来每年大约有数万法国人出于各种原因离开法国，2013 年更是达到 30 万人。这些法国人远走高飞，希望在国外找到良好的生存空间。法国外交部 2018 年的统计数据表明，在海外向法国驻外使领馆登记的法国公民约有 180 万，考虑到那些在海外业已生活而出于各种原因没有在法国驻外使领馆登记的法国人，这个数字应该在 250 万~300 万。

在法国人喜欢移民的国家中，欧盟成员国占大头，在欧盟以外，美国、北非占大头，然后才是亚洲、拉美国家。法国公民聚集最多的国家分别是瑞士、美国、英国、比利时、德国、加拿大等，中国排在第 13 位，约有 3 万多法国人。

在相当数量的法国企业家和青年人离开法国的同时，越来越多的外国人纷至法国，2017 年就有 26 万外国人移民到法国。这些外国人来到法国的原因很多，很复杂，但不排除去做那些法国人不愿意做的工作，接受比当地人所能接受的更差的劳动条件，从而使法国社会在人口、文化和劳动市场等各方面的结构发生了一场静悄悄的革命，不过这对法国来说是另一类问题了。

我们还是再说说法国人离开法国的原因吧！

波迪尔（Arnaud Potier）是布列坦地区的一家中小企业的老板，他说法国税收制度就是对企业的一种巧取豪夺。他作为老板，一天工作15个小时，每月工资才3 500欧元。他如果给自己增加1 000欧元，就得再缴纳各种税赋750欧元，占其新增收入的75%。他痛苦地表示，一年到头辛辛苦苦，大部分收入却被政府无端拿走，他还在这个国家干什么？

23岁的乔桑（Joshua）选择到魁北克工作，他说他在法国的餐馆每周工作50个小时才拿到法国最低工资，而在加拿大，他的收入要远好于法国，那里的人也更加热情和阳光，他那么年轻，为什么不到加拿大试试？

斯蒂芬（Stephane）是一位创业青年，他对记者说选择到邻国西班牙开公司的原因是法国的税收几乎是对他初创企业的一种“专政”，法国的苛捐杂税要占他的企业收入的80%，而到了西班牙，他每年交纳的各种费用加起来才2 600欧元，只有原先在法国的6.5%，一个天，一个地！

马苏布雷（Philippe Massoubre）是法国格勒诺布尔市（Grenoble）的一位会计师，他将法国人才外流的原因归结为：一是法国税收占GDP的47.6%，实在太高了，系欧盟国家之冠，企业在法国税收压力过大，承受的剥削过重；二是法国的《劳动法》制约了企业主的创业激情。他说法国的一部《劳动法》，厚达3 000多页，仅涉及雇主与员工的协议就有962项，一旦你在法国开公司，你会被这些法律条款以及与员工的雇佣协议绑架，不得不遭受税务和员工对你的压迫。

就法国税收制度对个人工资收入的影响问题，一位叫马丁的法国朋友给我出示了他的工资单。35 岁的马丁在法国某企业做高管，老板给他开出的工资也不菲，每月 7 900 欧元（见下表）。按照法国人的工资水平，超过 6 000 欧元的就是高收入阶层，但扣除社保征摊金和各种税后，他一个月的净工资才 5 546.82 欧元，在年底还要交纳个人所得税。但由于他单身，又很懂如何合理避税，他每年年底只需交 2 300 多欧元个人所得税，否则，交纳 8 000~10 000 欧元的个人所得税也非常正常。

总结一下，马丁每月的净收入为 5 546.82 欧元，去掉 2 300 欧元个人所得税，即每月 192 欧元，马丁的每月实际收入约为 5 354 欧元，相比 7 900 欧元的薪资，他每月缴纳的各种税金是 2 546 欧元。

此外，老板还要在马丁每月 7 900 欧元薪资的基础上缴纳 3 414.94 欧元的社保征摊金和税金。因此，对老板而言，马丁的用工成本是 11 314.94 欧元。

如果我们站在老板和马丁的角度，将他们看作是一个利益共同体的话，一边老板的付出是 11 314.94 欧元，另一边马丁的实际月收入是 5 354 欧元，中间的差额 5 960.94 欧元就成为企业活动的社会成本。

据经合组织统计，2017 年，法国各种税赋占国民生产总值的 46.2%，超过经合组织 34 个成员国平均值（34.2%）12 个百分点，位列该组织榜首，首次超过了丹麦（46%）。在 34 国中，美国是 27.1%，墨西哥最低，仅为 16.2%。

此外，法国最低工资的规定早在 1950 年就有，这对保护工薪阶层的利益、促进社会和谐发展意义重大，但同时也加重了法国企业的用工成本。法国著名智库蒙田研究所认为，仅 1990—2010 年的 10 年间，法国的最低工资就提高了 28%，无技术含量劳动成本增长了 12%。2019 年，法国最低工资为月薪 1 521.22 欧元、时薪 10.03 欧元，而德国的时薪为 9.19 欧元，美国才 7.25 美元，合 6.525 欧元，比法国少了近 3.5 欧元。

马丁的工资单　　单位：欧元

项目	工时（小时）或基数	雇员			雇主	
		比例（%）	收益金额	缴费金额	比例（%）	缴费金额
基本工资	151.67（小时）	46.153	7 000			
奖金	500		400			
交通补贴	500		500			
工资总额			7 900			
社会保险	7 900	0.85		67.15	20.1	1 588
基本养老保险	3 086	6.75		208.31	8.4	259.2
全国住房互助基金	3 086				0.1	3.09
补充医疗保险	3 086	2.56		79	3.12	96.28
工伤保险	7 900				1.8	142.2
失业保险	7 900	2.4		189.6	4.3	339.7
补充养老保险 A	3 086	3.8		117.27	5.7	175.9
补充养老保险 B	4 814	8.6		414.01	13.9	669.1
干部补充保险 A	3 086	1.2		37.03	1.2	37.03
干部补充保险 B	4 814	1.75		84.25	1.75	84.25
干部补充退休金	7 900	0.154		12.17	0.256	20.22
一般社会贡献税（可抵税部分）	8 055.15	5.1		410.81		
一般社会贡献税（不可抵税部分）	8 055.15	2.9		233.6		
雇主缴纳部分						3 415
雇员缴纳部分				1 853.18		
净收入（税前）			5 546.82			

蒙田研究所认为，法国的最低工资水平对法国创造就业非常不利，尤其是对那些无技术专长的青年而言。

面对如此错综复杂的改革前景，法国政府的一位高官私下对我表示，法国目前的局面是他公职生涯 40 年从未见到过的，他生平第一回由衷地感到法国这艘巨轮在驶向一个谁都不清楚的方向。

一方面，法国人个个渴望改革，但他们又怕改革。民调表明，支持政府退休金制度改革方案的法国人占大多数，他们认同改革势在必行的道理，但他们又反对改革，怕政府动了他们的奶酪，他们中的多数人又在民调中支持和同情罢工游行，让人颇感不可思议！

另一方面，改革推进无望。有钱人、年轻人远走高飞，剩下的人态度开始激进起来，等待革命的到来，他们坚信法国人命里就不配改革，法国人只认革命，哪天经济彻底被拖垮了，法国人开始革命了，法国就有救了。

于是，法国又进入了一个空前缺乏信心的时代。法国一家民调机构在 2018 年元月就公众对未来信心问题在 57 个国家进行民调，法国排在第 41 位，非常靠后，低于平均水平 9 个百分点，也低于德、英等其他欧洲大国。另一项民调显示，84% 的法国人对自己的未来表示担忧。

针对法国人的悲观情绪，马克龙在 2019 年 11 月 22 日与亚眠大学的学生对话时提出了批评，他认为法国人目前负面的情绪太多了，总是将身边的一切看得太消极，这是不客观的。

我觉得，84% 这个数字未免过于夸张了，这也许符合法国人喜欢忧虑和夸张的传统。也许马克龙讲得对，他是总统，站得高看得远。真理常常掌握在少数人手中。但不管怎样，法国人对生活的担心和不满仍言犹在耳，包括那位政府高官讲的话，这是我多年没有听到的。

不能不说的法国族裔冲突

这次回到法国的另一个突出印象是我发现巴黎大街上外国人特别

多，如果是坐地铁，这种印象还要深。在法国社会的各个角落，外国人几乎无处不在，尤其是北非阿拉伯人，更是数不胜数。

由于阿拉伯人口迅速攀升，特别是部分阿拉伯人坚持按伊斯兰教教义行事，如饮食上需要清真，星期五要祷告，阿拉伯妇女在街头等公共场合要围她们特有的围巾“希贾布”（hidjab）等，使得法国社会所谓伊斯兰化的争论此起彼伏。

在法国生活的老华侨、老留学生经常告诉我，他们20世纪80年代来到法国时，巴黎的街头都是金发碧眼的纯正法国人，很少看到外国人，更不要说阿拉伯人和黑人。现在他们不仅在地铁里、在巴黎的城乡接合部大量聚集，就连法国的中央政府机关、巴黎市政府各种行政机构、戴高乐机场的免税店里，阿拉伯人、黑人、印巴人、东亚人也是随处可见。特别是在巴黎地铁里，你要是到夏特莱（Châtelet）站换坐机场快线或郊区快铁（RER），你会感觉好像不是在法国，而是到了非洲的达喀尔或卡萨布兰卡。

在巴黎北郊还有一个叫圣丹尼（Saint-Denis）的小城市，该市面积1.2万平方公里，人口10万，移民来自世界135个国家，这就是今天法国多元社会的一个生动缩影。

如果我们对法国多元社会还不够了解，那么，我们也可以看看法国官方的统计数字是如何描述的。

根据法国有关部门关于“在国外出生并在法国定居者”的移民定义，法国国家统计署2018年的移民数字是650万人，占全国总人口的9.7%，其中在欧洲以外出生的移民是430万人。

根据1999年法国人口普查数据，在法国居民中三代人全部或部分来自国外的人有1 350万，占全国总人口的23%。

根据人口专家博赫姆（Cris Beauchemin）的研究，2018年属于三代内移民的法国人估计占法国总人口的40%，2018年在法国出生的新生儿中至少有 31.4% 的新生儿的父母在国外出生。

其实，即便没有这些数字，你只要走在大街上就可以发现，今天的巴黎和纽约、伦敦一样，就像一个联合国，各种脸谱的人都能看到。

在法国大企业工作的中国朋友还神秘地对我说，你想了解法国的伊斯兰化有多严重吗？你哪儿都不要去，只要在穆斯林斋月时看看这些大企业食堂里空出的位置，你就知道法国有多少穆斯林人口了！

法国为了反种族歧视，在法律中禁止政府就其国家居民的人种属性进行调查。也就是说，在号称民族大熔炉的法国的 6 700 万居民中，究竟有多少移民是无法知道的。官方的说法是移民约占其全国人口的 10%，而这些人中阿拉伯人及其后裔又占了绝大多数。

来到法国这几年，我深感法国社会对穆斯林人口在法国的迅速发展感到忧虑，一些媒体煽风点火，危言耸听地编造了一个新词，叫“法兰西斯坦”，意思是法国将从“梵蒂冈的长女”、历史上的第一大天主教国家，蜕变为一个类似中亚的伊斯兰国家。

2015 年 1 月，一位叫乌勒贝克（Michel Houellebecq）的作家写了一部小说《屈从》（*Soumission*），说是到 2022 年，法国大选将产生一位穆斯林总统。该书出版后马上在法国引起轰动，不是因为这部小说的艺术性或情节描述，而是因为写了一个法国人不愿意看到的故事。

该书出版的这一天是 2015 年 1 月 7 日，法国同时发生了震惊世界的恐怖袭击，两名身穿“圣战”服装的蒙面男子高喊“Allahu Akbar”（真主至大），向法国讽刺漫画杂志《查理周刊》的主编、多位工作人员和行人开枪，造成 12 死 11 伤。

这年的 11 月 13 日，巴黎还发生了宗教“圣战分子”策划的法国历史上最大的恐怖袭击活动，夺走了来自 26 个国家的 127 条无辜生命。

因此，在法国这几年，我听得最多的就是有关法国的伊斯兰化和某些法国人思想意识的快速激进化。这些人中有的原来是平和的伊斯兰信徒，有的是从法国白人，甚至是天主教徒中皈依过来的，这些人成为埋在法国社会内部的重磅定时炸弹。

2019 年 10 月 3 日，法国还发生了一起巴黎警察署警员用刀砍死 4 位无辜同事的事件，这让整个法国社会异常震惊。说实话，法国经历了那么多的恐怖袭击，什么样的恶性案子没有见过，但发生在赫赫有名的巴黎警察署内部，这还是第一次。

案发后，警察署的调查发现，凶手在近年皈依伊斯兰教，而且越来越激进。事发前一天，他夫人就发现他很反常，经常一人无端吼叫并发表极端言论。更让法国人震惊的是，在凶杀案发生后，法国内政部进行紧急排查，发现类似凶手这样皈依伊斯兰教的法国警员竟多达 27 人。

时任法国内政部部长卡斯塔纳（Christophe Castaner）就此事接受法国电视采访时透露，从 2013 年起，法国警方共挫败了 60 起恐怖袭击活动，其中最后一起是模仿“9·11”恐怖袭击劫持飞机的那种袭击阴谋。

部长的情况介绍让法国人感到法国不仅伊斯兰激进分子死灰复燃，更有各种仇恨法国社会的恐怖分子蠢蠢欲动，使表面和谐的法国社会危机四伏。

巴黎警察杀警察一事让我想起 2019 年初法国出版的一本叫《法兰西群岛：一个四分五裂的多元化国家的诞生》的书，作者叫富奎特（Jérôme Fourquet），他在认真研究了几十年法国社会种族、社会和文化的变迁后，提出法兰西民族作为一个整体民族已不复存在，法兰西共和国也不再是法国《宪法》所规定和描述的“一个完整且不可分割（的国家）”（La République est une et indivisible）。

富奎特认为，过去法国人心目中的法国是一个天主教加共和思想加法兰西高卢白种人的国度，这也是戴高乐所描述的法国。

遗憾的是，岁月蹉跎，在富奎特看来，法国目前早已形成了一个由不同种族和不同文化组成的群岛，他特别提到历史上以天主教为社会基石的法国社会价值理念已土崩瓦解，法国人甚至一反天主教的传统，在他们有关人与身体的关系方面发生了巨大变化，如今天的法国人已接受文身和火化等与天主教格格不入的习俗。在人与动物和生命的关系中，今天的法国社会素食主义盛行；在对待性行为方面，今天的法国不仅特别开放，而且对同性恋非常包容，与天主教教义风马牛不相及。

在这个马赛克似的社会里，旧法国已不复存在，而新法国又使整个社会更加碎片化、群岛化（archipelization）。在这样的社会里，精英不断分裂，某些社会阶层日趋本地化，天主教教徒日益小众化，一个多元文化的法国社会事实上已经建立，而过往共同的文化参照系则遭到破坏（这一点从新生儿千奇百怪的名字中就可以得到验证）。

富奎特认为，鉴于这场前所未有的社会演变，目前的政治体系正面临一场深刻的危机。与此同时，在这样一个四分五裂、多元化的国家里，在复杂的社会内部聚集某种特殊利益已变得不可能。

在这个日益群岛化的社会，有一个现象颇值得玩味，那就是法国目前所谓的高出生率问题。法国人都知道，但谁也不愿意捅破这层窗户纸，事实是，高出生率实际上主要是穆斯林妇女做出的贡献。

富奎特写道，在法国每年的新生儿童中，取名类似穆罕默德等的带有伊斯兰色彩的名字占了 18% 以上。另外还有一些穆斯林家庭为避免孩子过于伊斯兰化，对其今后进入法国主流社会不利，就取了些看起来不是穆斯林但也绝对不是法国白人名字的名字。

因此，富奎特认为，到 2050 年，法国的穆斯林人口肯定会超过以白人为基础的人种结构。

更有意思的是，在法国目前的穆斯林人口中，25 岁以下的年轻人占 1/3，他们中不少人笃信伊斯兰教，不接受西方生活方式的改造。在与法国人通婚后，他们依旧信奉伊斯兰教。相反，凡是与穆斯林结婚的法国白人都必须变成新的穆斯林。因此，就通婚来看，法国穆斯林人口“只赚不赔”。

不少法国人不无担心地对我说，再这样发展下去，可能根本不需要富奎特所说的到2050年，再过20年，法国的穆斯林人口就将超过半数，法国传统的西方文明将无法维持。到那时，按照民主原则，法国完全可能选出一位穆斯林总统，然后再宣布将法国变成一个伊斯兰共和国，也就是乌勒贝克几年前在小说《屈从》中所描绘的情形。

那么，既然法国白人与阿拉伯种裔如此对立，大多数法国老百姓平常又是如何看待自己的国家迅速伊斯兰化的呢？

这是一个近年来越来越敏感的问题。在与法国人聊天时，你会发现人们通常会选择回避这个话题。但也许是法国的穆斯林实在太多了，说不准你身边就有一个叫哈桑或穆罕默德的人，而穆斯林的有些做法已让一些法国人无法忍受，从而形成民意的撕裂，比如应如何对待穆斯林妇女戴头巾一事。

埃里克·泽穆尔（Éric Zemmour）是法国一个非常有争议的政论作家，他坚定的反移民立场使其成为法国极右势力的代言人。2014年，泽穆尔出版了《法国自杀》一书，强烈抨击法国社会的伊斯兰化，他也因此名噪一时。如今，这个法国媒体以往轻易不敢邀请的人居然活跃起来，其参与的C-News电视台的时事电视辩论节目《面对新闻》收视率屡屡创出新高。

在他的节目中，他是最典型的“政治不正确”者，什么话都敢说，如他曾公开表示，戴高乐当年放弃法属阿尔及利亚，并不是因为戴高乐将军有多么英明，对法属海外殖民地人民的独立运动有多么的同情，相反，戴高乐对阿尔及利亚这个法国统治了130多年的海外省的独立从一开始就是非常反对的，正因为如此，军方和在阿尔及利亚的法国人都曾一度将戴高乐视作他们的大救星。

然而，戴高乐非常清楚，由于人口对比悬殊，如果法国硬是将阿尔及利亚留下，不让其独立，那么，用不了多久，法国就会被潮水般涌来的阿尔及利亚人占领。戴高乐曾形象地说，让阿尔及利亚独立，是因为他不希望他的乡间别墅所在的小镇科隆贝双教堂成为科隆贝双清真寺。

在泽穆尔看来，法国政府战后 70 多年来对外来移民实现同化的政策已完全失败，原因是政府在同化移民的同时又提倡文化多元，尊重少数，允许保留多国国籍，致使这些外国移民只将法国视作其工作和生活的地方，而他们的祖国却依然是其文化和宗教归属国。

泽穆尔认为，当少量的外国人来法国时，那叫“移民”，但当外来人口暴增，甚至要超过法国自己的人口时，这已不是“移民”了，这叫“殖民”。他于是干脆将这些法国的新移民称为“法国的新殖民者”，并警告法兰西辉煌的历史和文化最终将被这些人断送……

2018 年 12 月，泽穆尔还出版了一本叫《法兰西命运》的书，在书中他猛烈抨击 40 年来法国左右翼政客如何解构法国，使法兰西这样一个拥有千年光辉历史的国家和伟大民族一夜间成为一个抽象的名词，不仅使广大法国人在自己的国家里感觉好像在外国，也使法国年青一代数典忘祖，忘记了他们的根。

泽穆尔将矛头指向欧盟，指向全球化，指向所有的法国政治精英，更指向所有在法国的外来移民，特别是阿拉伯人，但其如此激进的思想却在法国人中大有市场，他在电视辩论时的人气也直线飙升。他甚至表示，意识到法国人种面临空前危机的只有玛丽娜·勒庞。他还在电视台公开呼吁所有法国的右翼政党能够抛弃社会党白人左倾的乌托邦思想，马上制定政策，限制外来移民，特别是穆斯林，否则，法国成为法兰西斯坦只是时间问题。

为避免法国社会出现极端化，传统政党做了不少工作，如在 2017

年法国大选时，右派候选人朱佩曾提出一个概念叫“幸福的身份认同”（l’identité heureuse），他希望通过这样一种口号将不同族裔的法国人团结起来，在共和国的价值理想下共同为法兰西民族复兴努力。可惜的是，朱佩这么一位在法国政坛德高望重的政治家、希拉克总统最亲密的战友、当时竞选总统呼声最高的候选人，居然在其共和党内部的初选中第一轮就被保守的右翼阵营击败，连党内总统选举提名都没有得到，原因是他的温和立场并没有被传统的右翼选民接受。有人甚至对我说，朱佩是个好人、能人，但他的想法不符合法国白人中右翼选民的愿望。

就在我撰写本书时，法国社会又围绕着穆斯林妇女该不该在公众场合戴希贾布展开新一轮激烈的争论。

事情的缘由是不久前，一位穆斯林妇女在接孩子放学时在校门口戴着希贾布，而法国法律明文规定，公民不得在公共场合传播宗教信仰，因此这位穆斯林妇女的希贾布在法国社会引起了强烈反响。法国教育部部长明确表示，这种明显具有宗教倾向的服饰在学校门口出现是不妥当的，应该通过立法予以限制。

在执政党议员中，与部长持同样观点的大有人在。此外，民调显示，60% 的人认为政府有必要对此进行立法限制。但与此同时，传统左翼政党出来喊话，反对就此立法。然后是一大批人权组织出来呼吁警惕法国的反穆斯林倾向。在此情况下，总统马克龙站了出来，警告法国社会要防止对此事的不当言论引起法国人的内战。

2019 年 11 月 10 日，巴黎还爆发了上万人的“反对仇视伊斯兰教”大游行，示威者呼吁法国社会立即停止对伊斯兰教的鞭笞，维护在法国的穆斯林的尊严。然而，这场游行从一开始就充满争议，游行当天一些最初呼吁发起游行的左翼领袖宣布退出，最大的反对党社会党也刻意从一开始就与这场游行保持距离。

在社会党等其他左翼力量看来，“仇视伊斯兰教”这个概念本就含混不清，其宗旨不过是以维护穆斯林和禁止渎神的名义禁止所有针对伊斯兰教的批评。因此，这个概念本身就是一个陷阱，它与法国社会的世俗精神及言论自由严重抵触。

在法国，当人们需要批评宗教的时候，只要在法制的轨道上，任何宗教都是可以批评的。其实，这也是法国政府和大多数法国人的态度，如果仅仅以“反对仇视伊斯兰教”的幌子来规避法国社会的世俗性和批判精神，是违背共和国基本价值理念的。

但不管怎么说，这一轮围绕希贾布的争论，已将法国不同族裔间因文化、宗教、生活方式而引起的冲突及导致的史无前例的割裂，活生生地呈现在公众面前。在今天的法国，类似外国移民、伊斯兰化、希贾布、清真宰牲等都是敏感词，你千万不要碰，因为它随时会导致不同族裔人群上街游行抗议。如果你不小心被带入这样的话题，你也要特别注意，不要犯“政治不正确”的错误。

所谓政治正确，就是法国社会如何看待移民问题。如何看待移民自然就会引出如何看待难民的问题，因为移民中有相当部分的人属于难民。

然而，这又是一个相当严肃和困难的话题，因为法国经济再困难，帮助天下受难的人，既是法兰西“自由、平等、博爱”价值理念的体现，也是法国人的精神追求和天主教教徒的神圣职责使然。

我在法国那么多年，最爱感动的就是那些普通人源自内心的对那些素不相识的难民的关爱，哪怕有时这样的做法会引起政府，特别是警察部门的不满。

在这样的同情心所形成的社会环境下，法国政府很难像关水闸一样把那些渴望来到法国的各国难民拒之门外。法兰西的伟大就源于这种包容和关爱，才使法兰西文化与外国民族和文化保持着如此紧密的互动。而这些外来民族和文化也反哺法兰西文化，使之成为世界文化。例如前面我讲的“国家医疗援助”制度，它曾拯救了刘锦勉的父亲和许许多多在法国没有国籍、没有合法居留身份的移民、难民、偷渡者的生命，这项制度使法国纳税人每年付出 10 亿欧元的财政支出，但在 2019 年的参议院拨款辩论中，没有任何人提出异议。

由于历史和文化的原因，在法国，难民、移民已成为法国文化的组成部分和特色，也是法兰西共和国试图让其价值成为天下所有人的思想庇护所和人类平等家园的体现。因此，尽管多元文化和族裔关系时常充满矛盾，甚至冲突，但在理念上，法国人还是为这个彩虹般的国家自豪的，如 2018 年赢得世界杯足球赛冠军的法国足球队，已经是今天这个彩虹国家最生动的写照。

在 2018 年法国足球队队员中，我们仅以队长安东尼·格里兹曼（Antoine Griezmann）和最佳射手、号称足坛小贝利的基利安·姆巴佩（Kylian Mbappé）为例，前者的父亲是德国人，母亲是葡萄牙人，后者的父亲是喀麦隆人，母亲是阿尔及利亚人。

这两位国际巨星的共同点就是虽然父母都是外国人，但他们自己出生在法国，属于法兰西公民，从而为法国的足球事业南征北战，屡建奇功。

在法国，如果从法国公民的文化背景看，三代内没有移民的人会很少，原因就是法国特殊的历史（包括地理环境）。比如曾经做过法国总统的萨科齐就是匈牙利移民的后裔，法国前总理瓦尔兹和现任巴黎市长安妮·伊达尔戈都是西班牙后裔，还有来自不同文化背景的难以计数的内阁部长。

就法国的艺术、文化、体育界来看，源于移民背景的法国名人可谓群星灿烂！

历史上的大画家毕加索、莫迪里亚尼、德加都是外来移民，当代的法国球星普拉蒂尼、齐达内，影星贝尔蒙多、阿佳妮，摇滚歌星哈里代，《玫瑰人生》的演唱者皮亚芙等都是移民后裔，也就是说，没有移民就没有法国灿烂的文化史……

然而，不幸的是，在现实生活中，上面描述的景象并不能代表老百姓个体之间的关系和感受，族裔间的隔阂和偏见并没有因为政治家所描绘的充满诗情画意的图景而减弱或消失，这在我的日常生活里也时有反映。

我是那种喜欢坐出租车时与司机聊天的人，尽管我努力去聊些轻松的话题，但只要是法国白人司机，他们总会说到阿拉伯人有这样那样的缺点。如果我碰到的司机是阿拉伯后裔，他们大多会告诉我，法国人是如何傲慢和自私、缺乏家庭观念等。但也有几次坐出租车碰到的阿拉伯后裔对自己是法国人非常自豪，原因是与自己父辈的祖国相比，他们发现还是法国好，这里上学、看病不花钱，这是今天的北非和所有发展中国家做不到的。另外，法国处处有机会，只要你想工作，工作机会很多，只要肯干活，法国人欢迎你，并不歧视你。

有时，这些阿拉伯后裔还得意地告诉我，现在法国全是他们这些阿拉伯后裔的天下，他们在为法国人开出租车，在机场、超市给他们当保安，在街头给他们卖新鲜水果，在小区给他们清理垃圾，法国人已离不开他们了，那些法国人的抱怨只是说说而已，让我别担心……

法国白人出租车司机和阿拉伯后裔司机的话提醒我，法国的不同族裔间的隔阂和偏见还是很深的。作为一个潜在的、周而复始的社会问题，政府稍微处理不好，就会引发种族冲突，如巴黎等大城市郊区移民混杂地区日益恶化的治安，每年新年法国全国各地的燃烧汽车比赛，以及连法国内政部警察都不敢轻易涉足的大城市郊区走私贩毒的黑社会飞地等，因此，在法国人的政治词汇中，还有一个特殊字眼——“郊区问题”（problème des banlieues）。

纳哈妮（Narany An）是我 20 年的老朋友，她是柬埔寨裔法国人，

14 岁时只身逃难到巴黎，而留在柬埔寨的家人则全部被红色高棉杀害。她一人在法国打拼至今，事业有成，曾是上海世博会法语国家商务论坛展区的总代表。

她对我说，她最痛恨的就是那些不劳而获的移民后代。这些人不仅不劳动，还偷鸡摸狗，简直是法国社会的累赘。

她快人快语地对我说，她是亚裔，不怕被扣上种族歧视的帽子。在她眼里，法国人甚至有点窝囊，一味对某些移民后代令人讨厌的行为姑息迁就，唯恐被扣上“种族歧视”的帽子。

需要补充的是，相较于人们常说的法国本土人对外来移民的种族歧视，最近几年又多了个新名词，叫外来移民对法国本土白人的种族歧视。说此话的不是别人，正是当年法国的最大在野党人民运动联盟的主席科贝（Jean-François Copé），现此党已更名为共和党，就是朱佩初选没有出线的那个法国最大的传统右翼政党。

科贝所说的情形在巴黎环城铁路沿线的小镇比较普遍，原来那些地方以法国当地人为主，由于巴黎城区房价上涨过快，外来移民被迫迁移到房价相对低廉的环城铁路边上，从而在那里大量聚集，使当地原来的白人迅速成为少数派。

2014 年，法国社会学家克里斯托夫·吉洛伊（Christophe Guilluy）出版了一本名叫《边缘的法国》（*La France périphérique*）的书，详细描述了巴黎等法国大城市环城铁路沿线小镇的白人是如何一夜间成为少数派的。

在泽穆尔看来，法国也可以划分成“三个世界”。第一个就是以在巴黎、里昂、马赛、波尔多等大城市内居住的法国白人为代表的第一世界，这是法国成功人士的代表，是法国受益全球化的精英聚集的地方。

第二个是上述这些城市周围的郊区，这里是外国移民的聚集地。虽然这些移民没有大城市内白人的生活过得那么好，也根本算不上是“成功者”，但他们都非常幸运，因为他们大多来自非洲、阿拉伯等第三世界，贫穷、疾病、自然灾害，甚至人权迫害、民生不保等在那里是常态，而在法国他们却可以享受法国政府的福利，看病、上学不用花钱，生活如果窘困还有政府救济。因此，相对于他们祖国的同胞，这些人就是“成功者”。

第三个就是法国的外省。这里生活着广大法国中下阶层的白人，他们或为周围大城市的超市、餐馆打工，或在附近的工厂上班，工作辛苦，收入低，被视作法国全球化的“受害者”。

在今天的法国，无论是巴黎环城铁路沿线小镇的白人居民，还是任何一位生活在大城市的法国白人的后裔，都遇到了历史上从未遇到过的身份认同问题，即如何在法兰西文化、理念（包括移民传统）和当今这个开放、人员大流动的全球化时代找到自己的位置。

无论是科贝的话，还是吉洛伊的书，抑或泽穆尔的“三个世界”的划分，都在强调法国族裔问题复杂性的同时，提出外来移民对法国白人的歧视问题，这是我所始料未及的。

法国社会转型能否成功？

面对法国这个万花筒般的社会及其存在的各种问题，我总是在纠结这样一个问题：法国究竟还有没有救？这个问题不仅是我在问自己，也是国内来法国的所有朋友反复问我的问题。

作为世界大国，法国是否会永远对其昔日的辉煌说再见？是否如同我那些法国朋友所说的那样，法国青年喜欢到美国、加拿大、澳大利亚、北非和中国创业，法国的国际经济竞争力将不断下降，从此成为一个只剩下卢浮宫、凡尔赛宫、蓬皮杜文化中心和戛纳电影节、环法自行车赛及时尚、香水、美酒、美食、美女，像意大利、西班牙那样只注重生活品质的“旅游之家”？

在我百思不得其解的时候，我也会自问：法国人自古以来的批评文化、创新精神和强烈的危机意识是否有可能在未来的某一天阻止这个国家走向衰落？

换言之，法兰西这台运转了上千年的“电脑主机”，这个曾经的人类社会灯塔般的存在，一个在人类政治、经济、军事、科技方面显赫一时的大国，其“系统升级”是否能在战胜其制度性的缺陷后获得再生？

纠结、痛苦与希望——法兰西的社会转型能否成功，法兰西会不会与历史爽约？

首先，我想到的是法国的大国地位，而说到法国的大国地位，一定要提到由戴高乐将军开创的法国第五共和国和法国作为安理会五常之一所坚持的独立自主的外交政策，在美苏两霸对峙的两极世界中，让世界感受到法兰西独特的大国作用，包括戴高乐将军在1964年1月27日在西方世界率先承认新中国。

在经济上，为医治二战的战争创伤，法国奉行国家干预的经济政策，戴高乐将军在1946年成立了法国计划总署（Le Commissariat Général au Plan），由总理亲自负责，制订法国战后经济腾飞的所有“五年计划”。正是有了这样一个个“五年计划”，法国建立了从核能源、航空航天、铁路到汽车、农业、医疗、教育、社保等独立的经济和社会保障体系。

在这个黄金时期，法国的协和式飞机、高速列车、阿丽亚娜火箭、先进的核电站、雪铁龙和标志汽车等开始在世界崛起，法国工业成为世界产业界的翘楚。

在国家的主导下，法国经济得到迅猛发展。1975年，法国经济产出占世界经济产出的比例为4.2%，但之后西方世界遭遇以石油冲击为标志的战后首次世界经济危机，各国经济增速普遍放慢，法国从此结束了 30 年的经济景气时光。

然后是在 2008 年，法国与西方世界一样，又一次遭遇全球性经济危机，法国经济困难重重，其经济产出在全世界的比例下降到目前的 3% 左右。2018 年，法国的 GDP 占世界的 3.2%，其中，工业制造业仅占其 GDP 的 10%（德国依然高达 20.3%）。制造业比重的急剧下降，致使大量工作机会流失，自 2008 年以来的最近 10 年里流失的制造业就业岗位又增加了 190 万个，这对于仅有 6 700 万人口的法国来说算得上是一个天文数字。法国工业产出占 GDP 的比重也从 1974 年的 33% 降到 2018 年的 10%。

接下来，我们再从法国工业骄子接二连三被外国公司兼并的案例看看法国是如何被去工业化的：

2003 年，法国著名的铝业公司佩西尼（Pechiney）被加拿大铝业集团（Alcan）收购。

2006 年，法国巨型钢铁公司安赛乐（Arcelor）被印度钢铁大王米塔尔收购。

2014 年，法国著名电气公司阿尔斯通（Alsthom）能源部门被美国通用电气（GE）收购。

2015 年，曾兼并美国通信巨头朗讯的法国著名通信公司阿尔卡特（Alcatel）被芬兰诺基亚公司收购。

2015 年，法国著名的水泥公司拉法基（Lafarge）与瑞士豪瑞公司合并。

2017 年，法国大西洋造船厂（STX France）几乎被意大利造船公司芬坎蒂尼收购，马克龙政府及时干预，才阻止此兼并案并允诺将此船厂国有化。

对于法国工业近年迅速土崩瓦解的原因，法国著名财经记者卡特伯安（Jean-Michel Quatrepoint）曾做了许多专门分析，我觉得很有道理，他认为：

第一，20 世纪 90 年代，法国政治精英和经济精英们过于幼稚，他们跟着英美资本市场屁股后面跑，认为时代变了，全球化了，法国要积极参与国际分工，认为法国要根据自然禀赋，集中做有国际竞争力的产业，而放弃那些比较优势弱的行业。

那么，什么又是法国的比较优势呢？在这些人看来，法国的优势在于奢侈品、农副产品、航空航天，而那些非竞争优势的产业，如制造业，国家无须保护，应该由市场来决定，这就是法国政府去工业化的思想基础。

第二，法国政府片面强调服务业的重要性，一味削弱制造业等传统实体经济，大力倡导金融与保险业，希望通过发展金融服务业，向英国学习，实现法国经济的再次腾飞。遗憾的是法国的经济结构和金融基础与英国无法相比，巴黎也根本不可能与伦敦金融城相提并论，法国并没有成为世界金融大国。

第三，那些国际化做得比较好的公司如 CAC 40 上市公司，表面上看它们非常国际化，但实质上仅仅是资本越来越国际化，其中占大头的还是美国退休基金，而这些基金需要的短期回报与法国企业的长期战略并不一致。如此，这些大型制造业企业，由于受制于资本市场，失去了法国政府的财政支持，而且脱离了法国的产业计划和发展目标，因此，根本没有对法国的就业做出什么贡献，且在它们行业内的国际竞争力也日益下降。

第四，至于法国大量中小型工业企业，它们大多创立于战后，是一批批法国企业家辛辛苦苦打拼出来的。到了 20 世纪 90 年代，当这批人到了退休年龄，他们的子女却由于各种原因不想继承父业，而社会党政府又在此时通过了个人财产税，使这些人在法国出售他们的企业成了问题。为了不使自己辛苦一辈子的财富一夜间被政府拿走，在一些商业银行的帮助下，他们把企业迁出法国，在那些赋税低的国家把企业卖掉，从而使法国中小企业流失到别的国家。

第五，社会党政府在 90 年代通过了每周 35 小时工作制，使法国劳动力成本越来越高，产品竞争力下降，大多数法国制造业企业被迫外迁，从而出现了产业空心化。

总之，在卡特伯安看来，法国经济沦落到今天非一日之寒，法国的政治和经济精英具有不可推卸的责任。

就此观点，冯达磊给我做了补充，并从历史的角度回顾了法国工业化的过程。他说，法国人具有丰富的想象力，工业化也开始得比较早，法国的问题是政府历来缺乏对企业家的认同，政府的作用太大，从过去的皇帝到今天的政府都喜欢直接干预市场，今天的国企就是法国特色，这在英美甚至德国是没有的。

在历史上，当政府顺应市场时，法国的企业发展就快，如在拿破仑三世时期，法国有许多企业在世界上有非常大的影响力；而当政府不喜欢企业的时候，法国经济就倒霉，如 16 世纪政府大量迫害新教徒，迫使他们逃离法国，至少今天荷兰 1/3 的企业、瑞士的一半企业和大量的德国企业都源于当年法国新教徒带来的技术和资金。历史到了 20 世纪，1982 年，密特朗把法国大量企业赶跑了，2012 年，奥朗德又把法国企业再次逼上绝路。奥朗德居然将法国的财产税上调到 75%，几乎要把法国的富人斩草除根，他甚至在竞选时还说出了“我的敌人是金融界”这样不可思议的话。

当然，也有许多法国老板对我说，法国的问题在政府，也并不完全在政府，应该说这是一个国家悲剧。

在欧洲，法国作为国家有点大，但放眼世界，作为国家，法国又有点小。

当法国想在工业技术上有所突破时，再好的技术没有大的市场也是白搭。这一点法国人特别羡慕中国，任何一个小行业，在中国就可以做成一个世界级的行业，如冯达磊本人做的眼镜片这个行业，在法国是小市场，但拿到中国就成为世界级市场。

然而，由于欧盟市场被分割成20多个国家，同样是做镜片，冯达磊在欧盟就做不了他在中国那样大的市场。为积极参与国际竞争，当年法国政府想推动阿尔斯通与西门子两大欧洲工业巨头合并，打造世界最大的高铁制造企业，但欧盟委员会以反垄断为由否决了合并案，冯达磊等所有法国企业家均觉得可惜，甚至可笑。

法国人对我说，欧盟委员会只知道反垄断，根本不知道现在全球市场一体化，阿尔斯通与西门子合并针对的不是欧盟市场，而是欧盟以外的国际竞争环境（我知道，法国人的言下之意就是中国高铁，他们对中国高铁在“一带一路”沿线国家攻城略地般的市场拓展非常羡慕）。

尤素福是联合国教科文组织传达室的保安，埃及人，来法已近30年，他每次见到我都会对我说，法国人太大意了，把戴高乐留下来的好端端的一个工业体系全断送了！

看看法国今天的工业还剩下什么。通信被华为取代，高铁被中国和谐号取代，节能汽车被比亚迪取代。从5 G、人工智能到阿里巴巴的电商帝国，法国产业的空间已完全被中国挤压。

说到以阿里巴巴为代表的数字经济，这也是法国经济深深的痛。

与中国蓬勃发展的数字经济、电商、物流所产生的“互联网 + 经济业态”相比，法国没有阿里巴巴、腾讯、百度等世界级互联网公司，在本轮以数字经济和创新为动力的经济增长中错失了“触网嫁接”的历史契机。

然而，读者有所不知的是，法国也算是互联网的鼻祖，在20世纪80年代美国五角大楼秘密开发互联网时，法国电信自己开发的迷你网

（Minitel）已经将全法并网，并实现了人机交流，非常先进。可惜法国在技术上选择了模拟，而非数字技术，在市场开发上也缺乏眼光，最终被迫退出市场。

另外，法国的电脑布尔（Bull）一度与美国 IBM（国际商业机器公司）抗衡，但也由于商业化不成功，最终被迫出售。因此，法国人在互联网经济方面是起了个大早，却赶了个晚集。

20 多年过去了，法国人回头一看吓一跳，他们不仅没有属于自己的互联网和属于自己的计算机品牌，甚至连一个属于自己的互联网公司都没有。没有自己的互联网公司，法国自然就失去了“互联网 + 经济业态”的杠杆，更不用说与美国的互联网巨头 GAFA（谷歌、亚马逊、脸书、苹果）竞争了。

是的，法国人突然意识到，类似谷歌这样的搜索引擎或脸书这样的社交媒体，并不是一种单纯的时尚或生活方式，而是代表了一个国家的经济主权，更是在今天的数字经济时代一国发展数字经济的重要载体，具有重要的战略意义。

我们在此仅以法国旅游业为例。

众所周知，法国是世界最大的旅游目的地国家，2018 年接待游客近亿人，但这些来法国的外国游客，在互联网上预订法国的饭店用的是总部在荷兰的缤客（booking.com）。也就是说，法国旅馆业辛辛苦苦干一年，居然相当大的一部分利润被在法国以外的互联网公司赚走了。这让法国旅馆业和政府有关部门恨得牙根痛，但没有办法，要让国际游客来法国，最大的订票平台就是缤客。

法国旅馆业干不过缤客且不说了，更气人的是，就连法国老百姓通过出租自家的房子挣点小钱也要受外国公司的盘剥，如爱彼迎（Airbnb）。还有出租车行业的优步（Uber），法国人出门打车的好处还要与美国人分享。

总之，整个旅游业，无论是法国旅馆业、出租房屋的普通法国人，还是开出租车的司机，无形之中都在为外国人打工。

失去了制造业和数字经济，接下来我们再看看法国大企业又是如何为法国经济做贡献的。

与中小企业相比，法国大企业近年来在全球经济竞争中表现不错，原因是它们早就将其业务与世界市场接轨，但在过程中它们自觉不自觉地将其投资重点和国际化利润留在了国外。根据世界银行统计，近 10 年来，法国资本的外流程度从原来的五成上升至七成。所有 CAC 40 的法国企业 80% 的业务在海外，80% 的利润也留在海外。

我们从这两个 80% 不难看出，法国经济是如何被自己的大企业掏空的。

然而，即使在如此严峻的经济形势下，法国奉行的国家干预经济的做法仍没有根本改变，国家依然像保姆一样关怀着社会的每个经济体和成员，例如庞大的公共福利和带薪休假制度、35 小时工作制等，从而导致法国政府的公共支出始终居高不下。

2018 年，法国 GDP 的增速为 1.2%，为 2008 年以来最好的年份之一。这一年，政府公共支出 1.5270 万亿美元，占全年 GDP 2.9253 万亿美元的 52.20%，也就是国家一年产出的一半以上被用于政府各项公共支出。在这一年，法国财政赤字占 GDP 的 2.3%，公共债务占 GDP 的 98%，法国企业各种赋税占 GDP 的 46.2%，而 2000 年的时候，企业赋税的指标是 43.8%，最近几年不降反升，成为经合组织成员国中企业赋税最重的国家。

可见，目前法国的经济问题是多方面因素造成的：一是法国在 20 世纪 80 年代后期决策者在产业选择方面过度强调发展服务业、压缩制造业，导致法国工业企业显著减少，就业严重流失，失业迅速上升；二是政府没有审时度势，发展数字经济，坐失新一轮互联网经济的红利；

三是大企业明修栈道，暗度陈仓，将资金与市场转移到海外；四是法国特色的福利经济的拖累；等等。

面对复杂的经济问题，法国政府被迫两面出击，既要保就业，又要促增长，按下葫芦起来瓢，导致宏观经济政策的信号相互矛盾。比如为了保就业，必须加强政府对公共生活的干预，维护法国的福利企业体制，于是政府一方面严格管制劳动力市场，防止雇主随意解雇工人，另一方面增加企业赋税，使政府保就业和干预经济的能力不受削弱，最终导致法国经济效率连年下降，法国企业主在国内生产投资的欲望和外国企业在法国投资的欲望双双下降。

从我 20 世纪 80 年代接触法国事务以来，各界对于法国经济出现的上述问题的批评便不绝于耳，甚至有人将此经济现象称作“法国病”，如著名政论作家佩雷菲特（Alain Peyrefitte）在 70 年代末就指出，法国的问题在于法国政府的规章制度太多，官僚主义盛行，权力过度集中，企业家对未来缺乏信心和国家过度干预经济。

当然，也有人不客气地将这样的局面归罪于法国历届掌权者，特别是密特朗、希拉克的不作为。

我有不少朋友现在依然是法国政府的高官，他们谈起法国的现状，无不对密特朗的左翼激进经济政策表示不满，如莫名其妙地与里根、撒切尔的自由经济对着干，大搞国有化，把好端端的法国经济搞得一团糟，导致资本大规模撤离法国，甚至迫使政府限制公民兑换美元。简言之，他们认为密特朗的左翼狂热把法国经济拖进了火坑。

然而，出乎我意料的是，他们对希拉克的意见也非常大，认为他虽然在外交上有建树，特别是较早地在西方预见到中国的崛起并与中国政府建立非常亲密的合作关系，在反对美国出兵伊拉克问题上更是可圈可点，其远见卓识大大提升了法国的国际地位，但在内政方面，他犯了相当多的错误。首先，他不应该将总统 7 年制缩短为 5 年，从而使执政者的施政战略短期化，不利于法国改革的连续性；其次，他不应该取消兵役制，使法国青年失去了一种国家认同的强制性工具；最后，他不应该随意开放移民政策，他给在法外籍人员提供的所谓“家庭团聚”签证，使大批外国人以此为借口涌入法国，造成了今天法国社会的移民问题。

一位与我有 20 多年交情的省长朋友对我说，希拉克最大的问题是对现代生活和国际竞争缺乏应有的敏感性，他特别不应该让所谓的“谨慎原则”（Principe de précaution）写入《宪法》。

他的话让我回想起 80 年代法国出现的一起艾滋病患者血液与医院正常血浆混在一起的事件，导致 2 000 多无辜者感染病毒。还有就是源于英国的疯牛病，造成整个欧盟 20 万头牛被宰杀，231 人死亡，经济损失惨重。

在这样的背景下，法国制定了一个“谨慎原则”法律条文，规定凡涉及食品、卫生、环保领域的任何事情，在不明确后果之前要奉行谨慎原则，也就是不能以任何理由匆忙上马。

后来，谨慎原则的适用范围又扩大到其他领域，如核辐射、手机短波、烟酒消费，甚至还扩大到股市、银行等金融管理领域。

这位省长告诉我，也许当初希拉克制定此法的出发点是好的，但现在已明显成为各级政府不作为的借口，原因是谨慎原则已写入《宪法》，任何决策者都会因为任何在未来可能发生的事故为其当时不够谨慎而承担刑事责任。

他对我说，将心比心，我们这些省长在第一线工作，遇到的都是与地方经济发展相关的项目，需要我们去担当，而这样的法律实在太不给力了，真是多一事不如少一事。

在谈及此问题时，不少法国企业家也向我坦言，类似在中国的各种企业创新精神，法国企业家就非常缺乏，谨慎原则是导致这一现象的原因之一。

总之，法国的问题实在太多，听法国朋友讲起来多少有点心酸，有关对法国经济问题分析的文章更是汗牛充栋，包括总部在巴黎的经合组织和英美主流经济学家对法国体制的口诛笔伐也可谓辛辣。这些年来，法国也确实培养了不少职业批评家，他们连篇累牍地发表各种文章和出版各种书籍，目的就是一个，宣告法国经济已经破产。

2007 年，一直标榜要与希拉克保守思想决裂，并要在法国进行一场深刻的经济和社会改革的萨科齐当选总统，他入主爱丽舍宫不久就邀请法国著名经济学家、原密特朗总统政治顾问阿塔利组建了一个由法国各界社会贤达组成的“群贤会”，共 42 人，并给此机构起了一个非常响亮的名字：“解放经济增长委员会”（Commission pour la libération de la croissance française）。

12 个月后，阿塔利向萨科齐提交了“群贤会”的报告，列举了 300 多项具体的改革建议，其中包括 20 项重大的改革建议，这在当时的法国社会引起强烈的反响。

萨科齐总统拿到阿塔利的报告，如获至宝，认为从此就可以找到法国经济振兴的钥匙。然而，出于政治家的谋略，萨科齐只选择性地采纳了三分之一的报告建议，并进行选择性的推进。

鉴于这种“点菜”式的改革方法，导致阿塔利报告的改革建议没能一揽子推进，让法国经济界那些渴望改革的企业家深感遗憾。

阿塔利向萨科齐表示，改革是法国社会的最后机会，也是全民为法国振兴必须付出的代价，必须一揽子推进，不能在社会各行业和各阶层中有选择地推进，这会造成不公平和攀比，最终使改革所需的全民共识破产。

不出所料，阿塔利报告如同过去所有的改革方案，最终又一次成为法国第五共和国改革史上的一个“半吊子”工程。但阿塔利通过此报告发现了一个青年才俊，那就是当时还不到30岁的报告书记员、法国国家审计署的稽查员埃马纽埃尔·马克龙，不能不说这是阿塔利的一大收获。

在报告完成后，阿塔利慧眼识英雄，觉得马克龙人才难得，在2012年奥朗德当选总统后，便将马克龙介绍给奥朗德，后者求贤若渴，便让其担任总统经济顾问，后又出任总统府副秘书长，最后担任经济部部长，直接负责法国的经济振兴工作。

于是，雄心勃勃的马克龙顺风顺水地进入了共和国最高权力殿堂。他勤奋工作，不负重望，当他被奥朗德任命为经济部部长时，实权在握的他第一件事就是出台“马克龙法案”，拿失业开刀。

他在电视上公开表示“法国病了”，而这个病就是法国经济体制造成的高失业率。他甚至公然号召法国青年要有敢于争当亿万富翁的决心。

这份厚厚的三卷本的“马克龙法案”，涉及周末商店开门等100多项非常具体的改革措施和建议，显示了奥朗德总统“谁的奶酪都敢动”的改革决心，也充分体现了马克龙的经济改革思路，但他希望通过对那些束缚法国经济增长的羁绊进行解套、促进经济增长的想法不仅在保守的社会党左翼阵营内扔下了一颗炸弹，也在法国政坛和社会刮起了一阵旋风。

2015年1月22日，法国政府启用《宪法》第49条第3款，强行在国会通过了“马克龙法案”，凸显了总统奥朗德对马克龙经济改革方案的坚定支持。与此同时，一夜之间，“马克龙法案”使马克龙一举成名，从一个无党无派的青涩政治素人，成为法国家喻户晓的政治大明星。

接下来的故事我不用赘述，马克龙的才华和改革意志及改革速度令人目不暇接。

2017 年，历史选择了马克龙，这位拿破仑以来法国最年轻的总统上台伊始，就取消富人财产税，从而明确向法国和世界企业界宣告，法国不仅欢迎自己的富人阶层，还欢迎各国投资者来法投资，法国政府不会对外来投资者创造的财富进行关门打狗式的剥夺。

然后，他马上修改《劳动法》中的病假规定，防止工人以病假为由旷工，从而确保雇主利益不受损害。接着他又拿铁路工人开刀，消除他们的特权。然后是失业补助改革、退休金制度和退休年限改革，以及削减公务员队伍。

近来，虽然法国爆发了针对马克龙改革的黄背心抗议运动，但马克龙在推进改革方面并没有丝毫退却之意，这让我身边相当多的法国朋友对其赞不绝口。他们普遍认为，马克龙当总统是法国企业和法国人民的福气，也是法国改革的最后希望，在他的身上法国企业看到了法国经济内在的活力和法国政府对投资者的友善态度。

马克龙的亲企业政策，让法国人想起把法国带入现代社会的蓬皮杜总统。无独有偶，马克龙与蓬皮杜一样，都在法国最大的私人银行罗斯柴尔德工作过，谙熟金融管理。也有人将他比作 48 岁当上法国总统的德斯坦，英语流利，善于治国理财。

对于马克龙的改革和法国目前正在进行的创业环境革命，法国综合理工学院的维林教授（Dominique Vellin）为我做了认真解读。他说，法国拥有世界最好的工程学院，但法国人不重视创业。前几年在大学里，如果教授想一边教书一边创业，或学生毕业后不到国有大企业当工程师而是选择创业，十有八九的人会向他们投来不信任的蔑视眼光；但今天，法国人选择创业，老师上课时大谈创业都被认为政治正确，社会对创业的看法发生了翻天覆地的变化。

根据舆之路研究所（OpinionWay）最近的民调，有高达 60% 的法国年轻人明确表达了创业的愿望，说明马克龙的改革已让广大青年确信，创业同样是实现其人生价值的有效途径，而非像过去那样，只有上国立行政学院、当公务员、进国企才能实现人生梦想。

说起创业，我们必须要提到“企业家”这个名词，它本身就是法语“entrepreneur”，第一个使用该词的是法国经济学家理查德·坎蒂隆（Richard Cantillon，1860—1723），他认为企业家就是在商品交换中创造价值的人。另一位法国著名经济学家让-巴蒂斯特·萨伊（Jean-Baptiste Say，1767—1832）对此概念又给予拓展和明确化，他认为企业家是通过知识和劳动使商品在交换过程中产生价值的人。

历史上，法国曾向世界奉献了许多著名的企业家，如建造埃菲尔铁塔的工程师埃菲尔，但由于法国的文学艺术太辉煌了，人们总觉得法国是个艺术家的国度，而非企业家的乐园。事实上，法国除了埃菲尔，还有许多著名的工程师、发明家，像安德烈·雪铁龙（André Citroën）、路易·雷诺（Louis Renault）、米其林兄弟（Édouard et André Michelin）和马塞尔·达索（Marcel Dassault）等。

由于工作关系，我在马塞尔·达索的儿子塞尔热·达索（Serge Dassault）健在的时候曾多次向他问起当年老达索创业的情况。塞尔热·达索告诉我，父亲创业时条件非常不好，缺钱缺人，加上德国占领法国，百般阻挠老达索创建法国民间的航空公司，但困难再大也阻挡不了老达索为法国航空事业做出贡献的决心。

与历史上那些著名的法国企业家相比，今天法国企业家给人的印象更多地体现在时尚精品业，如著名企业家贝尔纳·阿尔诺（Bernard Arnault）创建的路易威登时尚帝国，他也由于在2019年11月成功收购美国著名奢侈品牌蒂芙尼而成为世界首富。

在法国，与阿尔诺同样备受尊敬的是法国奢侈品集团开云集团（Kering）和投资公司Artémis的创始人弗朗索瓦·皮诺特（François Pinault）。皮诺特在中国也非常有名，公众都记得是他将圆明园兽首从收藏家伯杰（Pierre Berger）手中购得后再转赠给中国政府的。

法国还有一位著名的创业家叫尼尔（Xavier Niel），他从互联网获得第一桶金，是法国目前民营电信公司 Free 的老板。他投资支持的法国创业孵化园 Station F 在法国非常有名，汇聚了包括脸书、谷歌等国际国内的 1 000 多家创新企业。据说此创业孵化园也是欧洲最大的孵化园。尼尔在法国被誉为法国版的比尔·盖茨，受到法国青年创业者的崇拜。

随着创新创业越来越成为时代潮流，我注意到法国近几年在这方面的变化还是很大的，特别是马克龙作为年轻人的一分子，对创新创业非常敏感，执政以来，在法国青年中大力倡导创新创业。马克龙多次表示，他要竭尽全力，将法国打造成初创企业的领军国家。

说到法国青年创新创业的话题，碰巧我在巴黎发起了一个纪念吴建民大使的促进中法青年创新创业交流的“奖学金计划”。在各界朋友的关心和资助下，特别是在拉法兰前总理和中国驻法大使馆的关心下，我们连续三年每年邀请 10 名法国 35 岁以下的青年到中国考察创新和创业。这些报名的法国青年都来自法国最好的学校，如巴黎政治学院、巴黎高等商学院和巴黎综合理工等著名学府，2019 年度的申请人达到 56 位。

这些年轻人在笔试和面试中都会向我们展示他们未来的创新创业之路，对中国 BATX（百度、阿里巴巴、腾讯、小米）的情况非常熟悉，有的甚至已经在中国的高校（如清华）和创新企业（如小米）学习和实习过，在他们的身上，我看到了法国青年创新创业的未来。

范晔君是我在巴黎认识的一位青年才俊，他是清华大学法国校友会主席，毕业于法国最好的工科院校，然后又在法国最大的商业银行工作，2016 年辞职下海，办起一个网上快餐平台，叫“方圆食里”，专门给巴黎的上班族提供中式快餐。

范博士的创业让我非常感动，我从他的身上看到法国已成为中国创业者的一块热土。我问他怎么看法国在创新创业方面发生的变化。范博士回答我，他的公司入驻前面提到的法国创业孵化园 Station F，里面就有法国科创（La French Tech）[1]提供的一站式服务。他说，过去他要找海关办理进货、去警察局解决所招员工的身份证件办理问题，很费时间，现在通过一站式服务，20 多个政府部门都可以搞定。他说他曾遇到海外电商的退税问题，他在法国科创的网站上和海关约了一个时间，然后见面谈了一个多小时，公司马上获得退税资质，速度之快，让他颇感不可思议。

徐微苑是同济大学的博士，她在 Station F 创建了一个叫创业（Ouicréa）的孵化平台，专门服务像范晔君的公司这样旨在开拓法国市场的中国初创企业和专门针对中国市场的法国初创企业。她告诉我，Station F 原来是火车站，在此创建企业的孵化园，本身就体现了法国人的创意精髓。政府除了提供各种政策支持和服务，还经常请来自世界各地的独角兽企业创始人分享经验，组织投资基金与初创企业的对接会。初创企业工作区每时每刻开放，创业者可以随时按自己的节奏工作。

这里的年轻大学生们充满创业激情和创造力，工作非常勤奋，但又不忘记生活，他们在人工智能、区块链、数字金融和数字安全等方面的创新技术将对中法两国经济合作产生积极意义。

禄德伟（Ludovic Bodin ）是法国科创驻北京的代表，也是一位人工智能领域的投资人。他对我说，马克龙上台以来，法国在高科技领域进步神速。首先，法国政府对高科技投资的态度变了。马克龙通过“维拉尼报告”，大举投资人工智能，成立法国科创等机构，想方设法支持法国科技初创企业，在法国举办“法国创新展”等，使法国在国际高科技领域成为一个新的玩家。其次，法国的国际形象变了。马克龙对科技

---

① 法国科创是 2013 年由法国政府发起创立的一个开放性的集体品牌，汇集了包括企业家、投资者、工程师、开发商、媒体、大型企业以及政府机构等国内外个人和团体，旨在推动法国初创企业的成长，促进国际化发展。——编者注

创新的真诚态度和打造法国“高科技初创企业之国”的决心，让国际风险投资（VC）开始重新认识法国，对法国的投资力度增大，2019 年达到 36 亿欧元，是欧盟内最多的。最后，法国企业家信心满满，在国际经济竞争中有不俗的表现。如路易威登的老板阿尔诺成为世界首富，这不是单纯钱的问题，而是法国企业家努力成为世界企业家的榜样。阿尔诺的故事如同马云的故事一样，是值得今天的法国青年学习的。

最后，有关法国全民创业的热情，我还可以从老朋友蔡明泼创建的凯辉基金（Cathay Capital）近 10 年来的迅速发展中找到答案。

2007 年，蔡明泼与其里昂商学院的同学爱德华·莫伊内特（Édouard Moinet）决定联合创建凯辉基金，当时员工只有几个人，管理的资本不过 6 000 多万欧元，然而今天的凯辉基金管理资金达 28 亿欧元，在全球设有 7 个办公室，有近百名员工，投资 119 个项目。蔡明泼和莫伊内特的故事在巴黎的投资圈里几乎人人皆知。

2019 年秋，我参加了凯辉基金在巴黎工商会金碧辉煌的大楼里举办的“转型中的世界”论坛，蔡明泼在开幕词中将凯辉的成功归功于他们在中法乃至在全球创新潮流中所建立的知识共享机制和全球创新生态系统。蔡明泼讲的话没有一句是客套，说明确实是中法两国创新创业的大潮让他受益良多，并依然蕴藏着巨大的潜力。

与我的感觉一样，在国际投资者看来，马克龙减少对市场的干预，减少行政程序，降低赋税，对企业解雇员工的硬性规定松绑，如企业对解聘员工的赔偿期限从 5 年改为 2 年，加上前总统萨科齐推出的“研开税收抵免法”（CIR）、奥朗德的“促进竞争性就业税收法”（CICE）和“没有实际和严重理由不得加重雇主解雇员工赔偿费”的法令等一系列有助于改善法国营商环境的法律，大大降低了企业用工成本，从而使法国不仅提升了自身的经济竞争力，也在世界上树立起一个对外国投资友善的国家新形象。安永会计师事务所 2019 年 6 月的一份调查报告显示，在欧洲国家投资吸引力排名中，法国首次超过德国，成为欧盟仅次于英国的第二大投资目的地国，这从另一个角度为马克龙的经济改革政策背书。

法国最新的统计数据表明，在马克龙政府亲企业的一系列政策的鼓舞下，2019 年，法国的失业率已降至 8.1%，是 2008 年以来的新低，其中，法国本土的失业率是 7.9%，一年以上的长期失业仅为 3.2%，也是十多年来最好的水平。法国政府希望在马克龙 2022 年第一个任期结束时，法国的失业率降至 7%。

我觉得，法国失业率明显下降的意义非常深刻，如果它不是法国政府市场化改革的里程碑，至少也是一个重要的晴雨表。当然，现在由于受全球新冠肺炎疫情的影响，法国经济与欧美所有国家的经济一样，一路下滑，甚至出现严重的负增长，但我想这不能抹杀法国这两年经济发展取得的成果。

法国商务投资署（Business France）2018 年度报告显示，2018 年有 1 323 家外国企业在法投资（超过 2017 年的 1 298 家），在法外企共有 28 万家，员工 200 万，这些企业的研发和出口分别占法国研发和出口总额的 21% 和 31%。2019 年 1 月，9 400 家法国企业参加世界著名的拉斯维加斯国际消费品电子展，在外国参展商数量中排名第二，仅次于中国。此外，根据国际咨询公司凯度（Kantar Public）2018 年 12 月的调查，87% 的受访外国企业领导认为法国是一个优秀的投资目的地。全球科技巨头，如思科、谷歌、脸书等都在法国有重要投资。

马克龙爱企业，而且特别爱外国大企业，每年元月，他都会邀请 150 位跨国公司的负责人在出席达沃斯世界经济论坛前取道巴黎，出席他在凡尔赛举办的“选择法国”投资论坛。在论坛上，他会向这些企业负责人不厌其烦地介绍法国优良的投资环境及法国政府采取的对企业友好的措施，可谓情真意切，可以看出法国政府吸收外资的真诚态度。

对于马克龙改革的前景，在法国文化如此多元的背景下，见仁见智，我们很难未卜先知，由于民主制度和法国人保护既得利益的惯性，有时会让人感到马克龙的改革处处受阻，反对的声音远大于支持的声音。然而，当你人在法国，只要你认真听听法国企业家和他们的代言人法国雇主协会（MEDEF）的声音，听听范晔君、徐微苑、禄德伟、蔡明泼及“吴建民奖学金”优胜者的看法和他们的创新创业激情，你的印象可能就会不一样，你会觉得，一场创新创业的热潮已在法国悄然开始……

向法兰西“衰落论”说不

在法国企业界和青年看到马克龙的改革措施，并对法国的未来充满希望的同时，法国社会还有一股不可忽视的力量，他们多年来一直在对法兰西“衰落论”说不，如法国著名的政论记者阿兰·杜哈梅尔（Alain Duhamel）就一直不断地在媒体上呼吁，他说法国固然有各种问题，但“还没有你想象的那么糟”。

冯达磊对我说，他特别同意杜哈梅尔的观点，法国经济确实有问题，但没有那么惨。如果我们看法国的国企，确实问题不少，但你如果看法国的民企，那些家族企业，如达索（Dassault）、德高（JCDecaux）、博洛雷（bolloré）、布伊格（Bouygues）、欧尚（Auchan）等，它们都活得很好。

如果你再看法国 CAC 40 上市公司，法国的情况就更不错了。2017 财年，法国 CAC 4 0 上市公司向其高管和股东支付的红利高达 574 亿欧元。2019 年 12 月 16 日，CAC 40 股票指数上升到 6 000 点，是 2008 年世界金融危机时最低点 2 800 点的两倍以上，仅 2019 年一年就上涨了30%，其根本原因就是法国CAC 40大企业经营业绩好，国际投资人对法国经济有信心。

冯达磊还告诉我，CAC 40企业，包括他本人所开创的依视路在内，在海外有大量投资，因此，在考察法国经济时，一定要将这些大企业的国际化成果放在里面，这些大企业几乎在全世界都有分公司和工厂，这些企业每年都会从世界各地向巴黎总部返利用以分红，2017年的返利高达574亿欧元，这些利润大大提高了法国经济的抗衰性。

冯达磊还不止一次不无得意地对我说，如果不是当年他决定把依视路的战略重点放在国外，特别是放在中国市场，依视路要么早就破产，要么正走在破产的路上。

受冯达磊启发，我查看了法国的直接投资数据。我发现，2017年，法国吸收外国直接投资存量是7 292亿欧元，同年，法国在海外直接投资存量是12 104亿欧元，法国在海外的投资存量是其国内外资存量的1.66倍。正是由于法国在海外较大的投资存量，法国2018年国民生产总值是2.84万亿美元，比其国内生产总值2.78万亿美元多了近600亿美元，说明法国在海外投资对自身经济的直接贡献。

在这样的逻辑下，我们就容易理解2017年法国贸易赤字达到623亿欧元，而经常性项目逆差却只有148亿美元，其中的差额就是资本项下法国海外企业的利润或侨汇，这确实是一个不太容易引起公众注意的问题。资料同样显示，仅2019年10月一个月，法国经常项目下资本和金融收入顺差就达115亿美元，说明法国的国际收支和贸易条件是好的。

对于这些好的表现，爱发牢骚和挑剔的法国人好像并不在意，包括法国的媒体，喜欢报忧不报喜。为此，冯达磊给我讲了一个依视路的故事。他说，有一次，一家法国非常著名的杂志想写一篇有关法国企业国际化的文章，他们找到了依视路。然而，记者用了半年时间采访完依视路总部与地区高管后却突然决定不写了。冯达磊问记者为什么，记者坦言，你们企业国际化没有出现任何问题，编辑部就决定不写了，因为读者对成功的企业不感兴趣。冯先生听完非常生气，当场批评记者，难道我们的企业出大事你们才高兴，才觉得有新闻价值？

的确，与中国人的民族习惯很不同，法兰西民族天生好发牢骚，报忧不报喜。媒体非常愿意与公众一起骂政府，骂全球化，大家口诛笔伐，酣畅淋漓，但这种牢骚的负面文化对世界人民来说是误导了法国在他们心目中的形象，对法国人来说是误导了他们看世界的立场。好在法国还有不少冯达磊那样比较善于冷静思考的人，他们对我说，相对于世界其他国家，“法国还没有你想象的那么糟”。

为此，我觉得，我们为何不听听他们的意见，为何不换一个角度看法国，透过现象看本质呢？这也许对我们全面了解法国今天的真实情况，包括它今天的社会转型和未来对国际社会产生的各种影响有所助益。

关于法国在世界经济中所占份额的变化

历史上，法国作为欧洲大陆第一强国，其经济总量在 1600 年时为世界的 4.7%，1700 年为 5.7%，1870 年在拿破仑三世统治下最高为 6.5%，然后在“一战”前的 1913 年是 5.3%，战后 1950 年是 4.1%，1973 年是 4.3%，2000 年为 3.4%，2010 年是 2.9%，2018 年为 3%。

从战后法国经济的增速看，法国历史上也有黄金时期，如 1950 年，法国 GDP 增速为 8.5%。在 1945—1975 年所谓的经济景气的 30 年，法国经济平均增速达到 5%，表现不俗。从 20 世纪 70 年代石油危机起，与所有欧美国家一样，法国经济增速放缓，但在 20 世纪 90 年代也出现过较高的经济增长，2000 年甚至达到 3.9%，2008 年金融危机后又逐渐下滑，2017 年为 2.3%，2018 年为 1.5%，2019 年为 1.3%，高于欧盟平均增速 1.1% 的水平。

从历史分析可见，法国与中国不同，即使在它历史最辉煌的时候，它也只占世界经济总量的 6.5%，这样的规模是由法国自身领土和人口数量决定的。如法国经济高速发展的拿破仑三世时期，法国的人口为 3 700 万，到 20 世纪初达到 4 000 万，到 1970 年达到 5 000 万，2020 年为 6 700 万，按照这个趋势，即便到 2050 年，法国人口也只有 7 400 万。

法国这样的人口基数，决定了它在世界经济中的分量是相对有限的。

因此，我们不能将法国历史最辉煌的时期与鸦片战争之前的中国相比。中国历史上 GDP 一直占世界的 25% 以上，人口在道光十三年（1833）已达 4 亿，而法国在历史上从来没有成为世界经济大国和人口大国，法国的国际影响力更多地体现在欧洲事务，或体现在世界政治与文化领域，远非英国那样一度是世界工厂，拥有世界最多的财富。

此外，从整个西方世界在战后世界经济格局中的地位看，也都是在逐渐下降的。美国在 1960 年占世界经济的比重高达 40% 以上，今天只占 24%；英国从工业革命时期的日不落帝国到今天只占世界 GDP 的 2.24%。但这种下降或衰退，也是相对中国等新兴市场国家迅速崛起而言的。

关于法国的国际经济竞争力

在法国媒体的渲染下，人们习惯性地认为法国不是创新型国家，国际竞争力很弱，但根据洛桑国际管理发展学院（IMD）2017 年发布的《全球竞争力年鉴》，法国的国际竞争力在世界居第 17 位，中国列第 28 位。2018 年，法国又从第 17 上升到第 15，中国则从第 28 上升至第 24。

2017 年，经合组织曾就全球经济质量的产出水平对其 35 个成员国进行摸底，法国排名第 7，其每名雇员的每小时 GDP 产出水平是 65.6 美元，每周工作 28.2 小时，其生产率水平远高于德国和日本。同年，经合组织的另一份《生产力指标纲要》报告也显示，在七国集团内，美国的劳动生产率最高，其次是法国，然后才是德国、日本。同年，欧盟统计局（Eurostat）的另一项调查显示，法国人的工作效率与丹麦人和爱尔兰人一起被列为欧盟之最，为每小时 45.6 欧元。

关于法国的研发和创新

在政府的研发投入方面，法国政府的支出达 498 亿欧元，占 GDP 的 2.27%，在全球排名第 12，落后于韩国（4.3%）、以色列（4.11%）、日本（3.3%）、芬兰（3.17%）、德国（2.9%）和美国（2.8%），但领先于英国（1.7%）。

在法国，全国各种研究部门雇用着 60 万员工，其中研究人员 27.7 万，其中女性研究人员占 25%。法国活跃研究人员的占比为 9.4‰，虽落后于韩国（13.2‰），日本（10‰），但领先于德国（9.2‰）、英国（8.8‰）和美国（8.7‰）。

2016 年的统计还显示，全法国有 7.4 万名在读博士生，每年有 1.5 万人获得博士学位。还有，法国发表的各种学术论文占世界的 3.2%，居世界第 7。法国在欧洲专利局申请的专利总数在欧洲排名第 4。

此外，法国拥有 200 多所工程类院校，每年培养 3.7 万名工程师，全国现有工程师总数为 87.5 万。法国工程类院校享誉世界，曾培养了像埃菲尔那样世界著名的工程师。在全球化的今天，在美国硅谷工作的法国工程师高达 15 000 人，他们为美国最有名的互联网公司工作，其中包括脸书的首席科学家、人工智能专家杨立昆。

根据安永会计师事务所发布的数据，2018 年，法国 144 个项目得到外国研发中心的支持，外国对法国研发中心的投资总量高于德国和英国的总和，这也从一个侧面说明法国研发能力在国际上得到了认可。

关于法国人获得的国际重要奖项

人们通常比较喜欢用诺贝尔奖获奖数来衡量一国的科技实力。

在诺贝尔奖排名中，我们都知道美国是获奖大户，我们的邻国日本差不多每年拿一个诺奖，但对法国在国际诺奖的排名知道的并不多。其实，法国也是个名副其实的诺奖大户，位于美国、英国、德国之后，排名世界第四，共有 65 位诺奖获得者，其中包括居里夫人两次获得该奖项。

在法国诺奖获得者中共有 5 名女性，占全部诺贝尔奖 54 名获奖女性的近 1/10。2019 年获奖的女性是法国经济学家埃丝特·迪弗洛（Esther Duflo）。

如果从文学奖看，法国共有 15 位作家获得诺贝尔文学奖，位列世界之冠。

世界著名的数学大奖菲尔兹奖，从 1936 年设立奖项到 2018 年，全世界共有 60 位数学家获奖，法国有 12 位，仅次于美国（13 位）。如果加上获奖人的科研背景，那么在法国国家科研中心工作过后再获得此奖的人数达到 15 人，超过美国。其中，仅巴黎高等师范学院一家就有 10 位数学家获奖。

与菲尔兹奖齐名的另一项国际数字大奖是阿贝尔奖，法国虽没能与美国数学家比肩，但也是仅次于美国的世界第二获奖大户。

此外，世界著名的信息技术研究大奖图灵奖和普利兹克建筑奖，法国人也有不俗的表现。

由此可见，如果从诺奖等国际重大奖项获奖情况看，说法国是世界数一数二的大国应该是没有异议的。

关于法国人的医疗卫生体制和生命期望值

几年前我曾经在媒体上看到法国卫生体制被世界卫生组织（WHO）评为“世界最好”的报道，但我认真阅读后发现世卫组织评价的是以法国为代表的地中海周围国家的生活方式和医疗制度，包括意大利和西班牙。

当然，法国的卫生体制仍存在一些痼疾，最近一段时间法国医疗界发起了全国总罢工，抗议政府对法国公立医院投入严重不足，导致入不敷出、医患矛盾严重和公共医疗效率低下等问题。

在本次抗击新冠肺炎的斗争中，法国医疗体制实际也是毁誉参半。批评者认为在新冠肺炎中法国的死亡率太高，与法国医疗行业的国际声望不符，认为法国政府公共医疗开支高于德国，但医疗质量和服务却不如德国，不仅呼吸机和口罩等医疗战略储备与德国难以相提并论，就连医务人员的待遇也与德国差一大截。肯定者则认为，法国奉行公费医疗，法国人民不仅可以享受一流的医疗资源，而且基本免费，是英美两国不能比的。

然而，不管怎么说，法国医疗界存在的问题也是不争的事实，如有的病人反映，过去看病不需要等很长时间，手术完后也可以在医院康复，现在由于医院缺少护理人员，看病等候时间延长，术后也不能在医院康复。为了安抚医护人员，马克龙政府曾拿出 15 亿欧元支持国家公立医院，提高护理人员待遇，国家还接收了 100 亿欧元的各级医院债务，但在新冠肺炎疫情的新形势下，法国政府继续加大对医院的投入已在所难免了。

然而，总体看法国的医疗体制，不仅在于它的公共免费制度，而且其质量在世界上也是首屈一指。2015 年，世界著名的医疗杂志《柳叶刀》对全世界 195 个国家的医疗质量进行了调查，结果显示，法国总得分 88 分，排名第 15。2018 年，英国知名智库列格坦研究所（Legatum Institut）将法国医疗质量排在世界第 18 位。

根据世界卫生组织 2015 年发表的世界各国人口寿命的数据，法国人的预期寿命排在世界第 9，其中法国男性的平均寿命为 79.4 岁，女性的平均寿命为 85.3 岁。法国女性的排名列世界第 6。法国人的平均寿命比德国人、英国人甚至美国人都要长得多。另外，法国新生儿死亡率不到 3‰，位列世界第 8。

关于法国教育体系在世界的排名

根据《泰晤士报》高等教育特刊的排名，法国的教育体系在全球排第 7 位。根据《金融时报》的排名，法国有全球最好的管理学硕士项目，排名前十的工商管理学院中就有 5 所来自法国。除此之外，法国还有全世界最好的 6 个 MBA（工商管理硕士）项目。

另外，根据 2019 年著名的 QS 世界大学学科排名，学科排在前五的法国院校分别有欧洲工商管理学院（“贸易与管理”专业排名第二）、巴黎政治大学（“政治科学与国际研究”专业排名第三）及巴黎高科农业学院（Agro Paris Tech，“农业及林业”专业排名第四）。

据法国教育部官方网站提供的数据，法国目前有 83 所综合大学、205 所工程学院、220 所工商管理学院、120 所高等艺术学院以及 20 所建筑学院。

如同我在前面提到的，法国高校不仅教育质量高，而且学费低廉，这是英美大学不可同日而语的。外国留学生在法国公立高校攻读学士、硕士和博士学位的注册费分别为 170 欧元（约合人民币 1 355 元）、243 欧元（约合人民币 1 937 元）和 380 欧元（约合人民币 3 028 元），比国内的大学收费标准还低许多。

此外，英国高等教育及升学就业组织 Quacquarelli Symonds 在 2015 年和 2016 年两度将巴黎评为全球最佳学生城市。

关于法国社会的平等

由于法国公平文化的传统，法国在西方国家中的社会平等方面名列前茅。2019 年 1 月，英国著名的《经济学人》杂志就将法国评为世界上最平等的国家。

尽管法国媒体经常报道法国存在各种不平等现象，包括黄背心游行所反映出的严重问题，但总体上讲，法国社会内部的不平等现象并不严重，按国际上通用的基尼系数（国际惯例把基尼系数在 0.2 以下视为收入绝对平均，0.2~0.3 视为比较平均，0.3~0.4 视为相对合理，0.4~0.5 视为收入差距较大，当基尼系数达到 0.5 以上时表示收入差距悬殊），法国的基尼系数是 0.293, 低于欧盟平均水平（0.308）。

关于法国生活质量的国际排名

美国有一家叫《国际生活杂志》的刊物，每年评选世界生活质量最高的国家，评价的指标包括生活成本、文化休闲、经济、环境、自由、健康医疗、基础设施、安全感和气候等，法国连续 5 年以总分 80 分以上的靓丽成绩名列第一，荣获“世界最宜居国家”称号，其中生活质量指数总分甚至达到 100 分，位居世界之首。

该杂志认为，由于法国的生活“美丽且富有情调”，所以美国政治家本杰明 · 富兰克林、托马斯 · 杰斐逊，以及电影明星布拉德 · 皮特、安吉丽娜 · 茱莉等名人，都喜欢到法国生活。

关于法国的国际“软实力”排名

自从20世纪90年代美国哈佛大学教授约瑟夫·奈（Joseph Nye）提出国家“软实力”的概念后，软实力已成为衡量一国国际影响力的重要指标。2017年，美国南加州大学公共外交中心和波特兰战略咨询公司综合世界各国在数字、文化、社会、商业、教育等各个领域对世界的影响，将法国列为世界上最具软实力的国家。

关于法国的国际旅游目的地排名

法国数年来一直是接待外国游客最多的国家，2018年接待的外国游客达到了8 940万，比2017年增长了3%。各国游客纷纷涌向法国的根本原因是法国美丽的自然风光、丰富的文化遗产、高雅的生活方式和美食，如同美国《国际生活杂志》所说的，法国的文化多样性使其魅力无穷。这里既有巴黎的卢浮宫，也有阿尔萨斯的葡萄酒庄园、科西嘉岛的狂野世界、普罗旺斯的薰衣草以及朗格多克的地中海风光。

由上述各项指标可以看出，当我们换个角度看法国时，也许真的“法国并没有你想象的那么糟”！

记得几年前，美国著名经济学家、诺贝尔经济学奖得主保罗·克鲁格曼（Paul Krugman）就在《纽约时报》上专门撰文，批评美国人对法国经济的无端指责，认为“法国并没有你想象的那么糟”。

碰巧几年前法国著名的经济、社会及环境理事会（Conseil économique, social et environnemental，其作用类似中国的全国政协）也发布了一个有关法国真实情况的“国情”报告，它采用的三大指标为社会凝聚力、生活质量和国家为未来所做准备，而非平时人们习惯的GDP及经济增长的简单数据。

报告人皮埃尔-安东尼·盖伊（Pierre-Antoine Gailly）是原来赫赫有名的巴黎大区工商会主席，他对我说，如果我们看一下人文、社会、环保、平等、健康、假期、文化消费等指数，法国远远排在欧洲平均水平之上，甚至是首屈一指。但遗憾的是，在世界上，人们目前只接受 GDP 一种考核维度，这是很不准确的，法国经济、社会及环境理事会每年要出一个法国现状报告，就是要换个角度看法国，让法国政府和决策者知道，法国其实“并没有你想象的那么糟”。

对于从不同角度看法国，巴黎文理研究大学（Université PSL）副校长德尼-雷米（Cédric Denis-Rémis）向我讲述了法国的大学目前在国际排名中遇到的问题。他告诉我，目前的国际排名方法，几乎全是按规模排，法国教育在世界上是永远被边缘化的。而国际排名对法国教育界又十分重要，没有办法，法国只能适应当前的国际排名标准，这就是年轻的巴黎文理研究大学成立的背景。

德尼-雷米对我说，巴黎文理研究大学是由巴黎 9 所专长不同的巴黎高校和研究所合并组成，如以理科研究见长的巴黎高等师范学院、以管理和商科见长的巴黎第九大学、以工科见长的国立巴黎高等矿业学院、以医科见长的居里研究所等。

巴黎文理研究大学还包括 CNRS（法国国家科学研究院）、INRIA（法国国家信息与自动化研究所）、INSERM（法国国家健康与医学研究院）的部分实验室及多个合作单位。合并后，巴黎文理研究大学的成员都可对外使用巴黎文理研究大学这一统一名称，但对内，各学校原来的预算、管理团队和教育定位不变。在这样的一个教育联邦下，大家各得其所，又强强联合，使法国在国际高校排名中的名次大大提前。这所大学未来将是欧盟内最大的高校，定位在世界高校前 10 名。

德尼-雷米的话试图让我明白，还是原来的那些学校，但换一个角度和参数值就会得出不同的结论。我想学校的排名如此，国家用 GDP

排名又何尝不是如此。盖伊的话也一点没错。如果我们换个角度看法国，法国的情况应该还没有那么坏。法国与中国一样，也有一句谚语叫“半瓶空，半瓶满”（le verre à moitié vide ou à moitié plein）。总之，一切取决于当事人从哪个角度看问题。

帕斯卡尔·拉米（Pascal Lamy）是法国著名政治家、曾任世贸组织总干事，现在中欧国际工商学院担任荣誉教授。他对我说，相比世界其他国家的问题，法国的问题没有什么大不了的，只要法国人改变看世界的态度，调整其经济运营的机制，法国就有救。他在几年前还专门出版了一本书，叫《当法国醒来的时候》（*Quand la France s'éveillera*），在书中详细谈了法兰西振兴的依据。

在政治思想家阿塔利看来，法兰西振兴的依据中还要加上法国的高人口出生率、高国民储蓄率、高教育和研发能力及各种基础设施条件。

此外，他认为法国还有两大筹码没有用好。

第一，法国拥有一个7亿人口的法语世界，它是法国经济振兴可贵的市场资源。过去40年来，法语国家是世界唯一一个人口增加4倍的地区集团，法非合作将使法国找到一个不可多得的海外市场。

第二是海洋。法国是仅次于美国的世界第二大海洋大国，但在海洋经济开发方面却排在世界第40多位。如果法国打好海洋牌，蓝海将是促进法国经济振兴的又一大引擎。

我觉得，把中国人常说的“思路决定出路”这句话送给今天的法国再合适不过了。这样一个潜力无穷的国家，如果积极应对全球化的挑战，顺利进行制度和社会的转型，法国在世界上的作用将不可小觑。

第三章
“黄背心运动”与法国人的革命情怀

黄背心运动

2018年12月1日是一年一度的世界艾滋病日，这一天世界上还发生了许多重要的事情，如习近平与特朗普在G20峰会期间举行会谈，就两国贸易冲突达成协议；美国前总统老布什于前一天去世；华为创始人任正非之女孟晚舟在加拿大被捕；等等。然而，号称世界最美丽的巴黎香榭丽舍大道的熊熊火光却成功抢走了国际媒体的注意力。

愤怒的法国黄背心示威者正在向法兰西的象征凯旋门和香街的大商店发起攻击，在警察的催泪瓦斯中，凯旋门已然遭到破坏，一大群身穿黄马甲的抗议者正在与法国警方激战。

“巴黎在燃烧”“巴黎遭遇50年来最暴力的示威活动”成为全世界媒体头版头条的归纳性语言。

然而，这场法国50年未遇之暴力活动的导火索听起来匪夷所思，竟是政府为了履行《巴黎气候协定》，鼓励使用清洁能源，发展低碳经济，决定上调燃油价格，即从2019年1月1日起汽油每升提高0.029欧元，柴油每升提高0.065欧元。折算下来，每升汽油也就涨三四角人民币。

然而，就是这样一个小小的燃油涨价方案让全法国人民愤怒了。

不要说马克龙没料到，我身边的所有法国人，包括我自己也没有想到，这样的价格微调导致的却是民众如此强烈的抗议。一场革命迫在眉睫！

一位法国内政部的高官提醒我，不要小看这区区几欧分的油钱，想想吧，当年法国大革命爆发的原因不就是波旁王朝涨了几分钱的面包价格吗？

是的，法国人爱革命，“哪里有压迫，哪里就有反抗”，革命似乎存在于法兰西文化的基因中，而今天的全法黄背心抗议运动，是否又意味着革命已在法国“山雨欲来风满楼”了？一场新的后工业化时期的无产阶级反抗统治者的革命是否就要在法国大革命的故乡、在全世界电视台的摄像机前重新呈现？

无疑，这场在法国全国星火燎原的黄背心运动和其每周六周而复始的有计划的抗议行动，特别是在香街上洗劫法国著名品牌商店的行径和对法兰西的文化象征凯旋门的无情损害，加重了人们对这场可怕的暴力革命日益临近的担心……

历史上，那些平日彬彬有礼的法国人，在其根本利益受到侵害时，通常都会奋不顾身地进行反抗，哪怕手无寸铁，哪怕用的仅仅是石块、农具和菜刀。

法国人习惯于暴力革命，其铁证就是赫赫有名的法国大革命。当年那些热血冲动的革命者从巴黎涌到凡尔赛宫，声称要通过活捉皇后玛丽·安托瓦内特并亲手杀死这个“奥地利害人精”来拯救法兰西民族的命运。多亏皇后急中生智，逃到了国王路易十六的寝室，暂时保住了性命。但愤怒的革命群众还是将国王夫妇押送到巴黎，让他们在杜勒伊宫接受革命群众的监督，然后在四年后将国王夫妇送上断头台。

杀死皇后玛丽·安托瓦内特的理由很简单，因为她挥霍无度。她甚至说过，老百姓吃不起面包，“就让他们吃蛋糕吧”。

这位奥地利哈布斯堡家族的小公主，15 岁嫁给法王路易十六，19 岁成为皇后，38 岁被送上断头台。更冤枉的是，她从来不是老百姓想象中的挥霍无度的妖精，也从来没有说过“法国老百姓吃不起面包就让他们吃蛋糕”这样的话。

就这样，法国人以革命的名义将玛丽·安托瓦内特作为法国人民的头号公敌送上了断头台，而不是像英国人一样保留都铎王朝。

还有雅各宾派的红色恐怖，他们滥杀无辜，使得巴黎到处腥风血雨。即便如此，法国人民依然为革命痴迷。

继法国大革命后，接下来的革命叫“七月革命”，然后是“1848年革命”和巴黎公社革命。在法国，称得上革命的事件非常多，即使到了20世纪60年代，法国仍爆发了震惊世界的“五月风暴”，在巴黎左岸拉丁区，愤怒的法国学生向防暴警察投掷石块，与警察进行激烈的巷战，巴黎圣日耳曼大街的每块地砖再一次像法国大革命时期一样，被愤怒的法国学生和工人捡起来作为武器，砸向防暴警察。

激烈的暴力冲突还致使法国第五共和国之父，曾经率领法国人民抗击纳粹铁蹄，赢得国家领土完整、民族独立的戴高乐将军仓皇逃离巴黎……

法国人的血液里是否充满暴力倾向，抑或具有崇尚革命的因子？法国人是否真的具有周期性的革命需求，如同大自然的四季变化，以改变他们守成的制度？

就黄背心抗议活动是否会成为法国新一场革命的前奏问题，我询问了身边的法国朋友，他们当中的不少人对我说，这是法国人路见不平、拔刀相助的法兰西游侠精神和平等理念的体现，你只要看看那些阿兰·德龙扮演骑士、火枪手的老电影受欢迎的程度就会明白，以暴制暴是法国人的传统。

也有人对我说，暴力是一种游戏，这是法国高卢雄鸡好斗的天性使然，即便踢一场足球赛，也经常出现不同俱乐部的球迷之间大打出手的情况。法国人对暴力解决问题有一种天然的精神图腾。

更有人对我说，革命是迫使权贵向人民低头的最后方式，如果人民听之任之，这个世界永远是弱肉强食的丛林法则，因此，不平则鸣，这是人类正义价值理念的底线。

从我学习法语的第一天起，法国人为什么喜欢选择武力冲突解决问题一直是我心中的一个未解之谜。1992 年，法国政府仅仅因为高速违章要扣除驾驶证 2 分便得罪了法国的卡车司机们，全法卡车司机一下子把全国高速公路全堵住了，政府不得不派出武装警察强行将卡车司机赶下高速公路，但又遭到了卡车司机的强烈反抗，最后还是政府做出让步。

因为这事发生在我第一次到法国期间，初次见到这种冲突场面，我不禁目瞪口呆。电视上，空中是政府军的直升机在盘旋，地面是宪兵摩托车机动大队，两面夹攻，试图让这些占领法国高速公路的卡车司机从高速上撤离。然而，面对政府强大的威慑，卡车司机同仇敌忾，居然不把宪兵看在眼里。他们就这样坚持了一周时间，直到全法国的超市都因为高速公路受阻、物流停止、货架上的物品全部售罄为止。最后，还是总理朱佩发表讲话，向卡车司机让步。

后来，我在 90 年代末到法国斯特拉斯堡当领事，每年新年之夜我都会看到发生在郊区的青年纵火烧汽车的事件，而且是那种大面积有组织的烧车行动。这些年轻人仿佛要将他们对社会的不满或一年来内心的各种积怨，与汽车一起化为一阵浓烟。

更让人不可思议的是，这种郊区青年纵火烧汽车的行为竟成为法国人过新年的一种特殊方式、一种全国比赛。第二天，法国内政部会发表统计报告，公布全国共有多少辆汽车被烧。

不幸的是，在被烧的 1 000 多辆汽车中，斯特拉斯堡连续多年保持全国第一！

2007 年 11 月 26 日，巴黎爆发了一场震惊世界的骚乱，地点在巴黎西郊瓦勒德瓦兹省的维利耶尔勒伯，起因是两名北非裔少年的摩托与执勤的警车相撞致两少年不幸身亡。死者家属指责警察故意杀人，警察予以否认，并强调两位少年的摩托车是偷盗的，并以三挡速度超速行驶，而警车的速度只有每小时 40 公里。

此事件让该地区的北非裔居民想起 2005 年在克利希苏布瓦市

（Clichy-sous-Bois）发生的一起暴力事件。当时，警察追捕两名北非裔少年，后者仓皇逃逸之际躲藏在一个马路边的变电站中，结果触电身亡。当地居民在愤怒之下开始大规模袭警，造成大规模的暴力冲突，半个月内，全国有近万辆汽车与多处建筑物被烧毁，2 800 多人被捕入狱。当时的总统希拉克不得不动用紧急状态法来平息这场暴乱。

与 2005 年的暴乱相比，2007 年的骚乱明显针对警察。据法国内政部和司法部统计，有 119 名警察受到袭击，其中 81 人是被铅弹击中的。根据我的了解，这场骚乱是法国治安事件中最严重的一次，警察简直成了愤怒群众的猎物，随意遭到各种火器的袭击。

在这场巴黎郊区骚乱发生时，我在上海筹备世博会，外交部礼宾司领导通知我准备给到访的法国总统萨科齐讲解世博会。

我记得我在上海城市规划馆世博会模型沙盘前给萨科齐讲解时，他听我介绍了约 10 分钟后问了我一些问题，然后在城规馆内稍稍看了下上海城市未来的远景规划就来到外宾接待室与法方代表团开会，约 15 分钟后萨科齐从接待室出来，与我们握手告别。

许多在场的中国同事都不明白怎么会有这样一场事先没有安排的活动，而且是他们法国人之间的会议。我当时就意识到肯定与巴黎郊区的暴力冲突有关。果然，第二天从法国传来消息，1 000 多名警察进入暴乱区平暴，一时间火光冲天，39 名暴乱分子被抓，冲突立刻平息。

值得一提的是，在法国，即便是和平请愿，有时也会转化成一场暴风雨。如法国在 20 世纪 60 年代为了开发西部地区，计划在一个叫兰德斯圣母（Notre-Dame-des-Landes）的地方建设一个大机场。这个项目令法国朝野吵了 50 多年，其间各党派、各地区、各经济和政治力量，包括环保组织，互不相让，造成的经济和时间上的损失难以计数，终于在 2018 年由总统马克龙裁决不建了。

然而，就在马克龙最终裁决后，那些来自全国的环保人士居然再也不愿意离开那片土地，要在那里安营扎寨，进行各种环保生活的试验和建立一个无政府主义社会，结果政府被迫使用 2 000 名警力，才将最后 200 名强硬的环保人士驱逐。我在电视上看这个驱逐与反驱逐的暴力场面，一点都不比好莱坞西部大片差。

针对这次法国黄背心抗议活动，包括中国在内的世界各国媒体给予了翔实的报道，其中暴力的场景屡见不鲜，从而又给世人一种法国暴力死灰复燃的印象。法国人民苦海无边，法国统治者则坐在火山口，一种对法国革命的期待不知为何又在世人心里油然升起。

有人将轰轰烈烈的黄背心抗议活动比喻为法国版的“茉莉花革命”，认为它与 2010 年 12 月以突尼斯为代表的阿拉伯世界“茉莉花革命”异曲同工，都是因为物价上涨所致，都是通过社交媒体的传播与组织，然后形成大规模、突发和遍及全国的抗议活动。

也有人将 1789 年法国大革命的历史背景和今天的法国社会进行比较，得出了今天的法国必须革命的 10 条理由：

1. 由于改用欧元，法国物价上涨 100%，工薪阶层生活悲惨。

2. 社会对工薪阶层和商业精英实行双重衡量标准。

3. 社会公正采用双重标准。企业家好处越来越多，普通公民的社会权益和自由受到打压。

4. 国家赋税越来越重，政府效率越来越低。

5. 公共服务被有组织地破坏和私有化。

6. 各级政府腐败日益严重。

7. 国家对国企无节制地提供补贴。

8. 政府与跨国公司相互勾结。

9. 国家背着公民签署各种多边协议，使公民的民主权利落空。

10. 企业破坏环境却不被惩罚。

在2018年12月1日黄背心抗议大游行的第二天，我正好与作家洪多一起在法国的一家出版社谈事，编辑们你一言我一语，说起了他们对黄背心抗议活动和这场迫在眉睫的法国革命的看法，我品味着他们的谈话，对这场革命的缘由有了新的认识。

一位叫卡特琳娜的编辑表示，涨燃油费本是很正常的事，特别是为了环保，让法国人珍惜地球，但事不能这么办，这回完全是政府的错。法国人民不需要革命，也不想革命，法国老百姓要的是个“说法”。此事的实质是沟通问题，马克龙太年轻，政治经验不足，管理国家像管理银行一样，缺乏与老百姓必要的沟通；用的人也有问题，全是他的同学或同在金融领域工作的人，这些年轻的幕僚太技术派了，缺乏政治谋略，个个是愣头青。

一旁的编辑露西表示，马克龙最不应该将科隆市长放到里昂，他身边明显缺乏有选举经验、懂得民意的政治家。马克龙不应该在入主爱丽舍宫后冷淡那些在法国政坛摸爬滚打几十年的政治人物，他们当过市长、议员、部长，对法国问题非常清楚，而相比之下，马克龙的政治与行政管理经验接近于零。

年轻的编辑托马斯表示，燃油涨价的整个过程太巴黎了，这是法国政府的老问题，他们总以为巴黎代表一切。这场反政府运动也是外地的法国人对巴黎政治精英事事不与他们商量、事事代他们做主行为的反抗，是外地老百姓与巴黎精英的一场政治斗争。

最后，卡特琳娜补充道，马克龙生下来嘴里就含着金汤匙，看看他的履历就明白，他是这个时代的宠儿，一直顺风顺水，哪里了解法国社会的真实生活？哪里了解生活中每个小人物每天的艰辛？……

有关黄背心的问题，我后来也做了点研究，我发现：

1. 如同托马斯所说，黄背心抗议活动的主体不是巴黎人，而是法国二、三线城市近郊的上班族。

这些人不像巴黎人可以坐地铁，每天需要开车四五十公里，日积月累，他们每月在燃油费上的支出会增加 100~200 欧元，而这些人之所以选择住在二、三线城市的郊区，原因就是收入少，他们往往都是蓝领工人，这笔额外开支会让他们本不宽裕的生活更加拮据。

“黄背心”代表着一批生活在外省和聚集在各个省会城市城乡接合部的“月光族”，全球化、数字经济、人工智能、创新创业及政府的各种自由化经济政策及其好处与他们没有半点关系，相反，他们是社会两极分化、城市高房价、名目繁多的赋税的受害者。他们还认为环保是社会等级化的“新标签”。有钱人出行绿色、食物绿色，而他们没钱，吃饭都是问题，感受到的只是一种“绿色歧视”。这种由经济、社会，甚至科技和生活方式变化引起的新危机正在日益腐蚀和撕裂法国社会，从而导致了法国老百姓在今天既盼改革又害怕改革的矛盾心理。

关于这些二、三线城市的法国人，我想起了吉洛伊写的《边缘的法国》一书，他在书中描述的这些法国“小白人”群体对经济全球化不信任，对外来移民不信任，他们感觉到越来越被边缘化后就纷纷离开大都市，到一些偏远且白人较多的社群定居和生活，但他们的经济来源不稳定，他们感到自己是全球化的 loser（失败者）。为此，有人将黄背心运动看作是外省人对巴黎统治者的反抗，是法国社会底层反全球化与法国精英拥抱全球化之间的冲突。更有人表示，这是法国人民向近几十年来以金融资本和技术精英为代表的经济全球化浪潮开出的第一枪，预示着法国人民的觉醒和法国人民要对华尔街金融资本家和硅谷技术精英说不，而这种法国社会内部不同阶层的矛盾同样也会迫使法国政府调整其多年来所奉行的自由主义市场经济政策。

2. 政府脱离群众，沟通工作失误。

众所周知，马克龙上台后一直在气候问题上非常高调，希望法国能在气候问题上起到大国作用并通过环保产业来提升法国的国际竞争力。

马克龙的这些想法无疑是对的，但这样美好的国策与愿景与普通老百姓又有什么关系？一位示威者说得好，“马克龙总是谈世界末日，而我们面对的则是怎么度过每个月的末日”。

此外，该项燃油涨价政策出台过程也非常主观，既没有媒体的充分披露，也没有议会辩论。这又让黄背心想起菲利普总理在限制国家公路车速问题上武断的态度。当时，菲利普不管三七二十一就将车速限制在每小时 80 公里，这使得这些住在二、三线城市近郊的上班族的通勤时间将不得不增加 30~40 分钟。况且，让他们在荒郊野外开车时降速也是非常荒谬的。

3. 这是马克龙上台后一系列沟通政策失误的结果。

马克龙上台后一系列有利于创新创业的措施在许多法国人看来是向资本家让步，特别是取消财富税和降低房地产税等做法，被广泛认为是对富人有利、与穷人无关的政策，因此，马克龙也就成为“富人总统”。再加上他年轻气盛，说话不注意，伤了一部分人。如 2018 年“欧洲遗产日”活动时，马克龙就对失业花匠青年贾汉说：“工作就在马路对面，但你得穿过马路啊。”言下之意是，法国失业青年懒得连穿过马路找工作的努力都不愿意付出。

马克龙此话一出，立即在网络上遭到失业青年群体的攻击，原因是他们已穿过了好几条街也没有找到活干，情形并不是马克龙所说的那样，不是法国青年不够努力。（但 2019 年“欧洲遗产日”活动时，贾汉向记者表示他已找到工作了，是在远离家乡的海滨城市圣马洛的一家餐馆里打夏季工，然后再到滑雪胜地做冬季工）。

后来，黄背心事态的发展并没有使一场“迫在眉睫”的革命在我们面前爆发，感觉大事不妙的法国总理菲利普在第一时间就出面安抚这些“黄背心”，决定将燃油费新规推迟 6 个月执行。

在 2018 年圣诞节前的 12 月 10 日，马克龙专门发表电视讲话，宣布从 2019 年 1 月起将最低工资标准增加 100 欧元（此费用将由政府出，企业不需要买单），员工加班收益将不交税，月收入低于 2 000 欧元的退休人员停止交纳社会贡献金，员工年终奖不纳税。但马克龙拒绝了黄背心提出的恢复财富税的诉求。

2019 年 11 月 17 日，在黄背心运动爆发一周年之际，法国媒体做了个统计，共有 28 万黄背心上街，2 500 人受伤，产生了 2 000 多个罚单、313 个司法调查、25 亿欧元的经济损失，其中包括保险公司赔偿的 13 000 笔财产损失（共计 2.3 亿欧元）和 75 000 名酒店、餐饮业、贸易和运输业从业人员的失业损失。

但有一点非常明确，革命最终没有像有些人预期的那样在法国爆发。

国内的朋友经常会问我，在巴黎安全不安全？为什么黄背心运动会持续到今天？

对于第二个问题，其实是很好回答的，这是法国民主政治使然，任何人的政治诉求都可以通过上街游行来表达，法国警察是不会阻挡的。况且，黄背心运动已成为这些人相互之间切磋交流、见面聊天的一种机会。他们平时分散在法国各地，相互并不认识，每周六一边游行一边聚会，成为法国民主政治的一道风景线（听说黄背心中相当一部分人还是单身汉，周六游行也成为他们打发时间、交流感情的好去处）。

需要补充的是，在黄背心运动一周年的民调中，64% 的法国人还是认可黄背心运动对法国民主建设的意义的，认为自从出现了黄背心，法国人对国家生活更加关注了。

至于国内朋友担心我在法国的安全问题，其实黄背心对日常生活的影响本来就非常有限，如果不是媒体，如果不是个别黄背心“打砸抢”，世界可能并不会注意到这些人的存在。今天，即便他们继续游行，也只是占据有限的几条街，人数也不过数百人或数千人，其对抗的火爆性已不复存在。

拉法兰前总理在会见中国客人时有句调侃的话，我觉得很形象。他说：“我们法国人喜欢周一至周五上班工作，周六革命！”

是的，就在黄背心周六“革命”的时候，隔一条街，法国人照样在喝咖啡、吃大餐。“马照跑，舞照跳”，黄背心们的游行更似一种法式街道聚会，喧闹一阵，发泄一下，然后在街头群众冷漠的眼光目送下做鸟兽散……

马克龙的“大辩论”与法兰西民主制度再造

针对黄背心日益激烈的抗议活动，马克龙在全国电视讲话中宣布在法国举办一场有关法国未来的大辩论，历时两个月，他将利用这种形式认真听取法国人民就环保、税收、公共服务和民主政治四个方面的国家治理意见。

不知为何，马克龙的大辩论倡议不由让经历过“文革”岁月的我回忆起“文革”时的“大鸣大放”：他到农村、下基层，在村公所、市政厅会见各界群众，听取他们的意见，并与他们一起辩论，有时长达数小时不休息。

一位接待过马克龙在诺曼底地区大辩论的法国省长告诉我，他与总统在一起近 24 小时，总统非常耐心地与老百姓交流，回答他们所有的问题，有时辩论起来好几个小时也不休息，非常认真，且精力充沛，让他深受感动。

我从电视上也看到，从举行大辩论的第一天起，马克龙遍访全法，在体育馆、市政厅、村公所、学校与法国普通老百姓对话。在整个过程中，公众看到了这位年轻总统的诚意（包括对其执政初期讲话中对失业者同情不足、傲慢有余的道歉）和讨论问题所持的开放态度。

在大辩论过程中，马克龙还要求所有的市长必须在其市政厅准备一个大本子，让法国老百姓可以随时在上面写下他们的诉求，然后再由市长统一交到本次大辩论的全国组委会。

这种意见簿让我又想起“文革”时流行一时的大字报，虽然形式不一，但本质无异。在大辩论的两个月期间，我曾无意中去过几个市政府，并随机翻了翻意见簿，上面写什么的都有，反映出老百姓的参与度还比较高。

我发现，这次由马克龙亲自倡导的法国版的“大鸣大放”，虽缘起无奈，但他以退为进，以哀兵姿态拉拢和分化黄背心，争取民意支持，初步取得成效。通过“大鸣大放”，法国公众态度确有积极转变，马克龙民望止跌反弹，人们对他锐意改革和“恨铁不成钢”的心情表达了理解，媒体戏称此为“黄色效应”（即黄背心因素）。

总体看，马克龙能言善辩，在大辩论中先声夺人，扭转了早期的被动应付局面。但大辩论反映出的问题量大面广，处理起来并不容易，弄不好很有可能引火烧身，产生更大的麻烦。为此，总理菲利普警告其阁员，要实事求是地看待民众的诉求，不能让民众过高看待政府处置问题的能力。

根据大辩论游戏规则，相关公众诉求在被梳理后将成为马克龙政府的执政方向或依据，无疑这为马克龙处理黄背心运动所反映出的法国社会问题赢得了时间，也提供了一种新的执政思路，如果从更广泛的意义看，这对法国这样老牌的西方民主制国家在后工业化社会的民主体制再造也有一定的积极意义。

我们应该看到，黄背心运动的社会原因是相当复杂的，这也是它能在法国持续发酵一年多，并在世界 20 多个国家产生程度不同的连锁反应的原因。在全球化背景下，世界财富的迅速增长和合理分配成为西方民主国家内部面临的一场深刻危机，对于来自法国社会最底层的黄背心，全球化没有给他们带来福利的增加，相反，生活却日益艰难，几十个欧分的燃油税就足以使其拮据的生活不堪重负。

然而，黄背心运动的诉求即使再正当也必须在法制的轨道上。黄背心运动一开始得到了法国社会各界的热情支持和广泛同情，但由于运动缺乏明确的政治主张，为反而反，特别是将推翻马克龙合法政府作为其主要的政治诉求，使其慢慢在法国失去了民意的支持。民粹主义政论作家泽穆尔就公开表示，黄背心可以游行，但他们不能代表人民。谁让他们代表啦？他们有什么资格代表人民？他们充其量就是一群人，在大街上一站，他们与我们无关！

泽穆尔的话很尖刻，他差点将黄背心说成了“乌合之众”。

事实上，持这一想法的法国人还是相当广泛的。一是黄背心总是在周末人们休息聚会时在闹市区搞飞行集会，影响了正常的城市生活，特别是使相关城市餐饮旅游业遭到打击，使这些行业的从业人员第一个站出来予以谴责；二是黄背心政治诉求不清，为反而反，有悖法国法制社会理念；三是黄背心内部分裂，群龙无首，在马克龙专门为他们举行了恳谈会式的对话后越显孤立，无计可施。

是的，马克龙是拿破仑以来法国最年轻的国家元首，上台后踌躇满志，很快出台了一系列重大的改革措施，在为法国福利制度吹响改革集结号的同时也激起社会底层的强烈反弹，黄背心运动为他敲响了警钟。一些反对党，如极右翼勒庞夫人以及极左翼梅朗松等人，内心均希望黄背心运动越搞越大，通过街头政治将马克龙赶出爱丽舍宫，但他们在整个过程中几乎都被边缘化，一方面是黄背心运动本身不愿意被传统政党利用，另一方面，应该说是法国法治精神的体现，也就是说，任何人在法国都可以上街，但通过上街推翻一个合法政府不行。

我想说的是，法国是世界最早、最大的民主国家之一，其法国特色的民主制度在世界上影响深远，但在全球化的今天，法兰西民主制度的低效率也使法国人对其民主制度出现反思，最典型的例子就是我前面提到的兰德斯圣母机场，吵吵嚷嚷 50 多年，一会儿说要建，一会儿又说不能建，既浪费时间又浪费钱财。法国人对我非常感慨地说，50 年里你们中国不知建了多少个机场，法国连一个机场都建不了。

此外就是各种选举时的弃票率，如 2004 年、2009 年、2014 年、2019 年欧洲议会选举，法国的弃票率分别达到 57%、59%、57% 和 50%，从而使一场严肃的欧洲议会选举明显失去应有的代表性。

至于法国人自己的议会选举，2002 年、2007 年、2012 年和 2017 年的弃票率分别是 40%、40%、45% 和 57%。

有关法国人最关心的总统大选，情况虽然好些，但也并不乐观，如 2002 年、2007 年、2012 年和 2017 年的弃票率分别是 20%、16%、19% 和 25%。

法国人对其手中的民主权利不珍惜，让人大跌眼镜。记得缅甸国务资政昂山素季在接受法国电视一台的采访时曾说：“缅甸人民为了民主权利奋斗了那么多年，付出了那么大的代价，法国人民有民主权利而不去使用，实在可惜。”

近年来，随着民粹主义、民族主义在欧美民主国家的迅速抬头，法国民主制度也不可避免地受到了英国脱欧、意大利极右思潮和美国特朗普极端保守民族主义政治的影响，有关法国民主制度向何处去的辩论和书籍目不暇接。一方面，有人觉得法国民主太过，什么事情都要投票、讲民主，从而造成过于民主、效率太低；另一方面，又有人认为法国太不民主。法国第五共和国的宪法确立了“半总统制”的政体。与欧洲其他国家相比，法国总统权力太集中，今天的马克龙正在恢复路易十四的王朝统治，在搞一言堂，黄背心就此明确提出，法国要向瑞士学习，公民可以就他们关心的问题提议举行全国公投。

现在，马克龙通过大辩论，将这一切像抛绣球一样抛给法国民众，让法国人围绕法国社会未来进行一次民主辩论，在一场改革与反改革的全民博弈中加深了对全球化条件下法国如何坚持和改进现有民主体制的探索。

我觉得，马克龙大辩论能够因势利导，让社会有序释放各种诉求，这无疑是西方民主国家在这一二十年来遇到社会治理问题后的首创，如果成功，对全球化背景下转型困难重重的西方民主体制将会产生引领作用，从而为西方民主体制的改革与再造提供案例。

法国朋友对我说，马克龙的大辩论，让法国公众，特别是青年能够参与到与政府的对话中，重新唤起他们对政治的热情和对法兰西民主体制的信心，这是非常了不起的事。他们中的不少人甚至骄傲地对我说，只有法国成熟的民主制度才能保证黄背心上街长达一年多不受干扰，不会以任何理由被禁止，或像其他集权国家那样干脆将他们拘捕入狱……

大革命、巴黎公社、五月风暴

始料未及的黄背心运动，不禁让我想到了法国人的那种与众不同的革命情怀，继而又让我回想起前几年在国内特别火的一本书——《旧制度与大革命》（*L'Ancien Régime et la Révolution*）。

这是一个叫托克维尔（Alexis de Tocqueville）的法国人在 1856 年写的，作者本人肯定没有料到，在该书问世一个半世纪后，在遥远的东方，他的这部学术著作变得如此炙手可热，甚至在 2014 年中法建交 50 周年之际被评为最受中国读者欢迎的 10 本法国名著之一。

托氏是法国历史上的一个大名人，曾是个贵族，当过很短时间的外长，在美国也非常有名，原因是他曾在 30 岁那年发表了《论美国的民主》（*De la Démocratie en Amérique*）一书，对美国政治制度所做的介绍和分析引起世界关注。因此，托氏在国际知识界，特别是政治学的圈子内粉丝很多。

诚然，《旧制度与大革命》是一本不折不扣的剖析法国大革命的经典著作，但大革命发生的时代背景比较特殊，它没有发生在贫穷年代，百姓没有因“苛政猛于虎”或天灾人祸走投无路而“揭竿而起”，相反，大革命爆发时法国经济繁荣，国王路易十六的统治也相对宽松。

这就是著名的“托克维尔悖论”。

有些学者甚至认为导致法国爆发大革命的一些条件在某些方面已与中国的现状类似，认为极具忧患意识的中国国家领导人正试图通过轰轰烈烈的反腐运动，让中国社会各界意识到改革的必要性。

亚历克西斯 · 德儒维尔（Alexis d’Hérouville）是托克维尔的后人，在法国国家投资银行工作。他告诉我，托克维尔写《旧制度与大革命》一书用了整整 5 年时间，为此还专门搬家到图尔市，以便查询波旁王朝的各种资料，可惜在 1856 年完成第一卷后他的肺结核病越来越严重，1859 年在法国地中海城市戛纳逝世，否则，他对法国大革命的研究还会更加深入。

德儒维尔告诉我，托克维尔生前曾强调法国大革命不是法国历史的终结和中断，而是一种继承，这一点非常重要。托克维尔发现了两个现象：一是在大革命之前，路易十六就非常重视那些国家封疆大吏（Intendant）的作用，他们就是后来拿破仑设立的省长（Préfet），代表国家行使管理权力。因此，路易十六开始逐渐削弱贵族对国家生活的干预。二是受平民思想家卢梭平等思想的影响，法国的政治道德出现了对平等问题的重视和对不平等问题的警觉。托克维尔总结道，法国人的平等思想要先于法国大革命，并不是先有了大革命才有平等。换言之，大革命是果而不是因。

德儒维尔的话让我觉得，托克维尔对史实研究非常认真，似乎隐约中还流露出对波旁王朝的作用就此被扫进历史垃圾堆的惋惜。说实话，他的话也让我感慨良多，一个想改革的法国国王，由于时运不济，被自己的臣民送上了断头台，在屠刀落地的一刹那，路易十六成了反动阶级可怜虫的代表，而1789年那场无套裤汉①发动的国家权力的交接就成为一场革命。在中国，中文译文中还加上了一个“大”字，以区别世界其他国家和其他历史时期所发生的革命。

此外，托克维尔还认为，法国大革命是人类历史上迄今为止最伟大、最激烈的革命，代表法国的“青春、热情、自豪、慷慨、真诚的年代”，其结果就是废除了若干世纪以来统治法国乃至欧洲的封建制度。

两个世纪之后，在纪念法国大革命200周年的庆典上，就路易十六可怜的命运，时任法国总统密特朗真诚地表示：“路易十六是个好人，把他处死是个悲剧……”

法国历史曾经这样记述路易十六：那位一心想推动改革，平时喜欢拿修锁作为娱乐的老好人路易十六，对围观执行其死刑的群众大声高喊：“我会原谅我的敌人，但愿我的血能平息上帝的怒火！”至于他年仅38岁的妻子、皇后玛丽·安托瓦内特，在走向绞刑架时，不小心踩了刽子手一脚，行将身首分离的她居然连连对刽子手道歉说：“原谅我，先生，我不是故意这样做的……”

如今，在巴黎协和广场，你还可以发现当年安放路易十六和皇后安托瓦内特绞刑架的那几块地砖。

与路易十六夫妇一起冤死的还有一位名人，名叫拉瓦锡（Antoine-Laurent de Lavoisier），他就是近代化学之父，人类历史上第一个使化学从定性转为定量，为氧与氢命名，第一个建立现代化学元素列表并列出

① 无套裤汉又称长裤汉，是法国大革命时期对城市平民的称呼。——编者注

33 种化学元素和建立世界公制的人。

他被送上断头台的原因很简单，因为他是国王的税务官，是人民的“敌人”。

史学家还告诉我们，当年曾有一位叫马拉（Jean-Paul Marat）的革命青年向法兰西科学院提交了一篇关于新燃烧理论的论文，希望据此可以加入科学院，但拉瓦锡作为学院里最有影响力的人物之一，对马拉的论文评价很低。法国大革命爆发后，马拉成为雅克宾派的领袖，拉瓦锡则成为革命的对象。

拉瓦锡死后，法国大数学家拉格朗日说了一句语重心长的话：“他们只一瞬间就砍下了这颗头颅，但再过一百年也找不到像他那样杰出的脑袋了。”

具有讽刺意味的是，由于法国大革命的暴力，法国人对刺杀马拉的反革命分子黛尔蒙给予的更多是同情和钦佩。

这位 25 岁的诺曼底女子在接受“革命法庭”审讯时大义凛然。当法庭问她为什么要刺杀马拉时，她平静地回答是为了拯救 10 万无辜的法国人而杀了一个人，是为了拯救无辜者而杀了大恶人，是为了国家的安宁而杀了一头野兽。

后来，“马拉之死”不仅成为法国大革命中的一个重大事件，也在法国大画家雅克-路易·大卫的画笔下成为一幅享誉世界的不朽艺术作品。

马拉虽然死了，但人们对法国大革命的暴力的反思没有结束。洪多曾不止一次对我说过，法国大革命与其说体现了法国人的革命理想主义，不如说体现了法国民族性格中的狂热和极端主义情绪。他提醒我，革命的狂热让所有的法国人放弃思考，心甘情愿像一群疯子似的投入暴力。这表面看来与法国的人文精神相悖，但实际上符合法国人激进的人文思想传统。

要知道，当革命者攻下巴士底狱时，里面只关押了 7 个囚徒，而当革命开始后，在全国就羁押了20万“反革命”，不少人被随意处死，这不能不说是历史的讽刺！

就法国大革命的暴力行为，托克维尔在150多年前严肃指出：革命党人虽然标榜对人类有着深深的爱，提出了影响世界和人类历史进程的著名的“自由、平等、博爱”（Liberté, Egalité et Fraternité）三原则，然而，他们对具体的人却很不耐烦，更喜欢用革命的手段从肉体上予以消灭。

然而，不管法国大革命出现多少偏差，像洪多那样的大批法国知识分子在今天依然认为，虽然恐怖和暴力使大革命的光辉失色不少，但法国大革命不管怎么说对人类都有相当的时代进步意义。

就法国大革命的评价问题，在欧美坊间还普遍流传着这样的说法，说是有一位法国记者当年曾问周恩来总理如何看法国大革命。

周总理是这样回答的：“现在评论法国大革命还为时过早。”

周总理是否说过如此这般的话，史学界一直是有争议的，但我想，如果周总理真说过这样的话，则显示出周总理作为一名留法学子和中国政治家的睿智，但同时也表明，要把法国人革命精神的正反两面说清楚是不容易的。

是的，一些事情，在当时的特定环境下也许是有道理的，但在历史的长河中，在人道的标准下可能会有所不同。

路易十六放弃暴政，想通过改良与改革的道路解决法国社会危机，然而，在一个已经被撕裂的社会里，良好的愿望导致的却是暴力和不断的流血。最终，法国革命党居然将这样一位乐于解救民众于苦难、平时唯一的爱好就是修锁、从不骄奢淫逸的好国王送上了断头台。

对于法国人这种激进的革命思想，史学家们从法国人血液中流淌的革命基因中找到了答案。也正因为如此，平均每一代法国人都有机会革一次别人的命，而法国大革命只不过是其中规模最大的一次。

果然，法国大革命80多年后，法国又爆发了巴黎公社革命，这是一场持续 72 天的革命，在世界历史上留下了可歌可泣的新篇章。

我对巴黎公社的了解，最早来自中学课本，后来又学习了革命导师马克思的《法兰西内战》，使我从中学时期就懂得，无产阶级掌握政权的第一次尝试并不是新中国，也不是俄国十月革命，而是巴黎公社革命。

马克思在《法兰西内战》一文中充满深情地赞扬了巴黎公社的成就，把它描述为未来的革命政府的原型，并表示无产阶级终于发现了获得解放的形式。

我在 20 世纪 90 年代初有幸来到巴黎，第一个想要朝觐的就是拉雪兹神父公墓的社员墙。记得那是个秋日的下午，在残阳下我一个人徜徉在巴黎公社墙边，一边望着白色的围墙发愣，一边想象着当年那场残酷的战斗。墓地里静悄悄的，参天梧桐树上偶尔有一两片黄叶飘落，预示着秋天的到来，也似乎在告诉我岁月沧桑，一切都似过眼烟云，唯有当年参天的梧桐树依然挺立……

实事求是地说，就巴黎公社提出的革命主张，无论是当时还是现在均具有相当的历史进步意义，如政教分离法令，将所有的教堂财产变为公共财产，并且把宗教教育从学校去除，确立妇女的选举权（公社会员纳塔尼 · 勒梅尔还提出男女同工同酬、妇女有离婚的主动权、非婚生子女不受歧视、废除妓院等），废除数以百计的巴黎面包店的夜班制度，废除官员的高薪制，规定公社委员（国民自卫军总司令）最高年薪不超过 6 000 法郎（相当于当时巴黎中等收入工人的年收入），等等。

然而，作为中国人，我过去几乎不知道巴黎公社革命 72 天里究竟出现过多少革命与反革命暴力。法国学者一般估计死亡人数在 1 万~5 万之间，这些人有的死于梯也尔国防政府对巴黎公社采取的镇压，也有革命者处决的反革命。

1871 年 5 月 28 日，最后一批 147 名巴黎公社战士在拉雪兹神父公墓墙前被枪决，之后，数千名公社战士被临时拼凑的简易军事法庭判决并枪杀，另有近 4 万革命的同情者被押往凡尔赛接受审判，其中大约 1 万人被判定有罪，4 000 人被放逐到法国海外领地新喀里多尼亚。

为了不让美丽的巴黎完整地落入梯也尔政府手中，5 月 23 日，公社下令用焦油、沥青和松节油焚毁巴黎杜伊勒里宫、卢浮宫、卢森堡宫、巴黎歌剧院、巴黎市政厅、内政部、司法部、王宫以及香榭丽舍大道两旁的豪华饭店和高级公寓楼。“宁愿见其消亡，也不留给敌人。”这是巴黎公社社员在放火时说的一句话。

尽管卢浮宫、卢森堡宫、巴黎歌剧院等著名宫殿并没有因此劫而化为灰烬，但在 12 名巴黎公社社员的努力下，法国历史上久负盛名的皇家宫殿杜伊勒里宫却实实在在地被大火燃烧了整整两天两夜，从此，在法兰西宫廷建筑的瑰宝中我们再也找不到杜伊勒里宫，取而代之的是今天我们所看到的开阔的杜伊勒里花园。沧海桑田，估计来到此地逗留的人，谁也不会想到这里曾经是一座与卢浮宫比肩的法国皇家宫殿，它曾是拿破仑一世、路易十八、法国七月王朝、拿破仑三世的皇宫，也是路易十六夫妇被羁押的住所……

从巴黎公社著名的“五月流血周”，我又联想到了 1968 年震惊世界的巴黎“五月风暴”。

从某种意义上讲，这场运动是整个法国和西方世界在 20 世纪下半叶最重要的社会运动，它在政治、文化、生活方式及意识形态方面产生的深远影响迄今还在显现。

首先是运动的背景。西方世界反对美国越战的和平主义潮流，最初是在美国西海岸的加州大学伯克利分校兴起，然后传播到巴黎大学，而法国学生的集会遭到校方的禁止。学运代表人物是巴黎大学农泰尔文学院的学运领袖丹尼尔 · 科恩–邦迪（Daniel Cohn-Bendit）。此人本是德国学生，随父亲到法国生活，在巴黎农泰尔文学院上学，后来成为“五月风暴”的标志性人物，后职业生涯多变，但以从政为主，最后代表法国绿党担任欧洲议会议员。

由于农泰尔文学院的学生集会被校方禁止，总部索邦大学的学生们予以声援，全校罢课，然后警察干预，最后 6 000 多名学生与警察在巴黎拉丁区发生巷战，法国工人阶级、法国共产党、社会党积极声援学生反政府运动，全法高校教师工会也支持学生们的正义行动。抗议活动从最初的校区扩散到全法国，巴黎连续出现数十万人的大游行声援，最多的时候游行人数达到 60 万 ~70 万人。

这场始料未及的学潮更深刻的背景是法国社会对戴高乐家长制的管理方式的反抗。1968 年 3 月，法国著名的《世界报》发表署名维亚逊–蓬德（Pierre Viansson-Ponté）的社论《法国很无聊》，公开向戴高乐政府提出挑战。

不知为什么，法国人突然认为戴高乐将军家长似的管理已不是他们想要的那种生活。于是，他们上街游行，嘴里喊着口号：“10 年太长了！”“戴高乐下台！”

如果我们从史学研究的角度看，还会发现一个悖论，戴高乐将军在纳粹占领法国时奋不顾身，解放了法国，给法国人带来了和平和国家独立，是法国人民的大救星。在戴高乐开创的第五共和国政府的领导下，法国经济年均增长 5%，是法国战后历史上经济增长最迅速的时期。人们安居乐业，按理应该感谢自己的总统才是，然而，法国人为什么会从 60 年代中期起觉得戴高乐领导下的生活太无聊了呢？为什么人们没有对国父感恩，而是对他的家长制治理方法越来越不耐烦？

因此，“五月风暴”被普遍视作一场法国人民反对专制、反对资本主义、反对消费至上、反对美帝国主义的社会风潮。

在社会文化领域，我们看到，从战后重建到 1968 年，法国出现城市化的高潮，大批法国人涌向巴黎、马赛、里昂等大城市，人们的生活水平显著提高，闲暇时间增多，高校开始普及，文化娱乐活动丰富，戏剧、传媒业日趋发达，人们享受到了上一代人根本享受不到的物质和精神生活。

在此背景下，法国年青一代开始追求自己的文化爱好，他们喜欢听英国滚石乐队和甲壳虫乐队的摇滚音乐，为法国的摇滚歌手约翰尼·哈里戴（Johnny Hallyday）[①]疯狂，开始拥有自己的音乐广播节目。法国青年人觉得，他们再也不能像他们的父母那样生活，他们需要自由，特别是渴望性生活的自由。

在国际背景方面，随着西方物质生活的日益丰富，法国年青一代感到空前的精神匮乏，但他们从古巴革命领袖切·格瓦拉、卡斯特罗，越南的胡志明等第三世界领袖人物的人生道路中找到了生命的意义。法国青年觉得，法国资本主义已经走向灭亡，唯有以第三世界领袖为代表的事业才是人类前进的方向。

2018 年是“五月风暴”50 周年，法国举行了各种纪念活动，包括对戴高乐将军和时任总理蓬皮杜历史作用的回顾。

阿兰·蓬皮杜教授给了我许多他追忆父亲的书籍，其中就有不少涉及面对这场冲突时他父亲蓬皮杜总理与戴高乐将军在处理方法上的差异，也谈到了连蓬皮杜总理都不清楚为什么戴高乐不辞而别，只身乘直升飞机到德国巴顿巴顿法军基地会见其亲密战友马恕将军。也许，对于这样的历史之谜，最好的方法还是留给历史来解答。

对于“五月风暴”的是非功过，50 年后法国社会的辩论依然非常激烈，人们的看法依然是见仁见智。有人对“五月风暴”破坏了法国社会的秩序，使法国走向享乐主义、犬儒主义给予深刻批评，也有人歌颂“五月风暴”的划时代革命意义，认为是“五月风暴”让保守的法国社

① 2017 年 12 月 5 日哈里戴因病在巴黎逝世，终年 74 岁，马克龙总统在巴黎马德兰教堂为其举行国葬，法国一代歌星陨落。

会开化，走向现代化，没有“五月风暴”，就没有法国社会今天的现代化。大作家洪多就属于后者。

洪多对我说，他可以容忍各种各样对“五月风暴”的批评，但绝不接受对“五月风暴”历史性进步意义的指责。他说，是“五月风暴”造就了他们这代人，造就了法国社会多元和充满活力的今天。

然而，洪多也向我承认，当时他们太幼稚，从心底里觉得法国必须像中国一样进行一场“文化大革命”才有救。他对我感慨道，“五月风暴”是一次流产的“文化大革命”，法国青年失去了一次与将军对话的历史机会。如果抓住那次机会，今天的法国社会不会如此。

我问他为什么这么讲？为什么我听到朋友们说的却是戴高乐将军没有把握住时机与青年开展一次历史性对话？

他平静地回答：“因为是我们错了！”

与洪多持同样观点的人在法国还真不少，他们坦承造成这种情况的直接原因是当年的“五月风暴”中一帮受“文革”极左思潮影响的法国“愤青”，在他们的精神领袖、存在主义思想家让-保罗·萨特（Jean-Paul Sartre）的感召下，想通过他们的革命行动，宣告以戴高乐为代表的旧制度的灭亡。

在泽穆尔等右翼知识分子看来，以“五月风暴”为代表的法国知识精英，最大的问题是摧毁了法兰西文化传统中的“国家主义”，取而代之的是一些虚幻的普世理念和那些“旨在突出公民个人权利的法律制度”，从而使国家利益的重要性降低了，国家的行政权威受到削弱，好像只要有一个“共同的理念”和一个能“维护个人权利的法律制度”，这个世界上的问题都会得到解决。

一句话，法国今天的所有问题是与“五月风暴”所推崇的极端个人自由，即那种所谓“禁止说禁止”的自由以及建立在这种自由价值理念上的法律制度和不受约束的市场经济分不开的，也是这些所谓后现代主义价值观将以国家为中心的法国传统政治和社会秩序，包括国与国的边境被一一解构的结果。

以萨特为代表的这批狂热的知识分子人数在当时还真不少，他们在法国被称为“毛主义者”。在“五月风暴”时全法国大约有1.5万名“毛主义者”，其中三分之一出自萨特的母校巴黎高等师范学院，除萨特外，还有阿隆（Raymond Aron）、德·波伏娃（Simone de Beauvoir）、阿尔都塞、巴迪欧等。这些人在“五月风暴”后还建立了一个法国共产主义联盟，就是为了将他们这些“毛主义者”与传统的法国共产党区分开来。

有意思的是，在法国，无论是萨科齐总统，还是奥朗德总统，都属于当年的那帮“愤青”。

在讷伊市居住了40多年的老侨领何福基告诉我，当年在“五月风暴”时，萨科齐留着长发，像个嬉皮士，常带一帮年轻人到他的餐馆来吃饭，席间高谈阔论，气吞山河。

他说，还有一位法国年轻人也住在讷伊，整天爱骑辆摩托车兜风，后面坐着个非常漂亮的姑娘。这个小伙子就是奥朗德，后面是他的女朋友塞格林·罗雅尔（Ségolène Royal），2007年社会党总统候选人。

从留着长发的嬉皮士萨科齐，到骑着摩托车带着女朋友到处兜风的奥朗德，岁月轮回，非常滑稽的是，法国“五月风暴”的一代已从法国政府权威和社会秩序的挑战者转变为维护者，我听到他们对“五月风暴”的批评要远多于赞美，如萨科齐就曾多次公开感慨法国当今社会缺乏“敬”与“畏”，全是当年他们这帮“愤青”惹的祸。

当年“五月风暴”的核心人物科恩-邦迪，后来在他的回忆录《我们曾经如此热爱革命》中，用“我们所做的傻事”来形容他学生时代率领的那场“革命”。前几年，科恩-邦迪还在客串收听率很高的欧洲广播一台（Europe 1）的一个小专题节目，点评时政。有意思的是，他现在看问题更喜欢从积极的一面来看。用他的话说，抱怨无济于事，不如做点实事，还真有点中国人所说的要弘扬正能量的意思。

2014年底，科恩-邦迪获得了巴黎农泰尔文学院名誉教授的称号，而46年前正是由他在这所大学点燃了震惊世界的“五月风暴”。近半个世纪后，回到母校的科恩-邦迪两鬓已斑白，头发稀疏，一个挥斥方遒的“愤青”已成为一位受人尊敬的学者，一个向法国年青一代娓娓道来、给他们人生道路释疑解惑的师长。

因此，平心而论，相较于法国大革命和巴黎公社的血与火，我认为“五月风暴”根本不能算作是一场革命，充其量只是一场老百姓与政府的街头冲突，但其深远的历史意义在今天却越发显现，如它对法国社会权威传统的强大冲击，无疑是压垮弗朗索瓦一世、太阳王路易十四、拿破仑大帝、戴高乐将军等法国强人政治的最后一根稻草。

法国人再也不需要有人像父亲一样管着他们的生活，包括电视节目的内容。他们中的许多年长者在今天向我回忆时还会说，当年法国电视台新闻节目上什么新闻，都是由新闻部长佩雷菲特请示戴高乐将军后才能定下来。这是多么无聊的一件事啊——法国人常常向我感慨。

同样，“五月风暴”对家庭和婚姻理念的冲击也是巨大的。我曾看过不少法国电视文献片，当时法国青年人谈婚论嫁，总是要征求父母甚至亲戚的意见。你再看看黑白电视上男女情侣含情脉脉的样子，准是那种递小纸条恋上的。

“五月风暴”后，法国风气大开放，家庭开始解体，性生活更趋自由，婚姻关系变得随意，萨科齐总统在任上离婚结婚，奥朗德总统甚至连婚都不结了，把女朋友当第一夫人，带着周游列国，然后又在任上骑着摩托车与情人幽会，成为世界头条花边新闻。

是的，“五月风暴”使本已五彩斑斓的法国社会更为绚丽，多元多姿，抑或千姿百态，从而成为整个西方世界后工业化社会形态的缩影……

今天的法国还会发生革命吗？

我们前文讲到了黄背心运动，然后回顾了法国历史上荡气回肠的法国大革命、巴黎公社革命和“五月风暴”，接下来，摆在我们面前的一个紧迫和严肃的问题是，在今天，法国是否还会发生革命？

5 年前，法国著名政论家阿塔利在其《法兰西的紧迫性》（*Urgence Française*）一书中明确表示，如果法国政府再不改革，一场新的革命在法国将不可避免。

5 年后的今天，法国著名民调机构益普索的民调显示，54% 的受访者支持黄背心运动，38% 的人对目前法国形势表示失望，32% 的人表示愤怒，28% 的人认为倒胃口，更严重的是，40% 的法国人希望来一场革命改变现状。

一位不愿意透露姓名的法国内政部高官曾对我坦承，2018 年 12 月法国爆发黄背心抗议时，革命的魑魅在其脑际萦绕不停，原因是这位在法国基层管理社会治安长达二三十年的高级警官发现，向来职业感和职业素质一流的法国警察突然不好使了，通过这种国家治安警察隐约的懈怠态度，他看到黄背心的口号在警察中产生了共鸣。

这种共鸣就是包括警察在内的所有法国老百姓已经不能再忍受政府随意提高物价，不能忍受政府巧立名目，一遍又一遍把老百姓当奶牛使。这一点，我们只要看看 2019 年 10 月 2 日法国警察大游行就知道，为什么连作为国家机器的警察都敢向政府叫板。

的确，由于马克龙改革的速度太快，由于其与法国老百姓的沟通存在问题，这个拿破仑以来法国最年轻的总统，支持率从上任时的 66% 一下子降到 25% 左右。而就是这个年轻的马克龙，作为法国总统候选人，2016 年 11 月出版了一本叫《革命》的书，首次讲述了其个人历史和对法国未来的展望。这本书堪称马克龙的竞选政纲，其副标题是：一场为了法兰西的战斗。

从这本书我看到，马克龙的"革命"只是一个形容词，而"为了法兰西的战斗"才是真正的目标。从这个意义上看，更广义地讲，法国人在各种场合的"革命"一词只是一种修饰，它既不是动词，也不是宾语，更不是一种行动纲领。

有意思的是，马克龙 2017 年竞选总统时，不仅打出革命的旗帜，还以"毛主义者"自居，并仿效毛泽东率领的红军两万五千里长征，给他的政党取名"长征"（En Marche），法文也可以译成"前进"。

有人研究了马克龙的"En Marche"到底是什么含义，发现它的目标并不明确：它到底是一种真正意义上的"长征"，还是仅仅是一种不知所向的"进步主义"（progressisme）？有人更是"别有用心"，却也不无道理地指出：马克龙的"En Marche"党其实就是一个指向他自己的政党，因为"En Marche"这个法文名称的缩写"EM"与他自己的姓名"Emmanuel Macron"的缩写一模一样！

因此说，马克龙的"前进"党与毛泽东领导的"长征"没有逻辑参照，更没有丝毫革命的概念，因为革命在今天的法国根本不存在必要性。

首先，法国是个成熟的民主国家。国家有宪法，政府根据选举政治的特点随时可以按选民意愿调整施政方向或换届。法国人对我说，在法国推翻政府非常容易，每 2~3 年就可以投票把你认为不称职的政府换下来。因此，革命没有现实意义，因为没有比选举政治成本更低、更容易进行国家方向调整的了。

其次，法国民主体制保障每个人的诉求都可以得到呈现。你可以通过选区的民意代表在议会表达你的诉求，你也可以上街，更可以组织政党，参选，直到像马克龙一样竞选共和国总统。法国是有一套成熟的制度保障你的政治权利的。同样，这样的制度也使法国的所有内部问题暴露无遗，从而使各种问题所激发的预警机制提前进入工作状态，避免社会矛盾激化，出现革命。

最后，人类社会毕竟已进入21世纪，那种阶级反抗、武装斗争、人民革命风起云涌的时代已经过去，反暴力和反流血是法国社会的共识。况且，历史上法国人为此付出的代价已经够大的了，今天的法国人既要民主正义，也要更多的闲暇时间和假期，要的是后工业化时代人类与地球的和谐相处，要的是个人权利和购买力水平的逐年提高。

法国人向我调侃说，法国在历史上发动的革命够多的了，不仅自己革命，也让别人来学。在法兰西的土地上，我们可以找到列宁，也有邓小平、周恩来等革命领袖，更有形形色色的各种职业革命家，如阿尔巴尼亚领袖霍查、柬埔寨红色高棉领导人波尔布特、伊朗伊斯兰教精神领袖哈梅内伊。法国在成为世界革命者的思想麦加的同时，也一度成为各种激进思想的温床，从而使相关地区和人民为暴力和流血付出了惨重的代价。

对于法国究竟会不会再度发生革命这个问题，一位葡萄牙裔的巴黎出租车司机在向我谈到此话题时显得特别兴奋。他兴奋的原因不是法国马上要出现革命，而是他本人为法国人上街游行找到了一个好办法。

他对我说，法国人喜欢上街游行，有时还夹杂着一些暴力，他们是在为自己维权，但没有一个想革命的，法国人惜命得很，人人都是胆小鬼。然而，他又说，在革命与上街游行之间，他更赞同上街游行，但游行又让他的出租车生意难做。于是，他有了一个想法，他说他想写信给马克龙，建议政府为游行的人专门提供一个体育场，让他们在那儿尽情地游行，政府还可以为他们的游行提供一个专门的电视频道用于直播。如此，游行者既不扰民又能宣泄他们的政治诉求，既可以让全法国都知道他们在游行，又给国家节约警力，降低治安成本，一举多得。

他甚至很得意地向我表示，他这个点子应该是世界首创……

第四章

一个人不能只有一种生活

法国人的“自我”意识

与法国人打了一辈子交道，我发现这个民族确实有许多地方非同寻常。到了巴黎后，天天与他们在一起，自然，我对法国人的这种民族禀性和精神气质产生了兴趣。我问在巴黎的中国人，如何简洁地概括法国人的精神？

苏小青是巴黎工商会法中交流委员会秘书长，也是我在巴黎20年的老朋友、社会学博士，她回答说：“法国人对自己的人生想得比较明白。”

苏小青的话让我觉得，如果要将法国人的这种精神气质形象地加以概括，莫过于北京人常说的“太把自己当回事”。换句话说，法国人绝对不会稀里糊涂过日子，而这背后就是法国人放大的“自我意识”。

法国人的这种自我意识使他们总有一种与众不同的感觉，这在某种程度上成为法国人的一种气质、秉性和生活理念的象征，从而使他们往往显得“与众不同”。如在任何有三个不同国籍人同时出现的地方，只要其中有一个法国人，你就会发现这个法国人总有那么点“鹤立鸡群”，其言行举止满是那种法国人特有的方式和气质。

与此同时，这样的法国特有的存在方式，又使法国的邻居们对法国人的调侃多得可以用筐装，他们竭尽所能地挖苦、揶揄、捉弄法国人的这种自以为是。

记得20世纪90年代我还在比利时工作时，一位比利时的朋友就对我说，法国人嘛，他们来到这个世界本来就很偶然，是上帝把最好的一块土地送到了人间，取名叫法兰西，后来上帝突然发现，世界上最好的地方是创建了，但这块土地上需要有人住啊！于是，上帝便又在这片土地上创造了法国人。

2008 年，西班牙东北部城市萨拉戈萨举办世博会，为宣传上海世博会，我在那儿特意待了两个月。

有一天，安道尔公国的旅游部部长邀请我访问安道尔。他驾驶着四轮驱动越野车，一边穿梭在山间小道，一边天南地北地与我聊着。突然，我们不知为何说起了安道尔最大的邻国法兰西。

他一本正经地对我说，你见到法国人，一定要夸夸他们的国家，你要说："法国是世界上最美丽的国家。"（La France est le plus beau pays du monde.）

"是的，我是这么说的。"我答道。

"但遗憾的是法国人住在那里。"

"扑哧——"，这位蕞尔小国的部长如此调侃其庞大的近邻，让我一下子笑得直不起腰来。

然而，究竟谁是法国人？他们是上帝在创造法兰西后在这块"世界最美丽"的土地上补的一个民族，还是一个在"世界最美丽"的土地上多余的民族？

是的，对"Qui suis-je?"（我是谁？）这样的哲学问题，似有必要搞清楚。

在英吉利海峡对面的大不列颠人看来，法国人只是一帮爱吃青蛙腿的美食家，而莱茵河对岸的日耳曼人则喜欢把他们的邻居称作高傲、好斗的"高卢雄鸡"。

懂法文的读者朋友都知道，法国人将自己这种好斗、好吹嘘的习惯叫作"Cocorico"。按照法国著名的《拉鲁斯百科全书》的解释，这是以高卢雄鸡打鸣借喻那种典型的法国式沙文主义和狭隘的爱国主义。

记得 20 世纪 80 年代法国出了个女总理——克勒松夫人（Edith

Cresson)，她实在受不了日本货占满了法国市场，就骂日本人像一群小蚂蚁，没料到日本人也不买账，马上给法国人送了个雅号，叫作“知了”，认为法国人就像《拉封丹寓言》里的知了一样，就知道整天嚷嚷，唱高调，却从不干活，到了冬天，只好到蚂蚁弟弟那里借粮吃。

与“爱吃青蛙腿的美食家”“高卢雄鸡”“知了”不同的是，国人也为法国人开出了一堆修饰词：自由、艺术、文化、沙龙、晚会、奶酪、罢工、美食、葡萄酒、侃大山、无休止的抱怨及自我主义、慢条斯理的生活等。

19世纪学贯中西的大儒辜鸿铭在其著名的《中国人的精神》一书中曾说过：“世界上似乎只有法国人最能理解中国和中国文明，因为法国人拥有一种和中国人一样非凡的精神特质。”这种辜鸿铭所认为的法国的精神特质，不是美国人的博大与纯朴，不是英国人的深沉与纯朴，也不是德国人的博大和深沉，而是法兰西民族的灵敏。

在联合国教科文组织亲善大使、瑞士法语作家阿帝提(Metin Arditi)看来，这种灵敏也叫“随性”(légèreté)，这应该是法国人气质最具代表性的体现。

在这位出生在土耳其伊斯坦布尔一个犹太家庭的法语作家眼中，法国人的存在方式就是一种随性，一种漫不经心，一种对自己内心的放飞，而非像阿帝提本人所属的犹太民族或其祖国土耳其或其生活的国家瑞士那种与生俱来的内敛和自我约束。

对法国人的随性，我也有领教，我有许多法国朋友随性得让你难以置信，好像从来没有见他们犯愁过，即使单位裁员，下了岗，他们也会先拿着解聘金去中国玩一次，然后再说后面的事。

有一件事我至今记忆如昨。

话说当年我在使馆工作时，国内同意在塞纳河畔购置一处地产作为中国文化中心，而拟购买的这个公馆在巴黎很有名，位于莫尔堡大道

（Boulevard de la Tour-Maubourg）1 号，为拿破仑与波兰贵族玛丽·瓦莱夫斯卡夫人的私生子亚历山大·瓦莱斯基伯爵（Alexandre Walewski，出于政治上的保护，没有随拿破仑姓而是采用了其母前夫波兰老伯爵的姓）的后裔所有。

这位拿破仑的后人就这样拿着用他祖上房产换来的沉甸甸的银子（3 200 万欧元，在当时已是天价），先是到巴黎最好的勒布里斯托酒店（Le Bristol）住了一个月，美美地享受了一把生活，然后就移居瑞士，享受潇洒的田园生活去了。

曾任巴黎中国文化中心副主任的刘志远向我饶有兴趣地回忆过这段往事。他说，这位极有意思的拿破仑后人在搬家的那天为了省出租车费，突然提出让刘先生开车将他送到勒布里斯托酒店，否则决不离开这世代居住的公馆。

当然，这位潇洒的拿破仑后人也是一个极端的例子，但大凡谈到潇洒、悠闲、做自己命运的主人，恐怕都与法国人沾边。

法国人的这种随性，慢慢在世人眼中就成为法国人的浪漫、法国人的情怀，它是一种心态，一种思想与行动的能力，换言之，是一种格调和法国人特殊的存在方式。

在这种存在方式中，法国人总喜欢与众不同，仿佛标新立异、寻找差异性才是他们生命价值的体现。他们最反感的是“统一思想”，法文叫“la Pensée Unique”，这个词是 20 世纪 90 年代法国记者加恩（Jean-François Kahn）发明的，意在抨击各种不让人说话，将自己的观点强加给对方的行为。后来，这个词也成为英语中的一个专用词，大意是党同伐异、限制思想和言论自由。

对于法国人这种思想的独立自主，大作家洪多将其冠名为“个人主权”（souverainetés individuelles），他非常自豪地表示，因为有了这种个人至上精神，法国的历史才变得跌宕起伏，富有戏剧性。

然而，这种个人至上的意识一旦发展到世界，就是法国人自己常说的把法国视作世界的“肚脐眼”（nombril du monde）。

在历史上，这种目空一切的民族优越感被一位叫沙文（Nicolas Chauvin）的法国士兵发扬广大，他狂热地拥护拿破仑的征服计划，鼓吹法兰西民族是世界上最优秀的民族。于是在国际关系中，沙文主义（Chauvinism）成为狭隘的民族主义和法国中心论的代名词。

如同洪多所言，法国人的这种超强的自我意识，无论在法国还是在世界，均使法国人的存在显得格外与众不同。但这种自我意识如果处理不好，在外交上也会给法国带来一定的伤害。如法国曾有一位非常有名的哲学家，叫贝尔纳–亨利·列维（Bernard-Henri Lévy），他是“新哲学”流派的代表。此人最近几年不仅写书，还是一位活跃的社会活动家。2011 年法国武力干预利比亚，推翻卡扎菲政权，他在其中发挥了关键作用。

这个家伙在人权高于主权的理念冲动下，一个人居然成功游说萨科齐总统武力干预利比亚，导致利比亚在法国空军的导弹轰炸下解体，然后陷入长时间的内战和内乱。

利比亚解体后，大量难民涌入欧洲，中东局势动荡加剧。为此，法国为某个人的理念付出了国家层面的惨重代价。由于这场战争是被一个哲学家推动的，所以也有人戏称这是 BHL 的战争（BHL 系列维法文名字的首字母缩写）。

可见，在法国这种纵容“自我意识”的社会环境中，如果政府在处理国际事务时不够冷静，就会出现“BHL 发动的战争”这样的极端例子。从内政角度看，喜欢自以为是、以自我为中心的法国处世哲学，一方面使法国社会充满活力，各种观点百花齐放，但另一方面也让历届法国政府为其社会治理工作伤透了脑筋。

戴高乐将军生前曾感叹“你如何能管理好一个拥有 258 种奶酪的

国家？”在法生活多年，我对此深有体会，尤其是当奶酪与奶酪之间经常不能达成一致意见时，众口难调下的法国人给人的感觉总是一片躁乱……

忧郁、自我怀疑、爱批评

由于法国人强烈的自我意识，他们对世界上的人与事似乎显得比较挑剔，我印象中不爱批评的法国人还没有，爱发牢骚就是法国人的国家文化。

由于法国人爱发牢骚，使得法国这个气候宜人、人杰地灵的国家很难在联合国的宜居城市名录中“金榜题名”。

法国经济学家塞尼克认为，法国的“人类发展指数”与丹麦相差无几，丹麦隔三岔五就要上联合国的光荣榜，而法国由于老百姓喜欢发牢骚，民调“幸福指数”很低（法国是 7.2，丹麦是 8.3）。塞尼克认为，法国人的抱怨使他们的幸福感比丹麦人降低了 20%。

这种爱发牢骚就是法国文化。喜欢抱怨，从文化角度看是法兰西批评精神的体现，是法国人的一种生活态度和生命追求。

法国小说家夏多布里昂（Chateaubriand）在 1802 年发表的小说《勒内》，向世人展示了备受困扰的法国青年的形象，并将他们“哀伤、空虚而幻灭”的存在称为“世纪病”。

记得当年学法国文学史时，老师特意告诉我们，夏多布里昂代表的是法国消极浪漫主义，而雨果则是积极浪漫主义的代表，但不管是消极还是积极浪漫主义，爱抱怨已成为典型的法国民族的“国家专利”，形成了“法兰西式忧郁”。

这点连雨果也承认：“忧郁，是悲伤中的幸福。”另一位法国著名作家波德莱尔甚至说过："欢乐是美丽最为粗俗的修饰之一，而忧郁才是它最优雅的伴侣。"

毕业于巴黎高等师范学院的雅克（Jacques Plouin），是我原来在教科文组织战略规划署的同事，也是教科文组织的笔杆子。他从哲学角度给我分析，认为悲情主义源于法国人对于自我苛责的热爱，本质上还是一种自我怀疑。要知道，从笛卡儿以来，怀疑始终是法国哲学思想中首要的本能，批判性思维是法国人生活的组成部分。

在法国人眼中，满怀希望的人太过于天真。伏尔泰在其小说《老实人》中就狠狠嘲笑了在无法想象的恐怖面前的那种盲目乐观的态度，小说主人公老实人在幡然醒悟后感慨道："乐观，是悲伤时坚持一切都好的疯狂。"

从某种程度而言，法国精英阶层的精神本质就是一种忧郁和自我怀疑的流露。在他们的哲学深处，怀疑一切是一种存在方式和精神领悟。从这种忧郁和怀疑中，我们不难发现法国人批评精神的源头，也就理解了他们为什么总喜欢找碴儿，与己与人都过不去，从而总让人觉得法国人太"事儿"。

从伏尔泰到福柯（Michel Foucault），从左拉到萨特，法国思想界的巨匠们没有一个不"忧郁和自我怀疑"，其核心是他们对自己人格独立和思想独立的那份执着的坚守，而且法国知识界也一直乐于保持这样的传统，积极介入公共生活，摆明自己的公共立场，甚至不惜与当局叫板。其中，伏尔泰的尖刻、左拉的无情、萨特的激进又成为这些法国知识分子的标志性形象。

历史上，法国知识分子从"忧郁和自我怀疑"走向社会良知和扮演强势批评者角色的，应当首推作家左拉。

1898 年 1 月 13 日，左拉在《震旦报》上发表致法国总统的公开信《我控诉》，公开为年轻的犹太裔上尉军官德雷福斯鸣冤叫屈。2019 年岁末，世界著名电影导演波兰斯基将此著名历史事件搬上银幕，在法国又一次引起轰动。

据史书记载，左拉一开始并不知道德雷福斯案，是一些知情人找到了他，希望通过其大作家的社会地位，为德雷福斯讨回公道，而左拉本人也深知他伸张正义的举动必然会遭到势力强大的法国军方的抹黑打压，自己会从此身败名裂，但他仍不惜这么做，充分体现了法兰西知识分子的批判精神。

左拉说得好："我控诉的人，我并不认识他们，我从未见过他们，与他们没有恩怨。对我来说，他们只是一个实体，只是为非作歹的化身。我只有一个目的：以人类的名义，让阳光普照在饱受折磨的人身上，凡人均有权享受幸福。"

左拉还对控告他的军方说："你们用剑保卫国家，我们用笔也保卫国家，而且只有维护公平正义，才是保卫国家的最基本方法。"

从左拉在德雷福斯案上的拍案而起，我们看到的是法国作家对公共事务的责任与担当，这就如同当年伏尔泰干预图鲁兹的一个新教徒父亲谋杀天主教徒儿子的加莱案和大作家雨果敢于叫板拿破仑三世复辟帝制。

左拉干预德雷福斯案的另一个原因是，在人们找到左拉时，不要说赫赫有名的大作家雨果早已仙逝，就是同时期那些著名的大作家，如巴尔扎克、福楼拜、莫泊桑、都德等也都早已离世，因此，作为一名法国作家对公共事务的责任与担当就历史性地落到了左拉的肩上。

说到左拉的批判精神，即便在今天，法国社会依然保留着这样的传统。政府面对各界的批评，态度也比较诚恳，除了接受，没有其他办法。

记得 2002 年大选时，法国政坛是左右共处，希拉克是总统，社会党总书记若斯潘当总理。在共处期间，法国经济在若斯潘总理的领导下很有起色，社会党满心欢喜，以为大选稳操胜券，不料，第一轮就败下阵来。

当时的社会党发言人奥朗德在电视上抱怨，说若斯潘总理5年来如何日理万机，为法国人民兢兢业业工作，操碎了心，且把经济抓得那么好，今天败选不可思议。

右翼的大将是铁嘴钢牙的萨科齐，他马上回敬奥朗德："照你的意思，是人民错了？"

聪明的奥朗德连忙改口："不，不，人民没有错，是我们的工作没有做好！"

多少年过去了，这件事给我的印象非常深，它使我明白，批评是法国人天生的权利，是法国人的文化基因，在人民的批评面前，任何政府和政党都必须臣服。

许多法国知识分子告诉我，这种批评的天性就是法国人身上的"伏尔泰精神"，爱批评，爱管闲事，并漠视权威，甚至在国王面前都表现得非常放肆，法文叫"frondeur"，中文曾有人翻译成"投石党人"。

希拉克总统的文化顾问特拉诺瓦（Valérie Terranova）向我解释frondeur的深层意思，就是小人物与权威作对，是一种"impertinence"（译成中文就是对权威的鄙视、无礼和嘲讽），是一种知识分子为图一时之快的鲁莽行为，是一种一切都在所不惜的堂吉诃德式的骑士风范。

比如太阳王路易十四就曾遭到法国著名寓言作家拉封丹的戏弄。有一次，太阳王在凡尔赛宫举行舞会，拉封丹迟迟未到，故意让太阳王久等。在拉封丹抵达时，太阳王当众问他迟到的原因，不料拉封丹回答："报告殿下，我是因为刚刚参加了一个重要的蚂蚁葬礼……"

对于法国人的这种放肆或讽刺文化，如果你不在法国生活，根本就体会不到，比如法国人特别喜欢听讽刺政治人物的脱口秀，其中，著名的欧洲广播一台的新闻节目《差不多》（*La revue de presque*）是我近些年来每天早上必听的节目。脱口秀演员尼古拉·康特鲁（Nicolas Canteloup）是大师中的大师，在法国那么多男男女女政治人物中他居然能够做到学谁像谁。

由于康特鲁的节目紧扣时事，又能将政治家难以启齿的内心思想“和盘托出”，从而在嬉笑怒骂中将政治人物的虚伪刻画得淋漓尽致。而有意思的是，无论是现任总统马克龙，还是前任总统奥朗德、萨科齐，抑或极右翼政治人物玛丽娜·勒庞、极左政治家梅朗松，都非常喜欢看他的节目，甚至亲自到演播室听他如何来“损”他们，并常常因为康特鲁的精彩模仿而忍俊不禁。

如果从中国文化的角度看，这样对待国家领导人是难以想象的，但这在法国司空见惯。几年前，法国有线电视（Canal Plus）还有一个叫《吉尼奥尔》（*Guignol*）的节目，它将政治人物变成动物，密特朗是青蛙，希拉克是老鹰，萨科齐是小狗，整个一个政治人物动物园。这个节目同样由于讽刺性极强，演员配音和动物的夸张动作惟妙惟肖，节目收视率非常高。

然而，法国人的这种“impertinence”，虽然从国王弗朗索瓦一世到今天的法国民众人人都能接受，甚至乐此不疲，但法兰西以外的民族和文化要接受它却并非那么容易，极端的例子就是法国《查理周刊》惨案。恐怖分子库阿奇（Kouachi）兄弟就认为，如此对真主不敬的漫画就是对伊斯兰教的亵渎和对全世界 16 亿穆斯林的冒犯，对这样的讽刺杂志只能从肉体上予以消灭。

自然，对于浸淫在“impertinence”文化中的法兰西民众来说，这不仅攸关他们神圣不可侵犯的“言论自由”问题，更是涉及法兰西“impertinence”文化的生存问题。在绝大多数法国人看来，“impertinence”是他们这些小人物嘲讽各种权贵的最后武器，是任何情况下都不能放弃的。

法国人的这种“frondeur”和“较真”如果处理不好，不仅在对外处理与其他民族和文化方面容易引起误解甚至冲突，就是在法国内部事务中也会走向极端。其国民性中具有的偏执、理想化甚至一意孤行的文化因子在现实生活中容易使他们集体失去理智，如著名的“五月风暴”，法国知识界几乎所有的人都相信萨特是对的、雷蒙·阿隆是错的。甚至在当时的巴黎流行着这样一句名言：“宁可相信错的萨特，也决不相信对的阿隆。”

尽管在今天，绝大多数法国知识分子都承认孤独的沉思者阿隆是对的，而萨特是错的，但当我与他们中的许多人聊到此事时，他们在情感上还是觉得萨特的激进要远胜于阿隆的保守。

用特拉诺瓦的话说，这就是法国人的民族性格的双重性或矛盾性。

然而，不管这种双重性在多大程度上削弱了法国人的批评精神，仅这种以弱对强，敢冒天下之大不韪所坚守的那种对弱势群体的同情心，就使法国人在世人面前显露出一种为人类请命的使命感，似乎他们来到地球上就是为了寻找人类的终极目标和传播人类的普遍价值。

这让我不由想到，为什么在圆明园遭受劫难时，法国作家雨果能率先挺身而出，强烈谴责英法两个强盗，而英美世界的知识界却对此置若罔闻，甚至将此视为战争期间的一种正常行为……

人人都是哲学家

最近几年，法国高考在中国突然走红，每年6月，许多国内来的朋友都会就法国高考的哲学题向我感慨一番，同时将法国高考的哲学题与我们高考的作文进行一番比较，从而反衬出国内高考命题作文的僵硬死板。

以下是2019年法国高中会考的哲学题。

文科类有三个题目：（1）我们有可能逃避时间吗？（2）请解释艺术作品有何意义。（3）请解释黑格尔《法哲学原理》（1820）中的一段话。

社会与经济类也有三个题目：（1）道德是最好的政策吗？（2）工作会造成人类的隔阂吗？（3）请解释戈特弗里德·莱布尼茨对笛卡儿《哲学原理》的一段评论。

科学类的三个题目是：（1）多元文化是否有碍于人类的大一统？（2）承担自己的义务是否就意味着放弃了自由？（3）请解释弗洛伊德《一个幻觉的未来》中的一段话。

技术类的三个题目是：（1）只有可以交换的东西才有价值吗？（2）法律能给我们带来幸福吗？（3）请解释蒙田《随笔集》（1580）中的一段话（大概意思是：同人争论任何主题都是没有意义的。蒙田认为，人性总是在犹疑不定，自己对自己都无法自圆其说，所以与人争论没有意义）。

看到以上题目，我们可能都会对题目的深度、难度和灵活性拍案叫绝。中国著名文化学者许纪霖就曾对法国会考的哲学题感慨万分，认为这种会考才是法国乃至欧洲思想家层出不穷的原因。

法国高考加试哲学并且作为主科，这是法国教育的一大特色。

虽然世界上有很多国家在高中阶段开设哲学课，包括中国的高中也都开设哲学课程，但把哲学设为大部分学生必修且分值比例如此大的科目，全世界仅法国一家。每年高中毕业会考时，考生们都要在4个小时之内回答“我是谁”“我从哪里来”“我要到哪里去”这样的终极命题。

德斯坦总统曾说过：“我们（法国）没有石油，但我们有思想。”

我想，法国之所以在历史上和今天依然发挥着一个大国的作用，与法国人对人类社会的思想贡献是分不开的。这又如同许纪霖所言，法国人之所以那么喜欢思考，喜欢提问题，与法国人从小的哲学教育是分不开的。

法国人明白，哲学让人明辨是非，让人聪明，也使法兰西民族以其思想的独立性和先锋性引领人类的前进步伐。因此，从法国大革命开始，学习哲学成为共和国赋予每个公民的权利，也是每个高中生的责任，哲学会考就是法国年青一代了解世界、成为世界主人的关键一步，因而也有人将哲学会考视作“法国年轻人的成年礼”。

与法式哲学教育相一致的是，法国中学生的家长们乃至整个社会都热衷于哲学。即使在今天，法国依然保留了过去的咖啡馆、沙龙等哲学辩论文化。当你出席朋友家的晚宴时，席间常会出现针对各种问题的讨论，甚至争论，不必惊讶，这是法国文化和法国人生活方式的组成部分。此外，法国还有一年一度的哲学日，哲学爱好者经常就一个问题在咖啡馆里组织一场非正式的辩论，或在电视、广播电台中开设专题哲学节目。

在巴黎还有一些专门讨论哲学问题的咖啡馆，叫哲学咖啡馆（Café philosophique），在巴黎巴士底广场附近就有一家，是由巴黎农泰尔文学院的哲学教授马克·索特（Marc Sautet）在 1992 年 9 月 13 日创建的，系世界上第一家哲学咖啡馆，每个星期日上午 11 点到下午 1 点开门，所有爱好哲学的人都可以来此参加讨论。讨论历时两个小时，涉及的主题五花八门，如 2019 年 10 月 6 日星期日的辩论题目是“自由与确定性，如何调和”（Liberté et déterminisme, comment concilier les deux），13 日的辩论题目是“无聊的经历揭示了什么？”（Que révèle l’expérience de l’ennui ?）20 日的辩论题目是“什么能挽救无用的字眼？”（Qu’est-ce qui sauve la parole de l’inutilité ?）27 日的辩论题目是“对话的意义”（Ce que parler veut dire）。

由于法国人爱思考，这样的咖啡馆很受欢迎，咖啡馆老板也通过这种方式招揽生意。如果客人不多，咖啡馆的老板与伙计们也愿意借此机会听听哲学家们的辩论，长长见识。

讲到法国人爱哲学，我觉得需要再提一下年轻的总统马克龙，这位文理双科门门五分的优等生，对哲学情有独钟。他在巴黎政治大学念行政管理学的时候，就在巴黎大学同时辅修了哲学，并在大学毕业后的两年时间内给法国哲学家保罗·利科（Paul Ricoeur，1913—2005）担任编辑助理，辅助其撰写哲学著作《回忆、历史和忘却》。其间，马克龙还在哲学杂志《思想》（*Esprit*）担任编委。因此，人们普遍认为，马克龙治国理政的许多思维方式明显带有哲学家利科所说的现象学和诠释学烙印。

从马克龙爱好哲学，我又想到了法国人的哲学特点。我在前面曾援引瑞士法语作家阿帝提的话，将法国人的这种精神气质或哲学意义上的存在方式概括为“随性”，但这只是硬币的一面，充其量也只是一种气质上的，是一种形式而非实质。在我看来，法国人精神的实质源于法国人的哲学特点，即人的理性思维。

在法国，人人都愿意标榜自己是喊出了“我思故我在”的理性主义哲学家笛卡儿的信徒和传人，一切均喜欢从理性角度思考，对世界天生充满怀疑与批判。我以为，这种自由思考和理性批判才是法兰西精神。

由于出了马克思、黑格尔，世人喜欢将“世界哲学的故乡”称谓送给德国，而把“世界文学的故乡”称谓送给法国。从雨果、巴尔扎克、司汤达等文学巨匠对人类文化的贡献看，此言也对。但人们也有健忘症，法兰西的哲学完全可以与德意志比肩，否则，为什么世界上有那么多的点子来自法国？

如果说法国哲学家、数学家笛卡儿奠定了法国哲学基础的话，那么，哲学家蒙田（Michel de Montaigne）和布莱士·帕斯卡（Blaise Pascal）则极大地丰富了文艺复兴时期法国哲学的人文和思辨内涵。在今天的巴黎，由安盛保险公司资助的“蒙田研究所”是法国著名的智库之一，而与其一箭之遥的蒙田大街，在追念这位法兰西伟人的卓越贡献的同时，也成为法国奢侈品品牌的高地和路易威登公司的总部。

至于布莱士·帕斯卡，所有的法国人都知道他的警句："人只不过是一根芦苇，是自然界中最脆弱的东西；但这是一根能思想的芦苇。"（L'homme n'est qu'un roseau, le plus faible de la nature; mais c'est un roseau pensant.）几百年来，这个警句随时提醒人们人本性脆弱和思想独立的双重性。

与这三位法国文艺复兴时期的文化巨人相对应，18 世纪法国启蒙运动思想家群星灿烂，孟德斯鸠的三权分立、卢梭的主权在民、伏尔泰的批判精神、狄德罗的百科全书，使法兰西哲学的辉煌达到了历史新高，以至人类的政治、法律和社会生活被深深地烙上了法国人文主义哲学思想的烙印，直到今天。

接下来，在充满血与火的 19 世纪，涂尔干（Emile Durkheim）的综合社会学、孔德（Augustre Comte）的实证主义及托克维尔早期的民主理念是这一时期法国对人类思想的又一大贡献。其中，涂尔干与革命导师卡尔·马克思、德国哲学家马克斯·韦伯（Maximilian Emil Weber）齐名，并列为现代社会学的三大奠基人。

到了风起云涌的 20 世纪，早期的法国哲学家伯格森（Henri Bergson）的生命哲学及后来的法国存在主义思想家萨特、加缪，女权主义代表西蒙娜·德·波伏娃，列维-斯特劳斯（Claude Lévi-Strauss）的结构主义，皮埃尔·布尔迪厄（Pierre Bourdieu）的马克思主义社会学，梅洛-庞蒂（Merleau-Ponty）的现象学，米歇尔·福柯的后结构主义哲学和雅克·德里达（Jacques Derrida）的解构主义哲学等，使法兰西在 20 世纪依然是世界各种哲学思想的温床和高地。

像我们这一代改革开放初期上大学的人，不知道法国存在主义哲学家萨特的人非常少。记得 70 年代末 80 年代初，萨特曾经是中国高校内最受欢迎的西方哲学家之一，就如同在"五月风暴"时萨特是法国青年最崇拜的精神领袖。至于萨特的战友兼伴侣波伏娃女士，更是一代中国女性争取女性权利的偶像，她的著作《第二性》(*Le Deuxième Sexe*)曾是不少中国女大学生的枕边读物。

然而，萨特之后，列维-斯特劳斯等其他法国哲学家在国内的知名度显然不如萨特，我想也许这是时代的原因造成的吧。当初刚刚开放，中国青年在寻找他们思想麦加时是一种饥不择食的状态；而今天，中国经济的迅速发展使中国青年有了更多的选择，如创新创业，他们需要的更多的是经济模型、商业模型、投资与产出理论的导入等。

如果你不在法国生活，你也许会觉得哲学太虚无缥缈。法国书店里也充斥着各种炒股票、办公司或养生的实务性入门书籍，而每次法国中学生会考又好像在提醒你，这个谜一样的国家在全球经济竞争白热化的今天，对哲学还是像当年一样“走火入魔”，不离不弃，甚至还出现了哲学咖啡馆和那么多影响世界的著名的哲学家。

几年前，汤森路透公司曾在美国的大学做过一个民调，让美国大学生说说对他们影响最大的当今世界的哲学家的名字。这个从美国几十所大学汇总上来的排行榜的前三名分别是福柯、布尔迪厄和德里达这三位法国思想家。

说实话，我对这样的结果一点都不感到奇怪。在这个没有石油但有思想的国家，在这个从小就培养重视“自我意识”的文化土壤中，这里的每个人都会有自己的想法，都会把自己当回事，而他们中间的代表，那些一辈子在为人类思考的人，久而久之不就成了哲学家吗?

法国人的多样人生

因为法国人重视哲学，喜欢思考，在这样的文化熏陶下，他们更容易反复自问生命的意义，从而更容易做出各种选择，使他们的人生更丰富和有意义。

《一个人不能只有一种生活》（*Il n'y pas qu'une vie dans la vie*）是法国欧洲广播一台的一个栏目，主持人是茉莉赞女士（Isabelle Morizet），我非常喜欢，她几乎每周为观众揭示一个法国人丰富的人生轨迹。

这些人的共同特点就是他们在自我意识的驱动下生活得非常滋润，人生绚丽多彩。他们喜欢什么就干什么、成什么，那种阳光向上、精力充沛的生活状态让我油然起敬，好像他们生来就没有发愁过，好像生活中没有柴米油盐问题。但更让人由衷敬佩的是，在这些所谓的成功故事中，没有一个与升官和发财相关，这些人的玫瑰人生讲的全部是在自我意识下如何实现自我人生价值的故事。

下面我想说说我的几个朋友，他们不同的人生轨迹也许可以证明人是可以有许多种不同活法的。

我的作家朋友洪多

我想首先介绍一下我的好朋友、大作家洪多。我在书中多次援引他和我的对话是因为我们彼此实在是太熟悉，每周我们不是见面就是通电话。他没有上欧洲广播一台茉莉赞的栏目，原因是他在法国太有名了，他没有必要上节目，也没有时间上节目。

我认识他时他还是法国驻联合国教科文组织的代表（大使衔）。他一生发表了30多部各种体裁的著作，获得了法国文学界的几乎所有大奖，其中包括表彰其终生文学艺术成就奖的保罗–莫兰德文学大奖（Grand Prixde Paul-Morand），以及雅克·奥迪贝蒂文学奖（Prix Jacques Audiberti）、巴黎左岸花神咖啡馆“双叟文学奖”（Prix des Deux Magots）、圣西门奖（Prix de Saint-Simon）。2017年，其小说《混乱的制造机器》（*Mécaniques du chaos*）获得法兰西学术院小说大奖（Grand Prix du Roman de l'Académie française）。2019 年 6 月 6 日，他当选法兰西学术院院士。

我认识洪多的过程非常简单，是他听我的一个朋友提到我，执意在其上任不久就要拜访我。我想，他贵为一国使臣，哪有让他来看我的道理。我赶紧告诉他的秘书，还是我来看洪大使为好。于是，我在他那悬挂着三色旗和萨科齐像的办公室里和他进行了亲切友好的交谈。

可能是我们有共同朋友的原因，也可能是文化人的习惯，洪多说话开门见山，没有任何客套话。他问了我在上海世博会工作的情况，在教科文组织的工作进展和体会，问我如何看教科文组织现阶段面临的问题，如何应对，云云。

然后，我们开始主动相互"坦白"历史，他说早年他做过矿工，当过小报记者、编辑，办过杂志，政治观点属于极左，后成为中左，写了 30 多部书，另外还有杂文。

我说，我曾经在中国外交部工作，去过不少国家，在阿拉伯世界的黎巴嫩也待过两年，当时我是大使的翻译，天天与各派民兵周旋。

当洪多听我讲到黎巴嫩时特别兴奋，问我知道不知道临时政府总理奥恩。我说当然知道，他是政府军司令，属基督教马龙派，我曾陪大使多次见过他。印象最深的是冒着炮火到他被叙利亚政府军炸成瓦砾的总统府地下层见他。当时这位强硬的军人汉子差点哭了。他对我们说，中国有过被侵略的历史，在国际上一直主持正义，黎巴嫩被叙利亚军队占领了，连合法政府的总统府都被叙利亚占领军的大炮炸成废墟，中国政府一定要主持正义啊！

老洪打断我的话，说，他很清楚这段历史，因为他就是奥恩总理的军事顾问。

"怎么可能啊？你是个读书人啊！"

“怎么不可能，我是以个人的身份，出于理念、情感和正义！”他微笑着看着我。

“那你一定知道60多位法国国民议会议员来到黎巴嫩总统府巴布达宫，冒着叙利亚军的炮火，高唱马赛曲，挥舞黎巴嫩国旗的事吧？”

“当然知道，是我组织的。”他平静地说。

“那法国几十万人在香街游行，5万法国公民要求加入黎巴嫩籍的事呢？”我按捺不住兴奋，毕竟这段历史知道的人并不多！

“是的，我参与了这场声势浩大的法国人入籍活动。”洪多平静地回答着我的问题。

“那后来呢？”

“后来就是你所知道的，奥恩的黎巴嫩解放战争失败了，他被流放到马赛，10年内禁止参与任何政治活动。”他停了停，继续说道，“我本人则被禁止进入黎巴嫩，上了叙利亚政府的黑名单……”

后来，我在教科文组织的各种论坛、会议上经常与洪多见面，他每次见到我，总是有说不完的话……

时间又过了一年多，我在《费加罗报》上看到一条消息，洪多向时任总统奥朗德提出辞呈，理由是要回家写作。

我看到报道后马上到他的办公室，我问他：“你知道做出这样的决定意味着什么吗？”他淡淡地答道：“当然知道，我会变穷，变得没有人理我。”然后，他又笑着说：“我就解放了，我属于我自己，我可以写小说，写剧本，写诗歌……”

洪多就这样离开了教科文组织，远离官场和荣耀，过着一种平静的写作生活。我们还经常见面，我还和夫人专门开车200公里到他位于法国香槟大区的农舍看望他，每次他都会告诉我又写了什么，出版了什么。出了书后，他还会送我一本，看他的神情快活得简直像个孩子。

我问洪多为什么热衷写作。

他回答得很简单，说这是一种最适合他的生活方式。如果没有写作，他会痛苦，会失去人生的意义。

他告诉我，他对人生有许多憧憬，然而，要实现人生的梦想或改变社会的某些定式是难上加难的事，但手中的笔杆子无疑提供了一种可能，一个杠杆，一件武器。

他常给我讲他的过去，说他祖上是一个小葡萄种植园主，父亲是乡村小学教师，从小培养他看书的习惯。他这一辈子什么都干过，学的是法律，在巴黎政治大学上学时受中国“文化大革命”左倾思想的感染，成为“毛主义者”，是法国社会的极左派的一员，当时和他的女同学诺伊尔，也就是现在的太太，决定要像中国红卫兵上山下乡一样走与工农相结合的道路。于是，他俩选择到洛林的一家煤矿工作，一干就是四年。后来他发现，他的革命热情很难被矿友们认同，就开始用笔杆子革命。不久，他发表了反映洛林煤矿工作生活的小说《洛林的悲伤——洛林工人的生活状况（1870—1914）》，引起法国小说界的重视并得到好评。

文艺批评家们将这部小说形容为了解洛林煤矿工人的难得的一部好作品，非常生动，非常美。小说的发表同样也改变了洪多的人生轨迹，他马上成为一名专业作家、一个自由撰稿人、小报通讯员、记者、编辑，通过写书、上电视等，替弱势群体说话。

后来洪多又回到了巴黎，顺风顺水地先后担任了法国《解放报》《世界报》等大报的专栏记者和《观点》《快报》《巴黎竞赛》等著名杂志重要栏目的主编，洪多在法国文学和新闻圈一时炙手可热。

洪多后来向我回忆说，这是他一生最得意的阶段。一是年轻，从外地返回巴黎，什么都新鲜；二是他突然间发现自己的影响力原来那么大，整天出席各种活动，上电视和广播，真正感受到媒体无冕之王的地位。

他还给我专门讲过他与法国猫王约翰尼·哈里戴的友谊，两人如何喝酒喝到深更半夜。（作为哈里戴生前好友，在 2017 年 12 月 5 日的葬礼上，总统马克龙讲完话后就是洪多致悼词。洪多自豪地对我说，是哈里戴的在天之灵让他在全体法国人面前回顾他们的友谊）。

因此，当洪多告诉我他曾是黎巴嫩军政府奥恩将军的军事顾问时，我先是惊讶，但很快就理解了他，因为这符合他敢于担当的性格，特别是在他看到叙利亚军队对主权国家黎巴嫩如此践踏时。

正是洪多的这种爱管闲事的生活态度，在 20 世纪 90 年代后期，他又与哲学家列维，就是我前面提到的 BHL，一起跑到科索沃德雷尼察地区，用自己的血肉之躯去保护那些手无寸铁的穆斯林妇女儿童。

由于洪多等人的呼吁和现场介入，法国舆论反响强烈，最终推动法国政府和欧盟一起，在美国的支持下，武力干预科索沃问题。

我想对这段历史，细心的读者会记忆犹新，这也是冷战后西方鼓吹“人权高于主权”的一个范例。

有时洪多高兴，我们还一起拉家常。他告诉我他有一儿一女。儿子是喜剧演员，40 岁出头了，但日子不好过，原因是法国演艺界因经济危机而生存困难，因此他希望儿子能有一份稳定的工作，再结婚成家。女儿是研究俄罗斯问题的专家，有一个幸福的家庭，情况不错。

我问他，整天写作累不累，枯燥不枯燥，如何适应从繁华都市到乡村的隐居生活？

他回答我说，他所做的一切，都是为了实现年轻时想当法国当代最伟大作家的人生梦想。小的时候尽管家境贫寒，但喜欢看书的他经常到村里的书店看书。为此，他父亲专门在书店里存了钱，让书店老板随时可以让小洪多将他喜欢看的书拿回家。他说，他总是忘不了小时候在那个村野书店里如饥似渴看小说的情形……

2019 年秋，我们在巴黎七区的鲁特西亚咖啡馆见面，他一见到我就兴奋地说，他已经在 6 月份成功当选法兰西学术院院士。

我听到这个消息非常高兴。法兰西学术院在法国社会，乃至整个西方世界都是至高无上的学术殿堂，由法国国王路易十三的枢机主教黎塞留于 1635 年 1 月 29 日成立，最初成立的目的是为了规范法国语言和保护各种艺术。由于法兰西学术院总共才有 40 个名额，只有在其中一人仙逝后才有可能被补选，因此竞争非常激烈。洪多也是三次被提名，此次终于金榜题名，可谓实至名归。

历史上，大作家雨果、梅里美、小仲马、孟德斯鸠、伏尔泰、高乃依、拉辛、夏多布里昂、托克维尔等都是该学术院的院士。由此可以看出，这个名人云集的机构在法国是多么的牛！ 2002 年，华裔法国作家程抱一当选法兰西学术院院士，这是该学术院成立 360 年以来的第一位华人。

洪多是我发现的法国人自我意识现象中比较有代表性的一位，他曾得意地对我说，像他这样的人生经历，一是缘于他个人的生活选择，二是缘于法国社会特殊的宽容氛围。他不无感慨，同时也是自豪地对我说，只有在法国社会才有可能出现他这样的人生，这样的人生不仅在美国难以实现，就是在欧洲的许多国家也难以实现。

在自我意识的驱使下，既爱看书，又爱写书，又爱折腾的洪多成就了他作为著名作家、外交家以及社会活动家的一生。他将法兰西社会变成他的舞台，为那些洛林煤矿的工友们请命，为受压迫的黎巴嫩人呐喊，为科索沃穆斯林的生存奔走。然而，他在本质上又不改书生本色，宁愿放弃锦衣玉食，也要在乡野书斋中寻找精神依托，并通过他笔下的文字，去改变和引领我们生活的世界。

我的建筑师朋友安德鲁

我认识著名建筑师安德鲁（Paul Andreu）至少有 20 年时间，当初只是在使馆国庆招待会等场合与他寒暄，问问他在中国的项目进展情况。后来在上海世博会期间偶有接触，但他没有参与上海世博会的任何项目，只是一心一意准备参加北京国家大剧院的竞标工作。后来我到了巴黎，他也因为年事已高，在巴黎生活的时间开始多起来。他经常对我说，希望能在有生之年再为中国的建筑留下让他感到自豪的作品。

安德鲁在法国建筑界是人人皆知的奇才，他首先在学历上就与众不同，先后上了巴黎综合理工、法国国立路桥学校和巴黎国立高等美术学院三个法国最好的，然而又互不相关的学校。

在常人看来，一个人如果能上一个巴黎的大学校（grande école）就已经够了不起的了，而他却一人统揽了三个不同领域最好的学校。他首先上的是巴黎综合理工这所“法国的麻省理工学院”，学的是工程，然后又到路桥学校学建筑，再到美术学院学美术。

我问他，为何上那么多的学校？这么难考的学校，差异又如此大，是如何考的？他对我笑笑，谦虚地说当时自己太年轻，不知道自己以后能干什么，因此，在想清楚之前还是多上点学，以便丰富一下自己的知识与技能储备。

安德鲁于 1968 年进入巴黎机场管理公司工作，先是担任技术部总监，5 年后又调到建筑设计部担任建筑设计总监，29 岁设计了戴高乐机场 1 号航站楼，由于其设计的航站楼造型非常独特，当时在法国和世界建筑界引起轰动。

让安德鲁进入公众视野的还有一件事，就是巴黎西边的拉德芳斯新凯旋门，它不仅是拉德芳斯商业区的一个重要地标性建筑，也因为其位于巴黎凯旋门、香街、协和广场、卢浮宫等历史轴线西侧末端，成为与埃菲尔铁塔比肩的一座建筑。当时拉德芳斯新凯旋门的首席设计师是丹麦人约翰·奥托·冯·施普雷克尔森（Johann Otto von Spreckelsen），但他在 1987 年 3 月 16 日逝世，作为 2 号人物的安德鲁就这样被历史性地推向前台，担纲完成这件稀世珍品。安德鲁的名字再次进入法国人的视线。

安德鲁在建完戴高乐机场 1 号航站楼后又建了非常有特色的 2 号航站楼。航站楼的功能与美学的完美契合使安德鲁在国际建筑界声名鹊起，特别是在机场建设领域，后来在世界近 10 个国家都有他设计的机场作品，包括海燕造型的上海浦东国际机场。

当然，安德鲁晚年或其一生最得意的作品是北京的国家大剧院，从 2001 年 12 月 13 日开工到 2007 年 12 月 22 日正式投入运营，加上先期的准备工作，安德鲁几乎是十年磨一剑。

他告诉我，整个设计构思来自中国传统易经文化的阴阳和谐，通过一个人工湖拥抱着大剧院主体建筑玻璃椭圆形圆顶，给人以建筑漂浮在水面上的印象，而这个人工湖与中南海的湖水在空中鸟瞰形成八卦图。

记得国家大剧院刚刚竣工时，北京的老百姓一时还不太习惯，将此剧院戏称为“水煮蛋”，但随着时间的推移，人们看久了，习惯了，越发觉得这个大剧院的外观大气、美观、独特，内部各种功能齐全，音响一流，不愧是一件大师级的建筑艺术品，安德鲁也因此再次进入中国公众的视野，商家居然也开始找他在上海和北京的机场候机楼里做产品代言广告。

由于他与吴建民大使的友谊，2016 年我成立吴建民之友协会后，他马上就成为我们协会活跃的会员，我们见面的机会也随即多起来。我去过他的工作室，和他聊过他的作息时间问题，他是这么回答我的：上午 10 点开始到下午 1 点处理建筑设计事务，然后是午餐；午餐后到晚上 8 点前是画画的时间；晚 8 点晚餐后到入睡前是写小说或诗歌的时间。

由于安德鲁在法国工程、建筑、美术三个最顶尖学府里接受了最好的教育，他一天内在这三个领域的来回切换似乎游刃有余，他也非常享受。他告诉我，他这样的三重人生已经过了几十年了。

如果从建筑师的角度看，安德鲁绝对是世界级大师，包括北京国家大剧院在内，他在世界上的建筑作品大大小小 70 件，就连在巴黎地铁里我也看到过他的作品。

至于他的文学作品和诗歌，有的发表，有的自娱自乐。在他业已出版的 10 本书中，建筑和文学作品平分秋色。

我看过他的绘画作品，非常清新简约，同时很有深度，非常耐看。

2018 年 10 月 11 日，安德鲁在家突发脑出血逝世，为怀念他，北京艺术 8 的佳玥女士专门举办了一个安德鲁绘画回顾展，许多安德鲁的老朋友都去看了，并以此向这位中国人民的老朋友表达哀思。

我一直将安德鲁视作上帝创造的奇迹，我在他的身上看到了天才的客观存在，也看到了法国工程师教育中的文理结合传统，更看到一个精力充沛的人和一个在兴趣的驱使下勤奋工作的智者。

我与安德鲁调侃，说我没有亲眼见过达·芬奇，但从他的身上，我坚信达·芬奇这样的奇迹在 500 年后的人身上是完全可以重现的。

每当听到我这样的恭维，安德鲁总是很谦虚。他对我说，像他这样的人，其实在过去的法国是很常见的，因为法国人天生好奇，法国又是一个非常艺术化的国家，建筑与美学本是一对孪生兄弟，好的建筑师一定是好的艺术家。

我问他，为什么每件建筑作品总会得到业界的好评？为什么你一直有那么大的激情？为什么你总是有那么多的灵感？

他说，他从小到大、到老，做任何事情都是非常随意、随心的，总是让自己跟随自己的内心，听从自己的内心，从不做自己不喜欢的事。当初做中国的国家大剧院设计时也是如此，面临着各种压力甚至误解，但他还是坚持自己的观点，因为他是建筑师，最了解建筑的特点和需要。

他说，他不是一个容易被别人左右的人。因而他的作品就是他自己内心最想做的东西，每件都是其个性的张扬。有了自己的特点，世界自然就认可了。没有个性，作品也就没有了生命。

至于激情与灵感，他说这是一件相依相存的事，其道理不言而喻。他因为喜欢自己所做的一切，就对自己做的事情充满激情，而他在工程学、建筑学和美学三个领域的修养，使他对事物的感知与众不同，而当他感觉到自己与众不同的时候，灵感自然而然就来了。

“因此，博学是多重人生的基础，在创作上博学与多重人生是相互提携的。”安德鲁对我总结道。

我的市长朋友福尔芒丹

福尔芒丹（Jean-Christophe Fromantin）原来是个法国企业家，现在是巴黎西郊讷伊市（Neuilly sur seine）市长，法国政界一颗冉冉上升的政治新星。

我最早知道他是他在 2008 年与萨科齐对着干的时候，他欲以独立竞选人的身份与萨科齐的儿子让-萨科齐竞争巴黎西郊讷伊市市长一职。当时法国媒体对此事报道得特别多，被视作类似《圣经》中大卫与歌利亚的角逐，人们也都为他不畏萨科齐强权的精神所感动。后来，他在选举中高票当选，成为讷伊市十多年来最受欢迎的市长。

然而，我认识他并与他成为好朋友并不是因为他是市长或是企业家，或是法国国民议会议员，而是因为他的世博梦吸引着我。事情的缘起是他在参观 2010 年上海世博会时，突然萌发了在 2025 年让法国再办一次世界博览会的想法。

在这个由福尔芒丹担任主席的“巴黎 2025 年世博会申办委员会”（Expo2025France）中，我是唯一的外国人，原因是我 10 年的上海世博会申办、筹办和运营工作经验对他非常宝贵。

于是，我们从 2011 年起在一起不知开了多少次会，思考举办 2025 年巴黎世博会的可能性及其主题、技术准备等。

因为福尔芒丹，我在这个圈子里见过法国许多有识之士和相当多的 CAC 40 上市公司老总及普通市民、大学生等，他们均对 2025 年法国举办世博会摩拳擦掌，充满激情。

这个纯属民间动议的世博会申办团体，颠覆了世博会 160 多年来必须由主权国家中央政府提出的传统，它让我看到法国社会中个人的作用，使我平生头一次知道，原来在法国，办世博会还可以这样运作。

然而，对福尔芒丹而言，实现他的世博梦并非易事。

首先，他必须得到政府的支持，但他提出申办 2025 年世博会时在台上的政府是左翼社会党，而他本人则是右翼议员。然而，即使同为右翼，他又不属于当时最大的反对党人民运动联盟，而是属于法国中间派的小党，即民主人士和独立人士联盟（UDI）。如何让政府和各政党接受他的想法？

其次，法国政府没有办任何大型国际项目的预算，钱从何处来？法国企业会支持吗？法国老百姓会怎么看？法国地方政府，包括毗邻的巴黎市如何看他这个讷伊市市长的建议？

最后，世博会的主题是什么？如何展示？ 2025 年巴黎世博会组委会是否有能力在寸土寸金的巴黎向参展各国提供必要的展示空间？对那些发展中国家提供什么参展援助？

然而，困难再大，也没有福尔芒丹的决心大。他对我说，要实现他的世博梦，就得有雄心壮志，就得不屈不挠，否则，他也配不上“造梦者”的称号了。

眼下，正是这种“造梦者”的角色让他忘记了困难，忘记了自我，因为他知道，从法国内部讲，法国正处在社会转型期，老百姓对世界接踵而来的事情准备不足，思想上出现迷茫和焦虑，因此，法国社会需要一个具体的目标来聚集社会力量，提升法兰西民族的信心。从国际上讲，他希望使这届世博会像过往的七届巴黎世博会一样，大大提升法国在国际上的地位，使法国这个人类的“灯塔”再次焕发其世界人文领导者的光彩。

在福尔芒丹的领导下，我们经常在讷伊开会，讨论世博主题和申办报告，并在协会的申博网站上与广大法国人民互动，征求他们的意见，做各种相关民调。与此同时，我也到国民议会专门成立的跨党团委员会做了听证，介绍上海世博会的经验，鼓励法国申办 2025 年世博会。通过这些活动，我也与不少议员交了朋友。

在福尔芒丹坚持不懈的努力下，当时的法国政府总理瓦尔兹和总统奥朗德均同意由福尔芒丹在民间推动的 Expo2025France 倡议，社会党政府专门任命前世贸组织总干事拉米为 2025 年法国世博会的政府部门协调员，并由他向国际展览局秘书长洛塞泰斯递交了由总统奥朗德签署的法国举办 2025 年世博会的书面申请。

就在福尔芒丹筹备 2025 年世博会一路高歌时，巴黎传来了好消息，即在 100 年后奥运会又重新回到巴黎，也就是 2024 年法国将要举办夏季奥运会！这本是一件低概率的事，因为德国汉堡、意大利罗马和匈牙利布达佩斯相继退出申办，最后只剩下巴黎和洛杉矶两个城市。因此，机遇再次历史性地向法国微笑。

然而，此时福尔芒丹团队里还没有人意识到这样的好事将会对他们的申办努力造成何种影响。

2017 年 5 月，马克龙入主爱丽舍宫。11 月，法国总理菲利普宣布，法国将停止申办 2025 年世博会，理由是政府拿不出钱来专门建设一条通向世博会场馆萨克雷大学区的轻轨，即便福尔芒丹向政府承诺，将由其领导 2025 年世博会运营团队，通过民间筹资来解决从场馆建设到运营的全部费用，也无济于事。

法国总理菲利普的决定不啻给福尔芒丹及其团队当头一棒。

我从报纸上看到此消息后，马上给福尔芒丹发了邮件，问他怎么办？8年辛辛苦苦的申办之路，那些日日夜夜准备的方案是否就此付诸东流？

5分钟后，福尔芒丹就给我回了邮件，他说："波，放心吧，我不会放弃的，我们那些企业家朋友也在问我，要我坚持下来，我们要成立一个智库，把我们的激情和那些美丽的想法保留下来，我还希望你能继续支持我……"

于是，我与福尔芒丹又面临着一个全新的事业，如何将8年筹备工作中遇到的社会各界提出的各种问题及其解决方案梳理出来？如何在数字化新时代找到人类共同价值的新的表现形式？一句话，我们要成立一个民间智库去回答这个世界最需要得到解答的问题。

就这样，一批志同道合者没有偃旗息鼓，在福尔芒丹的领导下，利用业余时间重新坐在一起，开始探讨人类在数字化时代的机遇与挑战。

我们这个叫世博工作坊（Les Ateliers de l'Universel）的机构，每次讨论的主题非常丰富，涉及人工智能、地中海难民、未来世博会组织方式、数字时代的消费方式、文化遗产的普世意义、气候与环境变化、大数据与公民隐私、科技进步与人类生活的平衡等，每次讨论结束，我们都会有一个会议纪要在网站上共享。

对于我们这样的活动，如果从功利的角度看，可以说毫无意义。原因很简单，这些问题太大，是政府的责任，与我们每个人目前的工作无关。但让我感触颇深的是，面对这样一件貌似无意义的事，这些当年抱有世博梦的法国朋友，在福尔芒丹的领导下依然在坚持，不忘初心。

我之所以愿意提到福尔芒丹和这样一个民间世博会研究智库，就是因为这些人的纯朴与执着，他们超越自己日常的工作岗位，去想那些涉及世界未来的大题目。

2019 年 5 月，我与福尔芒丹一起来到中国，我们先是到了深圳，然后到上海，最后到北京，这是他在上海世博会结束后第一次回到中国。当我们在上海世博会中国馆的顶层阳台鸟瞰当年的世博园时，那场 9 年前世博会史上与众不同的盛会就浮现在我们的面前，那个川流不息、人声鼎沸的世博园的景象又像电影一样出现在我们的眼前。

这次与福尔芒丹在中国的旅行，时间长达一周，使无话不谈的我们又有了充分的交流时间。我发现，作为一个日理万机的市长，福尔芒丹每天有做不完的事，但他依然关心世博会这样的国际交流活动，关注今天人类社会面临全球化和科技进步带来的挑战，寻找团结人类的共同价值，这与其特殊的经历有关。

福尔芒丹是一个来自法国企业界的政治家，在法国政治生态圈可谓凤毛麟角。由于企业家的背景，他对法国社会的问题看得比较透彻，认为法国对企业家关心不够，创新环境不好，还有一个问题是对地方城市问题关注不够。国家资源过度集中在大都市，导致边远城市在全球化过程中日益被边缘化。这就是黄背心问题的根源。为此，他还在法国成立了一个政治团体，叫“我的党就是我的城市”（Mon parti, c’est ma ville）。

谈到人类面临的问题，他告诉我从法国黄背心即可见一斑。

在全球化条件下，各国老百姓发现日常生活中的混乱现象越来越多，他们熟悉的东西离他们越来越远了，这个问题不解决，世界就不会太平。如果说在 160 多年前，当人类进入工业化时代时，1851 年的世博会旨在告诉人类，工业革命是人类的明天，是人类的希望所在，那么，在今天的数字时代，人工智能、大数据是否还会给人类带来共同的理解和价值？如果是，又是什么形式？世博会是不是还存在着一种在数字化时代人类共同价值的有效呈现手段？

上述问题，与其说是人类的问题，不如说是福尔芒丹的问题。他对我说，中国之行就是他寻找答案的重要组成部分。

于是，我们俩开始一起憧憬一种新的平台，将世界新时期的共同理念梳理一下。比如说人类在全球化条件下的互助精神，在气候变化问题上的团结一致，在科技与伦理问题上的新平衡。总之，需要在社会的公益力量之间架起一座沟通的桥梁，形成一种善力量，成立一个世界公益“达沃斯”。

在我们的互动中，福尔芒丹有时会越说越激动，我看得出他的这种使命感，看得出法国不申办 2025 年世博会并没有阻挡他思考甚至前进的步伐。回到巴黎后，我们还一起出席一个在巴黎政治大学的研讨会，一起在台上做了科技进步与人类社会发展的分享对话。

对于福尔芒丹的这种使命感，我觉得应该是法国人悠久的人文传统使然，是这样的文化传统让法国在过去与今天的国际舞台上总有这样那样的想法。在首届世博会举办 160 多年后，他提出的问题是很严肃的，即世界展览运动与当今世界变化的关系及如何在这种关系演变过程中体现人类新的共同价值？

我知道福尔芒丹还是一个虔诚的天主教教徒，他笃信宗教信仰和人与人之间的信任在国家生活和人类生活中具有重要意义。此外，他还是一个马拉松和航海爱好者，他参加的无动力帆船组合还获得过法国比赛的大奖。

平时空闲时间，福尔芒丹喜欢弹钢琴，看书，写书。他共出版了《全球化世界中我的存在——法国在全球化中的地位》《是基层说话的时候了》等 4 本书，这些书体现了他对全球化条件下城市生活新的组织形式的思考。他常对我说，现在到了基层（térritoire）说话的时候了。他说，由于数字技术带来的进步和 coworking（联合办公）这样的办公形式的变化，我们正在迎接一场工作革命，基层将在国家生活中发挥越来越重要的作用。

他说，原来我们工作是为了生存或者生活，为了生存就必须工作。因此，选择生存和生活总是在选择工作之后，也就是人们进入城市是为了工作，而非为了生活。他做的研究表明，越来越多的法国青年将生活质量、家庭放在工作的前面，他们更愿意离开巴黎到波尔多、南特等中小城市和更偏远的地方工作，而由于数字网络工具和 coworking 工作形式越来越普遍，许多大的咨询公司也非常乐意其员工远程办工，这样的结果是老板员工双赢。对老板来说，他们不用专门建设或租用企业办公楼；对员工来说，不用每天舟车劳顿，又可与家人在一起享受高质量的生活。福尔芒丹意味深长地说，我们做政府管理、当市长或做未来学研究，对这些趋势都要加以重视。

说实话，如果不是一起筹备 2025 年法国世博会，我与福尔芒丹不可能认识，也不可能成为朋友。我写他是因为这样的政治家非常特别 . 首先是他的人生经历非常特别。他甚至对我说，竞选讷伊市市长也是一个偶然的机会，是因为一次与女儿的交谈，女儿觉得她的爸爸志存高远，有理想有能力，为什么不把自己对生活的爱、对世界未来的理解分享给大家？为什么不用政治作为杠杆去让更多的人支持你，一起完成一个美好的愿景？

福尔芒丹对我坦承，如果不是那次与女儿的闲谈，受到女儿的启发，他可能还沉浸在他的公司业务里，享受市场拓展和年终盈利带来的乐趣。但他明确对我说，讷伊市市长只是人生道路中的一站，它不会是自己生命和职场的终点，为此，他仍坚持每天骑摩托车上班。他说："我有司机，我可以享受市长所有的待遇，但我坚持骑摩托车上班是在提醒自己，我总有一天要回到属于自己的生活，今天坚持骑摩托车上班为的是到没有司机的时候，自己仍会高高兴兴骑摩托车，心中不会有落差。"

我说："你所在的城市是法国最富有的城市，全法国的名人都是你的属下（administré），你的前任是萨科齐。在全法国谁都知道，得讷伊者得法国。你的政治生涯不会局限在讷伊，而应该是全国，你是属于你们国家的政治家。”

他听完我的话，笑了笑，对我说，目前他啥都不想，先准备好2020年3月的市政选举，有时间的话，再考虑考虑2020年我们世博工作坊的讨论议题。

对于2020年3月的市政选举，我觉得这样受市民爱戴的市长，已经干了12年，大家如此满意，不连任的可能性很小。至于世博工作坊，我们已讨论得很多，2020年可能还会再细化议题，提出一些具体建议。我特别建议说，2020年是上海世博会结束10周年，应该好好议一下这届世博会的历史地位。

福尔芒丹的故事讲完了，但显然，这个故事才刚刚开始，因为他是一个充满激情、有理想又脚踏实地的企业家型政治家，更可贵的是，他的多重人生总是围绕着一个目标、一个给世界带来善的使命，包括2025年法国世博会最初的美好想法……

我所认识的数学家维拉尼

严格意义上讲，我只能说是认识数学家维拉尼（Cédric Villani），有过几次交谈，不能算作朋友。

我第一次见到他是在2018年1月马克龙总统访华时，他作为中法人工智能合作论坛的主持人；然后是在2018年10月我邀请他出席中欧国际工商学院与巴黎工商会举办的年度经济论坛，我们的论坛主题是中法创新合作，维拉尼是主旨演讲嘉宾。

虽然我与维拉尼没有与前面几位朋友那样有直接和无拘束的交流，但他的人生轨迹很有意思，经过几次短暂的交流和两年多的跟踪观察，我认为此人的故事值得向大家一说。

维拉尼是个70后，出生在一个学术和艺术氛围浓厚的家族，他的爷爷是画家，叔叔和婶婶分别是哲学家、作家，父母是法语教师。维拉尼在法国被普遍认为是数学神童，每次数学考试都是100分，19岁考入法国著名的巴黎高等师范学院，然后一路拿奖拿到手软，共获得欧洲数学学会奖、费马奖和菲尔兹奖等数学界大大小小12个奖项。

他的数学家职业生涯同样非常辉煌，曾担任里昂高等师范学院、巴黎大学等院校的数学教授，法国科学院庞加莱数学研究所主任，并在美国的加州大学伯克利分校与普林斯顿大学做过访问学者。

他还出版了《生命定理》（*Théorème vivant*）、《沉浸式——从科学到议会》（*Immersion —De la science au Parlement*）等7本与数学相关的著作，还与他人一起拍摄了两部数学科普方面的电影。

除此之外，他还是法国两个非常重要报告的撰稿人：一个是2018年1月的《初高中数学教学现状与建议的报告》，报告对法国当今的初高中数学现状做了深刻分析，并提出21项措施来改善目前“灾难性的情况”；另一个报告稍早些，是在2017年9月，由他为总理菲利普起草的有关法国人工智能发展的报告，在报告中他建议将法国人工智能的工作重点放在出行、大健康、环境保护和安全四个领域。此报告也被称作《维拉尼报告》。维拉尼本人在法国还有“人工智能之父”的称号。

维拉尼不仅是一位杰出的数学家，他才华横溢，喜爱弹钢琴，穿着打扮像个艺术家，留着行云流水般的长发，胸前常佩戴一枚黛绿色蜘蛛胸针。但是如果单看这些，我可能就不会在此向各位做过多的描述了。

写维拉尼完全是因为他的公民意识，是他那种强烈的担当和责任感吸引了我的注意力。

在一般人的眼中，数学家，特别是那些杰出的数学家总是给人一种不食人间烟火的感觉，如《哥德巴赫猜想》中的陈景润。此外，在一般人的眼中，从政的主体人员应该是社会科学工作者，科学家次之，数学家可说是凤毛麟角，而维拉尼的出现完全颠覆了我们的常识。

他不仅数学出众，而且喜欢音乐、跑步和社团工作。在巴黎高师上学时，他是学生会主席。当福尔芒丹发起举办2025年法国世界博览会动议时，他是其支持委员会的发言人。在2014年巴黎市政选举时，他是社会党候选人、现任市长伊达尔戈支持委员会的主席，但他明确表示，他不是社会党，也不参加右派政党。

2017年，当马克龙宣布竞选总统时，马克龙团队找到了他，希望他加盟前进党。于是，他以前进党候选人的身份参加议员选举，第一轮就得到47.46%的支持率，第二轮的得票率是69.36%，为全国议会选举得票最高的议员。

维拉尼放弃其功成名就或轻车熟路的数学王国，突然对政治开始感兴趣，不少人对此感到不解，或觉得可惜，认为这样一个数学天才之星就此陨落了。也有人认为，一介书生，又是学数学的，只会抽象思维，头脑单纯，弯弯绕不够，在残酷的政治圈里是羊羔误入了狼窝。然而，维拉尼并不这么认为，他在演讲和接受媒体采访时一直强调，参政是公民的职责，如果要更好地服务法国，参与政治是最好的方法。在其《沉浸式——从科学到议会》一书中，他详细论述了自己从政的心路历程，谈到了他对法兰西民族的无比热爱和对法国前途的看法。这些朴实无华的语言让人感到一个知识分子对国家命运的担当精神。

站在一个外国人的角度看，我觉得维拉尼参与政治至少说明法国回到了将政治还给人民的传统，而不再由那些专业政治家长期把持。作为数学家，维拉尼在人工智能方面提出的国家报告权威性高，得到专家、企业，以及总统马克龙的一致好评。在电视和各种论坛上，维拉尼是法国人工智能的形象大使，从这个意义上讲，他虽然牺牲了自己在数学王国的学术研究，但他提升了法国人工智能产业在国际上的影响力，他对祖国的贡献可能比当一个纯粹的数学家要高。

维拉尼让我印象深刻的另一点是其高昂的斗志。

受贵阳国际大数据产业博览会组委会的委托，我想邀请他出席 2019 年 5 月底的贵阳数博会，为此，我提前两个月给他发出邀请并专门约谈了他的主要助手苏索尔，详细介绍了贵阳数博会的重要性。但就在此时，其所在的执政党内围绕 2020 年 3 月巴黎市政换届选举的候选人之战进入白热化。

政府发言人格里沃（Benjamin Griveaux）和法国工业、能源和数字经济部部长穆尼尔 · 马约比（Mounir Mahjoubi）先声夺人，使有意参选巴黎市长的维拉尼处于严重不利地位。更悲催的是，前进党根据马克龙的意见进行党内初选，结果格里沃成为执政党的唯一候选人。

作为数学家的维拉尼，唯一的出路是顺服党的决定，退出竞选，没有别的数学等式。然而，作为数学天才，维拉尼就是要在非常复杂的政治游戏中找到他自己的解。

首先，他认为党内指定格里沃作为唯一候选人缺乏透明，违背民主原则。其次，他的政纲要优于格里沃，有利于执政党夺取巴黎市长的位置。最后，也就是维拉尼本人的性格，不管前进党背不背书，他本人竞选巴黎市长的决心毫不动摇。

维拉尼这个数学家不按常规出牌，让前进党大佬们非常恼火，他们声言要将维拉尼开除出党，但又怕维拉尼人气旺，反而帮他助选，或因为前进党内部斗争，使社会党现任巴黎市长伊达尔戈坐收渔利。

于是，在巴黎政坛上，各路好汉都投入了 2020 年 3 月的巴黎市长换届选举。维拉尼就像一个单枪匹马的绿林好汉，没有任何政治标签，唯一的口号就是他要实施最好的政纲，为巴黎人民带来更好的服务，当一个真正的好市长。为此，他不惜与格里沃以外的其他候选人搞统一战线，形成一个“反格里沃”联盟，给前进党和马克龙本人制造难堪。

记者问维拉尼，何以单打独斗，与整个政治机器开战？他笑笑回答，这又不是没有先例。

明白人都知道，他这是借喻马克龙在2017年的总统选举，这是一次草根政治家战胜建制派政治家的完美案例。从各种角度看，来自数学王国的维拉尼，不仅是政治素人，而且是个政治陌生人，他的想法就是数学世界里的那种纯粹的想法，只要是有利于法国人民的事，就要坚持，这就如同在数学王国里解题一样，公理只有一个。对维拉尼来说，这个公理就是他要服务自己祖国的那种火一样的激情及祖国人民对他施政的满意程度。

后来的形势发展果然不出所料，马克龙在爱丽舍宫召见了维拉尼，与其“促膝谈心”一个多小时，劝他加盟格里沃团队，放弃独立竞选。但维拉尼依然不为所动，强调他不能改变对那些支持他的巴黎选民的承诺，他的理念更不能因为政治机器和集团的背书与否而改变。

维拉尼独往独来的性格最终导致其被执政的前进党开除出党，但他好像一点都不在乎。他说，他本来与政治无缘，是马克龙的前进党主动找到了他，让他介入政治，今天前进党将他除名，反而让他无党一身轻，可以放飞自己的内心，为了自己的政治理想而在法国的政坛上驰骋和奋斗。

后来，巴黎市长的换届选举出现了变数，原执政党候选人格里沃因在互联网上的不雅视频退出竞选，卫生部部长艾格尼丝·布赞（Agnes Buzyn）临时应马克龙之邀代表执政党披挂上阵，但败给巴黎换届市长伊达尔戈，让执政党威信扫地。虽然我在写此书时第二轮选举还是未定之天，但前进党想从社会党手中拿下巴黎市的愿望明显落空。为此，也有前进党人批评总统，早知道如此，还不如一开始就支持数学家维拉尼，凭其人望和政纲，击败伊达尔戈的概率非常高。

但不管怎么说，我们从维拉尼短短两年多的从政经历可以对法国人的多样人生有一个初步了解！

法国人的“停薪留职”机制

我在前面讲了四位法国朋友不同的人生，我们可以发现，他们能够这样做的原因是法国人天生的自我意识和宽松的社会环境，如法国人衡量成功的多元标准，他们可以在“当官”与“发财”以外选择更多有意义有意思的事做。

由此，我觉得法国特色的公务员“停薪留职”机制对法国精英的培养，以及为他们对社会做出更大贡献提供平台起了很大的作用，在此不妨与各位分享如下。

法语“停薪留职”叫“ la disponibilité”，是法国公务员的一种权利，任何法国公务员都可以享受。原因也五花八门，可以是家庭原因，如妻子生小孩需要本人全身心照顾，或为了家庭团聚，或其他更为冠冕堂皇的理由，如当事人竞选各种民选政治岗位、从事一项有益于公共利益的学术研究或事业，或干脆为了经济利益，如开公司、从事有偿经营活动等。

我专门查了法国公务员部网站和《法国公务员法》。法律是这样描述的：任何公务员有权“为了个人方便”（pour convenances personnelles）提出停薪留职。

因此，停薪留职是法国公务员的一种权利或待遇，但停薪留职期间不拿工资，停止一切晋升程序并停止缴纳养老金。换言之，你不上班可以，但不能拿国家的工资，不能在职业晋升方面走在坚持上班的同事之前，也不能由国家为你缴纳养老金。

《法国公务员法》还明确规定，停薪留职最长时间不能超过 10 年，如逾期不归，就自动放弃国家公务员待遇。

我发现在法国公务员中，不少人利用法国公务员停薪留职机制的手法达到炉火纯青的地步，他们往往游走在国家政府部门和私营部门之间，或干脆投入政治，使其职业生涯快速发展，并最终使自己在为国家服务的道路上走得更快，飞得更高，做出的贡献更大。

我想到的第一个例子就是年轻的法国总统马克龙。

2008 年，马克龙从国立行政学院毕业后就职的公职部门国家审计署辞去了财政稽查员的职务，并根据法国公务员停薪留职的规定进入世界著名的私人银行罗斯柴尔德银行担任高管，后来升为股东经理。

2012 年法国进入总统大选年，马克龙离开罗斯柴尔德银行加入奥朗德竞选团队，负责经济纲领方面的事务协调。奥朗德当选总统后，马克龙被任命为总统府副秘书长。

2014 年 7 月，马克龙离开总统府后，本打算重操旧业，回到罗斯柴尔德银行，但他离职还不到 1 个月命运就发生了巨大变化，原因是他又被奥朗德紧急召回接替因与奥朗德政见不和而被解职的经济部部长蒙特布尔。

2016 年 4 月，马克龙成立自己的政党“前进运动”，秘密备战 2017 年总统大选。

2016 年 8 月，马克龙正式向奥朗德总统递交辞呈，辞去经济部部长职务，并同时辞去财政监察总署职系的一切公职，以便以普通公民身份全身心投入总统大选。

2017 年 5 月，马克龙入主爱丽舍宫。

我们从马克龙成为法国历史上自拿破仑以来最年轻的总统的这部鲜活的成长史可以发现，没有法国公务员的停薪留职制度，他就不可能离开国家审计署，也不可能从一家世界最大的私人银行转身投向一个左翼政党总统候选人的麾下并从经济幕僚走向政治前台，最终又辞去公职参与总统大选，谱写了其人生最绚丽的篇章。

从马克龙利用法国公务员停薪留职制度的整个过程中，我们看到他没有任何违法违章，却进退自如，成功了当总统，失败了到投行当股东经理，照样人生辉煌，照样锦衣玉食。

在社会的天空或人生的大海中，小马哥“天高任鸟飞，海阔凭鱼跃”，他有足够的人生舞台与平台供其施展才华。换言之，十年内他爱怎么折腾就怎么折腾。十年后，如果还想保留国家公务员待遇，他还可以归队，原来的单位还会收留他，从而让他有一个职业归属感，或通俗点讲有一个职业身份的认定。

在我的印象中，法国政治家利用这种停薪留职制度为其政治生涯服务的人数不胜数，例如原法国社会党总书记若斯潘，他曾是法国外交部的一秘，停薪留职后从政，慢慢成为法国社会党的总书记，并在 2002 年代表社会党与希拉克竞争总统职务。

还有法国前总理德维尔潘，他也是把这种停薪留职制度利用到极致的例子。

德维尔潘的职业生涯首先从外交部开始，先是当外交部秘书、法国驻美国大使馆一秘、驻印度使馆参赞、外交部非洲司副司长、外交部办公厅主任、总统府秘书长，然后是外交部部长，最后担任总理。

尽管作为政治家，他曾领取总统府秘书长、外长和总理的俸禄，但他最初的身份是职业外交官，其最先的雇主也是法国外交部，因此，在他的外交官职业生涯结束前，专门回外交部上班一天，从而使他整个停薪留职的时间没有超过法律规定的 10 年，从而保证其作为外交官的公务员地位不受影响，继而顺顺当当地每年可以从国家那里拿到 10 万欧元的养老金。

若斯潘、德维尔潘等法国外交精英从政的故事让我想起法国著名的中国问题专家阿兰 · 佩雷菲特（Alain Peyrefitte）。

也许有读者朋友不知道佩雷菲特是何许人，他可是法国和法语世界的大人物，号称法国的“基辛格”。他曾是戴高乐总统时期最年轻的部长，并在法国政坛长袖善舞 20 年，四度出任政府部长。当然，中国读者最熟悉的，可能还是他的鸿篇巨著《当中国觉醒的时候，世界将为之颤抖》和《停滞的帝国——两个世界的撞击》。应该说，是佩雷菲特的这两本书使西方在20世纪80年代就意识到中国的崛起不可阻挡。

非常遗憾，我本人无缘接触佩雷菲特先生，我到使馆工作时他已因病逝世。为感谢他对中法交流做出的杰出贡献，吴建民大使建议为佩雷菲特做一个雕像安放在中国武大校园里，我就是因为制作雕像一事与佩雷菲特的夫人及儿子伯诺阿、女儿维若尼克有了非常密切的交流。

记得维若尼克曾告诉我，其父年轻时对人生也曾非常迷茫，曾专门在科西嘉岛的一个修道院里静思三个月，憧憬未来，后来他想通了，决定人生要做三件事：当外交官、政治家和作家。

佩雷菲特的人生第一站是从巴黎高师和国立行政学院毕业后选择加入法国外交界，然后出任法国驻波兰克拉科夫领事。在那里的旧书摊上，他发现了当年英国使臣马戛尔尼的副使乔治·斯当东写的日记，日记里详细记载着作为英王乔治三世特使的马戛尔尼如何万里迢迢到中国给乾隆皇帝祝寿，以及他们在承德避暑山庄觐见中国皇帝的过程。这一发现让佩雷菲特萌发了有朝一日撰写一部描写中国与西方交流的著作的愿望，这就是《停滞的帝国——两个世界的撞击》这部著作的由来。当他写这本书时，考虑到佩雷菲特的地位及其所著内容的重要性，他还被国内有关部门特许进入故宫查阅档案，从而使其著作具有相当的学术价值。

1958年，佩雷菲特追随戴高乐将军从政，先后担任政府发言人、新闻部长，后来又在蓬皮杜总统和德斯坦总统时期担任部长。在他的公职生涯中，他成为戴高乐最亲密的助手和第五共和国任职最多、任期最长的部长。正是由于他与戴高乐的特殊关系，他还写下了《这就是戴高乐》等有关戴高乐的书，详细记载了戴高乐在这一时期的一些重大事件。

70 年代末，他还发表过一本书叫《法国病》，详细阐述了他对法国社会存在的问题及应如何改革的看法。该书出版后引起法国社会的高度关注，特别是他对法国改革中遇到的结构性问题所归纳出的“法国病”，为后人研究法国改革提供了很好的分析方法。

佩雷菲特晚年还成为法国最著名的法兰西学院院士和《费加罗报》社论委员会主席，一生非常精彩。他从外交起步，最后成为西方世界最著名的中国问题学者，集三种不同的人生——外交官、政治家和作家于一身，并各领风骚 20 载，直到 1999 年 11 月 27 日走完人生的最后一步。

从本质上讲，佩雷菲特的公务员身份是职业外交官，后来其他职业的选择均是在法国公务员停薪留职制度框架内进行的。由于他在法国太有名了，太成功了，我不清楚他职业生涯的后期是否像德维尔潘那样回到外交部上班一天以获得其公务员退休金。我臆断，作为一位法国著名政治家、政论作家，其各种形式的合法收入和养老保险大概已不需要他再回到法国外交部去寻找自己的职业身份认同。

写到此，我觉得还需要介绍一下我的老朋友达纳（Thierry Dana），他是法国外交部资深外交官，曾任希拉克总统的外交顾问，代表希拉克总统主持中法战略磋商（中方的协调人是国务委员戴秉国）。

2005 年春，达纳来上海世博会看我，并告诉我他决定离开外交部自己下海开个咨询公司，为中法经济交流做点具体事务。由于达纳为中法友谊所做的工作，他在中国外交部有许多朋友，我在巴黎也经常见到他，他以自己的方式为中法交流做了不少可圈可点的事。

2014 年初夏，也就是他在停薪留职快到 10 年期限的时候，我从法国《世界报》上看到社会党政府外长法比尤斯任命他为法国驻日本大使。我马上给他打电话祝贺，电话另一头的他显得很平静。他对我说：“波，是的，我也觉得很荣耀，原以为外交部把我给忘了，想不到政府还任命我出任日本这样一个大国的大使，我只得好好干啦！”

达纳到日本当大使这件事曾让中国外交圈里熟悉他的不少朋友感到法国外交部用人制度匪夷所思，想不到他在离开外交部下海 10 年后还能重新回到外交部，还能出任法国驻日本这样一个大国的大使。其实，这就是法国公务员的停薪留职制度赋予他的权利，虽然他近 10 年不在外交部上班，但他还是外交部的人，政府任命他合法，他请了不到 10 年的假期也合法，当然，这里面最关键的还是达纳的资历和能力。法比尤斯看到的不是 10 年没有在外交部上班的达纳，而是一个久经外交和商业历练的法国大使将对法日经济合作发挥的巨大作用。

写到此，读者肯定会问，法国公务员制度中的停薪留职机制会不会让公务员政商通吃，在为社会人才交流和培养提供便利的同时，是否也为这些官员的为所欲为，甚至官商勾结和腐败提供“旋转门”之便？

其实，这样的疑问我也曾提出过，但法国朋友告诉我，这种概率不大，原因是法网恢恢，在法国你做任何事，都是有法律制度约束的，即便你离开公务员队伍去从事商业活动，也有相关的商业法律管着你，如官员的回避制，为所欲为是不可能的。一般情况下，下海的官员也不太愿意做与自己原来职业有关的业务，以防止出现“利益冲突”。

与此同时，一方面，官员在申请停薪留职时也愿意对自己未来的职业选择向上级主管部门做出明确陈述或承诺，以便与其原来的雇主单位保持良好的关系，以备今后归队时自己的职业生涯不受影响。

另一方面，法国公务员部的相关委员会对是否批准高级官员离职，对其从商是否与其过去的职务之间产生利益冲突也会做出必要的仲裁。如 2016 年秋，法国财政部原国库司一位级别相当于财政部副部长的高官，决定离职到中法投资基金凯辉工作时，就曾由相关委员会对其进行了专门听证和调查，原因是他在法国财政部的职务实在太高，又要到一家民间投资基金工作，政府主管部门和他本人都希望举办一次听证会，认为由法国政府的专门委员会审核和调查是必要的。

最终，该委员会在充分了解情况的前提下做出尊重当事人意见的决定，同意其加盟凯辉，这在当时也成为媒体上的一条新闻。通过此事，法国政府对外发出了两条信息：（1）法国公务员享受停薪留职的规定不变，且任何人都可以下海，包括国家高级公务员；（2）国家尊重公务员创业的意愿，即使到一家中国的投资基金任职，在法国公务员体制内也是被认可的……

第五章

有一种创造叫法国

法国究竟给人类带来了什么？

在学术界一直存在着一种非常有趣的争论，那就是我们这个世界上究竟哪个国家对人类文明的贡献最大？

有人说是英国，特别是英伦三岛中的苏格兰；也有人说是以伟大的犹太民族为代表的以色列。

的确，就当今西方世界的政治制度而言，是英国的《大宪章》创立了西方宪政制度和现代资本主义制度；是约翰·洛克（John Locke）的理论确定了西方世界私人财产神圣不可侵犯的原则；是大卫·李嘉图（David Ricardo）的比较优势理论开创了世界的自由贸易新纪元；是培根（Francis Bacon）提出的“知识就是力量”的唯物主义经验论，强调实验对认知世界的作用，使科学与知识成为人类探索进步的钥匙；是英国轰轰烈烈的工业革命使人类社会从农业文明进入工业化时代。

在已故著名中国经济学家杨小凯看来，由“大宪章”开启的“王在法下”的法治原则、由洛克确定的保护私有财产的资本主义经济的财权原则，以及伟大的工业革命，是英国对人类文明的三大贡献。

然而，我们在为英国对现代人类文明做出的贡献感叹与致敬的同时，我们是否想过，如果没有法国，这个世界又会怎样？

与英国人的现实、理智与冷峻相反，我们看到法国人的政治文化似乎并没有把注意力放在财权制度、法治、自由贸易和神圣的契约精神上面，而是以法国人那种天然的激进与浪漫将人类平等视作终极目标，必要时不惜发动革命，不惜用自己的青春、热血、激情来砸烂不平等的旧社会，建立一个四海之内皆兄弟的平等的新社会。

因此，我们大致可以说，如果英国的国家理念是选择了私有财产神圣不可侵犯的原则，那么，法国人则选择了卢梭主权在民的平等思想，并将人类的平等视作法国的国家精神和民族的文化基因。

为此，如果我们说是英国给资本主义世界带来了自由，那么，法国带来的就是平等。如果说英国带来的是规则，法国带来的就是公正。如果说英国关心的是公民权利，法国人则强调统治者的责任。一句话，如果英国人对人类的贡献在于宪政民主、商业规则、产权，法国人的贡献则在于对人类的人文关怀。

试想一下，在法国思想启蒙运动之前，世界上所有的人都是要分阶级的，人和人之间天然地不平等、分贵贱，而法国大革命第一次把自由、平等、博爱写入法律，使人类的膝盖不再弯曲，从法理上确立了人人平等的基本人权，并使之成为现代文明的基石。

如果没有以法国为中心的思想启蒙运动，欧洲是否还会出现德国的“狂飙突进运动”、俄国的“十二月党人”，以及从北美独立战争到中国的辛亥革命的思想坐标？如果没有法国大革命，千年封建君主专制统治在欧洲是否会那么早退出历史舞台？世界各国风起云涌的民族解放运动和那些革命者是否还会有思想的明灯，指引他们在黑暗中摸索和斗争？

1789 年 8 月通过的法国《人权宣言》就是人类历史上第一个关于人的权利的宣言。宣言明确提出“人生来是而且始终是自由平等的”“自由、财产、安全和反抗压迫是人的自然的和不可动摇的权利”。

与此同时，法国《人权宣言》在人类历史上第一次强调了人民主权原则和权力制衡原则，指出“凡权力无保障和分权未确立的社会，就没有宪法”，并重申“立法权属于人民”和“法律面前人人平等及法制社会必须有正当法律程序、罪刑法定、无罪推定、法不溯及既往”等，明确了公民权益保障的细节，从而成为世界近代宪政精神的主要渊源。

《人权宣言》第一次为人类带来了公平与正义的人性衡量标准，而这种人性标准和维度不仅成为法国对人类社会的一大贡献，也成为一种法国人引以为豪的国家精神。法国大革命领袖罗伯斯庇尔在1790年就自豪地表示："保护法国民族的利益符合世界各国的国家利益，因为唯有法国才能给世界带来自由和幸福。"

下面，我们不妨一起对罗伯斯庇尔所说的法国给世界带来的自由和幸福再做一番梳理。

- 法国大革命"自由、平等、博爱"的理念和法国人在人类历史上第一次以《人权和公民权宣言》的形式确定了保护人权的基本原则，向全世界人民送来了人类普世的人权道德价值标准和维护这种权利的法律武器。
- 作为大革命之子，拿破仑以其利剑击碎了欧洲大陆的封建统治体系，促进了欧洲民族国家的诞生，《拿破仑法典》更是成为人类历史上巩固新兴资本主义思想和生产关系的第一部成文法典，并奠定了现代大陆法系的基础。
- 1794年2月4日，法国第一共和国正式以法律形式宣布废除奴隶制度，法国因而成为世界上最早废除奴隶制的国家，比1807年3月25日英国国会通过《废除奴隶贸易法案》（Slave Trade Act）早了13年。
- 在1791年的第一共和国制宪会议上，宪法起草者明确提出共和国要实行"免费教育"，因此，法国也是世界上最早提出免费教育的国家。后来由于大革命失败等原因，真正实行中小学免费教育，包括大学免费教育是在二战后，但这不影响法国成为世界上第一个提出中小学免费教育的国家。
- 1901年，法国通过《社团法》，使公民结社和参与各种社会生活得到法律制度的保障，并由此开创了法国特色的公民社会，使法国在世界人文和社会领域的声音和特殊作用日益显现。

- 1905 年，法国制定《政教分离法》，使政教分离的共和国原则在法律上得到保障，也使法国社会不同宗教信仰的人能够在共和国精神下和平相处。该法同时为那些宗教在国家生活中占有举足轻重地位的国家在政治生活中垒起防止宗教干预的防火墙做出了榜样。
- 1936 年，法国左翼人民阵线政府制定了法国历史上第一个带薪休假的法律制度，规定职工每年享有至少两个星期的带薪假期。这项法律是法国人在社会领域权益发展和进步的一大标志，从而不仅在欧洲，也在世界各国树立了雇主必须向员工提供带薪休假福利的榜样。
- 1950 年 5 月 9 日，法国外交部部长罗贝尔·舒曼（Robert Schuman），一个出生在卢森堡、先是作为德国人后又成为法国人的传奇政治家提出，以法国和联邦德国煤钢工业为基础，把西欧各国的煤钢工业部门联合起来，组成一个超国家的高级“联营机构”，实现共同管理。这就是著名的欧洲煤钢联营“舒曼计划”。舒曼计划是人类历史上的奇迹，它使几百年欧洲民族国家间为争夺资源而进行的无休止战争从此画上了句号，同时又开了欧洲主权国家之间为了一个共同价值目标建立超国家联合体的先河。在煤钢联营的基础上，欧洲又出现了原子能共同体，然后形成了欧洲经济共同体、共同市场，并最终建立了今天的欧盟。

为此，我们可以大胆假定，没有法国人的想象力，就没有今天的欧盟，而欧盟的超国家联合体的建立承载着法国人那种对人类社会发展的责任和在政治治理上的丰富想象力。

我记得法国前社会党议长巴尔托洛（Claude Bartolone）曾对我说

过，法兰西与其说是一个国家，不如说是人类的一个方案（un projet）、一个愿景（une vision）和一种人类实践（une entreprise humaine）。正因为法国负有这种特殊的人类使命，尽管它不大，但它是与众不同的国家。

议长的话让我想起法国人经常给我援引的戴高乐将军生前常告诫法国人的那句话："法国不伟大就不是法国。"还有一句话是："法兰西就是一种思想。"

为此，也有人对我说，世界有了法兰西，人类缩短了文明发展的进程……

没有法国，这个世界不好玩

说完法国对人类社会发展的人文贡献，我们还必须提到，这个世界因为有了法国人，变得好玩多了。

我想，法国人这种好玩、爱玩与会玩，又与法国人奔放、热情、浪漫、无比热爱生活的民族习惯有关。

大家可能都知道，在当今世界，奥运会、足球世界杯和世界博览会等世界三大盛会中，我们都能找到法国人的影子。换言之，如果没有法国，就没有这些活动。

首先是奥运会，是法国人顾拜旦男爵（Le baron Pierre de Coubertin）想方设法复活了在公元前 776 年至公元 394 年在古希腊城市奥林匹亚举行的古希腊奥运会。如果没有顾拜旦的不懈努力，肯定就没有今天的奥林匹克运动会，就没有更高更强的奥林匹克精神，就没有这一人类在和平时期以体育竞技促进交流和维护和平的重要平台。

而世界杯足球比赛同样与法国人有关。世界杯冠军奖杯大力神杯的前身是雷米特杯，就是要纪念一位法国人，他的名字叫儒勒斯·雷米特（Jules Rimet，1873—1956）。1919—1945 年，雷米特担任法国足球协会主席，1921—1954 年，他同时又担任了国际足球联合会主席。在雷米特的倡导下，第一届世界杯足球赛于 1930 年在乌拉圭举行，而获奖的金杯就被称作“雷米特杯”。雷米特作为国际足联主席，在位 33 年，为世界各国人民通过足球比赛促进交流和理解做出了巨大的贡献。

至于世界博览会，人们大概都知道它源于 1851 年的伦敦世博会，是由英国维多利亚女王和丈夫阿尔伯特亲王最先发起的。但许多人不知道的是，1853 年，世博会转到巴黎后，是拿破仑三世将原来英国女王为了炫耀英国工业革命成果的世界博览会，变成了世界不同文化、不同国家之间开展对话交流的教育和文化平台。

拿破仑三世将世博会请到了巴黎，在当时的万国工业发明展的基础上加入了万国美术展（Exposition Universelle des Beaux-Arts），并委托赫赫有名的法国大作家梅里美（Prosper Mérimée）、大画家德拉克洛瓦（Eugène Delacroix）和安格尔（Jean Ingres）担任组委会领导，从而使本来以炫耀工业文明为核心的世界博览会变成人类文化交流与文明对话的窗口。换言之，以人文的因素取代了纯粹的技术发明交流。

更令人叫绝的是，法国联合 28 个国家在 1928 年搞了个《国际展览公约》，用于规范国际展览会的各项规则，并将《公约》永远存放在巴黎。法国也因为举办了 7 届世博会和埃菲尔铁塔等永恒的传世佳作，成了世界上举办世博会最多的国家和世界博览活动的故乡。

我曾深度参与 2010 年上海世博会的申办、筹备与运营工作，对世博会的规则及其深远的国际影响有切身体会，与位于巴黎大街的国际展览局秘书长洛塞泰斯（Vincente Loscertales）及其团队有 20 年的交往。我们每次见面都是讲法语，因为这是《国际展览公约》规定的英法两种工作语言之一，这从另一个角度提醒了我这一机构的法国文化属性。

2020 年 5 月 1 日恰好是上海世博会 10 周年，由于还在法国的禁足期间，我与国际展览局主席蓝锋、秘书长洛塞泰斯只是分别通了电话。我说我不能代表中国人民，但至少我可以代表我们那些办博的同事向你们二位表达敬意和感谢，感谢你们通过这场举世瞩目的世博会（190 个国家、56 个国家组织、7 300 万观众参与）将世界带到了中国。

这一天，我也在国内的财新网上发表文章纪念这个在中国首次举办的世博会，在追忆 10 年前 103 个国家元首和政府首脑来上海参加世博会和见证中华民族和平崛起这样难忘的历史时刻时，我感到在今天因新冠肺炎而撕裂的国际社会，更应该加强团结与合作，就如同当年世博会那样让全世界人民手拉手。

因此，我说，世博会作为连接世界人民的纽带在今天的作用更加凸显，中国和世界应该再一次寻找共同的感动。我的话立即得到蓝锋主席和洛塞泰斯秘书长的赞同。

当然，除了当今世界三大盛会，法国人给我们这个世界带来的好玩的东西还有很多。

1783 年 11 月 21 日，孟高飞兄弟（Joseph-Michel et Jacques-Étienne Montgolfier）乘热气球从巴黎西部的布洛涅林园起飞，在空中持续了 25 分钟，最后降落在今巴黎十三区的意大利广场附近。这是人类第一次载人热气球飞行实验，为此，法国人将孟高飞称为热气球的代名词，他们兄弟俩的格言“我们将这样走到星星那边”（sic itur ad astra）也成为法国人从事科技发明与探险的座右铭。

1900 年，另一对叫卢米埃尔的兄弟（Auguste et Louis Lumière）发明了电影，这是人类在发明摄影技术后第一次将人的形象搬上银幕，从此世界就有了电影业，我们今天也得以在银幕上看到世界各国人民通过电影来记录和演绎他们五彩缤纷的生活。

如果说法国是电影的故乡的话，那么，法国在今天又是国际电影界当之无愧的大派对推手。戛纳电影节号称世界电影界的奥林匹克。每年5月，全世界的电影明星都会蜂拥而至，追逐各个棕榈奖项。即使拿不到奖项，在世界媒体的聚光灯下走一走红地毯，也是各国电影人的莫大乐趣！

与电影相对应，法国还有阿维尼翁（Avignon）戏剧节、阿尔勒（Arles）国际摄影节、昂古莱姆（Angoulême）国际连环漫画节、拉波勒（La Baule）国际舞蹈节、贝桑松（Besançon）国际指挥比赛等等。总之，法国的各种艺术节几乎囊括了当今世界的各个艺术门类。

在体育比赛方面，环法自行车比赛是目前世界上与世界杯足球赛和奥运会齐名的体育盛事之一。在比赛的两个星期内，来自世界各国的自行车爱好者会云集在环法自行车赛的沿途给选手们加油。当车队最终向凯旋门冲刺的那一天，巴黎香街水泄不通，世界主要电视台均会实况转播，全世界190多个国家高达35亿人将观看这一盛况。

此外，法国体育还有著名的法国网球公开赛、勒芒24小时汽车耐力赛、路易威登杯帆船赛、旺迪单人不靠岸航海赛、尚贝莱世界热气球大赛、达喀尔汽车拉力赛等，这些比赛在体育圈内影响极大。

在上述文化和体育活动中，世界各国无论是艺术家还是运动员都愿意前来打卡，原因就是法国人搞的活动好玩。但在法国，好玩的事又岂止文化与体育，法国还有一个非常好玩的世界级时装派对，人称服装界奥运盛会，那就是著名的巴黎高定（Haute Couture）。

巴黎高定诞生于1858年，是一种对艺术创作和传统手工艺严格要求的服装品牌归类，其特点是独到的设计、精确的立体裁剪和精细的手工艺。为此，巴黎高定要求所有工艺必须手工完成，一件衣服耗费的工时大概在一个月左右。巴黎高定是受法国法律保护的品牌，160多年来能称为巴黎高定的品牌非常有限，也就是迪奥、纪梵希在内的十多个世界一线大品牌。

我曾就巴黎高定的内涵及入会条件等专门咨询过巴黎高定当时的主席格鲁巴赫（Didier Grumbach），他告诉我，加入巴黎高定必须满足四个条件：第一，在巴黎设有工作室，能参加高级定制时装协会举办的每年1月和7月的两次女装展示；第二，每次展示至少要有75件以上的设计由首席设计师完成；第三，常年雇用3个以上的专职模特；第四，每个款式的服装件数极少并且基本由手工完成。

最后，他还特别强调，每个申请加入会员的时装设计师都必须得到现有巴黎高定设计师的推荐。

我也曾有幸在纪梵希（Hubert de Givenchy）老先生健在的时候陪同田朴珺女士在他家中有过一次长时间的交谈，从而对打造这样一个世界级服装帝国的艰辛有所了解。

老先生当时就向我坦承，自从伊夫·圣·罗兰逝世后，法国已没有高定时装师。为此，当巴黎时装界惊悉香奈儿时装设计师、世人皆知的“时装界恺撒”卡尔·拉格斐（Karl Lagerfeld，也有人叫他老佛爷），那位着黑衣、戴墨镜的白发马尾辫老头在2019年2月仙逝时，那种悲痛和惋惜之情随处可见可感。

然而，好玩的法国又岂止是电影、时尚，在世界上谁不知法国人爱吃爱喝，生生整出了一个法兰西美食，并将他们的美食和餐桌艺术成功地申请注册为联合国教科文组织人类文化遗产，每年还在全球举办法国美食大赛或叫美味法国（Goût de France）的活动，由法国外长邀请各国驻法使节，或者法国在世界各国的大使馆邀请当地名流一起大快朵颐。

由法国大餐衍生出的各种活动产生了像《米其林指南》和美食评论宝典《高特米优》这样享誉世界的美食圣经，从而让世人感到，世界各地只要有法国人的地方，就会产生法国式的生活方式，带来美食、甜点与法棍面包，而法国人俨然又成为世界吃货们的导师。

综上所述，我们可以说，法国人爱玩会玩，使我们在这个世界上不再寂寞，让我们的吃喝玩乐不再单调。

在欧洲，由于法国人带头在每年的秋天将自己国家的城堡向公众开放，许多国家形成了一年一度的欧洲遗产日（Journée européenne de patrimoine），也有人称之为“城堡日”。这一天，全法国和欧盟国家的城堡和政府机关，包括爱丽舍宫都会向老百姓开放，让大家为自己国家丰富的文化遗产自豪。

从城堡日我又想到法国政府在 20 世纪 60 年代就开始倡导的全国音乐节（每年 6 月 21 日），这个音乐节同样也已在世界不少国家的城市得到反响，如中国上海市就是其中之一。每年的 6 月 21 日，上海市与法国驻上海总领馆一起举办夏至音乐节，而这一在户外的音乐节总是人潮涌动，人们在音乐的海洋里尽情欢乐和引吭高歌。

此外，还有巴黎市政府推出的“不眠之夜”（Nuit blanche）、巴黎沙滩（Paris Plage）等活动，在世界几十个城市都有联动并形成世界城市网络。要玩就与巴黎人一起玩，已成为世界各地人们的共识。

以此类推，法国还有“最美丽的村庄”（Le plus beau village de France）、“鲜花城市”（Ville fleurie）等全国性的群众评选活动，同样非常好玩，在世界其他一些国家都有类似的启发。

最后，是一个非常法国化、非常匪夷所思的法国饭局，叫“白色晚餐”（Dîner blanc），说的是在巴黎夏天的某个傍晚，每个参与的食客必须身着白色服装，自带食品，由组织者在“白色晚餐”举办前的几个小时通过手机发出通知。于是，刹那间，一帮白衣人像天使一样在同一地点自天而降，一起把酒言欢，大快朵颐。警察虽然对这样的非法集会不认同，但因为是饭局，是为了好玩，一般情况是不会前来干预的，只会远远地目睹此种快乐场面。至于他们是否被白衣人的美食搞得垂涎三尺，就不得而知了。

这个活动最早是由法国人巴斯基尔（François Pasquier）在 1988 年

创建的，现在已扩大到纽约、新加坡、悉尼、堪培拉等全世界 85 个城市，俨然已成为吃在法国和法兰西浪漫派对文化巧妙结合的代表。

法国人的精神特质

法国人能吃又爱玩，在人类社会前进的道路上又敢为人先，多有贡献，有朋友问我，为什么这些事总是与法国有关？换言之，如果不是法国，世界上还会有别的民族这样做吗？

这样的假设回答起来有点难。我觉得这源自法兰西民族的许多特点。这些特点由于太多太杂，颇有些扑朔迷离。我在本书的第一章就谈到法国社会那种不可思议，那种多样性，甚至矛盾性，让人感到这是一个混乱无序的国家。

就法兰西民族的特点，或法国人的精神，作家洪多专门以书面形式给我回复了一段他眼中的“法国人的精神”。

在洪多看来，法国人的精神是情感（le cœur）和理智（la raison）、文字（les mots）和行动（l’action）的集合。

所谓情感，是法国人同情心的高度概括，卢梭、伏尔泰、雨果、萨特、加缪等伟大作家以他们的人文情怀温暖着世界，使人类社会在最寒冷的时刻还能憧憬美好的未来。

所谓理智，是法国人理性思维的一面，最有代表意义的是笛卡儿的“我思故我在”，这种唯理主义思想使法国培养出了难以计数的科学家和工程师。

所谓文字和行动的关系，是一种精神对物质、语言对事物的主客体关系。

关于文字的作用，洪多还特意援引了法国著名作家、诗人、中国通，并在清朝末年任法国驻天津领事的克洛岱尔（Paul Claudel）的话，即“文字不是作家用于自娱自乐游戏的书面语言，而是每个法国人探寻世界正义和光明的记录”。

探寻世界正义和光明的记录！此话讲得多好呀，难怪洪多天天在不停地写，不停地想着法国和世界的未来。

对法兰西精神，法国著名作家雷吉斯·德布雷（Régis Debray）用elegance（精致和高雅）、souffrance（悲情和痛苦）、enfance（幼稚和率真）、romance（浪漫和奔放）这四个词予以概括。

从这四个词中，我们更熟悉的是法兰西精致和浪漫的一面，而那种悲情和率真只有真正生活在法国人中，你的体会才会变得更为真切，如法国人那种天生的悲天悯人、爱发牢骚的性格，有时你甚至会觉得一切都是他们在自寻烦恼。至于率真，那更是不管多大的年龄，总是不忘初心，总是希望以童心看世界，以童心实现自己的人生梦。

有人对我说，要解读法国人的思想一定要看文艺复兴时期的文学巨匠拉伯雷（François Rabelais），他的批判、挖苦与冷嘲热讽，是法国人的精神特质。也有人对我说，启蒙运动思想家伏尔泰是最典型的法国人，他对教会的无情鞭挞，对言论自由奋不顾身的捍卫，体现了真正的法国人的无畏与批判精神。

当然，也有不少法国人对我说，论起反映法国人精神，首屈一指的是法国作家雨果。他作为著名作家、参议员，功成名就，位高权重，却对小人物表达出那种发自内心的同情与关爱，是法兰西人道主义思想的体现。

也有人说是《包法利夫人》的作者福楼拜（Gustave Flaubert）笔下的那种巴黎之外的外省人恬静的生活和保守的思想，就是法国小农经济和小市民文化的体现。

更有人说应该是《追忆似水年华》的作者普鲁斯特（Marcel

Proust），他在书中涉及的心理学、哲学、美学和那种曲折、细腻、婉约甚至冗长、晦涩的笔触，对法国社会芸芸众生的势利相和社会的虚伪给予最精确、最完整、最有趣，同时也是最残酷的剖析，从而被世人认为是最法国化的法国作家。

总之，如同人们常说的 100 个人眼中有 100 个哈姆雷特，法国人的精神会根据我们每个人看问题的角度不同而有所不同。也许，正是这些不同的角度和结论组成了一个法国人精神的集合，使法国在国际舞台上一直发挥着重要的作用。

我想，也许由于法国与众不同的民族特点，世界上真的存在着一种创造叫法国，我们下面的两条理由权作一种考证。

第一条，我想到的是世界上独一无二的法兰西文学。

看过法国作家雨果、巴尔扎克、罗曼·罗兰、左拉、莫泊桑、福楼拜、普鲁斯特小说的人，都会对法兰西文学中活灵活现的人物描述、深刻的思想内涵、细腻的心理活动、优美的语言和自然景色，特别是作者所体现出来的对普通人的同情与怜悯、正义感和强烈的时代责任感，并由此所呈现出来的波澜壮阔的法国社会画卷印象深刻。

与世界各国文学相比，法国可能是这个世界上最文学化的国家。首先，法国作家群星璀璨。在世界其他国家，比如英国，我们很容易说代表作家是莎士比亚，西班牙是塞万提斯，美国是海明威，俄罗斯是托尔斯泰，但法国由于著名的作家实在太多，仅诺贝尔文学奖获得者就有 15 人之多，所以，人们提到雨果，也会提到巴尔扎克或其他的大作家，因为法国拥有的是一个伟大作家的群体。

其次，法国作家与国家的命运紧密相连，常常以民众代表的身份出现，成为社会的发言人，特别是他们在一些大是大非问题上的立场，更受到社会的极大关注。因此，法国作家成为世界公共知识分子介入政治生活的先驱，甚至是典范。我们都知道雨果对英法联军火烧圆明园的行为满是愤怒，他在给巴特勒上尉的一封公开信中写道："在历史面前，一个强盗叫法兰西，另一个强盗叫英国。但是我抗议。我感谢您给我这个机会让我声明：统治者所犯的罪行并不是被统治者的错误；政府有时是强盗，但人民永远不会做强盗。"

关于法国作家表达良知、干预政治的例子，我们还可以找到许许多多，如伏尔泰为免除新教徒卡拉斯的死刑与法官进行的斗争，左拉控诉法官和军事当局对无辜的法军犹太裔军官德雷福斯上尉的迫害，作家莫里亚克（François Mauriac）对法军在阿尔及利亚战争期间实行酷刑的无情揭露，莫泊桑对法军虐待马格里布人和纪德（André Gide）对法军虐待刚果平民的谴责，以及大作家雨果与拿破仑三世近 20 年跌宕起伏的"死磕"，描绘出一部法国作家与权贵因政见不同而展开的思想与理念的斗争史。2019 年 11 月，法国前文化部部长弗雷德里克·密特朗出版了一本名叫《决斗——雨果与拿破仑三世的故事》的书，详细讲述了这段法国历史上文化人挑战皇帝的故事。

密特朗写道，雨果与拿破仑三世原本都是国民议会的议员，雨果也是后者竞选法国总统的竞选团队主要成员，当路易·波拿巴以 75% 的高票成为法国历史上第一位在直接选举中获胜的法兰西第二共和国总统时，雨果对其寄予极高的期望并经常在晚上探访他，成为其非正式的政治高参。

四年后，当路易·波拿巴修宪，解散议会，建立帝国，并以 97% 的高票当选法兰西第二帝国皇帝时，雨果选择与这位欧洲最强悍的皇帝公开决裂，并发表一系列谴责路易·波拿巴篡权、改变国体的"窃国贼"行径。为此，雨果选择了长达 20 年的政治流亡。

1870 年，拿破仑三世在普法战争中成为普鲁士军队的俘虏，法兰西第二帝国崩溃，9 月 4 日，法国建立第三共和国，雨果从海外流亡回到巴黎，热情的巴黎人像迎接凯旋之师般欢迎他。

雨果对其支持者发表了热情洋溢的讲话，他说："我曾说过，共和制度回到法国，我就回到法国。""我回到法国为了两件事，拯救共和，拯救巴黎！""拯救巴黎，就是拯救世界，就是拯救人类。""你们要知道巴黎为什么是世界文明的中心吗？因为巴黎是一座革命的城市。"

顺便说一句，有关拿破仑三世，在许多法国人看来他的形象不应该是负面的，原因是他为法国做的事情很多，他所领导的法兰西第二共和国和法兰西第二帝国使法国顺利地实现了工业化，在他的统治下，法国经济繁荣，社会相对稳定，在欧洲和世界地位显赫。

许多朋友还对我说，拿破仑三世是一位富有人情味的总统和皇帝，法国社会现在许多具有社会主义色彩的政策都与他有关，如拿破仑三世准许工人成立维权工会，并允许他们政治集会和罢工，为工人提供免费医疗，成立提高工人福利的全国保险公司，给予工人星期天休息权利。这位有别于历史上所有法国皇帝的人还专门到贫民窟看望社会底层老百姓。当年他让奥斯曼公爵修整巴黎，就是一项功在千秋的惠民政策。他通过拓宽马路，解决了巴黎"脏乱差"的历史问题；为老百姓提供自来水、定期清除垃圾，消灭了各种瘟疫隐患。难怪密特朗在书中说雨果和拿破仑三世都是爱国者，唯一不同的是他们爱国的方式。

然而，法国作家给世界带来的并不仅仅是他们对国家政治与公共生活的干预传统，更难能可贵的是他们对国家政治生活发展方向的预警，通过那些荒诞晦涩的现代派小说，他们对人性的荒谬、丑恶予以强烈谴责与鞭挞。在这方面，作家阿尔贝·加缪堪称典范，其小说《局外人》《鼠疫》等寓意深刻，尽管在当时很少有读者能看懂其深刻的内涵，但在今天已被视为法国和世界文学的宝藏。

1957 年 10 月 17 日，因为其文学作品透彻和认真地阐明了当今人类的良知问题，加缪获得诺贝尔文学奖。

在颁奖仪式上，加缪发表了著名的讲话，他说："文学艺术不是一种孤独的欢乐，它是通过向人们提供共同的苦难和快乐的特殊形式来感动更多人的一种手段。”“文学不能为那些历史的创造者服务，而是要为那些历史的被动接受者服务。”“无论我们个人有多么软弱，我们职业的高贵将永远植根于两项难以维持的承诺——拒绝对我们所了解的内容撒谎和拒绝对他人的压迫。”

加缪这段有关作家良心和责任的讲话一直被人们视作一个真正作家的道德底线，他为小人物请命，他的“我反抗，故我在”的独立精神曾经鼓舞了一代又一代青年作家成为社会的良心。他不是那种无病呻吟或热衷于风花雪月的无聊文人。

需要补充的是，关于加缪，法国知识分子圈对他的评价要普遍高于同一时期的大作家萨特，尽管二者同属于存在主义哲学思想家，但加缪对真理的执着是萨特不具备的，这在当时的法国知识分子中多少显得鹤立鸡群，甚至孤立。

为此，法国《世界报》认为：“加缪对真理的激情，与同时代人虚伪的盲目态度形成了鲜明的对比。无论是关于苏联阵营还是阿尔及利亚问题，历史都证明了加缪的正确性。当一切仇恨化为云烟，加缪如今已成为法国文学界最受人喜爱的作家之一。”

此外，加缪思想的可贵和深刻之处在于他始终坚持对人的信念、对生活的热爱和对世界阴暗面的警惕。

他在《写作的光荣》一文中写道：“这个世界充斥着谎言和奴性，孤独的荒草到处疯长。”“怀疑是属于我们最私密的本能。”“我们每个人都是罪犯，只是自己不知道罢了。”

1947 年，加缪发表了小说《鼠疫》。在书中，他通过一场虚构的鼠疫描述了在阿尔及利亚一个叫奥兰的城市里，人们如何从一开始被突如其来的瘟疫搞得不知所措，到听信政府的话，对街头随处可见的死耗子熟视无睹，将鼠疫的警告视作谣言，再到最后当局封锁了奥兰；政客们如何狂妄无知，老百姓又是如何自私贪婪，主人公里厄医生又是如何奋力反抗、救助病人。这个故事让人看到发生鼠疫本身的荒谬及其过程中人性的荒诞和人性的压抑，甚至是人性中的反人性。

对于这样一部荒诞不经的小说，人们在小说问世之初并没有能够深刻地理解作者的用意，更不会联想到故事中的一切会与自己有多大关系。然而，2020 年的新冠肺炎改变了这一切，原因是全世界 185 个国家超过 40 亿的人口与一种叫 COVID-19 的病毒扯上了关系，全球上千万人被感染，数十万人死亡，许许多多的国家和数不清的城市都经历了加缪小说中所描绘的“封城”经历，生活的荒谬和生命的脆弱已不再是作家当年笔下虚构的故事，而是发生在每个人眼前血淋淋的事实。

在不经意之中，在加缪逝世整整 60 年之后，其小说《鼠疫》又成为世界各国文学爱好者的案头必读书。

那么，加缪自己是怎么看《鼠疫》这部小说的呢？

加缪说：“鼠疫是什么呢？鼠疫不过就是生活罢了，鼠疫就是我们自己。”

我猜想，正是加缪这种对人类良知问题的担忧和对人类悲惨命运的同情，使得全世界人民在今天仍旧怀念他。

最后，我们再谈谈法国作家在社会公众中享有的尊贵地位。

这一点看一下法国先贤祠中长眠的大量法国作家我们就明白了。伏尔泰、卢梭、雨果、左拉、大仲马，他们的如椽之笔在法国人心目中树立了一座不朽的丰碑。当年雨果逝世，全巴黎 100 多万人自发为其送葬，可见雨果作为法兰西伟大的作家在人们心目中的地位。至于在巴黎和全法国各地以法国作家名字命名的学校、街道、图书馆更是举不胜举。

拿破仑曾说过，世上只有两种力量：利剑和思想。显然，由于法国作家在法国社会生活中的特殊地位，他们往往被视作思想的化身。在戴高乐将军看来，这种思想就是法兰西对世界的一种观点。这种观点的力量使法国从历史的最低点又重新站立起来。

这就如同外交官克洛岱尔所言："文字不是作家用于自娱自乐游戏的书面语言，而是每个法国人探寻世界正义和光明的记录。"法国作家这种担当精神，使他们从拿起笔的瞬间就蕴含了一种民族和时代的责任。

文学在法国国家生活的中心位置和老百姓心目中至高无上的地位，不仅使法兰西文学丰富了世界文学的宝库，也使世界各国的作家懂得，他们手中之笔并不属于自己，而是属于民族，属于那种比利剑更重要的维护社会公平正义和进步的责任。

第二条，我想到的是法国人那种独有的唯理主义思辨，即法国人那种思想家与数学家的双重人格。

我们都知道笛卡儿的"我思故我在"，它是法国人哲学思考的源泉。我们也知道说出"人是一根能思想的芦苇"的帕斯卡。前者是法国伟大的唯理主义哲学家，同时也是著名的数学家、解析几何的创立者；后者是法国直觉主义哲学思想大师、思想家、数学家、物理学家，他 12 岁就发现了"三角形的内角之和等于 180 度"，同时也是关于液体压力的"帕斯卡定律"的提出者。

在法国哲学中，思想家与数学家的双重人格构成了法国人精神生活的特质，也使法国不仅盛产文学家，而且盛产哲学家和数学家。

1637 年，一个叫费马（Pierre de Fermat）的法国人提出了一个数学猜想，史称"费马猜想"，在世界数学史上非常有名。但有意思的是，费马不是数学家，他的职业是律师，费马猜想是他业余时间的遐想所致。费马也因此被称为世界"业余数学家之王"，但他同时也是 17 世纪法国最伟大的数学家之一，是解析几何的发明者之一和概率论的主要创始人，他对微积分的贡献仅次于牛顿和莱布尼茨。1993 年 6 月 23 日，英国剑桥大学数学教授怀尔斯（Andrew Wiles）在剑桥举行学术报告会，演绎了他求证费马猜想的整个过程，纵横世间358年的费马猜想终被破解。

1832年5月的某一天，一个法国青年决定为了一个舞女与其情敌决斗。决斗前夜，这位才华横溢又年轻气盛的青年连夜给朋友写信，仓促地把自己的数学研究心得扼要写出，并附以论文手稿。他不时地中断，在纸边空白处写上“我没有时间，我没有时间”，然后又接着写下一个极其潦草的大纲。他在天亮之前那最后几个小时写出的东西，为折磨了数学家们几个世纪的问题找到了正确的答案，并且开创了数学的一片新天地。

他就是著名的“群论理论”的提出者伽罗瓦。他提出的群论理论彻底解决了根式求解代数方程的问题，使人类的数学研究又前进了一大步。

一个叫拉格朗日（Joseph Lagrange）的法国数学家，为普鲁士国王腓特烈大帝工作了20多年，被腓特烈大帝尊称为18世纪“欧洲最伟大的数学家”，学贯数学、力学和天文学三个学科领域。他还是数学代数中拉格朗日插值多项式和微积分中拉格朗日乘子法的提出者。

法国人酷爱数学的传统让我想起一代枭雄拿破仑，他不仅是世界著名的军事家，还是著名的数学爱好者，法兰西科学院院士，著名“拿破仑三角”的发明人。

我就拿破仑与数学问题请教过拿破仑收藏家协会的主席沙朗松（Pierre-Jean Chalençon），他收藏拿破仑文物30多年，寓所里陈列着千余件拿破仑的文物。他告诉我，拿破仑的确特别喜欢数字，他是法兰西科学院至高无上的145名院士中的一位。

尽管拿破仑一生绝大多数时间是在指挥军事行动，但他也喜欢与科学为伍，在他的身边总是簇拥着数学家、化学家、天文学家。即使在行军作战时，他也会兴致勃勃地与数学家讨论问题，甚至出“难题”。

由于拿破仑在数学上的高深造诣，他成功击败另外 11 位候选人，当选法兰西科学院院士。拿破仑对这一尊号颇为得意，他在所有命令和文告上签名时都会写上“科学院院士、东征方面军总司令”的头衔。

我想，拿破仑热爱数学，思想家笛卡儿、帕斯卡热爱数学，费马的一个业余爱好让世界冥思苦想了 358 年，更不用说伽罗瓦和拉格朗日这样的伟大数学家发明的伟大理论，这种数学的极度抽象概括能力，赋予了法国人思想的深邃和细腻的品质，从而使法国能够将浪漫与理智、精致与宏大、科学与人文有机结合起来，既为世界奉献出像雨果、巴尔扎克那样的大作家，又能培养埃菲尔那样举世无双的工程师，制造出世界一流的空客飞机、阿丽亚娜火箭，还能做出爱马仕那样精致的一流箱包以及精美的法国大餐。

我想，如果这种激情与冷峻、精微与恢宏、浪漫与保守浑然一体的精神特质就是法国的创造的话，我们就会明白为什么这样一个浪漫的民族总有一种紧迫的使命感，如同天真无邪的顽童，干出了许多让别的民族匪夷所思的事情。

今天的法国公共知识分子

谈到法国人的精神，我们一定会碰到法国公共知识分子这样的话题。

由于法国特殊的历史，“知识分子”（Intellectual）一词在法国，甚至在世界上具有一种特别的含义。法国著名的《拉鲁斯百科全书》对“知识分子”所下的定义比较简单，只是指那些相对于手工业者或体力劳动者，纯粹靠心智、思考和抽象思维的人。但在法国，人们心目中的知识分子除了明确界定智力工作者外，更侧重于那些通过分享自己的观点参与社会和重大政治问题公开讨论的人。

他们是在文学、艺术、哲学和历史等特定领域的专家，而世人期待他们的正是其道义层面的各种建议。

在法国，这样的知识分子也叫公共知识分子，在历史上他们具有神一般的社会和道德地位，如伏尔泰对宗教的强烈谴责，卢梭对个人自由的坚定捍卫，雨果对拿破仑三世专制的无情批判，左拉为德雷福斯冤案的正义呼声，加缪为被压迫者所进行的反抗，萨特对官方荣誉的鄙视，西蒙娜·德·波伏娃对妇女解放的呐喊等。

由于上述知识分子捍卫的是具有普遍意义的价值，公共知识分子也成为法国文化中最有特色的地方。

历史上，最早提出“知识分子”这个词是在德雷福斯案件审理期间，当时有一些人批评左拉等作家介入这样的公共话题，并嘲笑左拉等是一帮不自量力的“知识分子”。因此，“知识分子”这个词一开始的含义多少带有讥讽之意，专门比喻那些高谈阔论的秀才。

然而，正是由于历史上以法国作家为代表的知识分子能够作为社会良心，在种种历史选择面前总是站在历史的前沿，用他们的笔和良心照亮了历史前进的步伐，因此，从伏尔泰、卢梭、雨果，到左拉、加缪，法国知识分子为法国人民提供了令人欣慰的民族自豪感。

正如法国19世纪思想家埃德加·奎奈特（Edgar Quinet）所说的那样，法国知识分子的使命是为人类服务，但他们在帮助他人的同时也在为法国的荣耀服务，他们的使命是实现人类和世界文明的理想。

由于法国知识分子的上述传统，在整个20世纪，我们看到的法国知识分子总是站在历史的最前沿，他们几乎参与了所有20世纪欧洲最重要的政治事件并表明他们的态度，比如反抗西班牙弗朗哥独裁、反抗法西斯、柏林墙倒塌等。

与此相对应，在整个20世纪，法国知识分子更是通过一系列关于知识、自由和人类生活状况的绚丽理论来展现他们的存在，在六七十年代达到登峰造极的地步。我们曾在前面提到过法国在二战后群星灿烂的哲学家队伍，他们中的大多数人出师于巴黎高等师范学院，其激扬文字或雄辩文辞又创造了一系列让人目不暇接的哲学体系，如理性主义、折中主义、精神主义、共和主义、社会主义、实证主义、存在主义、解构主义等。其中，以萨特为代表的时代也是法国公共知识分子在世界思想史上最辉煌的时期。

自然，法国公共知识分子最鼎盛的时期，也是法国知识分子宣扬法国人的价值观最频繁的时期。

从18世纪的思想启蒙运动到法国大革命、《人权宣言》、巴黎公社、免费教育、男女平等，法国为人类社会的进步做出了重要贡献，这让许多法国知识分子觉得，他们生来就有一种传教士般的责任，要向世界说明法国的“看法”和“主张”，传播价值观和真理，如法国大革命提出的“自由、平等、博爱”原则。

然而，历史常常会捉弄人，在今天处在痛苦转型之中的法国社会，作为其社会成员的知识分子显然处在非常尴尬的位置，很难复制前辈历史上的光荣，原因可以归纳为：

（一）随着法国国力的下降，法国在世界舞台上的影响力随之下降，当今主导世界文化的是英美。由于国家财政短缺，国家对高等教育的投入不足，法国精英教育遇到挑战，而这些在战后六七十年代的法国教育黄金期是不曾有的。因此，面对美国的强势，法国本土又缺乏萨特、加缪这样的领军人物，法国已很难像过去那样在世界的思想领域呼风唤雨。随着加缪、萨特、阿尔都塞、梅洛-庞蒂、阿隆等思想家相继告别人世，特别是布尔迪厄、德里达、克劳德·列维-斯特劳斯等法国在世界上硕果仅存的思想大师在21世纪第一个10年相继谢世，法国知识界

“旗手”匮乏已是不争的事实。

（二）法国社会本身越来越内向化，其全社会普遍关心的问题已不再是世界问题，而是自身的伊斯兰化或反犹太教等法国特色的社会问题，这对国际社会没有普遍性意义。与此同时，法国公共知识分子缺席当今世界的一些重大话题和重大事件，如东欧解体、“阿拉伯之春”等重大国际关系变化，都与法国知识界的关系不大。此外，法国知识分子在难民危机、气候变化方面也没有德国和北欧国家积极，慢慢地也就自动放弃了世界知识界领军者的位置。

（三）如今法国有影响力的知识分子的英语普遍不好，客观上造成他们与世界交流的不便，因此，即使那些法国大知识分子、大作家，也缺乏国际知名度，如大作家米歇尔·维勒贝克（Michel Houellebecq）、诺贝尔文学奖获得者勒·克莱齐奥（Le Clézio）和帕特里克·莫迪亚诺（Patrick Modiano）等，这些在法国振聋发聩的文化名人在世界上却鲜为人知。

（四）法国在国际政治中强调“文化例外”，其政治和外交考虑是在全球化浪潮下保护法国文化不被盎格鲁-撒克逊文化侵蚀，但客观上也使法国文化成为“例外”文化，在国际文化大格局中地位下降。与之相对应，中国等新兴国家的迅速崛起，使世界的中心发生变化，而随着世界中心的不断转移，世界关注的话题也慢慢从传统的欧洲国家转移到这些新兴国家。换言之，所有发生在新兴国家的事都是世界大事，所有发生在法国的事都是局部的小事。

（五）法国知识分子往往喜欢站在道德制高点上对发展中国家发号施令，因此，这需要强大的道德领导力，而由于法国对非洲的殖民主义（尤其是阿尔及利亚战争）以及在二战时部分知识分子与维希政权的合作，使广大非洲国家无法从内心深处对法国的道德权威心悦诚服。

由于上述种种原因，我们明白了今天法国知识分子为什么没有萨特时代那样叱咤风云。同样，我们也可以大致懂得，为什么在今天的转型社会中，巴黎不再是世界人文和社会科学创新的中心。

其实，法国哲学家米歇尔 · 福柯在 20 世纪 70 年代就意识到法国精英眼中的“普世知识分子”时代已经终结，原因是现代社会的发展已朝着更高的技术性和多元化发展，立于此基础上的是“特定知识分子”，而非“普世知识分子”。

福柯认为，“特定知识分子”只干涉其熟悉的领域，是将自己拥有的特定知识参与政治化辩论，他们并不想在所谓普世的良知中确立自己的地位。为了说明其观点，福柯举了伟大的物理学家罗伯特 · 奥本海默的例子，因为这位“原子弹之父”、曼哈顿计划的负责人对福柯而言，是这两种知识分子之间的“关键人物”。

为此，法国作家弗朗索瓦 · 多塞（François Dosse）在其《法国公共知识分子传奇》一书中，通过回顾法国思想界从 1944—1989 年共计 45 年的传奇故事，深刻分析了战后法国公共知识分子在法国和世界兴起的历史原因和这些法国思想家的心路历程。

如果说作者将这部鸿篇巨制的起点放在 1944 年是为了表明二战后法国公共知识分子黄金时代的开始的话，那么，1989 年就是这个时代的结束。有意思的是，1989 年也是法国大革命 200 周年，更是柏林墙倒塌的一年，从此以后，随着冷战结束，世界进入全球化时代，一个法国人本以为充满和平红利、法国式的“普世”价值将扫荡全球的时代并没有出现；相反，在这个全球化的新时代，法国原有的制度遭到全球化的冲击，法国社会进入了痛苦的转型时期。

正是从这个时期开始，法国社会走向内向化，法国思想的张力和雄风不再。作为文化历史学家，多塞无法续写 1989 年到今天的法国公共知识分子历史。为此，针对多塞这部充满惆怅的历史文献式书籍，法国《回声报》发表社论，认为多塞此书更像是一个对法国知识分子的“时代告别仪式”。

以色列历史学家希洛莫·桑德（Shlomo Sand）在其《从左拉到维勒贝克——法国知识分子的终结？》一书中，也对法国知识分子由于患有反犹太恐惧症和反伊斯兰恐惧症而失去了对世界重大时代问题的关注及热情感到惋惜。

另一位出生在毛里求斯的英国牛津大学教授苏德·哈扎里辛格（Sudhir Hazareesingh）在其《这个喜欢出主意的国家》（*Ce pays qui aime les idées*）一书中，对法国知识界出现的“一种退缩的诱惑”感到深深遗憾。他在书中大谈法国知识分子喜欢辩论的传统及这种思想光芒在历史上所发挥的进步意义。因此，与桑德一样，哈扎里辛格教授虽然不是法国人，但作为旁观者，他对法国知识界目前的状况所流露的遗憾之情是完全可以理解的。

难道法国知识界就像以上两位作者描述的那样“一江春水向东流”，已到了不得不淡出历史舞台的地步了吗？我想，回答这个问题是困难的，但也是必要的。

首先，我们应该看到，法国社会遇到的转型问题，也是一个世界性问题，那个思想界群星灿烂的时代已不复存在，在法国如此，在美国也如此，一味苛求法国不客观。由于冷战后出现了世界各国边界大开放、技术大进步、人员大流动的趋势，世界关注的重点已从人类社会发展的公平问题更多地转向效率问题，世界各国考虑的重点是如何创造更大的蛋糕以促进各自的发展。人们关注的是颠覆性技术创新，迷恋的是金融与技术、金融与市场的结合，所谓的人文关怀已不在优先考虑的位置。

因此，经济繁荣与思想贫困是我们这个时代的世界性问题。

其次，传统知识分子著书立说或在群众集会上讲话的方式已被数字化传播的新时代所取代。考察一个知识分子的影响力不单单是看写了几本书，而是看其思想的传播力。法国知识分子在出版物数量下降的同时，在媒体上的影响力依然存在，否则，哲学家列维就不可能动员全社会的力量迫使萨科齐发动对卡扎菲的战争。因此，如果我们从媒体影响力看，法国公共知识分子在国家和社会重大命题的辩论中还是无处不在的，如阿塔利，他几乎参与了自密特朗总统以来的所有国家大辩论，而他的身份就是知识分子，他从来没有当过部长或承担过任何民选政治责任，但他所到之处，都极受欢迎。

最后，我们看任何事情必须看青年，看未来。如果说法国过去在思想界群星灿烂，那么，今天我们也不能说法国思想界已到了寥若晨星的地步，原因是法国青年知识分子队伍的迅速崛起，如法国年轻的经济学家皮凯蒂专门研究人类的平等问题。他的研究不仅在题材上具有普遍意义，其研究方法也是“非常法国”的那种定量研究，让数据和历史资料说话。而他之所以有全球影响力，就是源于他的严谨的治学态度和用英语与外部世界交流的能力（皮凯蒂曾在麻省理工学院担任教授）。

我们要看到以皮凯蒂为代表的法国新生代知识分子的成长，他们以世界为舞台，关心人类的冷暖饥寒，这种情怀使他们具有了世界的影响力，如 2019 年诺贝尔经济学奖得主、美国麻省理工学院的法国教授埃丝特·迪弗洛。她获奖的成果与皮凯蒂的研究是一样的，都是针对世界的贫穷与平等问题。只要法国知识分子秉持这样的大爱传统，加上他们精湛的技术表达，法国知识分子回到世界思想舞台的中心，应该是指日可待的。

平心而论，即使目前在法国被普遍认为较具代表性的悲观主义知识分子，如米歇尔·维勒贝克、阿兰·芬克尔克霍特（Alain Finkielkraut）、泽默尔、米歇尔·昂弗雷（Michel Onfray）、雷吉斯·德布雷，他们参与的辩论议题也是充分与广泛的，并非整天集中在法国的伊斯兰化问题上。例如泽默尔喜欢从人口学角度分析法国的问题，他说拿破仑时期，法国是欧洲乃至世界上最强大的国家，人口有 3 800 万，拿破仑的军队叫大军，是欧洲第一大武装力量，而当时英国的人口才 800 万。

泽默尔表示，如果当时法国的思想和主张就是“普世”价值的话，也是因为法国处在世界政治舞台的中心，而今天的法国无论是经济、军事实力还是人口数量，都已不能与历史上的法国同日而语，“普世”价值的提出只能是美国或正在强势崛起的中国，而法国只能是新的“普世”价值的追随者，而非创造者或提出者。

泽默尔的观点也使我第一次感受到人口的数量对一国在国际政治舞台上的作用是如此重要。

就目前法国知识界对自己国家的定位，我更愿意将其视作一种足球的中场休息，是一种代际转换中暂时的低谷。

当我看到 99 岁高龄的思想家埃德加·莫兰（Edgar Morin）这位享誉世界的“复杂思维”（Pensée complexe）哲学方式的提出者依然活跃在法国的各种思想交流舞台上，看到以皮凯蒂为代表的年轻公共知识分子越来越多地出现在各种辩论会上，我觉得法国知识界重建昔日的辉煌并不遥远。

拿破仑说过，“世上有两种力量：利剑和思想。从长而论，利剑总是败在思想手下”。20 世纪法国另一位与萨特齐名的思想家阿隆也说过，知识分子必须是“思想的创造者”。

我认为，根据法国人的历史文化和民族特性，尤其是法国知识分子那种敢为天下先和乐为世界苍生请命的传统，法国知识界是不可能在当今这样一个荡气回肠的时代作壁上观的。

这也是为什么在 2019 年 3 月 18 日马克龙邀请了 64 位法国公共知识分子，请他们就法国社会面临的问题及其对策到爱丽舍宫与他进行对话。

出席对话的这些知识分子都是法国和世界各个领域的顶尖专家学者，其中有相当多的诺贝尔奖得主和法兰西学院院士。整个对话持续了

8 个多小时，由法国国家文化广播电视台全程直播。

面对这些法国知识界的大咖，马克龙一言一行非常谦卑，他努力向各位知识分子请教并同时努力将自己扮演成法国知识分子的朋友。

这场对话也是马克龙就法国未来问题开展的所谓全民“大辩论”的重要组成部分，或更准确地说属于“收官”部分，其形式更大于内容。有些学者当场就表示由于时间太短，无法表达思想。也有些学者认为，总统若要听取知识界意见，应该是小范围，而非那么多人，像教堂做礼拜似的。更有一些标榜独立的知识分子认为，知识是对全社会服务，知识不应该成为权力的婢女，因此婉言谢绝了总统的美意。

总之，在法国这样一个民主国家，这些都属于非常正常的事，尤其是对笑傲江湖的知识分子来说，来总统府做客并没有让他们感到荣耀。

然而，从马克龙在总统府与那么多知识精英进行对话可以看出，法国社会尊重知识分子的传统没有变，包括贵为一国总统的马克龙在知识分子面前笑容可掬的态度，同样说明权力对知识的敬畏，彰显了处在转型时期的法国知识分子依然具有不可撼动的道德权威力量。我想，只要知识分子的道义和思想力量尚存，转型的法国社会就不会寂寞，更不会迷航。

读书是一项全民运动

同国内一样，在转型社会中生活的法国人难免会焦虑、纠结，而让法国人困惑闹心的事也确实不少，无论是子女上学、就业，还是自己工作的稳定性、退休金改革，总之，开门七件事，件件让人烦心。因此，我们在媒体上常常看到的是法国社会接连不断的游行，但鲜有人知道法国社会淡定的一面，这在法国是一项全民运动——读书。

下面，我们来谈谈法国人的读书。

作家雨果曾说过："读书就如同一个人的吃喝。一个人不吃不喝身体就会瘦弱，不读书思想就会枯竭。"

在法国，读书几乎是每个人日常生活的组成部分。全国 91% 的老百姓都在看书，有的一年几十本，上百本，有的少一点，但平均水平是一年 20 本，这个数字在欧盟和世界上都是名列前茅的。

法国人看书不分地点，有的在家，有的在图书馆，更有大量的人在咖啡馆、公园、地铁等公共场合。大家看书看得爱不释手，忘记周边一切者大有人在。我回到巴黎后的这几年经常坐地铁，最让我感动的是在地铁里看书的人，他们不管地铁有多拥挤，总会找到一个角落坐着或站着静静地看书，全然陶醉于书本中。

当然，法国人读书最集中的地方还是各种社区公共图书馆。据统计，巴黎市区有 200 多万人，公立图书馆有 75 座，全部免费，而且新书特别多。至于看书的最好季节，每年的 7 月和 8 月假期是法国人阅读的高峰期。法国文化部的一项调查表明，40% 的法国人在暑假期间阅读 1~2 本书，有 22% 的法国人读完 3~5 本书，有 2% 的法国人能读完 15 本书。因此，"假期里你都看了什么书" 成为法国人放假结束后见面时问得最多的问题。

在新冠疫情禁足期间，法国人相互间问的问题除了口罩、测试剂以外，还有：封城期间，你打算看几本书？书目是什么？还有一些人在网上发了许多推荐书目的视频，谈读后感，俨然将禁足演变成全民读书月了。

统计还表明，18~24 岁的青年是暑假期间阅读量最多的人群，平均每人能读 5 本书。近半数的艺术家和商人在暑期能阅读 3~5 本书。就全年来看，看书最多的人群依次是退休人员、中青年女性、中青年男性。其中，中青年女性为 12 本、中青年男性为 10 本，女性比男性阅读量略高。

2017 年，法国出版了超过 6.8 万本新书，总共销售了 3.56 亿册，营业总额 45 亿欧元。因此，图书业是法国文化产业里最重要的门类，而同年唱片音乐市场的销售额才 10 亿欧元，电影市场营业额（门票销售和 DVD 销售）才 20 亿欧元。此外，图书生产和发行整个产业链为社会提供了 8 万多就业岗位。因此，法国人看书也是在为国家经济和社会发展做贡献。

和中国一样，法国数字出版市场近年来发展迅猛，2017 年数字出版的总销售额为 2.017 亿欧元，比 2016 年增长 9.8%。其中，值得一提的是法国人网上购书的数量近年来也直线上升，达到 47%，但仍有一半的法国人喜欢去书店或从网店买纸书。

法国出版业是一个高度集中的行业，全法总共有 3 000 多家大大小小的出版社，但排名靠前的两家出版集团约占整个图书销售市场的 35%，排名前 12 的出版社占了整个出版市场的 80%。2018 年，为纪念中国改革开放四十周年，我在法国出版了一本法文书，叫《从巴黎到上海，我眼中的新中国》，我签约的这家出版社叫奥蝶勒 · 雅各布出版社（Edition Odile Jacob），在法国非常有名，就属于前 12 名的梯队。出版社创始人雅各布女士早年留学美国哈佛大学，父亲是法国著名的诺贝尔化学奖得主。她的这家出版社出了不少名人书籍和科学及社会前沿书籍。在与雅各布夫人这段时间的交往中，我也深深感到，做出版也是一个玩情怀的活儿。

与法国出版业欣欣向荣相对应的法国作家队伍，人数估计在 10 万左右，其中约 5 000 人在法国作家与艺术家社保机构（AGESSA）登记注册，其他的人并不以写作为生，是所谓的业余作家。

对法国如此庞大的业余作家队伍，我都不知该如何描述。在法国，不管你做什么行业，如有可能，最好写几本书。如果你想从政，那你就必须写几本书。

我们在前面谈法国文学时曾专门将法国作家与政治的关系做了介绍，在所有法国的政治家中，不会写作、不舞文弄墨的政治家少之又少，如法国第五共和国的创始人、国父戴高乐，是 20 世纪法国和世界最伟大的政治家之一，同时也是一位著名的作家，他亲自撰写自己的各种讲话文稿，在法国军事学院刊物发表了很多重要的文章，并出版了《敌人内部的倾轧》《剑锋》《建立职业军》《战争回忆录》《希望回忆录》等多部著作。无论是早年的著作，还是晚年的回忆录，戴高乐书写的文字非常精美，用词讲究，气势非凡，反映出光辉灿烂的法兰西文化对他的熏陶和培养历练作用。

戴高乐将军逝世后，法国总统勤于笔耕的传统并没有停止，如蓬皮杜总统写过《难题》《恢复事实真相》等四本书；德斯坦总统出版了《法国的民主》、《欧洲最后的希望》、《德斯坦回忆录——政权与人生》及小说《王妃与总统》、《大军的胜利》和《玛蒂尔达》。

在德斯坦写的三部小说中，有一本是关于一位法国总统与英国王妃的爱情故事，这是德斯坦本人想象出来的一个法国总统与英国王妃戴安娜的恋情，好在他在接受英国《卫报》采访时明确表示小说情节全是自己想象的，否则不知会酿成什么外交事件。在《大军的胜利》中，他想象拿破仑打败了当年的俄军元帅库图佐夫，赢得了法俄战争的胜利。

此外，德斯坦还由于其不懈努力，于 2003 年当选为法兰西学术院院士，从而与雨果等大作家一样成为一名不朽者。

至于德斯坦的继任者密特朗总统，在法国被普遍认为是最有文采的一位总统，一生出版了《中国面临挑战》《不断的政变》《我的实情》《手持玫瑰》《蜜蜂与建筑师》《此时此地》等 24 本书，为第五共和国历届总统之最。

他的继任者希拉克则出版了《希望之光》《我的共和国理想》《新的

法兰西》《我为法国而战》《步步为赢》等 13 本书。

好多读者知道希拉克总统喜欢中国青铜器，并且是水平非常高的鉴赏家，但世人很少知道希拉克喜欢诗歌。在悼念希拉克时，他的政治密友德布雷透露，希拉克办公室有一个小抽屉，谁都不能动，因为这里有希拉克的小秘密，那就是一本法语诗集。希拉克说，在他工作累时，最好的休息就是看一会法语诗，因为诗让他休息，让他的思想像骏马一样无拘无束地驰骋。

萨科齐作为希拉克的继任者，在法国一般被认为是第五共和国最没有文化的总统，但也写了《自由》《团结一致》《一切为了法兰西》《激情》等 8 本书。

相较于其他总统，奥朗德总统给人的印象多少有点憨厚木讷，在当总统前也从未有过治理国家的经验，但作为法国左翼第一大党社会党 10 年的总书记，政治谋略还是比较深的，他共出版了《选择的时刻》《说真话的责任》《法国梦》《改变命运》《权力的教训》等 8 本书，也算得上是一位高产总统。

现任总统马克龙是自拿破仑以来法国最年轻的国家元首，因其过去没有任何从政经验，也没有任何政党背景，资料显示他没有出版过任何书籍，但在 2016 年准备总统大选时，他出版了《革命》一书，填补了作为法国总统没有出版书籍的空白。

读者朋友可以从上面法国第五共和国所有总统的例子中看出，法国人与书确实有一种特殊的关系。

在巴黎，阿塔利绝对是个如雷贯耳的名字，但严格意义上他不能算政治家，他当的最大的官是密特朗总统的政治顾问，后又出任首任欧洲复兴开发银行行长，现自己创办了一个为中小企业融资提供服务的微金融平台（PlaNet Finance），因此，他在法国被归类为著名公共知识分子。

当然，除了政治家、金融家的身份外，阿塔利给我印象最深的还是他写了很多书。他究竟写了多少呢？我统计了一下，属于政治类的书籍共 49 部，其中包括《明天谁来统治世界》《十万火急的法国》《如何防止下一次经济危机的爆发》等。这些政治类的书，一看题目就特别大，非常严肃。此外，他还写了 10 部小说，其中包括《永恒的生活》《他会来的》《说谎者的女人》《平静的谋杀案》；他还写了 6 本传记，其中包括《世界的精神——马克思》《狄德罗和幸福的思想》。这还没有结束，他还著有 3 部戏剧、一本儿童读物和 5 本记录他从密特朗时期所参与的各种重大事件的回忆录。

老先生还写了 9 个大报告，其中包括《改变法国的 300 个决定》《建设一种积极经济》《让法国成功的 100 天》等。这些报告大多数是应最近几届政府总统的邀请写的，属于民间献计献策型的治国报告。就在当年萨科齐总统委托他起草如何提升法国经济增长速度的报告过程中，青年才俊马克龙作为报告书记员参与了整个过程，后来奥朗德赢得大选胜利，阿塔利就把马克龙推荐给了奥朗德。从此，马克龙的生命发生了翻天覆地的变化，阿塔利的治国理念也得到了传承。

中国在形容一个人文章写得多时会用成语“著作等身”或“学富五车”，我觉得这用在阿塔利身上非常贴切。我切身感到，在法国有人嗜书如命，也有人写书成瘾。如果不是自己亲眼所见，这样的事情会让人难以置信。

我在巴黎的社交场合很少见到阿塔利，但在论坛和电视上时常见面。我在 2012 年曾邀请他出席由国内尼山世界文明论坛与联合国教科文组织联合举办的儒家思想与新人文主义研讨会。我给他发邮件后 5 分钟他就回复了我，非常快，也是他本人亲自回复的，但他的前提是我必须很快明确其他嘉宾的名字，原因是每天都有人邀请他出席各种活动，他必须有选择地参加那些在他看来最有价值的活动。

我有一次在他的办公室亲口问他，你要写那么多书，参加那么多论坛，还有那么多的社会职务（如，担任法国著名杂志《快报》周刊评论员，担任巴黎综合理工大学、巴黎政治学院和国家行政学院校董等），你的时间是怎么安排的？

他双眼透过近视镜片紧盯着我，平静地说了两个字：“自律。”然后，他怕我不甚明白，又补充了一句：“要学会取舍！”

从著作等身的阿塔利我又联想到法兰西学院院士端木松（Jean d'Ormesson）。

2019年，端老先生仙逝，享年92岁，总统马克龙在巴黎荣军院为其举办了隆重的国葬。马克龙称赞端木松代表着法国最优秀的精神，既智慧、优雅，又狡黠，称其是真正的文字的王子。端老一辈子写了41本书，是法国文坛的常青树，许多作品一出版就成为经典，甚至法国著名的七星诗社极为罕见地在他仍然在世的时候就把他的作品编入收藏册。

端木松生前的头衔一大堆，他是法国著名作家、《费加罗报》主编，在联合国教科文组织还任过高级职务。他思想保守却狂爱共产主义诗人路易-阿拉贡的作品，在文坛的声望一直如日中天，又经常游走于法国政界，是蓬皮杜、密特朗、希拉克、萨科齐、奥朗德总统的座上宾。

记得当年密特朗总统在与希拉克权力交接的前夕，作为总统会见的最后一位法国社会贤达就是端木松，原因是密特朗特别希望在其告别政坛时与端木松探讨一下人生意义这样的哲学命题。

还有一个法国文学界的大人物不得不提，他叫比沃（Bernard Pivot），共写了21本书。但他在法国出名是因为他数十年来一直在法国电视上主持各种读书栏目，他主持的法文字母拼写游戏节目《金字典》（*Dicos d'or*）特别有影响力。听写比赛的现场往往都选在巴黎的地标建筑，如国民议会、参议院、法兰西图书馆、联合国教科文组织1号厅、日内瓦万国宫等。至于出席听写比赛的选手阵容就更豪华了，往往都是政府现职部长、艺术家、大作家等政治、文化名人。在我早年学习法语的过程中，这个节目对我的影响很大。当然，我还记得，在比赛结束公布结果时，当年的财政部部长、政治新星萨科齐的拼写有很多错误。

几年前，我有一次到比沃家做客，他是作为法国龚古尔文学奖评委会主席接待我的。

我们先是聊了写书与读书的问题。他说，作家的概念非常神圣，写书的人与作家是两个概念，他自己也只能叫作写书的人，真正的作家是那些作品好、对社会有重大影响的人。

我问他一年看多少书，他说没有统计过，但至少两天看一本。我问他，龚古尔文学奖怎么评？是否也有熟人作家或出版社给他直接寄书、打招呼？他回答说，有，而且非常频繁，但他只看内容，不看作者名字，是不是熟人对他没有任何影响。他说完，给我指了指一地的书，都是他看完后掷在地上的，估计也得有一二十本。出于礼貌，我没有捡起被他掷在地上的书，估计里面有不少是他的朋友推荐的。

然后，我问他如何看法国文学？他非常自豪地回答，法国之所以在世界上有影响，法国文学起了很大的作用。至于为什么法国文学能起到这么大的作用，是因为法国文学涉及的题材广，法国作家有比较大的格局与宽广的胸怀，这在法国是一种传统。但是他补充说，这种传统能坚持多久还不好说，从近年法国作家获得诺贝尔文学奖的数量及法国人看书的习惯看，这一传统似乎还会传承下去。

在比沃家，我与他交流的全是书，放眼望去他家里除了书还是书，他这个人好像就是为书来到这个世界的。我们的交流也是从书开始，到书结束。他给我最深的印象是他对法国作为一个看书、写书、出书的大国依然会存在下去的信心。

2019 年 12 月，比沃宣布他将不寻求连任龚古尔文学奖评委会主席。消息传出，在法国媒体马上引起轰动，因为这标志着一个时代的结束。

比沃是龚古尔文学奖 120 年历史上第一位非作家评委和主席，他本身的传奇故事就是法国人与读书关系的最好写照。比沃说他写了一辈子的书评，现在需要将时间留给自己，做一些自己想做的事，比如写书。

其实，用中国人的眼光看，他本身就是一个作家，写了 21 本书，从 1973 年到 2005 年主持了 32 年的电视书评节目，他如果不是作家，谁又是作家？

记得我曾在他的寓所里问过他这个问题，他的脑袋晃得像个拨浪鼓。他对我说，他这样的人充其量也只能叫书匠（Homme qui écrit），不能叫作家。

我想，在他的心目中，一定是雨果、左拉、加缪这样的人才能称得上作家，这不是比沃谦虚，而是他对“作家”这一神圣称号的一种呵护和敬仰。

是的，从大作家雨果到戴高乐那样叱咤风云的政治领袖，再到院士端木松、大才子阿塔利、书评人比沃，我看到的是一个书香飘飘的法国社会。人们在一个金钱万能的世界里，在一个时间就是金钱的时代，居然还在坚持看书，迷恋文字带来的乐趣。

当然，书香味最浓的时候还是法国一年一度的书展。届时，书展上人头攒动，人们扶老携幼，像过节一样举家出行，闻闻书香，添上一份心灵的鸡汤。与此同时，你也会在这样的展会上发现许多熟悉的作者，他们几乎每年都会如期而至，举行签名售书活动，与读者见面交流。书展过后，他们又消失在公众的视野；然后，在第二年或几年后又出现在书展上，就如同一群归来的大雁，再将他们对生活的期许用文字的形式向读者倾诉。这些人写书，既不是金钱使然，也非附庸风雅之举，而是他们的一种生活方式或存在方式。

作家洪多就是其中的一员，他居然放弃法国驻联合国教科文组织大使的职务，淡泊名利，回到自己香槟区的农舍，过着一种平静甚至贫寒的生活。

他对我说过，他在乡下住的不是城堡，是农家院。后来，我和夫人驱车到他的乡下农舍做客，发现确实比较简朴，但同比沃家一样，屋子里全是书，有一种透人心脾的书香味。

因为没有钱，他在乡村住农家院，在巴黎只租了间通常是供保姆住的楼顶层的房子，他说只是为了来巴黎方便，有个落脚点即可。

有一次他请我吃午餐，后来又回家里取东西，我就在他的小车里等着他，而没有随他同行。我知道，贫寒对一个喜好面子的知识分子意味着什么。但可贵的是，大作家洪多为了写作，自己主动选择了贫寒，“躲进小楼成一统，管他冬夏与春秋”。

我想，正是那种宁愿选择贫寒也要坚持写作的强大内心，使许许多多的作家像洪多那样，生命中充满了正能量，生活意义也被叠加和放大，从而享受着多种不同的精彩人生。

法国馈赠世界的礼物

1906年，一个叫莫迪里亚尼（Amedeo Modigliani）的意大利青年来到巴黎，他要在这个世界艺术之都碰碰运气，于是，他在巴黎留下了许多生命印记和艺术作品。2020年1月24日是这位艺术大师逝世100周年，同时也是以他为代表的巴黎画派诞生100周年。

这个被称为“巴黎画派”的画家名单中，除了意大利的莫迪里亚尼，还有来自西班牙的毕加索、格里斯，来自俄罗斯的夏加尔、基斯林等世界各国成百上千的画家。

想象一下，100年前，全世界的艺术家都要来到巴黎这个世界艺术中心。这里有后来享誉世界的大艺术家毕加索、莫迪里亚尼、布拉克、马蒂斯，还有许多在世界文学史上具有重要影响力的大作家，如美国作家欧内斯特·海明威、斯科特·菲茨杰拉德、辛克莱·刘易斯和爱尔兰作家詹姆斯·乔伊斯等。

在这个“疯狂的 20 年代”，对世界各国的文艺青年来讲，巴黎就是艺术的麦加。据不完全统计，在 20 世纪早期，世界各地来到法国旅居的各类艺术家一度达到 3 万多人。

关于巴黎在 20 世纪 20 年代作为世界艺术中心的盛况，10 年前，美国著名导演伍迪·艾伦的电影《午夜巴黎》做了精彩的描述，观众在这样一部美轮美奂的影片中与导演一起时光穿梭，重新回到了巴黎那个疯狂的美好岁月。

据法国人自己的不完全统计，由于巴黎的特殊地位，法国作家中至少有 200 多人是从外国慕名而来，在巴黎开始其写作生涯，并最终成为一名法国作家的，如赫赫有名的大作家、大思想家卢梭（出生于瑞士日内瓦）、左拉（意大利裔）、诗人纪尧姆·阿波利奈尔（波兰裔），以及 20 世纪的那些著名作家，如爱尔兰人萨缪尔·贝克特（Samuel Beckett）、罗马尼亚人欧仁·尤内斯库（Eugène Ionesco）、捷克人米兰·昆德拉（Milan Kundera）、黎巴嫩人阿敏·马卢夫（Amin Maalouf），还有我们中国人程抱一先生（François Cheng）。

程先生的文学著作在法国获得过多项大奖，他也是 360 多年来第一位进入法兰西学术院的华人，在法国文化界备受尊敬。

从莫迪里亚尼、毕加索、海明威，再到贝克特、尤内斯库、昆德拉、程抱一，我慢慢明白了，为什么人们习惯将巴黎视作世界的文化地标，如世界上那些有文化的大城市往往喜欢被誉作“××巴黎”，如上海是“远东的巴黎”，贝鲁特是“中东的巴黎”，布宜诺斯艾利斯是“南美的巴黎”，蒙特利尔是“北美的巴黎”，达喀尔是“非洲的巴黎”，而从未听说有哪座城市被叫作“××伦敦”、“××纽约”或“××东京”等。

作为上海人，我同样深切地感受到，法国文化对上海意味着什么。换言之，如果当年法国人没有来到上海，上海也没有接纳法国文化，那么，十里洋场的上海，除了有大银行、能挣钱外，还有什么？失去法兰西情调的上海，与香港、台北、曼谷、首尔和东京还有何区别？

由此我断言，法国给我们这个世界馈赠的最大礼物是文化，换言之，是对文化内涵和外延独特的诠释及精彩的演绎。一句话，是法国人的吃喝玩乐，给这个世界带来了法国式的品质生活和一种全新的文化产业。

我们还是先说说法国人的“吃”吧。

如果没有来自王室和上层社会一大批“食不厌精”的美食家和一批批兢兢业业的法国大厨，法国的餐饮摘取世界饮食文化桂冠是不可想象的。

在法国曾流传过这样一个故事，说的是路易十四的财政大臣富盖的管家弗朗索瓦·瓦德勒（François Vatel），他起先是大厨，后来当了厨师班长。有一次富盖宴请国王等数百嘉宾时，瓦德勒派遣的差役没有从鱼市及时将鱼买回送到厨房。作为完美主义者的他感到非常羞愧，悲痛欲绝，羞愤之中竟拔剑自刎，以死来惩罚自己所犯的愚蠢错误。

瓦德勒死后，其案例成为法国美食界的经典故事，巴黎有一家非常有名的厨师学校就是以他的名字命名的，我的一位好朋友的女儿就在那里上学。拿到录取通知书的那一刻，全家人欢喜雀跃。

这个没有及时拿到鱼而自杀的故事也让我想到十多年前我在法国时，勃艮第大区有个非常有名的大厨叫罗瓦索（Loiseau），他因其餐馆被法国著名的餐饮评级杂志《高特米优》连续几年降分，倍感羞辱，遂开枪自尽，颇有一番美食“武士道”精神。

我曾在十多年前出版的我的法兰西三部曲之一的《法兰西印象：一

个外交官眼中的法国》中谈到这个悲剧，许多读者朋友不信，问我难道做不好菜就得自杀？殊不知，这就是法国吃货的本质，“食不美味死不休”啊！

与此同时，法国人对优秀厨师的尊重也是举世无双的。厨师的法文叫 Chef，我没有考证其来历，字面的意思是头儿，就是老板的意思。也许厨师管理的是人的肚子，天下最重要的工作也莫过于此，就是头儿，就是领导。

有名的米其林星级厨师，在法国就像艺术家那样稀罕、受尊重。

记得上海世博园内的法国罗阿大区馆内有个保罗·博古斯厨师学校餐厅，世博会期间天天高朋满座，它就是法餐泰斗级人物保罗·博古斯（Paul Bocuse）创建的法国赫赫有名的厨师学校。

我有幸在世博会期间是这里的常客，世博会结束后来法国工作，更有幸在其里昂总店享受美食。席间，80 多岁的博古斯老先生像个电影明星一样走过来与我们一一握手合影，把在场的美国美食家们兴奋得不能自已。

就是这位世界级大厨，不仅拥有米其林三星餐厅，还在 1987 年亲自创办了世界上第一个法式大餐国际比赛。彼时，世界各国顶级法餐厨师云集里昂，他们用 5 个半小时的时间，在众目睽睽下，根据评委设定的主题，进行技巧、艺术和美学的大比拼。

这个有点类似于法餐国际奥林匹克的比赛，两年一度，对法国大餐厨艺精益求精、不断推向世界意义重大。最高奖叫博古斯金奖（Bocus d’Or）。中国迄今没有参赛，亚洲最好的成绩是日本获得的铜奖。2018 年 1 月，91 岁的博古斯老先生逝世，法国著名的《世界报》在头版头条进行了报道，标题是《世纪厨神逝世！》。1 月 26 日出殡那天，全世界 1 500 名厨师来到里昂的大教堂为其抬棺送行，仪式庄严肃穆，堪比国家元首级国葬。

再说说法国人的“喝”吧。

因为法国人爱喝，他们喝出全世界最好的酒。

1765 年，在路易十五军队中服役的爱尔兰贵族李察·轩尼诗来到干邑镇，在此，他不仅爱上了这片美丽的土地，更爱上了这里的烧酒，并将它们转运至伦敦、都柏林和佛兰德地区，这就是全球干邑领导品牌轩尼诗的由来。

雅恩·菲卢（Yann Filioux）是轩尼诗酒窖总调酒师第七代传人，也就是说，他的第七代祖上就是当年李察·轩尼诗的合伙人。他告诉我，轩尼诗是勾兑出来的，这个勾兑过程非常复杂，调酒师的职责就如同乐队的指挥，既要对酒的醇香具有想象力，也要控制好香型和整体效果，否则就是一篇无序的乐章了。

再说“玩”。

我在前面已经说过了，法国人是世界上最会玩的民族，如果没有法国人，我们的生活肯定要比现在单调无聊得多。但需要补充的是，法国人不仅自己玩，也教外国人玩，每年来法国玩的外国人达 8 000 万人次，名列世界第一。

为了玩，国家制定了相关法律制度，并开创了一种各类服务、工业、技术创新和传统相结合的“休闲文明”，如带薪休假、青年招待所、工会度假福利补贴、发放度假支票和缩短法定劳动时间。因此，我们可以说，法国是世界上最早将玩作为政府施政目标的国家。

记得 1936 年人民阵线提出带薪休假时，内阁甚至专门设立了一个主管体育与休闲事务的副国务秘书。1981 年，法国社会党执政，内阁又设了一个“自由时间部”。

据统计，今天的法国人，工作时间只占全部时间的 12%，每个法国人在一生中可拥有 40 万小时的自由时间。因此，法国人常说玩是“一种生命需要”。

至于“乐”，就是干自己喜欢干的事，如收拾院子，参加社团生活，健身，上各种才艺班，看书，等等。

我曾在前面提到卢米埃尔兄弟和孟高飞兄弟，我现在要给大家介绍另外两对兄弟，一对是米其林（Edouard et André Michelin）兄弟，搞了一个饮食指南，成为法国大餐在法国和全世界的风向标。还有一对是龚古尔（Goncourt）兄弟，哥哥为纪念过世的弟弟，搞了一个“龚古尔”文学奖，这就是龚古尔文学奖的由来。这个奖的奖金才 10 欧元，但它却是法语国家最权威的文学奖，一旦获得龚古尔文学奖，往往离诺贝尔文学奖就不远了。

法国人会玩，还会带着世界玩，用国内流行的口号叫法国文化“走出去”，如将享誉世界的卢浮宫博物馆的分馆开到了阿联酋首都阿布扎比。这个项目的操盘手是我前面提到的希拉克时期的文化部部长雷诺，他竟然将卢浮宫搞到了中东，为法国文化部赚得盆满钵满。30 年内，阿联酋将向法国支付 10 亿欧元作为从卢浮宫借出藏品的费用。2019 年 11 月，法国又在上海开设“巴黎蓬皮杜文化中心”分馆，博物馆文化外交做得有声有色。

是的，法国人吃喝玩乐，一不小心搞了个文化产业，产值占法国 GDP 的 2.8%，就业人数占总就业人数的 5%，在世界上也成为数一数二的文化强国。为此，我觉得有必要将法国人在打造文化产业方面的经验总结一下。

政府支持

与国内的文创产业一样，没有政府支持，绝对是做不了文化的。在法国，政府对文化产业的支持是一种既定国策，不分左翼还是右翼。此外，相较于经济生活，政府对文化的支持手段相对较多，各级地方政府也希望通过对文化的投入来赢得选民的支持，争取获得连任的机会。因此，加大对文化的投入成为法国朝野的共识。

我们还是拿法国文化遗产做例子吧。

在法国，文化遗产是国际游客的主要旅游目标，2018 年近 9 000 万国际游客来到法国，他们当中绝大多数是来看巴黎的卢浮宫、埃菲尔铁塔和散落在法国各地的城堡等名胜古迹的。为保护这些文化遗产，早在 1913 年，法国政府就颁布了保护历史古迹的法律。

在法国，人们保护文化遗产的意识很强，听不到任何强拆的消息，只会听到政府为了保护文物，让各种工程让路，或政府提供补贴，让那些无主的城堡有人住。如果你的房子被列为文化遗产，要修缮时，政府还会给你补贴。

在巴黎，我最喜欢循着街道漫无目标地游荡，然后，仔细打量街头的路牌，历史就蓦然重新浮现在我的面前。

这里的许多街道都以人的名字命名，他们可以是这个国家伟大的人物，如政治家、思想家、文学家、科学家、军事家、发明家，也可以是一位建筑师，或者是反法西斯抵抗运动的英雄，抑或一位世界领袖或名人，如南非总统曼德拉等。

统计显示，法国全国上下拥有 44 000 余座列入遗产保护名单的建筑物和 260 000 余件列入遗产保护名单的文物，共有 104 个“保护区域”和 678 个建筑及景观领域的“保护地区”。

在上述历史建筑中，有 45 个国家级博物馆、1 200 多个地方博物馆。国人最熟悉的卢浮宫，2018 年共接待观众 1 020 万，是法国接待观众人数最多的博物馆，也是世界上接待观众最多的博物馆。其次为凡尔赛宫，2018 年接待观众 800 多万。其他还有蓬皮杜艺术中心，每年接待观众 360 万，奥赛美术馆每年接待观众 320 万，盖布朗利博物馆（也叫希拉克博物馆）以展示亚非拉原始艺术为特色，每年接待观众 130 万。

为鼓励全国老百姓了解文化遗产，法国政府对博物馆进行补助，对以家庭为单位的参观实行门票优惠，对 18~25 岁青年免费开放馆内基本陈列。

此外，每个月的第一个星期天，所有的国家和地方博物馆免费向观众开放。还有每年 5 月中旬的“欧盟博物馆开放之夜”、9 月的“文化历史遗产日”及巴黎等城市举办的“不眠之夜”，全法博物馆都会向公众免费开放，并举办数千场活动。

全民爱艺术的氛围

法国文化产业繁荣的另外一个重要原因是其全民热爱艺术的氛围，文化产品消费占法国家庭消费支出的比例平均为 8%，确实是个不小的数字，这也就是为什么你去法国家庭做客，很少看到奔驰、宝马等名牌汽车或先进的家电设备、高档家具，但总是会看到一些油画或织锦，而这些油画极有可能出自著名的法国或意大利画家之手，那悬挂的织锦很可能来自比利时北部的佛兰德地区。

在法国，不管有钱没钱，人们在热爱艺术方面没有太大的区别。要是实在没钱，他们还可以看电影。

在法国，电影几乎是一种全民艺术。这不仅是因为法国人发明了电影，更重要的是，法国人确实喜欢看电影。观众看电影的热情越高，口味越挑剔，电影的质量就越高，流派就越多。

在好莱坞电影的强势冲击下，欧洲各国电影都深受影响，唯有法国电影依然一枝独秀。究其原因，主要是法国政府特殊的电影政策和老百姓的支持。

在法国，每周至少上映一部新电影，各家电视台至少对电影演员、导演在黄金时段做一次电视专访。在香榭丽舍大道的大广告牌，每周至少更换一次电影广告。法国电影票价为 11 欧元，折合人民币 80 多元。在一年一度的法国电影节，门票统一降至 3.5 欧元。如果你办一张电影院的通卡，26 岁以下才 17.90 欧元，你就可以随便看任何一部电影，且不计次数。如果你超过了 26 岁，你的月卡是 21.90 欧元。如果你想带太太一起去，那么你可以办一张情侣卡，两人共 36.80 欧元，这个价格应该说是非常便宜的。

数字还显示，在法国，约 66% 的人一年至少观看 5 部电影，94% 的人每年至少去影院观看一部电影。

说到法国全民爱文化的氛围，我觉得有必要再介绍一下法国领导人是如何爱文化的。因为道理很简单，如果历史上没有喜欢跳芭蕾舞的太阳王路易十四，法国宫廷就不会流行芭蕾舞，就不会有巴黎皇家舞蹈学校（L'Académie royale de danse）和其他 13 个皇家艺术学校和团体。如果没有太阳王对戏剧的迷恋，莫里哀喜剧就不可能在法国得到如此热烈的追捧。如果没有拿破仑三世，就没有今天享誉世界的巴黎歌剧院（L'opéra Garnier）。

在第五共和国的历史上，戴高乐总统时期的文化部部长马尔罗（André Malraux）在内阁的影响力让所有部长难以望其项背，从一个侧面彰显出文化在法国的独特地位。后来的密特朗总统对电影、建筑艺术、绘画兴趣盎然，如果不是他力排众议，我们就不会看到卢浮宫博物馆入口处闻名遐迩的贝聿铭金字塔。同样，如果法国没有希拉克总统本人从头到尾的干预，就不可能有今天的盖布朗利博物馆。

有趣的是，无论是密特朗还是希拉克，他们利用公职之便，大兴土木建设如此美轮美奂的博物馆（密特朗还建造了“密特朗图书馆”和巴黎台芳斯大拱门），居然民意都非常支持，这在别的西方民主国家是不可想象的。究其原因，其一，公共财政是老百姓、议会说了算，大兴土木的事政府一般都比较谨慎；其二，公共财政有公共招标程序，领导人通常喜欢由专家确定最终方案，自己出面直接介入的比较少，以免引起非议，而恰恰最喜欢讲民主的法国人却都乐意接受这样的“家长制”做法。

人们对青年才俊马克龙了解比较多的是其在罗斯柴尔德银行的经历，但他作为一个文艺青年的成长过程也格外引人注目。如果当年不是因为他喜欢戏剧，跟着他的中学语文老师、今天的第一夫人布丽吉特排练莫里哀喜剧，他们就不可能成为一对超越年龄观念的伉俪，更不要说马克龙会成长为法兰西共和国的总统。在法国因新冠疫情实行禁足前一周，这对夫妇还在剧院一起看戏，尽管有媒体批评马克龙这样做的客观效果是让人们放松了对疫情的警惕，但马克龙这样做自有其道理，让民众不在疫情面前惊慌是当时的决策考虑。不管怎么说，马克龙也是一位喜欢文艺的法国总统。

宽松的创作环境

文化艺术需要宽松的创作环境，而巴黎无疑是世界上最宽容和最包容的城市。在这里从事文化产业，几乎没有任何行业准入门槛，也不需要报批。无论你是拍电影、办报纸、搞出版，你简直是想干什么就可以干什么。

因为宽容，世界各国艺术家都愿意来巴黎，从而也使巴黎成为世界的文化之都。

我们还是以绘画为例吧。历史上法国人是学习意大利的，你如果参观卢浮宫，就会感觉到这样的历史烙印十分鲜明。但法国的开放使其很快超过意大利，世界各国的画家们开始云集巴黎。

从 19 世纪下半叶印象派开始，丹麦的毕沙罗、英国的西斯莱、美国的惠斯勒和萨金特都来过巴黎，更不用提那位割自己耳朵的荷兰画家凡·高了。到了20世纪，伴随着野兽主义、立体主义和超现实主义等一部部大戏在巴黎画坛上演，巴黎更是成为各国艺术家们的乐园，从而形成了巴黎画派，出现了所谓的“疯狂的20年代”。

20世纪最伟大的西班牙三杰毕加索、米罗和达利都来过法国，是巴黎成就了他们，也是巴黎成就了莫迪里亚尼（意大利人）、夏加尔（白俄罗斯人）、恩斯特（德国人）、马格利特（比利时人）、苏蒂纳（立陶宛人）等人。

就中国画坛而言，巴黎不仅成就了今天像赵无极、朱德群这样的华裔世界级画家，也孕育了徐悲鸿、常玉、吴冠中、刘海粟、潘玉良等一代享誉世界的中国画界泰斗，更造就了严培明、王衍成、王度等一批当今蜚声中外的青壮年旅法中国画家。

就外国文学家而言，且不说来自日内瓦的卢梭是如何在世界文坛和人类思想史上成名的，我们所知道的美国作家海明威、罗马尼亚荒诞派剧作家尤内斯库、爱尔兰的贝克特、亚美尼亚的阿达莫夫、捷克的昆德拉、中国的程抱一、瑞士的西蒙都成名在法国，而他们的成名，不仅实现了他们的人生价值，也提升了巴黎作为世界文化之都的地位。

由于宽容，法国成为世界各种文化流派和潮流的温床，法国人亦为此乐在其中。于是，一个个艺术流派在巴黎产生，几年之后又传到世界其他国家去，法国俨然成为世界文化工厂。

一般说来，成名的艺术家都在郊区有大的画室，在市中心有代理画廊，而那些仍在奋斗中的艺术家则往往云集在蒙马特高地上的小丘广场（Place du Tertre）或在巴黎圣母院前继续写生。

有意思的还有那些把街头当作舞台的阿拉伯造型艺术家，他们在头、脸、手、脚上涂满颜料，身裹布袍，装扮成木乃伊或太空人，站在炎热的太阳底下或瑟瑟的寒风中一动不动。

写到此，我脑子里就冒出在协和广场地下走廊里那些拉美艺术家的形象，齐刷刷十多个人，边唱边弹，快乐无比。

仅为了吸引世界各国的画家，法国就专门设置了一种“艺术家签证”，发放给那些向往法国的艺术家。在20年前我就知道这种签证，当时留居法国的签证非常难办，我认识的一大批中国画家就这样堂而皇之地进入法国，而且一直生活到现在。

法国政府欢迎艺术家，居留证随便延期。如果你是画家，只要能证明你能在法国一年办一次画展就行，但在哪儿办画展没有限制。你只要是个画画的，总能在自己所在的社区、区政府，抑或银行办公大楼的门厅办个展吧。

多少年来，法国对外国人的签证政策总是收收放放，但对艺术家的签证政策从未改变过。来自陕西的雕塑家李小超告诉我，尼斯政府为了邀请他来尼斯作画，不仅提供长期签证，还免费提供住所。这样的艺术家的住所叫作“艺术之家”，在巴黎市中心就有一个，房租非常低廉，目的是留住那些愿意在法国创作的艺术家，刘海粟、徐悲鸿等中国几代艺术家就是从此开启他们的旅法艺术生涯的。

政府特殊税收政策

为鼓励企业和个人赞助文化事业，2003年8月1日，法国通过了以时任文化部部长让–雅克·阿亚贡名字命名的文化事业赞助法——《阿亚贡法》。该法规定，凡进行公益捐助的企业将减免60%的公司税或营业税。如私人捐助，金额达到5万欧元则减免75%的个人巨额财产税。

该法颁布10多年来，法国公益捐助总金额翻了4倍，从2004年的10亿欧元增长到2018年的40亿欧元，法国每年有超过6.1万家企业、580万纳税户向公益领域提供赞助或捐款，而在所有公益捐赠中，约1/4用于文化建设方面。

路易威登总裁阿尔诺的高级顾问让-保罗·卡勒瓦里（Jean-Paul Claverie）曾向我透露，当年搞中法文化年时，法国政府想举办“康熙时期艺术展”，但一时找不到赞助商，希拉克总统亲自给他打电话，希望路易威登赞助。于是，在路易威登的支持下，法国政府在凡尔赛举办了“康熙时期艺术展”，在吉美博物馆举办了“孔子文化展”，而路易威登顺势扬名，还获得政府的免税回报，一举两得。

法国企业支持文化事业司空见惯，《阿亚贡法》又使企业名利双收。这些企业不仅支持文化事业，还收藏艺术品，有自己的博物馆和基金会。如卡地亚、路易威登等企业主办的博物馆和基金会，不仅收藏艺术品，还举办艺术品展览，成为法国文化产业的风向标。

值得一提的是，《阿亚贡法》鼓励企业为国宝保护提供捐助。据介绍，对于购买国宝供公共文化机构收藏、展出的企业，公司税一律减免 90%。

独立的文化产品评价机制

与法国政府的官方措施相对应的，应该是法国特色的文化产品评价体制。

我们在前面介绍了戛纳电影节。这在中国已家喻户晓，张艺谋、巩俐、陈凯歌、葛优等中国电影人都是从那里走向世界的。但很多人恐怕并不知道，这是一个按照法国 1901 年《社团法》注册的民间机构，其运作方式完全市场化、专业化，是典型的民办官助。法国政府就是通过这样的民间机构，打造了法国在国际商业电影界的统治地位。

难能可贵的是，从 1939 年诞生以来，戛纳电影节对法国电影并没有什么特殊优待。

我算了一下，1946—2011 年，戛纳电影节的最高奖“金棕榈奖”，美国电影获奖 17 次，意大利 9 次，法国 9 次，英国 8 次，日本 3 次，丹麦 3 次，法国并没有利用其东道国地位给自己多评几部电影。然而，正是这种看似“胳膊肘往外拐”的做法让戛纳电影节真正成为电影界的奥林匹克盛会，各国电影人才纷纷前来，并相信戛纳电影节是成就他们事业的最好的国际平台。

其次，就是《米其林指南》了。

话说 1900 年巴黎世界博览会期间，安德烈 · 米其林和爱德华 · 米其林两兄弟看好汽车旅行发展的远景，推出了《米其林指南》，希望通过鼓励人们进行汽车旅行，让米其林轮胎卖得更好。1920 年，《米其林指南》出了饮食篇，1926 年开始用星号来标记餐厅的优良程度，“米其林星级餐厅”就是从那时候开始的。

《米其林指南》享誉世界一个多世纪，是当今世界上最权威的国际餐馆指南。但米其林的美食家在评判任何一家餐馆时，采取的都是微服私访的方式，他们会乔装成一名普通顾客，进门入座后点上几道菜慢慢享用。

正是由于他们的评判，你的乡野小店可能会突然生意兴隆，日进斗金，从此你的店一举成名，成为当地的旅游景点。但也可能，由于你的粗枝大叶，他们回过头来发现你的厨艺下降了，于是过不了多久，你身居闹市，却门可罗雀，经营惨淡。

《米其林指南》奉行的“独立自主”使其成为业界的权威，不拿商家一分钱，不索要任何回报，绝对中立，从而使其评级公正、客观。

最后是龚古尔文学奖。我在前面介绍了它的由来，也提到了主席比沃。这个奖的奖金少得可怜，但美誉度颇高，当年的评委中有福楼拜、左拉、都德等著名作家，历史上许多法国作家，如普鲁斯特、马尔罗、西蒙娜 · 德 · 波伏娃和玛格丽特 · 杜拉斯都曾获得此奖。每年 12 月，评委们会聚集在巴黎德鲁昂饭店进行评选，外面则是云集等候的记者，这个传统坚持了 100 多年。

如《米其林指南》一样，龚古尔文学奖牛就牛在它的公信力，而公信力的前提就是其 100 年的独立性，包括评委都是义工，没有任何经济利益，除了评奖过程中的晚餐是组委会免费提供的。

当然，法国给世界带来的文化礼物还不止这些。细想起来，还有许许多多例子，如一个叫皮埃尔 · 查尔斯 · 朗方（Pierre Charles L'Enfant）的法国人，给美国人打造了一个叫华盛顿的首都，让这个世界最强势的政治中心从此深深地打上了法国城市文化与园艺的烙印。

一个叫巴托尔迪（Frédéric-Auguste Bartholdi）的法国著名雕塑家历时 10 年搞了一个自由女神雕像，放在纽约罗得岛上，如今已成为美国的国家标志和世界文化遗产。

一个叫保罗 · 兰多斯基（Paul Maximilien Landowski）的法国雕刻家，在巴西里约热内卢国家森林公园的山顶上，矗立起了一座近 40 米高的耶稣雕像，张开双臂欢迎来自世界各地的人。它不仅是法国人给巴西人的礼物，也成为巴西和整个基督教世界宽容和慈悲的象征。

……

也许，这些就是法国对世界的创造，一种带有法国人身上的那种既充溢激情与浪漫、痴迷于精微细致，又迷恋于恢宏浩大，既浪漫又保守的精神特质，从而使这些法国人如同天真无邪的顽童，怀着天主教的那种虔诚浪迹天涯，做出了许多让别的民族匪夷所思的事情。

我想，这就是法国人带给世界的创造！

第六章

法国人与政治

希拉克为什么如此受法国人爱戴

法国人是出了名的自我，又富有批评精神及怀疑一切的态度，造成法国人通常对政治“敬而远之”，每次选举的投票率很低，包括总统大选的首轮选举，有许多人非得到总统大选第二轮时才去投票。所以，从法国各种选举的投票率，我们就能看到法国人对政治的热情并没有我们想象的那么高。

然而，政治又像是一种精神海洛因。法国人特别爱谈论政治，在熟悉的朋友、同学、同事间，甚至在家里的饭桌上，他们都爱谈政治。更有意思的是各种政论节目，主持人和嘉宾时常激动万分，唇枪舌剑，但有一点比较好，就是政治对手之间，虽然讽刺挖苦是家常便饭，但他们从不使用侮辱人格的语言。

如果你在巴黎坐出租车，司机就像北京的哥，只要话匣子打开，十有八九会谈法国政治，告诉你他们喜欢或反感的政治人物及其政治主张，甚至私生活八卦，其消息之灵通，与北京的哥有一拼。

与出租车司机对政治的痴迷相对应，法国政治人物也一个个像保险推销员，天天喜欢对你谈政治，总是要想尽法子接近老百姓，唯恐老百姓把他们忘记了，或不买他们的账。他们为此千方百计接近媒体，尤其喜欢上电视，什么栏目都愿意往上凑，其中首推电视娱乐节目，以此争取广大年轻人的选票。

在法国，由于民主思想已深入每个公民的血液，政治家的日子非常难过：一方面是民意众口难调；另一方面是各种选举隔三岔五就会举行，你随时有被淘汰的可能，而一旦被淘汰你马上就会变成一介平民。

随着法国社会问题的日趋复杂化及中产阶级政治观点的多元化，政治家作为一个职业并不被广泛看好；相反，由于政治斗争的残酷和社会反腐对透明政治的严格要求，人们发现这些口出豪言的政治家全在演戏，考虑自己胜过考虑国家，更有甚者，利用职务之便捞取大量不义之财。因此，政治家在许多法国人眼中成为说谎者，甚至是骗子、小偷、自私自利者。

回到巴黎后，我目睹了不少法国选举，包括 2012 年和 2017 年的两场总统选举。每次电视辩论就像是一场“达人秀”，不同的党派和不同的候选人不仅要接受媒体鸡蛋里挑骨头式的考问，还要相互之间轮番辩论。而主持人在硝烟弥漫的舌战中气定神闲，宛如一位居高临下的裁判员，让冲突双方的激烈抗辩总是在游戏规则内礼貌地进行。

我印象最深的是 2012 年法国电视二台明星主持人戴维 · 布加达斯（David Pujadas）主持的一档叫《言与行》的政论节目，节目非常精彩，每次结束时他总会高呼“政治万岁”（Vive la politique），而从不说大选万岁，也不说政治家万岁。我猜他说这话的意思是他对那些真正的政治人物的治国方略、治国愿景及其辩才的欣赏，也有对政治这个人类最古老神圣同时又时常令人反感甚至让人诅咒的行业必要的尊重。

作为一个生活在法国的外国人，我至少已目睹了 40 年的法国总统大选，对我而言，法国总统大选充其量就是一场竞技比赛，如同一场法甲或欧锦赛或世界杯比赛，看完就完了，与我没有半毛钱关系。法国政治家也一样，千秋功罪自有法国人民评说。然而，希拉克总统的逝世，让法国人，同时也让我重新燃起对政治的热情和热爱。

2019 年 9 月 26 日 11 时许，希拉克总统因病逝世的消息由家人一宣布，法国各界纷纷向这位享年 86 岁的法国政治家表达哀思，而这些哀思的表达如此广泛和一致，这在以多元文化和多元观点占主流的法国社会非常罕见。在这些哀思中最集中的是对希拉克非凡的人格魅力的认可，从共和国总统到普通老百姓，人们由衷地感谢希拉克为法国人民所做的一切。

听到噩耗的下午我正好到展望与创新基金会办事，老秘书苏菲与希拉克素昧平生，却哭得像个泪人。老太太告诉我，法国政治家多得海了去了，但像希拉克这样热爱普通老百姓的政治家很少。“他爱法国人，爱黎民百姓，他把人当人看啊！”老太太哽咽着对我说。

为让法国老百姓表达对希拉克的哀思，马克龙决定从第二天起打开总统府的大门，让所有愿意来吊唁的法国公民均可以到希拉克工作过12年的共和国最高权利机关凭吊。

让我非常感动的是，许多法国小人物从法国的四面八方深夜坐长途大巴到巴黎，凌晨4点就在总统府门口排队。路边的面包房老板娘见状，为这些星夜出发凭吊希拉克的同胞每人送上热乎乎的羊角面包，情景非常感人。

9月29日星期天，人们又从四面八方来到巴黎荣军院给希拉克灵柩送行。凭吊仪式从下午2点开始，排队的人多达7 000人以上，有的人甚至还扶老携幼。天空不时下起阵雨，平均每个人排队在7个小时以上，更有甚者一直排到第二天凌晨5点。

我问这些极为普通的法国人，为什么要排那么长时间的队为希拉克送行？他们的回答几乎与苏菲一样：“他爱法国人，爱黎民百姓，他把人当人看！”

30日中午12时，我在巴黎6区圣叙尔比斯教堂参加了由巴黎大主教米歇尔·欧伯提主持的追思会，法国总统马克龙夫妇，前总统萨科齐夫妇，前总统奥朗德、德斯坦，还有普京、克林顿等世界各国70位政要和希拉克生前好友，共千余人出席。

作为非天主教徒，我生平第一次参加如此庄重的弥撒，大主教援引《圣经·马太福音》里的一段话：“因为我饿了，你们给我吃；渴了，你们给我喝；我作客旅，你们留我住；我赤身露体，你们给我穿；我病了，你们看顾我；我在监里，你们来看我。……”

大主教赞扬希拉克的一生是爱人的一生，他给人带来的温暖让人感到生活的美好，感到四海之内皆兄弟。

听着大主教对希拉克人生的赞美，再听着唱诗班圣洁的宗教歌曲，我不由想起苏菲对我说的话：“波，人在做，天在看。希拉克爱人，他永远活在我们心中。相反，那些平时看不起老百姓、为富不仁的人，不要以为他们个个得意，上帝早晚要惩罚他们的。”

大主教的话让我想起马克龙在 29 日全民电视讲话中对希拉克的赞扬，说他是个伟大的法国人。

我是大学时期通过看法国的报纸和杂志认识希拉克的，参加工作后经常在电视上听他讲述法国的内政外交，后来到使馆工作时有比较多的机会见到希拉克，当然，更加直接的接触发生在 2003 年 6 月 1 日陪同胡锦涛主席出席在法国埃维昂举行的南北领导人非正式对话会议期间。

我首先要讲一下当年胡主席出席埃维昂峰会时吴建民大使发挥的独特作用。因为在当时的历史条件下，中国对这样的多边外交活动还不太熟悉，特别是在对待七国集团问题上，总觉得七国集团是富人俱乐部，而中国属于第三世界，不能给他们站台。但是，作为驻法大使，吴大使锲而不舍，做了大量工作，这种强烈的事业心让我非常受教育，许多使馆同事都说，如果换成别人，肯定不会像吴大使那样执着。

当然，对吴建民大使推动中国元首出席埃维昂峰会的努力，希拉克心知肚明。为此，在峰会上，当 27 国元首和政府首脑的“全家福”合影拍照结束后，希拉克向胡锦涛主席提到了吴建民大使的离任问题，我碰巧在现场，是我给希拉克当的翻译。

希拉克当时是这么说的：“胡主席，我们中法两国的关系非常好，但现在有个问题，那就是吴大使的离任。”“我知道吴大使离任的消息后非常伤心。”（Je suis profondément triste du départ de l’Ambassadeur Wu.）

胡主席见状，马上安慰希拉克说：“吴大使是一位优秀的大使，我们都知道，我们也会派遣同样优秀的大使来接替吴大使，那样的话，总统阁下就会有两个好朋友，一个在中国，一个在法国。”希拉克听完我的翻译后马上说：“的确，胡主席讲得对，中国历来向法国派遣的都是优秀的大使，但吴大使是最优秀的。”（c’est vrai Président Hu, la Chine envoie toujous des grands ambassadeurs en France, mais M. Wu est le plus grand.）

希拉克对胡主席讲的这番话完全出自内心，根本没有任何助手在场或提示，看得出他是个性情中人，是真情流露，但更让我感动的是接下来的一件事。胡主席与希拉克告别后就与布什总统见面，与布什见面结束后，中方代表团离开会场回驻地。此时我看到希拉克正与刚刚赶到会议现场的德国总理施罗德热烈拥抱，就随口对吴大使说了一句，如果此时胡主席也能和施罗德照个面，寒暄一下，此次埃维昂峰会就非常完美了。

吴大使听完我的话，觉得有道理，就准备给外交部领导反映，但由于现场人太多，我们就约定分头找代表团。此时，胡主席的车队已在法方摩托车的护送下到达码头，我在现场转了几圈没有发现外交部同事，就上了会议统一安排的大车准备回码头。大车开动后，我发现吴大使没有上车，我也没有办法联系到他，内心希望吴大使不要掉队，千万要在码头赶上胡主席的船。

就在我心急如焚时，大车到了码头，但奇迹出现了，我发现吴大使已在码头向胡主席汇报工作，一切就如同变魔术一样。在代表团回洛桑的船上，我抽空问了吴大使，是什么奇迹让他能够赶在我们大车前到达码头的。

吴大使看着我，笑了笑，说："等你走后，我在会场转了几圈，没有找到部里的人，就想坐大巴到码头，但你们的大车已开走了，正在我着急的时候，希拉克看到我了，他一个健步冲上前，把迎面来的一辆总统府小车挡住了，嘴里还大声喊道，'赶紧送吴大使！'（Réquisitionner une voiture pour l'Ambassadeur Wu.）"接着，吴大使又补充道："希拉克不仅亲自给我拦了车，还亲自给我拉开车门，让司机立即送我到码头跟上胡主席的车队。"

吴大使的描述让我看到一个活生生的希拉克，这就是政治家希拉克的人格魅力……

言论自由与政治正确

诚然，希拉克的逝世，让法国人开始重新审视政治家的作用，然而政治这个古老的职业在许多法国人的眼里依然是一项野蛮人的职业，有人喜欢，有人诅咒，但它终究是一项人类社会不可或缺的重要工作。

因此，如果你想在法国从政，就如同当飞行员视力必须好一样，你就必须拥有像希拉克那样的情商。此外，你还必须有"皮商"，也就是说脸皮要厚，要不怕各种批评，否则你不仅不能立足政坛，甚至还会得精神"压迫"症，原因是媒体整天找碴儿，为的就是让你不痛快。

首先是法国电视台的各种脱口秀，这些脱口秀倒并不是要批评政治家的政策，而是喜欢拿他们逗乐，特别是爱拿总统开涮，而且是现任总统被损得最厉害。原先是密特朗、希拉克，后来是萨科齐，然后是奥朗德、马克龙，所有总统，无一幸免。

由于萨科齐性格鲜明、爱张扬，无论是在台上还是台下，这帮脱口秀演员从未放过他。可以说，除获得大选胜利后与媒体的短暂蜜月期，萨科齐几乎是在一片谩骂声中结束其 5 年总统生涯的。最有名的文章来自法国《共和国画报》，标题很醒目：《萨科齐：共和国的耻辱》。

在法国，如果你想知道人民是如何在这个国家当家做主的，那就看看媒体作为民意的宣泄工具，是如何处处拿政治人物说事，充分显示其“无冕之王”魅力的。在这些无情的媒体面前，无论是萨科齐，还是奥朗德、马克龙，总是笑容可掬，有一种学生见到老师、儿子见到老子的感觉。

但是，在这种权力与媒体的游戏中，最重要的还是言论自由与“政治正确”的问题。那么，什么是法国人所说的“政治正确”呢？

法国人告诉我，“政治正确”就是言论不能破坏社会秩序，不能煽动仇恨、暴力和犯罪。也就是说，法国社会有些约定俗成的“潜规则”，人人都知道，如种族歧视，谁也不能拿犹太人、黑人、阿拉伯人乱开玩笑，更不能对他们进行攻击，这在法国是违法行为。

还有，对某些特殊群体的歧视，如同性恋，也是政治不正确的表现。在法国，如果你公开表达对同性恋群体的厌恶情绪，你就是在犯法。

记得我刚来法国的那一年 2 月的某个晚上，在蓬皮杜文化中心附近的巴黎时尚街区的“珍珠”咖啡馆里，法国著名时尚品牌迪奥的首席英国设计师约翰·加利亚诺，因不明原因与邻座一对情侣发生争执，并用英语对他们进行带有种族歧视意味的侮辱，后者立刻报警，加利亚诺马上被拘留。醉态毕露的加利亚诺不仅辱骂这对情侣，还高喊“我爱希特勒”这样极端反犹的口号，被处以 6 个月监禁和 22 500 欧元的罚款。

为表明对任何种族歧视言行“零容忍”的态度，迪奥集团一周后宣布开除加利亚诺，并指责他的行为“性质特别恶劣，令人发指”。集团总裁托莱达诺在声明中严厉谴责加利亚诺的行径，指“他的言论完全违背了迪奥拥护的基本价值观”。

要知道，约翰·加利亚诺在巴黎的时尚圈名气非常大，被视作全球服装界的天才，但他一句话就毁了自己，也差一点毁了迪奥品牌。

时隔两年半，即 2013 年 7 月，一位叫布尔杜莱克斯的国会议员，针对一些吉卜赛人未经允许在其所管辖的城市空地安营扎寨一事，说了句“看来，希特勒当年还没把他们杀个够！”话音未落，立即遭到法国朝野各界的强烈谴责，当时的司法部部长瓦尔斯更是表示，政府将以“赞颂反人类罪行”罪名对布氏起诉。布氏所属的中右翼政党独立民主与独立派联盟（UDI）也立即将其开除出党。

因此在法国，人人知道，一旦替纳粹翻案或触动种族问题，你就会身败名裂。

《观点》杂志主编吉斯伯特（Franz-Olivier Giesbert）是法国有名的大嘴，记得有一次《观点》刊登了一篇题为《在法华人耐人寻味的成功之道》的文章，将非法劳工、偷渡、黑手党等帽子全部扣在华人头上，对此吉斯伯特非但不道歉，还公然辩解说此文作者使用了幽默手法。

法国种族歧视救助组织 SOS Racisme 闻讯后，马上以种族主义言论罪起诉《观点》杂志，巴黎法庭也随即判《观点》杂志犯有诽谤罪，要求吉斯伯特支付 1 500 欧元作为对种族歧视救助组织的补偿，并支付 SOS Racisme 的诉讼费用。

除了禁止种族主义言论外，言论自由还包括维护人的隐私权和国家利益。

在法国，对政治人物的观点、主张予以批评是正常的，但对政治人物或公民进行“人肉搜索”就是侵害公民隐私权。也就是说，如果你无意之中在电视节目中透露某位名人的性取向，说出他的汽车牌照、寓所的门牌号码，都属于违法行为，你都会因此吃官司。

读者肯定知道法国花边新闻杂志《近距离》（*Closer*）爆料原法国总统奥朗德在任上与其小情人幽会一事，但大家可能不会想到，这家八卦杂志偷拍法国公民私生活的行为遭到了法国社会各界，包括反对党的强烈反对。法国各界齐声反对的理由很简单：此风不能长，否则今后会没完没了，任何法国人的隐私将不复存在，这样的社会将是非常可怕的。

这就是法国人眼中的“政治正确”。

还有就是维护言论自由。我们不妨看看下面两个例子：

第一个例子是法国著名的讽刺漫画杂志《查理周刊》。

读者朋友通过2015年1月7日发生在巴黎11区的恐怖惨案已认识了这家赫赫有名的杂志。为此，这家杂志社付出了12条人命的惨重代价。

我记得在2011年秋，这家杂志为表达对伊斯兰复兴党在突尼斯赢得大选和利比亚全国过渡委员会主席宣称将在全国实施伊斯兰教法的强烈关注，大版面刊登了先知穆罕默德的漫画。漫画刊出后，伊斯兰激进势力用汽油弹把杂志社炸得遍地狼藉，并威胁将采取进一步报复措施。

面对伊斯兰激进分子的恐怖袭击，《查理周刊》非但没有退却，反而采取更加坚定的态度，坚持要刊登新的漫画。

一边是伊斯兰激进势力威胁杂志社，乃至法国在北非的利益，其中包括威胁杀死法国在非洲的人质，一边是杂志社毫不退让的态度。此时，值得玩味的是法国政府的态度。

时任法国总理菲永一方面表达对刊登这类涉及宗教题材的漫画的“极度不认同”，认为《查理周刊》的做法是不负责任的，另一方面又明确表示法国政府不会对《查理周刊》的做法采取任何行动。他强调，任何在法国领土上对《查理周刊》的暴力袭击，就是对法兰西言论自由这一宪法赋予的神圣权利的攻击，是不可接受的，并将受到法国法律的制裁。

时任巴黎市长德拉诺埃还亲自参加了在市政府前组织的声援活动，

并表示，如果有需要，他会替《查理周刊》找到新办公地点。

我问法国外交部的一位高官："《查理周刊》这样做，是否将法国在中东的利益，包括人质的生命安全置于不顾？""如果是这样，政府为什么不予以制止，或提前干预？""你们总不至于为了一幅漫画而威胁到5个法国人质的安全吧？！"

这位外交部高官对我耸耸肩膀，认为我讲得没错，但言论自由是法国宪法赋予的权利，是国家生活的原则，政府选择的余地很小，并告诉我这就是法国民主社会的代价。

后来的故事全世界都知道，恐怖分子库阿奇兄弟以为真主复仇的名义，在2015年1月7日11时30分杀死了《查理周刊》的编辑、漫画家共计12人。

几乎在同一时刻，库阿奇兄弟遭到了法国全国上下的一致谴责，可谓地不分南北，人不分左右，全国同仇敌忾，发出"我们都是查理人"的吼声。总统奥朗德更是在第一时间来到这个一直对他进行讽刺挖苦的杂志社，目睹血腥的惨案现场，说了一句："这是对法兰西心脏发动的恐怖袭击！"他再三强调国家将竭尽所能，誓死保护言论自由的共和国价值。

我注意到，围绕《查理周刊》对法国和世界各国政治、宗教等方面强势人物的讽刺，法国各界发表了各种各样的评论，其中也有人发出"我不是查理人"的声音，但这些声音反对的并不是言论自由本身，而是反对漫画家们对伊斯兰教先知"大尺度"的讽刺与不敬。

漫画再出格，也不能用暴力来消灭铅笔。

法国著名导演吕克·贝松专门给他的穆斯林兄弟写了一封公开信，呼吁不能用"冲锋枪来消灭铅笔"。

历史上，每次《查理周刊》的"出格"作品都会遭到穆斯林团体的起诉，但法国最高法院终审确认，虽然讽刺漫画会刺激某些信徒，但因其幽默的特点而与恶意攻击有着根本区别，因此，并没有违犯《新闻自由法》。

我于是问法国朋友，为什么你们甘愿付出如此惨重的生命代价去保护一个爱惹麻烦的漫画杂志？

法国朋友回答说，这是因为言论自由比生命更重要。他告诉我，启蒙运动的思想领袖卢梭早就警告过法国人，言论自由是“天赋人权”的重要组成部分，捍卫言论自由就是捍卫自己的人权。1789 年法国大革命所确立的法国《人权宣言》明确规定：“自由表达思想和意见是人类最宝贵的权利之一。”

法国朋友还说，言论自由也是法国人民在历史上抗拒强权暴政好不容易得来的胜利果实，当年拿破仑就想剥夺法国人民的知情权。拿破仑有过一句名言：“一张报纸可抵三千毛瑟枪。”在二战法国沦陷时，维希政府就试图限制法国人民的言论自由权利。因此，捍卫言论自由就是为了保护每个法兰西公民自由、人权和有尊严的生活不受强权侵犯。

因此，在法国人看来，今天支持《查理周刊》的言论自由，就是为了抗击伊斯兰激进势力对未来法国公民言论自由和人权的侵犯，法国社会为此付出的代价虽然是惨重的，但也是值得的。

我们再来看看这些漫画家吧。他们在政治倾向上基本属于极左派，他们反对一切权力，以幽默的漫画线条描绘社会的众生相，并以他们犀利的笔触和辛辣的风格去干预生活。为了保证自己言论的独立和思想的自由，他们宁可生活拮据，也不接受广告、投资和任何形式的赞助，因为他们服务的是其忠实的读者，传递的是他们的思想。这些几近潦倒的漫画家，带着巴黎左岸的浪漫与自由，以他们特有的方式维护着言论自由。为了揭露社会的不公，保卫思想的自由，他们以各种表达方式挑战着政治正确与新闻审查的界限，每天都顶着多种压力，承担着各类风险，甚至生命危险。

为法国《世界报》画了30多年漫画的普朗图（Plantu）坚持认为，他那些牺牲了的同行是观念自由的保护人，他们言论自由的程度反映了法国民主的程度。

因此，我在巴黎看到的是，尽管人们对漫画杂志上的内容的态度有所保留或严重保留，但没有一个法国人对恐怖分子库阿奇兄弟的恐怖暴行表示理解或认可，全国上下斩钉截铁地一致谴责这一可怕的暴行。

换言之，无论是奥朗德，还是萨科齐，他们与世界50多个国家的领导人一起走在百万人游行队伍中，并不是因为他们俩特别喜欢或愿意接受这个天天拿他们开涮、竭尽讽刺挖苦之能事的漫画杂志，而是出于维护法国宪法所赋予的言论自由的权利之目的。

走在茫茫的游行人海里，我也在问我自己，法国人对言论自由如此较真，是否在某种程度上也验证了据说出自伏尔泰的那句名言："虽然我不同意你的观点，但我誓死捍卫你说话的权利。"（Je ne suis pas d'accord avec ce que vous dites, mais je me battrai jusqu'à la mort pour que vous ayez le droit de le dire.）

第二个例子是关于雅克·维尔热（Jacques Vergès）的，他是法国著名的大律师，但也是个极有争议的人物，原因是他经常为那些被法国社会视作"恶魔"的人辩护，如纳粹党徒、里昂刽子手巴比，制造巴黎圣米歇尔地铁站、巴黎8区马尔伯夫街血腥爆炸案的"革命恐怖分子"卡洛斯、伊拉克前外长阿齐兹等。

我曾不止一次地问法国朋友，如何能让这样一个"为虎作伥"的"讼棍"在共和国的土地上替坏蛋们狡辩，甚至"鸣冤叫屈"？法国朋友的回复各种各样，但所有人都认为，让维尔热讲话是法律赋予辩护律师的职业权利，也是法国言论自由这一宪法赋予每个公民神圣权利的具体表现。

也许，维尔热不应该选择那些坏人作为他的辩护对象，因为他在选择这些案子时也选择了不可避免的失败结局，然而，不论维尔热的选择有多么与众不同，言论自由的权利与情感、民意多寡没有直接关系。从法律层面看，律师辩护是其从业权利，享有法律的保护，与道德的价值判断无关。用维尔热的话说：如果我讲得对，说明法律有问题；如果我讲得不对，法庭可以不采纳；但讲不讲，这是我的权利。

这位选择为“邪恶”辩护的法国大律师，父亲是法国人，母亲是越南人，他 17 岁便加入抗击法西斯的“自由法兰西”运动，随后成为忠于戴高乐将军的“戴派人士”，是一位坚定的“反对殖民主义者”，是个很正面的人物。但他选择为“邪恶”辩护，在爱憎分明的中国人看来，简直是法兰西民族的耻辱，严重混淆了法国社会的是非观，败坏了法国在世界上的形象。

然而，非常有意思的是，维尔热为“邪恶”辩护非但没有遭到舆论的谴责，反倒成了法国社会的名流，一种另类的意见领袖，成为法国司法界一位泰斗级的大律师。2013 年 8 月 15 日，充满争议的维尔热在他的寓所撒手人寰，而他的寓所就是 1778 年 5 月 30 日伏尔泰去世时所在的房间，其所处的街道现在叫伏尔泰码头街（Quai de Voltaire）。也许维尔热现象就是法国人捍卫言论自由精神的体现。

法国人如何将公权“关进笼子”

把公权“关进笼子”是现代政治文明的重要标志，世界各个国家无不这样说这样做，但法国提出将公权“关进笼子”的思想明显早于其他国家。我们至少可以从启蒙运动的思想家，如法国平民思想家卢梭提出的“主权在民”思想找到理论依据。

在卢梭看来，一切权力归人民，人民管理国家的权力是天赋的、神圣的。然后，与卢梭同一时代的波尔多贵族孟德斯鸠又提出将公权“关进笼子”的具体办法，即将国家的行政、司法、立法三项权力予以分立，这一著名的“三权分立”理论奠定了西方民主政治的基石，从而在国家制度建设上为国家公权运作设立了制衡机制，在制度上将公权牢牢“关进笼子”里。

离 18 世纪的法国启蒙运动已快三个世纪了，在今天的法国，法国人又是如何将公权“关进笼子”的呢？

媒体记者们的“扒粪”工作

法国记者是世界上最擅长揭短的了，他们将有权势的人放进笼子而后快，人人扮演着反腐的“啄木鸟”，而法国宪法又赋予他们至高无上的权利，只要他们的新闻是真实的，连总统对他们都没有办法。例如法国报纸《鸭鸣报》（*Le Canard enchaîné*），此报的特点是专门揭露政治人物的腐败问题，经它爆料后有难以计数的冠冕堂皇的法国高官不仅从此声名狼藉，还十有八九锒铛入狱。

在法国，通常当涉及曝光那些人人仇恨、个个喊打的贪官时，社会舆论是一边倒地支持，举国上下杀声一片，很少有贪官能幸免，更没有听说过任何记者因为报道反腐事件而受到迫害。

我第一次领教记者反腐能量是在 20 年前，《鸭鸣报》揭露社会党总理贝雷戈瓦的财务问题。贝雷戈瓦是乌克兰煤矿工人的后裔、密特朗的政治密友，因为媒体披露其财务账目不清，自己觉得声誉受到玷污，一时想不开，居然开枪自尽，在法国政坛曾轰动一时。

奥朗德总统上台才 3 个月，《鸭鸣报》就曝光其预算部部长卡于扎克（Jerome Cahuzac）在瑞士拥有秘密账户。当时卡于扎克嘴特别硬，矢口否认相关报道并坚称自身“清白”，但在媒体数月的追踪报道和司法介入后，他终于承认在瑞士拥有 60 万欧元的私人账户，从而成为社会党政府第一个因反腐下台的部级高官，并由此促使马克龙政府推出了“政治生活信任法案”（lois pour la confiance dans la vie politique）。

法国媒体的无情让我想起 2017 年法国大选，当时最被看好的是前总理菲永，他在传统右派人民运动党的内部初选时击败前总统萨科齐和前总理、希拉克铁杆盟友朱佩，成为法国右翼第一大党的唯一总统候选人。然而，就在菲永认为大选稳操胜券时，《鸭鸣报》捅出了菲永太太吃空饷一事。菲永顿时人气一落千丈，“空饷门”不仅使其付出了惨重的政治代价，也断送了法国传统右派重掌政权的美梦。

2020 年 3 月，法国国家金融检察院（Parquet National Financier）作为公诉人正式起诉菲永，要求法院判决其 5 年监禁（其中 2 年监外执行）、罚款 37.5 万欧元，10 年内禁止参选任何公职。在检察官的诉状中，公诉人历数了菲永如何作假，让夫人吃空饷，以及以向朋友无息借款和馈赠西服等方式索取他人财产的“无耻”行为，而正是这些小节问题使菲永一夜之间从法国人民心目中的伟大政治家变成了一个市井小人。

有笃信阴谋论的法国朋友对我说，这肯定是左翼社会党设的圈套，为什么那么多法国议员让老婆孩子吃空饷没人举报，而偏偏在大选前两周爆出菲永的丑闻，从而让这样一位治国精英结束了政治生命？但大多数法国人对此的态度还是严肃客观的，即使菲永是一个治国良才，但其道德低下，不配做国家领导人。当年为什么戴高乐将军能严格要求自己而菲永就做不到呢？若要人不知，除非己莫为，错的还是菲永本人。

2019 年 7 月，不甘寂寞的《鸭鸣报》又披露环境部部长德鲁吉在 2017 年 10 月至 2018 年 6 月担任议长期间，在议长官邸拉塞宫共计组织十几次晚宴，每次邀请 10~30 人，受邀人大多是其太太的友人。不仅如此，宴席菜肴名贵，有龙虾和美酒，如庆祝英法友好协约签署100周年晚宴上喝的2004年木桐酒庄的红酒，每瓶500欧元，2001年白马酒庄的葡萄酒，每瓶价值550欧元。

2019年7月，德鲁吉被迫辞职。

就在我完成本书初稿时，法国又爆出当下轰轰烈烈的退休金制度改革的总设计师、高级专员让-保罗·德鲁瓦（Jean-Paul Delevoye）的丑闻，他在三个月前接受政府任命时没有向政府如实申报其13项社会工作，其中包括两项受薪工作，从而涉嫌犯罪，在强大的舆论下被迫于2019年12月16日向总统马克龙递交了辞呈。马克龙对德鲁瓦这位退休金制度改革的总设计师的辞职感到非常惋惜，但法律就是法律，即便是社会工作，作为部长，一是入阁后不能再有其他收入，二是财产申报必须真实，这是政治道德问题。就这样，作为本次退休金制度改革的灵魂人物，德鲁瓦不仅断送了自己的政治生涯和政治晚节，抹黑了马克龙政府的廉政形象，也使马克龙的改革陡生变数，自己则还要迎接国家司法机关的处理。

严格的司法制度

在法国，只要政府官员营私舞弊又被起诉，不管是在什么位置上，都会受到司法调查，甚至锒铛入狱。

我曾专门就希拉克用巴黎市政府预算给其党内工作者发工资遭审判一事询问希拉克的文化顾问特拉诺瓦。我问她，一向标榜宽容的法国社会，为什么能容忍法国司法机构如此残酷地审判希拉克这位深受法国人民爱戴且病魔缠身的前总统？

要知道，希拉克告退政界后，民调显示他是目前健在的法兰西第五共和国最受欢迎的总统。人们对他的政绩给予肯定，特别是他顶着小布什的强大压力，在国际上率领世界和平力量坚决反对美国对伊拉克动武，维护国际法的尊严，曾让法国人扬眉吐气。

希拉克在接受审判的那些年，年事越来越高的他不仅远离法国政治，无声无息，还天天饱受阿尔茨海默病的折磨，身体状况堪忧。

令人费解的是，法国司法界对希拉克的审判是针对其30年前担任巴黎市长时为其党的干部在巴黎市虚设19个工作职位一事，光阴荏苒，但并没有减弱法国司法界对希拉克审判的决心和执行力。相反，法院认定希拉克以虚设公职的手段为自己的党以及个人的竞选野心谋求利益是非法行为，并宣布希拉克犯有“挪用公款”“滥用信任”和“谋取非法利益”三项罪名，判处其有期徒刑两年，缓期执行。

审判那一天，79岁的希拉克终因健康原因没有出庭，但他发表了一份简短声明，声称其接受法院判决，但以其名誉担保自己的清白，并坦承此项判决已使其蒙受创伤和深切的悲哀。由此，希拉克成为法国第一位受到刑事判决的国家元首，成为法国前任总统获刑的第一人。

希拉克的悲哀是完全可以理解的，如果是希拉克自己贪污，判刑理所当然，可他本人一个子儿也没有拿，全是为了党的事业，让党的干部做党务工作时有工资，何错之有？况且，在30年前的法国政坛，哪个政党不这么做？！

特拉诺瓦跟随希拉克二三十年，对希拉克非常了解，她感慨万分地告诉我，其实审判希拉克的那位年轻的女预审法官西梅奥妮从内心里还是很同情希拉克的，但正是为了维护司法独立原则，她不能接受巴黎检察院对希拉克“不予起诉”的请求，“王子犯法必须与庶民同罪”。于是，她决定用“挪用公款”和“滥用信任”的罪名将希拉克送上巴黎轻罪法庭，从而让所有手中持有公器的权贵明白法国的司法独立性和权力必须在阳光下运作的基本政治操守。

还有一个就是萨科齐的案子。2014年7月1日，在审讯萨科齐15

个小时后，同样是年轻的法国女预审法官们，决定以涉嫌腐败、探听司法秘密和妨碍司法公正为由羁押前总统萨科齐，这也是法国历史上首次有前总统因涉嫌违法遭到警方拘留。

然而，即使在今天，有关萨科齐的案子还会时不时地见诸报端。这位匈牙利裔犹太后裔，以第二代法国归化移民的身份在法国政坛磕磕碰碰，直到闯进爱丽舍宫，从不按常理出牌，因而官司缠身，2014 年的审判案只是冰山一角，针对他的大大小小的官司居然有 9 项，从接受卡扎菲政治献金，到竞选公关公司假发票，到监听办案律师，再到诈取欧莱雅大股东贝当古夫人的钱，无所不包。但俗话说虱子多了不痒，这位退休总统对此已习以为常，只是法官传讯时不得不到法庭露面，这说明在法国法律对任何人都一视同仁。

一帮"爱死磕"的年轻法官

当年审判希拉克和萨科齐的法官们都很年轻，两位主审还都是女士。这让我联想到法国另一位反腐女斗士，她就是 2012 年法国总统大选绿党候选人艾娃 · 若利。

这位操着浓重北欧口音法语的女法官，30 年前从奥斯陆来到巴黎。她当过餐馆侍应，曾在电影院卖巧克力。她攻读法律，快 40 岁才获得法律博士学位，后又通过司法部的法官考试成为预审法官。

因为她坚定地反腐，法国媒体形容她为"北欧来的推土机"和"投掷火焰炸弹者"，经她调查而下台的法国高官不计其数。

第一个被"北欧来的推土机"拉下马的是法国总统密特朗的好友，曾两度出任法国外交部部长、当时的法国宪法委员会主席迪马。换句话说，他掌握了法国最高的法律机构。

然而，"北欧来的推土机"却闯进他的寓所检查。

迪马盛气凌人地告诉若利，她必须离开，因为宪法委员会有紧急事情。他万万没有想到的是，这位小个子北欧女人大喝一声：“你给我站住！你若迈出你的家门一步，我可以逮捕你。”

位高权重的迪马就这样被若利送进了大狱，丢了宪法委员会主席的位子，还被罚了款。

无论是若利，还是其他年轻的调查法官，他们在法国司法界竖起反腐的旗帜，给法国社会生活的黑暗角落带来了一束正义之光，若利还因此成为全法国最著名的反腐英雄和受公众欢迎的人物之一。

试想，一个北欧女性，连法语都讲不好，也没有显赫的家庭和政党背景，只是出于正义感一路反腐，成为国家英雄，还一度成为 2012 年总统大选热门人物，这在全世界也非常罕见。

保护“吹哨者”的法律制度

法国是发达国家，在反贪腐方面有一系列法律制度保障。2016 年 12 月通过的《透明度、反腐败和经济生活现代化法》（在法国，因为此法是在经济部部长萨平原来的法律文案上的修正版，故被称作“萨平 2 号法律”）再次对“吹哨者”做出法律保护规定，如保证“吹哨者”不会受到来自其雇主或行业内任何人的报复，可减免、减轻、减除举证责任和刑事责任。此外，有关部门对他们的身份必须严格保密，如不遵守对其身份的保密义务，以及有以任何方式妨碍报告的行为，都将受到处罚。

与此同时，“萨平 2 号法律”也给了“吹哨者”新的定义，即“举报人是自然人，旨在无私地披露或举报那些明显严重违犯了法国批准参与的国际活动、国际组织的法律或法规的违法犯罪行为，而‘吹哨者’举报的动机是为了公共利益免遭威胁或遭受严重偏见而做出的单方面的行为，并且举报者应具有自己的相关专业知识”。

为配合“萨平 2 号法律”，法国政府还成立了反腐败局（AFA），专门受理“吹哨者”报案。

在法国，“吹哨者”的法语原意是“发出警告者”（Lanceur d’alerte），历史上最早、最有名的“发出警告者”是披露德雷福斯案件的玛丽·乔治·皮奎特（Marie-Georges Picquart）少校，他发现德雷福斯案中真正向德国军方出卖情报的并不是德雷福斯，而是一位叫费迪南德·沃尔辛·埃斯特哈齐（Ferdinand Walsin Esterhazy）的军官。于是，他把这一消息告诉其律师朋友勒布拉（Louis Leblois），并由后者向社会披露，以至后来大作家左拉亲自干预，发表了《我控诉》这样振聋发聩的吼声。

在 2019 年底巴黎上映的波兰斯基导演的同名电影中，饰演皮奎特的是曾获得奥斯卡最佳男演员的法国影星让·杜雅尔丹（Jean Dujardin），其精彩的表演再现了当年这场惊心动魄的斗争。波兰斯基还因为此片荣获了 2020 年法国电影的最高奖——恺撒最佳导演奖。

一套严格的预算制度和审计制度

政府向议会申请的各项预算必须非常透明，不仅过程中要接受议会的监督，等钱花完了，还要接受严格的独立审计。政府究竟花了多少钱，政府说了不算，要国家审计署签字后才有效。

记得萨科齐当总统时，国家审计署认为总统夫人为购买鲜花支付的费用严重超支，不予报销，硬是让贵为一国总统的萨科齐不得不自掏腰包。还有在 2012 年法国大选时，当负责大选的法国国家宪法法院认定萨科齐竞选费违规时，号称戴高乐将军传人的法国最大的右翼政党人民运动联盟硬是拿不到一分钱政府补贴，从而不得不向全体党员求救，希望他们慷慨解囊，为党分忧。后来，萨科齐不得不自掏腰包，交了 36 万欧元了事，这也是我前面提到的萨科齐的九大官司之一。

法国公众的“洁癖”

几年前，媒体报道法国图尔市前任市长让·杰曼（Jean Germain）畏罪自杀，消息一公布，马上成为中法媒体的头条，原因是这位市长的自杀与一个“中国集体婚礼”的案子有关。碰巧我在上海世博会期间听说过这个项目，也接待过市长本人和那位来自台湾高雄的法籍女助理。

当时，作为上海世博会法国馆赞助商的图尔市，打出的品牌就是“法兰西玫瑰婚典”，以吸引中国的新郎新娘们到图尔市举行法式浪漫婚礼。据媒体报道，2007—2011 年，大约有 200 对中国新人参加了图尔市举办的“集体婚礼”，那位台湾女子从这个市政府的公共项目中渔利甚丰，从而引发了一场官司，并直接牵扯到她的男友市长让·杰曼。

杰曼在开庭前半小时用猎枪自戕，颇有“士可杀不可辱”的气概。法国政界更是一片震惊，纷纷指责调查人员是“有罪推定”，而不是遵守法律给予嫌疑人的“无罪推定”权利。更有甚者，一些政治家重提当年密特朗总统时期的总理佩雷戈瓦的悲剧，当时后者就因人言可畏而选择开枪自尽。然而，即便法国政界怒气冲天、哀鸿一片，也没有一个法国人说杰曼做得对，也没有任何公众舆论认为法国司法部门做错了事。

这就是法国社会对腐败的“洁癖”。你纵然有千万条理由，腐败总是不对的。不该拿的钱不能拿，不该做的事不能做，这是政治人物最起码的职业操守。也正是因为这个最根本的原因，前总理菲永因为“空饷门”失去了 2017 年入主爱丽舍宫的历史机遇，环境部部长德鲁吉因在当议长期间用公款大吃大喝而被迫辞职。

如同我在前面写到的那样，当政治人物因吃空饷和贪嘴而丢官时，一旦有人试图为他们辩解，认为政治家吃点拿点在所难免，马上就会被更多的批评声音盖住，人们责问，政治家本应该是人民的道德榜样，然而他们非但不严格要求自己，反而钻国家空子，吃空饷，搞腐败，受到法律严惩是必然的。

这就是法国人的政治“洁癖”，它已成为法国官场反腐的利器，任何法国政治家，稍有不慎就会身败名裂，使自己经营几十年的政治生涯毁于一旦。

政治家、权力与性

经过“五月风暴”洗礼的法国社会，处处走在西方社会的前沿，其中也包括对性的开放态度，而这种态度，自然会反映到法国政界。

简单说来，在戴高乐和蓬皮杜时期，法国总统就是国民父母的象征，他们的引领作用体现在各个方面，其中自然包括婚姻与家庭。然而，今天的法国社会无奇不有，萨科齐总统在任上与第一夫人离异，然后与超级模特布吕尼闪婚，生了一个女儿。

然后是萨科齐的后任奥朗德，在大选前与同居了30多年的政治盟友罗雅尔分手，与《巴黎竞赛》杂志女记者瓦莱丽·特里耶维勒（Valérie Trierweiler）同居，后者以总统女友身份陪同奥朗德出访和扮演第一夫人角色。然后，花心的奥朗德又骑着小摩托幽会女演员朱莉·葛耶（Julie Cayet），被《近距离》记者全程实拍，成为世界头条花边新闻。

有意思的是，奥朗德与葛耶的绯闻几乎演变成了一个法式肥皂剧，既有法式的浪漫，又有几分宫斗剧的意味。奥朗德的正牌女友瓦莱丽听到此消息后暴跳如雷，听说当场砸了总统办公室的古董瓷器，又服了大量安眠药要自杀。也有媒体报道说，是奥朗德前女友罗雅尔，这位驰骋法国政坛40年、曾经是2007年法国总统大选社会党候选人的巾帼人物，为了报复瓦莱丽抢走了他的男人而给总统介绍葛耶的。

一时间，法国媒体及其国内小报争相报道这场奥朗德与三个女人间的情感纠葛，国人亦争先恐后想了解这个法版《甄嬛传》的所有内幕。

然而，总统与情人开房，除了奥朗德的政敌萨科齐略微幸灾乐祸外，法国朝野几乎一边倒地谴责《近距离》不道德，侵犯公民隐私权，甚至处于民望最低点的奥朗德也因祸得福，反而人气大涨。

至于那位寻死觅活的正牌女友瓦莱丽，公众对她与其说是同情，不如说是反感。高达89%的法国民众支持奥朗德干脆把她休了，因为人们想的更多的是这位第一女友暴躁的性格、嫉妒的心理和挥霍无度的生活方式。后来事情的进展与公众的愿望一模一样，受伤的瓦莱丽非但没有得到总统的所谓“道歉”，反而成为法国历史上首个被逐出爱丽舍宫的“第一女友”。

2014年秋，不甘受伤的瓦莱丽专门出版了一本书想恶心一下负心汉奥朗德，书的名字叫《感谢此刻》，书中详述她与总统热恋、偷情、吵架、分手等细节，首版开印20万册，几乎当天即告售罄。

然而，令瓦莱丽始料未及的是，法国舆论对该书一片喊打，可以说几乎没有一个人对该书及其作者有任何正面的评论。率先挺身而出的是奥朗德首任女友罗雅尔，她对瓦莱丽的做法火冒三丈，大骂她无耻。就连在法国声誉不佳的国民阵线主席玛丽娜·勒庞也指责瓦莱丽给法国丢了脸，低级下流。

我看了该书出版当天的法国电视节目，所有接受采访的人，无论是政客、记者、学者还是随机采访的路人，大家众口一词：“决不会去读这种无聊的书。”甚至有的书店老板和员工公然抵制出售该书，声称他们的书店销售上万种书，但决不当总统及其女友隐私的垃圾筒。

所有这些舆论让人感到，被小三上位革了命、篡了权的瓦莱丽是多么孤立无助。她本想在自己的书中历数总统的劣迹，让世人看清其嘴脸，不料这本满足人们“窥私癖”的畅销书竟成为法国历史上一部“最被反对的畅销书”！

是的，虽然瓦莱丽这本书在短短十几天内创下了销售 50 万册的历史纪录（由于销量大，她也一夜暴富，仅凭版税就赚了 130 万欧元），但她并没有达到自己的目的。据调查，69% 的法国人表示对瓦莱丽印象极差，59% 的法国人认为她不该出书，71% 的受访者宣称这本书没有改变奥朗德在他们心目中的形象。

后来，个性倔强的瓦莱丽还是到世界其他地方推销她的大作，在伦敦时还专门接受了 BBC 的专访，俨然一副畅销书作家的派头。但她这种到处宣传其与总统私生活的做法，又一次引起法国人的反感。不少法国人对我说，这是个可怜的女人，她在毁灭自己。

2019 年 9 月，不甘寂寞的瓦莱丽在 5 年后又出了一本新书《让我们说说各自的近况》（*On se donne des nouvelles*），书中，她又大谈当年作为第一女友的感受和在爱丽舍宫的所见所闻，字里行间又一次流露出对奥朗德这个法国“陈世美”的愤怒。

在奥朗德之后，爱丽舍宫迎来了一位 39 岁的新主人，他颜值一流，举止言谈风流倜傥，这就是法国自拿破仑以来最年轻的国家元首马克龙，而站在他身边的第一夫人布丽吉特·马克龙更是让世界看到了法国男人的浪漫和一个共和国总统的成长史。

马克龙与布丽吉特少夫老妻的恋爱史让国内的媒体兴奋异常，国人难以想象一个事业如日中天、情商智商颜值超一流、工作事业超一流的法国政治新星如何会拜倒在比他大 24 岁的女人石榴裙下。更让人不解的是，小帅哥马克龙当年明明是与布丽吉特的女儿眉来眼去的，怎么又会恋上同学的妈妈呢?

诚然，马克龙的年轻、阳光、帅气赢得了不少法国女性选民的好感，我身边不少法国女士公开对我表示，因为马克龙是个大帅哥，冲着这一点就愿意投他的票。

三年来，马克龙从法国政坛的小鲜肉成为政治老手，越来越受到法国人民的欢迎，其中夫人布丽吉特功不可没。她就像当年辅导马克龙演出莫里哀喜剧一样耐心地给马克龙讲剧情，讲人生，讲饰演角色所需要的对人物的理解和高超的技艺表达。如今，马克龙在演的就是一场法国总统的大戏，夫人布丽吉特就是他最重要的导演和欣赏者……

从马克龙与布丽吉特别样的爱情，到奥朗德为其心目中的女神而化装骑摩托车与其私会，我们看到法兰西第五共和国的历届总统，从德斯坦、密特朗、希拉克到萨科齐，好像没有一人不是风流倜傥、拈花惹草，他们不仅是人生的赢家，更是情场的赢家。

十多年前，法国出版了一本书，叫《政治与性》，历数几个世纪以来从法国国王到时任总统的婚姻，特别是婚外恋。在书中，作者嘲讽地写道:“几乎所有的法国男性政治家都是患有强迫症的花花公子。”在他的笔下，密特朗、德斯坦、希拉克都是在事业、家庭和多个情人之间周旋的高手，从而让世人知道，日理万机的总统先生们，国事、私事都没有闲着。

在这方面，密特朗创下了许多纪录。

在他任期内，他与比自己小 27 岁的安娜·潘若搞婚外情，生了个女儿叫玛扎琳娜·潘若。起先密特朗对此一直严格保密，在患上癌症自知不久于人世时，才向媒体透露风声，没想到法国人对密特朗没有丝毫批评，反而充满理解和同情。

在密特朗的葬礼上，密特朗的原配达尼埃尔·密特朗与他的情人安娜·潘若并肩而立。其私生女玛扎琳娜也得到法国社会的认可，目前在巴黎第八大学当副教授，出版了多部著作，被公认为颇具才华的女作家、女学者。

2016 年 10 月 13 日，法国著名出版社伽里马在密特朗总统诞辰 100 周年这一天，出版了一本密特朗写给其情人安娜·潘若的书信集，书的名字是《致安娜的信》(*Lettres à Anne*)。密特朗在 1 218 封信中诉说着他对优雅、有信仰、有艺术情趣的安娜·潘若长达 30 多年的火辣、执着的爱情！

密特朗以其独有的作家兼诗人的才华，用散文诗一样的笔触描绘他与安娜·潘若第一次见面的情形。那时的密特朗 46 岁，已经十余次担任部长和参议员，并早已和太太达尼埃尔结婚，育有二子；而出身布尔乔亚的年轻姑娘安娜·潘若才 19 岁，刚刚离开父母，住在巴黎的一个青年女子之家……

密特朗写道："我遇见了你，我立即便猜到了我将出发做一次伟大的旅行。我无论到哪儿，至少我知道你将永远在那儿。我祝福这张脸，我的阳光！对我来说，从此将不再有绝对的黑夜，死亡将不再那么孤独。安娜，我的爱。"

1995 年 9 月 22 日，密特朗逝世前 3 个月，密特朗给安娜·潘若写了最后一封信，信的结尾是这样写的："你曾是我生活的运气。怎么能不更爱你呢？……"

说到大情圣密特朗诗人般的风流史，能与其媲美的法国政治家恐怕只有希拉克了。这位密特朗的政治对手，在情场上虽然与密特勒并不互为对手，但在风流一事上并不输给密特朗。他高大的身躯，极富性感的讲话，特别讨女人喜欢的幽默，使他从年轻时起就成为众多法国女人的梦中情人，有关他的风流韵事也曾传遍巴黎的大街小巷。

从我学法语起，我就听说希拉克以其热情洋溢、坦诚幽默的风格和高大俊朗的帅哥形象赢得了难以计数的芳心。媒体曾报道过希拉克的美国情人、日本情人和法国情人。

2017 年，希拉克的亲密助手、跟随他 40 多年的丹尼尔 · 勒 · 孔戴（Daniel Le Conte）写了一本书，书的名字叫《有女人缘的希拉克》（*Jacques Chirac, l'homme à femme*），详细叙述了他所了解的希拉克的情史。书中写道，从巴黎市长到共和国总统，希拉克 40 多年从未闲着，捕获的芳心难以计数，而在大多数情况下，都是那些痴心女人在追求着与希拉克的一夜情，但也有希拉克主动出击的情况。

记者雷维尔在他的《共和国的亚马孙森林》里描述希拉克的情史时专门强调，有那么一次，情场老手希拉克爱上了《费加罗报》的女记者加布里东（Jacqueline Chabridon），这回希拉克真正地陷入了情网，不能自拔，居然提出要与其结发夫人贝尔纳黛特离婚，后来是在其诸多党内大佬的"威逼利诱"下，为了党的事业和其竞选共和国总统的神圣使命，希拉克才打消了念头，在江山与美人中无奈地选择了江山社稷。

记得十多年前，希拉克夫人贝尔纳黛特在自传《对话》中谈到希拉克的女人缘时，不免也大赞特赞丈夫英俊、生性乐观，使女人们都对他趋之若骛。后来，在一次法国电视二台的节目中，她承认了女孩们像飞蛾一样围在她丈夫身边对她产生的伤害。然而，希拉克太太又是如此豁达，她说："飞蛾总是要围绕着灯旋转。起初，这对我来说很艰难，我感到非常悲伤，为什么有权力和财富的男人总会吸引那么多的女人？后来我想通了，这是个规则，而我必须做到尽可能有尊严地面对这一切……"

可见，同样面对丈夫的出轨行为，与瓦莱丽不同的是，贝尔纳黛特虽然心知肚明，但为了顾全大局，长期以来独自默默承受痛苦，这反映了两位第一夫人不同的性格和年龄上的差异。

然而，与当年亨利四世的 30 多个情妇和路易十五近 20 个情妇相比，法国第五共和国的所有总统再怎么风流也比不上好色的先人，有时，也可能比不上他们的同僚，包括女同僚，如曾任萨科齐政府司法部部长的摩洛哥裔政治家拉希妲 · 达狄（Rachida Dati）。她是法国政坛非常有个性的女政治家，除担任法国司法部部长，还担任过萨科齐的发言人。

2009 年，她把孩子生下来后居然不知孩子的爹是谁。

于是，法国全国上下的媒体都在帮助她做同一个问答游戏："爸爸去哪儿了？"

有好事媒体说，找到了，爸爸是萨科齐的哥哥。也有媒体说，别找了，爸爸去了西班牙，孩子的爸爸是西班牙前首相冈萨雷斯。还有媒体说，别费劲了，爸爸太多了，没法找。

后来，达狄在 2012 年提出民事诉讼，要求 70 岁的富商德赛尼承认他是女儿佐哈的生父。2016 年 10 月 7 日，凡尔赛上诉法院判决达狄获胜，并责令德赛尼每月向达狄提供 2 500 欧元的抚养费。

于是，法国举国欢腾："爸爸找到了！"

从"爸爸去哪儿了"，我又想到了另一个法国人，国际货币基金组织前总干事卡恩（Dominique Strauss-Kahn）。他因为在 2011 年 5 月性侵纽约索菲特饭店黑人女服务员，引起全球舆论狂澜。一时间，法兰西政治家浪漫的"开房门"成为臭名昭著的"性侵门"。人们很难接受平日衣冠楚楚、一副正人君子形象的卡恩卷入了这样一个丑闻。于是，阴谋论、政治斗争论，各种版本的解释目不暇接。

持阴谋论的人无非是想说，卡恩太有个性，不看美国人脸色，千方百计要削弱美元的地位，甚至拉拢中国，扩大人民币在国际货币基金组织特别提款权中的份额，因此，美国人恼羞成怒，报了一箭之仇。

持党派政治斗争论的人想说，萨科齐执政 5 年，气数已尽，想寻求连任难上加难。但是，如果萨科齐能干掉社会党候选人卡恩，连任就毫无悬念。

克里斯蒂安是法国全国教育咨询委员会的成员、法国资深教育家，在法国教育界如雷贯耳。他 30 多岁就当了巴黎高等商学院的院长，也是法国总统奥朗德和 WTO 前总干事拉米的老师。在巴黎政治学院，他碰巧又是卡恩的同学。于是我问他，如何看法美两国媒体围绕卡恩性丑闻所做的报道？

他回答我，应该从法美媒体的不同报道中看到法美两国政治文化的差异。

他向我解释，法国政坛的“开房门”司空见惯，百姓对政府高官的这些生活“小节”问题非常宽宏大量，而美国人对政府官员的私生活却非常介意，简直就是政治上的性洁癖。如克林顿和白宫实习生莱温斯基的“拉链门”，不仅共和党和国会穷追不舍，美国媒体和老百姓也揪住不放，搞得克林顿十分狼狈，最后不得不承认丑闻，并向全国人民道歉。

相较之下，法国人对奥朗德的“开房门”非常宽容，宽容得让人大跌眼镜，奥朗德的民望甚至因此有所提升。

然而，克里斯蒂安又对我补充说，法国人对谈论金钱很忌讳，而美国人在任何场合，哪怕与你是初次见面，均可以毫无顾忌地谈论金钱。

美国社会对政治家的私生活要求是很严的，但对金钱却很宽容。这一点与法国截然相反，法国人没有美国人对政治家的那种性洁癖，但对金钱却有另一种洁癖。在法国，谈论金钱会让人反感，通常会被认为粗俗。

由此，我们看到，虽然同属基督教文明，又具有相似的文化背景和政治文明，但美法政治文化传统却截然不同，一个是以清教徒式的道德标准严格约束政治人物，一个是以天主教虔诚的心态看待物质世界，像回避瘟疫般地回避世俗社会的拜金主义。

有意思的是，话题人物卡恩回到法国后却开始了其“后国际货币基金组织总干事”的黄金般的生活，经常出入各种金融论坛，甚至为中亚一个国家担任金融顾问，从而很微妙地将法兰西的“性宽容”和美利坚的“拜金主义”有机地结合起来。换言之，他在老欧洲的生活，少了一份美国人对政治家的性洁癖，又给老欧洲带来了美国人赤裸裸的金钱哲学，活得顺风顺水，非常潇洒。

克里斯蒂安告诉我，卡恩是个奇才，这样的人不要说在法国不多，在世界上也很少见。此公能讲流利的德语、英语。有一天，他突然问克里斯蒂安，他当了国际货币基金组织总干事后，应该再学一门什么外语。他俩为此在咖啡馆里聊了半天，结论是先学阿拉伯语，然后是中文。后来，在一次国际会议上，克里斯蒂安就听到卡恩用阿拉伯语发言，真是不可思议。

克里斯蒂安对我说，法国人其实非常务实，选个总统干什么？不就是治理国家嘛，至于总统的个人生活，与你何干？如果今天卡恩是总统候选人，他一定还会投他的票。如果卡恩上台，至少法国经济不会比今天差。

克里斯蒂安又对我说，你们中国人说，白猫黑猫，只要抓住老鼠就是好猫。我们法国人也一样，只要能治理好国家的总统就是好总统，至于他有多少女朋友，与老百姓没有关系，老百姓也懒得管这样的事……

政治家之间的关系及下野后的他们

政治在法国，如同社会的其他行业，越来越接近企业化运作，人民是股东，政治家是服务提供商，其作用和岗位描述某种程度上就是职业经纪人。不过，政治家所承担的商业利益最大化目标与经纪人略有不同，政治家是要将委托的客户（选民）的意愿，通过参政转变成政府的施政纲领，或通过国民议会立法，变成国家的意志。

政治家之间类似职业经纪人的关系，使他们在人格上不存在仇恨和无谓的阶级对立。在议会辩论或竞选中这些人会经常相互攻击，但私下他们不仅可以一起吃饭，甚至可“你我”（tutoiement）相称，而非法国文化习俗上显示人际关系疏远的“您我”（vouvoiement）相称。

R 君是希拉克时期的内阁成员，有一次，当我们共进早餐时，奥朗德政府当时的财长，后来在欧盟委员会负责经济和货币政策的委员莫斯科维奇（Pierre Moscovici）走了进来。他和 R 君都是国家行政学院的校友，一见面就寒暄不已，很是亲热，根本没有我们心目中所谓的“冤家路窄”、怒目而视的政敌关系。

当这位当朝大臣用完早餐准备离开饭店时，他突然转过身来与 R 君又握了一下手，然后低声问道：“最近干吗呢？”

“没干什么，小企业主一个，瞎混吧！”

“再也不从政啦？”

“再说吧。”

这就如同打足球职业联赛一样，只是上半场与下半场的区别。你输了就下台，自己搞个小买卖谋生，赢了就神飞气扬地继续当你的官。到 5 年期满，如同球赛的中场休息，你踢得好，就继续踢下半场；踢得不好，老百姓就把你选下来，然后你也可以开个咨询公司，做个小买卖。

与西方其他代议制国家相比，法国的政治家通常都毕业于法国最有名望的法国国家行政学院，这是法国政治家的摇篮，由戴高乐将军在 1945 年创立。从某种意义上讲，法国政治家间的政治斗争，最后又演绎成国家行政学院同学或校友之间的竞争。但由于这所学校的学生几乎垄断了整个法国政治生活，近年来，人们对法国政治的不满也慢慢转向对这所政治精英学校的不满。在法国爆发黄背心运动后，马克龙就曾建议取消这所学校，想革了自己母校的命。

由于法国的政治家几乎都毕业于国家行政学院或巴黎政治学院，这种特殊的法式职业政治家文化使政治家之间的关系变得很微妙，如德斯坦、希拉克、萨科齐既是校友、政治对手，又都是法国宪法委员会的成员，拼斗一辈子，退休后又在宪法委员会平起平坐，经常在一起开会，审定政府的各项措施是否违宪。

政治家之间几十年“低头不见抬头见”，也使他们能超越政治分歧，建立好感，如希拉克在其生前出版的回忆录《步步为赢》中谈到了他与政敌、社会党领袖密特朗之间复杂但明显互有好感与敬慕的关系。希拉克在担任巴黎市长时被其数十年的政治盟友巴拉迪尔背弃，心灰意冷之际，正是在密特朗的鼓励下，希拉克才坚定了参加 1995 年总统大选的决心并赢得胜利。

密特朗总统的侄子、法国密特朗艺术中心总裁让-加布里埃尔告诉我，有一次希拉克在总统府请客，席间，他问希拉克，在他叔叔密特朗与希拉克 1995 年 5 月 17 日进行权力交接的时候，他们在密室里都谈了什么？要知道，全法国，甚至可以说全世界的电视观众都在看共和国权力交接仪式的直播现场。

希拉克笑笑说：“你叔叔特意告诉我，总统府花园里的母鸭子孵小鸭子了，要千万注意，因为院子里有野猫闯入，千万别让野猫吃了小鸭子……”

法国政治家之间的关系由于有了密特朗和希拉克的故事，让人感到政治在法国不再血腥，政治家之间的斗争只是国家治理观念的冲突，从而吸引着一批又一批人献身政治事业。然而，虽然政治家在台上呼风唤雨，职场、情场均是赢家，但他们天天提心吊胆，要面对数不完的选举和媒体及公众的监督。他们外表光鲜，但内心并非如此，特别是选举政治非常无情，一旦落选，就面临失业，就得自谋生路。

2017 年法国大选时冒出了一匹黑马，这位 39 岁的小马哥一上台，就在法国政坛掀起了一场海啸，所有法国 40 岁以上的职业政治家顿时感受到生存的危机。他们万万没有料到，真的要变天了，他们守护几十年的江山一夜之间没了，取而代之的全是新生代政治素人，他们中绝大多数人从未有任何地方或中央的从政经验，却在内阁和议会中占了大多数。

有媒体干脆将这场由马克龙领导的政治革命描述成“政变”，它使法国40岁以上的职业政治家几乎全部失业了。我看到他们中的许多人，先前在电视上人五人六，现在散落在巴黎的酒吧里，与形形色色的人接洽着生意。原因是他们不得不主动转型，成为创业家，或成为工薪阶层。如前总理菲永到巴黎一家投行当投资顾问，前社会党总理卡泽纳夫在一家律所当律师。前社会党的另一位总理瓦尔兹拥有法国和西班牙双重国籍，令人匪夷所思的是，他居然到西班牙去竞选巴塞罗那市市长，竞选失利后他居然甘愿成为巴塞罗那市一个普通的市政委员在西班牙混日子，最近又听说他想回到法国政坛，与马克龙再度联手。

要知道，当初就是瓦尔兹帮助作为经济部部长的马克龙强势通过了“马克龙法案”，因此，他对于马克龙来说也是一位“老领导”，而马克龙之所以要请瓦尔兹回到巴黎，不为别的，就是要利用瓦尔兹在法国社会党的地位来继续分化社会党，以确保2022年法国总统大选时没有任何强有力的政治挑战者。

更有意思的是，那位在奥朗德总统时期担任经济部部长，在本书第一章就提到对印度钢铁大王要采取国有化措施的蒙特布尔先生，自己成立了一家蜂蜜公司，自任老板，业务相当不错（他在2019年法国企业雇主协会年会上，还向刚刚履新的中国驻法国大使卢沙野赠送了他生产的蜂蜜）。他的夫人安瑞莉·菲里佩提（Aurélie Filippetti），奥朗德总统时期的文化部部长，则成为广播电台的主持人。她的继任者，另一位女性文化部部长福乐尔·佩勒林（Fleur Pellerin）刚刚下台就被一家韩国的投资基金看中，成为这家投资基金的合伙人和在法国的代表。

当然，更幸运的是佩勒林的继任者奥德蕾·阿祖莱（Audrey Azoulay），当了一年多的文化部部长后，被法国政府推荐竞选联合国教科文组织总干事，从而不仅找到了继续谋生的职业，更重要的是可以在国际平台上实现其人生价值。

至于退下来的法国总统，希拉克建立了自己的和平基金会，旨在推动世界文明对话和预防武装冲突。萨科齐则一度风传要出任巴黎圣日耳曼足球俱乐部老板，但后来他进了雅高集团，担任独董，并为一些法国大公司当顾问，出席全世界各种经济和投资论坛，赚得盆满钵满。奥朗德没有像萨科齐一样到企业兼职挣钱，而是成立了一个基金会，叫“换一种方式行动”（Agir autrement），从事社会公益活动。

有意思的是法国政坛的老寿星德斯坦，他 48 岁担任总统，但只干了 1974—1981 年这一届，下野时 55 岁，年富力强，之后近半个世纪一直活跃在法国政坛上，虽已年过 9 旬，但身体依然不错，在希拉克的葬礼上我还看到他。他从未给企业打过工，也没有自己创办基金会，只是替他人站台，如在 10 年前他曾每年率领法国雇主协会下属的法中委员会访华，推动中法经贸合作。

最后，我们还需要介绍一下希拉克政府时期的两位总理。一位是拉法兰，他退出政界后一直致力于加强中法友好，2019 年 10 月还获得了习近平主席颁发的“友谊勋章”，是唯一比殊荣的法国公民。此外，他还是法国展望与创新基金会主席、世界和平领袖论坛主席和中欧国际工商学院名誉教授。

与拉法兰同时担任中欧国际工商学院名誉教授的还有希拉克时期的另一位总理德维尔潘，但他更多的是著书立说，没有创办基金会，也没有在法国企业打工。

总的来说，法国政治家离开权力后必须自谋出路，但由于法国战后以来一直是专家治国，这些政治家都接受过良好的教育，有一技之长，回到社会谋生不存在任何问题，他们与社会的关系也是良性互动的，今天为官，明天为民。

讷伊市市长福尔芒丹对我说，他尽管有司机、专车，还是每天骑摩托车上班。他说，官场总是短暂的，坚持一些老百姓的习惯有好处，这样一旦回到民间，落差就不会太大。

法国为什么没有“官二代”

由于法国人对权力某种程度的淡漠，没有东方人那般的痴迷或对权力、等级的敬畏，因此在这样的社会背景下，在法国很少听到“官二代”的声音。

就法国社会的官二代问题，我曾问过戴高乐总统的孙子皮埃尔·戴高乐：“你为什么不利用祖上的名望从政？”不料，皮埃尔反而问我：“为什么我必须要从政？”

是啊，为什么必须要从政？小戴高乐的话多么有意思。

要知道，在法国社会的多元价值文化中，政治家的后代有许多选择，他们中的许多人不愿意从政，不愿在父母权威的庇护下在政界谋求一官半职，而是从事他们自己喜欢的职业。

我也曾问过当时法国最大的反对党人民运动联盟的主席科倍的弟弟：当年乃兄是政府内阁要员，后为反对党领导，为何不凭借哥哥的影响，在生意上发展得快点？

小伙子告诉我，法国人比较喜欢创业，喜欢自己去尝试。为什么要靠别人？这会让人瞧不起的。另外，政治这玩意儿很复杂，它党内有派，党外有党，在朝在野是风水轮流转。再加上媒体监督无孔不入，可谓“人盯人”，裙带关系根本不起作用，且对当事人十分有害。为什么要去冒这个险？

就法国的官二代问题，我观察了一下，在政治上真正子承父业的还真不多，如戴高乐家族，除儿子菲利普·戴高乐曾担任海军上将、参议员，孙子让·戴高乐曾担任国民议会议员外，戴高乐的后裔在政治上没有沾任何光，四个孙子都有各自的职业。他们要么是律师、审计师，要么在企业或银行工作，如皮埃尔就在一家私人银行工作。

戴高乐的接班人蓬皮杜总统没有后嗣，但有一养子，叫阿兰·蓬皮杜，我们之间也经常走动。他是一位医生，最高职务是欧洲知识产权局局长，现在打理着蓬皮杜基金会。

接下来的总统是德斯坦，有四个孩子，除老三路易从政，担任国会议员和一个小城市的市长外，其余的孩子没有一人从政。老二亨利是中国人熟悉的法国地中海俱乐部的 CEO（首席执行官），后该俱乐部被上海的投资基金复星集团收购，亨利就成为复星集团的全球合伙人。还有德斯坦的一双千金，大女儿原先办了个出版社，后成立了一个摄影师的经纪机构，小女儿则是名兽医。

密特朗统治了法国 14 年，人称“密特朗叔叔”，在法国影响很大。他有两个儿子，大儿子叫让–克利斯多夫（Jean-Christophe），曾担任总统的非洲事务顾问。但遗憾的是，这个当总统非洲事务顾问的儿子并不是盏省油的灯，如同当年撒切尔夫人的儿子马克一样，他在非洲净搞一些偷鸡摸狗、买卖武器拿回扣的事，给他老爹惹了不少麻烦，实属那种不务正业的太子党。

另一个儿子叫吉尔伯特（Gilbert），曾是国会议员和波尔多附近一个酒区城市的市长。

密特朗还有两个侄子，除让–加布里埃尔外，还有一个叫费德里克，是法国著名的文化人，曾在萨科齐当总统时出任文化部部长。当时萨科齐邀请费德里克入阁，显然不是因为费德里克官二代的身份，而是老萨要“一箭双雕”，借密特朗的名声来离间左翼社会党联盟。

希拉克执政 12 年，权倾一时，但他的掌上明珠克诺德·希拉克只是其形象顾问和新闻官，在政府机构里没有任何职务。希拉克告老还乡后，他的女儿曾一度下海到一家公司做了媒体公关总裁。

克诺德跟随希拉克在政坛幕后摸爬滚打几十年，有其父之精悍和担当，如果不是希拉克的女儿，我认为她早已是法国政坛与拉加德夫人比肩的一位女性政治家。我在埃维昂峰会时曾近距离目睹了她如何出色地承担希拉克媒体新闻官的角色，后又在希拉克基金会与她见面多次，感受到她是如何专心致志打理父亲的基金会，并亲自担任基金会的副主席。希拉克的葬礼，也完全是她一个人代表希拉克家族全权处理，其细腻和富有人情味的处理方式，让法国人感受到了希拉克的遗风。

与希拉克低调的做法相反，萨科齐总统作风强悍，在子女安排方面有些简单粗暴，如他希望次子让·萨科齐从政，并亲自规划儿子的发展路径。

首先，萨科齐让其子竞选巴黎西郊讷伊市的市长职务。这个讷伊市在法国政坛非同小可，全法国有权有势的人几乎全住在那里，因此，法国政坛历来就有谁得讷伊谁就得法国之说。当年萨科齐 27 岁就当选了讷伊市市长，然后利用该市的特殊地位，特别是在希拉克等政坛老将的辅佐下，在法国政坛一路高歌，先竞选国会议员，然后数度出任政府关键职务，如政府发言人、财政部部长、内政部部长，然后再做右翼人民运动党的党魁，最后在 2007 年成功问鼎爱丽舍宫总统宝座。

然而，老萨的如意算盘刚刚出笼，马上遭到法国政坛一边倒的反对。

企业家福尔芒丹，就是上面提到的那位要办世博会的政治家，作为独立候选人，率先对小萨的资质提出质疑，认为 24 岁的小萨还远远没有领导全法最富有城市的资格，应该先在社会实践中磨炼。

起先，老萨对福尔芒丹非常反感，用尽一切手段打压后者，希望其弃选，把位置留给他的公子。然而，讷伊市的选民投票时非常理智，虽然他们非常赞赏萨科齐当年对讷伊市的治理，但老子归老子，儿子归儿子，他们不希望政治世袭，更愿意将讷伊市的管理交给一位诚实可靠的成功企业家。最终结果也是不出所料，民意一路领先的福尔芒丹坐上了市长的宝座。

后来，不甘失败的老萨又想将小萨安排到巴黎西部拉德芳斯经济区管委会（EPAD）主任位置上。这个拉德芳斯管委会管辖着欧洲最大的商业区，仅世界排名前 50 名的企业就有 15 家在此设有分公司，其主任拥有的经济实权和管理的财富是区区讷伊市市长不可比拟的。

但老萨万万没有料到，管委会成员又一致认为，小萨乳臭未干，不宜担任要职，把老萨的提议又给否了。

读者朋友千万不要以为这是老萨下台后“基层干部”的“揭竿而起”，发生这一切的时候老萨还是总统，气势正盛。因此，此事也进一步表明法国人不买太子党的账，不是随便说说的。

后来，识时务的小萨意识到父亲的影响力对其政治生涯帮助有限，一切必须自己从头干起。于是，他选择了在巴黎第十二大学教书，希望通过丰富自己的学问、掌握治国知识和本领来实现其政治抱负。

最后，在谈到官二代时，我们还有必要介绍一下原来的国民阵线、现在的国民联盟领导人玛丽娜 · 勒庞与其父亲、该党创始人让-玛丽 · 勒庞的微妙关系。

说关系微妙的原因是女儿继承父业，当上党魁，自然离不开老爹的庇护提携。然而，看到女儿声名鹊起，暮年的老勒庞心有不甘，经常发表一些拥戴希特勒、反对阿拉伯移民的极端言论，从而使女儿想将国民阵线去极右化和备战 2017 年法国总统大选的战略设想屡屡受挫。于是，女儿一气之下，召开党的政治局会议，剥夺了老爹党的名誉主席身份，让他从此失去以党说话的资格。而老爷子则恨得牙根痛，要女儿马上嫁人，改姓，不能再用勒庞的名字来换取党内群众的支持。

勒庞父女的故事一时成为巴黎咖啡馆里的谈资，两代勒庞为了政治反目为仇，在法国政治家族中实属少见。

法国青年与政治

如果说，由于法国特殊的政治生态使政治这项古老的职业在法国难以实现子承父业的话，我们也大可不必为法国的政治舞台后继无人而杞人忧天。事实上，江山代有才人出，总有人热爱政治，愿意将政治作为人生的价值舞台。

那么，我们再来看看今天的法国青年是如何看待政治和参与政治的。

2011 年我重新回到法国后，与法国青年的交往比较多。原因之一是我的工作性质变了，不再是官员的我可以与法国社会有更广泛的接触。原因之二是我在 2016 年 6 月 18 日吴建民大使不幸因车祸逝世后在巴黎成立了吴建民之友协会，以继承和发扬吴建民和平对话思想。在我们的协会工作中，我们每年都会遴选 10 位法国青年到中国考察创新创业，增进中法青年的交流与了解。

在与这些法国青年连续三年多的交往中，我发现他们对创新创业的兴趣要远远高于对政治的热情。2018 年度“吴建民奖学金”的 10 位优胜者中有一位法籍华裔青年，叫丹尼尔（Daniel Tran），他对公益和社会事业的积极性让我感动。他与一位叫胡法德（Karim Houfaid）的人一起积极参与纪念华工来法 100 周年，不仅参与了拍摄纪录片的工作，还参与了许多论坛的组织工作。这位充满激情的华裔青年还告诉我，他希望参与 2020 年巴黎市政选举，通过直接参与政治的方式服务华裔社区和法国社会。

丹尼尔的话让我注意到了法国青年人身上发生的变化。一方面，确实有一些法国青年对政治越来越没有兴趣，他们认为政治比较空洞，经济比较务实，特别是创新创业是这个时代的主旋律，人人都想做法国版的马云；但另一方面，不少青年人认为，法国的振兴必须靠广大有理想的年轻人，虽然三百六十行，行行出状元，但唯有政治才是改变国家和社会命运的金钥匙。

丹尼尔的话也让我想起 2002 年大选时，曾有一位来自讷伊市的普通的年轻邮递员奥利维·贝赞司诺（Olivier Besancenot），他代表革命共产主义联盟（Ligue Communiste Revolutionnaire）参加竞选。他访贫问苦，下基层，进社区，到学校，聚集了一大批粉丝，还时常拿着三明治，与索邦大学的大学生讨论法国的未来。

贝赞司诺从资本主义的核心堡垒讷伊市开始他的大选征程并最终获得了 120 万张选票，即 4.25%的选民投票支持他，远远超过法共等其他左翼政党。我们可以想象，一位无产阶级的热血青年要在资产阶级的堡垒里取得革命胜利，谈何容易，但这位邮递员的整个竞选过程非常精彩，说明邮递员虽然来自社会的底层，日常工作繁忙，但通过大选给法国社会带来更公平、更温暖的人道主义政治主张，不仅是其参政，也是其所在阶层选民实现政治诉求的唯一方法。

2012 年，还有一位工人代表菲利普·普图（Philippe Poutou）参加了总统大选。

我当时对此人特别注意的原因是其党的名字很特别，叫“新反对资本主义党”。另外，普图这个人很特别。他没有多少文化，连高中文凭都没有，父亲是一个邮递员，母亲做保洁，在电视上他还有点害羞。他在福特汽车公司在法国的一家装配工厂当工人，他参选总统就是受其工友的委托，要让所有的工人都有工作。

后来，他在选举中失败了，得票率不到1%，原因是他的政治主张模糊，个人性格内向，在辩论时常常答非所问或干脆不回答。显然，他不是个政治家的料。然而，普图参选说明政治对法国的普通人依然有吸引力。你想，为了履行对工友的诺言，为了不让工人失业，即便是赶鸭子上架普图也要拼命把总统的宝座拿下。

相形于贝赞司诺、普图，2017年的大选进一步反映出法国青年对政治的热情。

是年，37岁的马克龙决定参选法国总统，当时他既没有一个传统政党支持，也没有传统选民支持，更没有参选必要的资金来源，但马克龙有的是一帮与他有同样想法的年轻人，这些人大多是马克龙的同学或同龄人，他们在社会上均事业有成，工作体面，收入丰厚，他们迫切希望将自己的才华和热情与法兰西的民族复兴结合起来。

舍瓦里尔（Aurélien Chevallier）是马克龙的同学，我认识他的时候他还是巴黎市政府一位充满激情的外办主任，2016年秋他突然辞职加入马克龙的竞选团队。我与他的同事聊起此事，大家都为他的未来捏把汗。

首先，2017年选情非常复杂，传统右翼共和党呼声很高，而且这个由希拉克亲自创建的政党有很多享誉法国的政治大佬，有前总统萨科齐、前总理朱佩、前总理菲永，更有一大批年富力强、政绩斐然的新生代政治家，如勒梅尔、佩凯丝（Valerie Pécresse）。从社会党方面看，由于是执政党，虽然奥朗德退选，但党内希望改革的力量依然很强，如前总理瓦尔兹等。

相形之下，马克龙是个政治素人，无党无派无经验，全凭一腔热血，前途难测，如果参选失败，舍瓦里尔就得从零开始其职业生涯。也就是说，他本可稳稳当当坐在巴黎市政府外办主任的交椅上规避各种职业升迁的风险，稳赚不赔。

然而，如同我在前面谈到法国公务员的请假制度时说过的那样，公务员有权通过这样的请假制度设计自己的职业生涯，因此，一旦马克龙竞选失败，作为职业外交官的舍瓦里尔可以毫无悬念地回到法国外交部重操旧业，我们对他的担心实际是多余的。

当然，说马克龙没有经验也未必准确，原因是在他担任法国经济和财政部部长的时候，他就把自己的一批同学和志同道合者网络到他的身边，并利用其部长的身份，研究解救法国经济的良策。

2018 年 4 月，在马克龙执政一年后，法国 BFM 电视台播放了一部纪录片，叫《世纪大劫持——马克龙如何问鼎爱丽舍宫》。片子详细描述了马克龙如何早在 2015 年就在斯坦尼斯拉斯 · 圭里尼（Stanislas Guerini）、塞德里克 · 奥（Cédric O）、本杰明 · 格里沃（Benjamin Griveaux）、伊曼纽尔 · 米克（Emmanuel Miquel）和伊斯梅尔 · 埃梅利安（Ismaël Emelien ）等 5 位 30 岁左右的热血青年帮助下，有计划、有预谋地准备参与 2017 年大选，又如何用他们年轻人的聪明才智，通过秘密收集各种民调，不断修订迎合法国大多数选民求变心态的政纲而赢得最终大选胜利的。

碰巧这 5 个青年与马克龙一样全是外省人，不同的是，他们没有上过国立行政学院，但他们与马克龙一样痴迷政治，渴望在巴黎的政治舞台崭露头角。

话说在 2005 年，年仅 18 岁的伊斯梅尔 · 埃梅利安找到了当时的经济和财政部部长卡恩（Dominique Strauss-Kahn），毛遂自荐，希望能为卡恩部长服务，做他的实习生。

卡恩当时是社会党内响当当的经济学家，在党内倡导市场化改革，被视作社会党 2007 年取代希拉克执政的最佳人选。埃梅利安的工作就是与卡恩的团队一起为他准备 2006 年社会党内的大选初选的选举纲领。于是，埃梅利安成为 5 个青年人中第一个“触电”者。后来，本杰明·格里沃作为卡恩儿子的同学，经后者介绍，也加入了卡恩的竞选团队。随后其他3位也陆陆续续加入。

然而不久，卡恩在社会党内部初选时被另一位社会党候选人、奥朗德的女友罗雅尔击败，悻悻然离开巴黎到华盛顿出任了国际货币基金组织总干事。然而，卡恩人在华盛顿心在巴黎，这帮年轻人对其忠心耿耿，相信有一天他终会卷土重来。

又过了一段时间，不幸的事终于发生了。2011年5月，卡恩因涉嫌在纽约市索菲特饭店性侵女服务生而遭到美国检方拘捕，最终不得不缴纳巨额罚金和辞去国际货币基金组织总干事职务，结束其政治生涯。消息传来，这些蛰伏在巴黎的热血青年如同遭到当头一棒，个个灰心丧气。

然而，历史在几年后突然出现了重大转折，青年才俊马克龙来到总统府，担任副秘书长。其间，他每个月要搞一个有关国际国内形势的务虚会，这给这些失望的年轻人又带来了一缕新的希望之光。

有一天，马克龙给埃梅利安发了一条短信，告诉他自己要做经济部部长了，问他愿意不愿意加入他的班子。就这样，这个原来为卡恩所用的竞选班子立刻转为马克龙的政治抱负服务。他们从马克龙的身上看到了卡恩的影子和理念，希望未来给法国社会带来巨变的他们成立了自己的政党，取名叫“前进运动”（后更名为“共和国前进党”），并悄悄地为实现他们问鼎共和国最高权力的共同梦想努力工作着。

下面的故事不用说读者都知道，马克龙顺利当选总统，这5个青年均成为马克龙重要的幕僚。其中，格里沃担任了预算和公共事务部部长、圭里尼成为前进党议员和发言人，塞德里克成为数字经济部部长、米克成为经济和企业事务顾问，而埃梅利安则成为总统特别顾问。

法国电视台在介绍这5个青年从政的故事时，想从另一个侧面反映出当代法国青年对政治重新燃起的激情，但电视台用“世纪大劫持”这样的修饰语，意在强调这 5 个青年处心积虑，利用他们对法国问题的深刻认识及其改革主张，通过支持马克龙参选总统，搞了这样一个可谓世纪绝唱的“政变”，是他们把共和国前进的方向给“劫持”了！

其实，除了他们 5 人，还有许许多多的法国精英青年参与政治，如我在前面介绍过的数学家维拉尼，他毅然走出自己的“象牙塔”，加入了前进党，要用自己的知识和热情服务于祖国，为法兰西的民族复兴贡献力量。

有人为此将马克龙的政治班底描述成“初创企业”，他们无资历、无资本，但没关系，因为他们年轻，充满热情和理想，等待他们的是在政治创业过程中与法兰西的复兴一道成长。

据统计，2017 年的大选颠覆了法国政治生态和年龄结构，共有 32 位 30 岁以下的年轻人进入议会，从而使议员平均年龄从 2012 年的 54 岁下降到 2017 年的 48 岁。

在这些 80 后、90 后中，有 22 位 30 岁以下的前进党议员，其中包括 24 岁的女大学生迪发妮 · 德娃（Typhanie Degois），她刚刚在巴黎索邦大学获得国际商业法学硕士学位。还有当年参与创建前进党的两位 20 多岁的年轻人皮埃尔 · 皮尔松（Pierre Person）和萨莎 · 霍利（Sacha Houlié）。但略有遗憾的是，最年轻的国会议员称号被国民阵线 23 岁的鲁多维奇 · 帕约特（Ludovic Pajot）夺走了，但这说明尽管意识形态和政纲有差异，法国青年人参与政治的热情却是一样的。

因此，如果我们一概说法国青年不热爱政治，就失之偏颇了。

戴高乐依然是法国人无限拥戴的政治家

美国总统尼克松在其著作《领导者》中曾这样说过，他访问了世界

80多个国家，除了没有见过斯大林，他与世界上所有主要国家的领袖都打过交道，他在描述戴高乐将军时曾由衷感慨，即使世界领袖都集中在一起，但只要戴高乐将军的身影一出现，地球都会向他倾斜，所有政治家都会把目光投向戴高乐将军。

在《领导者》一书里，尼克松提出产生一个伟大的领袖需要三个要素：伟大的人物、伟大的国家、伟大的事件。

无疑，戴高乐将军的一生完美地体现了这三个要素。

与国人一样，我最初接触戴高乐将军的事迹是通过书本，后在外交学院上学时作外交学士论文，研究戴高乐在率领自由法国抗击德国纳粹时与丘吉尔、罗斯福之间的关系，再后来到法国工作，与戴高乐将军的孙子伊夫和皮埃尔成为好朋友，慢慢看到了一个活生生的戴高乐。

2018年元月，在马克龙总统首次访华之际，戴高乐基金会主席雅克·高德弗兰和中欧国际工商学院李铭俊院长，在由贝聿铭先生设计的美丽的中欧上海校区总部，签署了我参与推动的法国戴高乐基金会与中欧国际工商学院联合设立“戴高乐全球领导力”教席的合作备忘录。

非常有意思的是，这个非常特别的教席将由一位非常特别的人士担任，他就是中国人民熟悉的老朋友、法国前总理拉法兰。拉法兰作为法国资深政治家、戴高乐思想的追随者和传承者，由他现身说法，无疑提升了此教席的影响力。

戴高乐基金会主任、海军少将巴海对我说，现在的世界充满不确定性，可以说危机四伏，其中最关键的原因是世界缺乏像戴高乐那样高瞻远瞩、一言九鼎的领导。而戴高乐领导力学的设立可以帮助我们总结戴高乐领导力学的精髓，让我们在这个纷争不休的时代透过现象看本质，找到一种定力、智慧、责任与担当。

其实，领导力学本身不是一个新词，在哈佛等世界顶级学府都开设有这样的课程，但将戴高乐的领导力学与中国的商学院教育相结合，培养有领袖气质的中国商界精英，这是我们在中欧国际商学院设立此教席的意义所在。而在戴高乐的领导力学，包括指挥学的引领下，法国不仅战胜了德国纳粹的侵略，而且很快医治战争创伤，成为一个世界大国，直到今天依然在世界政治、军事、外交、经济、文化等领域发挥着独特的作用。追根溯源，这就是戴高乐领导力学的作用。

我也曾与伊夫交流过，戴高乐对法国最大的贡献是什么？

伊夫回答，戴高乐不仅使法国获得自由，也使法国成为受世界尊敬的大国。伊夫说，当 1940 年全法国弥漫着一种失败主义情绪的时候，是戴高乐的勇气和担当拯救了法国。因此，戴高乐是法国的解放者，没有戴高乐，法国可能还在漫漫长夜中，世界反法西斯斗争可能会延长。1958 年，戴高乐创建第五共和国，将法国带入繁荣和强大。没有戴高乐，法国就是一盘散沙，更谈不上今天的世界大国地位。

我问，如果当年没有戴高乐，法国是否还会出现别的领导者？会不会别的领导者也会举起反抗纳粹德国侵略的大旗，领导法国走向自由、独立和繁荣、富强。伊夫说他说不好，即便有这样的人物，其作用和历史地位也会大相径庭。伊夫说，戴高乐作为法兰西领袖，是其终生历练的结果，没有毕生殚精竭虑的努力，他也不能承担起法兰西民族复兴如此艰难复杂的历史任务。

伊夫告诉我，戴高乐将军于 1890 年 11 月 22 日出生在法国北部里尔的一个天主教家庭，爱国、传统、进步思想是他幼年的家教。他的父亲亨利 · 戴高乐是中学历史和法语老师，母亲让娜 · 玛约出身于法国北部工业资产阶级家庭。戴高乐从小就喜欢看书，特别是对学习历史有浓厚兴趣。在餐桌上，全家会讨论历史和时事，当父亲亨利讲到普法战争法国蒙受的耻辱时，小戴高乐就会义愤填膺，一种为法兰西雪耻的念头一直萦绕着他。

11 岁那一年，他随父母来到巴黎，那时的他就确立了一个与同龄人不同的职业目标，那就是要当一名职业军人，报效祖国。于是，他先进入巴黎斯坦尼斯拉学院念预科，然后报考了他梦寐以求的著名的圣西尔军事专科学校，开始了军旅生涯。

1914 年“一战”爆发后，戴高乐随军参战，多次受伤，在 1916 年的凡尔登战役中受伤并中毒气昏迷，被德国俘虏后囚禁长达 32 个月。其间，他 5 次越狱未遂。被俘期间，他还以德文报纸为材料努力学习，最后精通了德语，这对他在二战结束后与德国总理阿登纳之间建立友谊大有裨益，两位政治家可以畅所欲言，共同开创了法德修好和欧洲联合的新时代。

在研究戴高乐生平的过程中，我对他的领导力学的兴趣也越来越浓厚。

我急切地希望通过查阅历史文献，特别是与身边法国朋友的交谈，搞清楚戴高乐领导力学的真谛、其丰富的内涵和在各种历史场景中的运用，如为什么戴高乐有那么强烈的担当意识？如同伊夫所描述的那样，为什么在法兰西民族生死存亡的历史关头，是戴高乐两次拯救了法兰西？

戴高乐基金会学术部主任、巴黎政治大学教授福加西对我说，戴高乐的一生是荡气回肠的一生，每个阶段之间都有内在的联系。他告诉我，在“一战”结束至二战爆发前，戴高乐在圣西尔军校任讲师，1922 年考入高等军事学院。1932 年，戴高乐出版《剑锋》（*Le Fil de l'épée*）一书，在这本书中，他第一次系统地阐述了对历史、战争以及一位优秀的军事领袖的看法。

戴高乐认为，战争是历史的接生婆，没有战争就没有人类历史的发展和变化，法国需要一支强大的军队，军队需要得到全社会的认可和尊敬。

就军事领袖的领导力问题，戴高乐认为人的本能意识的开发非常重要，是人的本能为任何一次行动提供了具体的活动框架，按部就班地套用兵书不可能成就一位优秀的指挥官，唯有将准确的情报与强大的本能意识有机地结合，指挥官才能稳操胜券。

在戴高乐的领导力学中，他第一次提出了“有性格的人”（l'homme de caractère）的概念，强调领导者必须是一个性格鲜明、敢于担当的人。在面对突发事件时，“有性格的人”有能力让下属接受行动目标，并赋予这种行动以崇高意义。他对行动成功的关注要远超过自己名利的得失。此外，在戴高乐看来，“伟人总是一个人去面对国家不幸的命运”。

在这样的领导力确立过程中，领导者承担的巨大责任要求其与下属保持距离，这种距离是维护领导者威信必不可少的。戴高乐在书中说了这样一句意味深长的话：“领导者必须在其下属眼中存在着距离感，因为权威不能没有威望，而没有距离就不可能产生威望。”

在论领导人的威望时，戴高乐指出，权威与人类社会的道德秩序一样缺一不可，现在二者都受到削弱，但这样的领导力和道德秩序危机不会持续太长，因为人类生活需要人的组织工作。但人们必须意识到，今后领导者的权威只能建立在其个人的品质价值之上，而非其职务。由此可见，威望将成为指挥学中最后一个可借用的工具。

为此，戴高乐将威望定义为一种人的近乎神秘的天赋，但威望也与领导者平日的言行举止有关。在戴高乐看来，“没有什么能比沉默更好地增强领导者的权威性了”，但领导者的这种内敛唯有在其给公众成功地留下充满热情的人格特质时才有效。

在《剑锋》一书的结尾，戴高乐总结道：“没有伟人，我们就成就不了伟大的事业，而伟人的出现都是他们矢志不渝努力的结果。”

就领导者与下属之间的距离问题，我问伊夫，戴高乐有没有可推心置腹交流的朋友？伊夫想了想，对我说：没有。原因是戴高乐是法兰西乃至世界一代杰出的领袖，他考虑问题非常深刻，在考虑问题的过程中他希望独处，考虑好了就让下面执行，不需要与任何人“推心置腹”。

为此，伊夫援引了一句戴高乐的名言：“男人可以有朋友，而政治家则做不到。”

我说，作为领袖，戴高乐一人离群索居，是否高处不胜寒？他说是的，但他爷爷习惯了，因为他的命运与法兰西民族息息相关，他必须保持自己在法国人民心目中至高无上的地位。

伊夫对我说，戴高乐从 1946 年辞去法兰西共和国临时政府主席到 1958 年担任第五共和国总统期间，他走遍法国大江南北，但他自己的旅行从不需要别人的财政支持。有时当地老百姓为了表达敬意，一定要为他出旅馆费，戴高乐也会通过反馈小费的方式予以感谢。伊夫对我说，戴高乐一生不接受任何人或团体的资助，因为他需要保持人格独立。

皮埃尔也对我说过，他小时候到爱丽舍宫看爷爷，全家人其乐融融，共进晚餐，但每次用餐都是爷爷用自己的工资来支付，因为这是家庭团聚，不能用共和国的预算。皮埃尔还告诉我，爷爷在爱丽舍宫的寓所安装了单独的电表，因为家庭用电与办公用电要区分开。办公用电是国家预算，生活用电自己承担。

法国雇主协会副主席沃勒（Jean-Claude Volot）对我说，他的家乡离戴高乐当年的乡间别墅科隆贝双教堂非常近，记得小时候其父亲是戴高乐的亲密追随者，经常在戴高乐家里开会商量建立法国人民党的事宜。当大人们在屋子里开会时，他就和一帮小朋友在院子里玩，等会议结束时，戴高乐出来送别客人。沃勒记得戴高乐像个巨人，他没有与小沃勒握手，而是把他的大手放在小沃勒的头顶上拍了拍，让小沃勒激动不已。

沃勒说，由于父亲与戴高乐的特殊关系，他童年交了不少科隆贝双小镇的朋友，他们迄今还在走动，见面时总要回忆当年小伙伴们心目中的戴高乐。热拉尔 · 拿塔立（Gérard Natali）就是其中的一位。这位当年戴高乐灵柩的抬棺人，现在科隆贝双一家米其林二星酒店的老板还会经常给沃勒忆及当年为将军抬棺的情形，而沃勒对此更是记忆如昨。他对我说，这是一个为伟人送别的悲痛时刻，但由于戴高乐在其生前的遗嘱中明确反对任何形式的追悼会，更不要说国葬，送别仪式朴实、低调到难以想象。除了家人和圣西尔军校的几位青年学生代表和由镇上包括拿塔立在内的几个抬棺人，没有人被邀请或准许在现场。

沃勒对我说，他由衷热爱将军，不能不见证这一时刻。于是，趁警察不注意，他早早溜到墓地，找到了一棵大树，哧溜一下爬到了树上，一直等到戴高乐的家人们在镇上的小教堂做完弥撒后由抬棺人徐徐将伟人的遗体抬到墓地。沃勒说，对于这一幕他到死也不会忘记。

沃勒说，像戴高乐这样杰出的领导者对自己的严格要求是今天世界上任何政治家都做不到的。镇上的老百姓迄今还记得戴高乐夫人伊冯娜·戴高乐（Yvonne de Gaulle）每天在镇上集市买菜的情形。老太太手挎着篮子，与那些卖肉卖菜的农民兄弟姐妹们唠家常，亲自付钱，不要任何人的馈赠。乡亲们都亲切地叫戴高乐夫人为“伊冯娜大婶”（Tante Yvonne）。

沃勒、伊夫和皮埃尔的叙述让我看到一个更加立体的戴高乐，看到一位严格自律的领袖的生活细节。这种高风亮节还体现在戴高乐的生死观与荣誉观上，最典型的就是戴高乐对其葬礼的安排。1952 年 1 月 16 日，戴高乐写下了遗嘱，对其葬礼进行了安排：“我希望我的葬礼在科隆贝双教堂举行。如果我意外死在别的地方，请将我的尸体运送到我的家中，但无须进行任何公开的悼念仪式。我的遗体将安葬在我的女儿安妮的墓旁，有朝一日我的妻子安息了也与我们合葬在一起。铭文上可写：戴高乐（1890—……）。”

在遗嘱中，戴高乐特别要求不举行国葬，不举行任何公开正式的悼念活动，不能发表任何形式的悼念讲话。在其家庭葬礼上，只有军队的代表能够参加，但人数要少，不能奏哀乐，不能有军乐队。戴高乐最后表示，如果有法国或外国任何想在他身后授予他荣誉的做法都将违背其遗愿。

为使其遗嘱得到切实执行，他准备了一式三份，一份给办公室主任蓬皮杜，一份给女儿伊丽莎白，一份给儿子菲利普。

50年后，当我从法国国家电视中心的档案资料中看到戴高乐将军那段催人泪下的葬礼时，我都按捺不住内心的激动和夺眶的眼泪。戴高乐为法兰西贡献了他的一生，但他却如此淡泊名利，其葬礼普通得几乎无法再普通了，如果不是全国数千万老百姓围着电视机，如果不是全球政要云集巴黎圣母院共同做了一场无言的弥撒，如果不是法国电视台的实况转播，如果不是沃勒早早爬在树上见证了这一切，我们都不知道这位叱咤风云的20世纪伟人就这样离开了人世……

由于戴高乐对法兰西民族的卓越贡献，其国父的形象始终未曾褪色。在法国，直到今天，无论什么人，无论处于何种社会阶层或有何种政治信仰，都向我表达了对戴高乐的无限敬意。可以说，如同没有毛主席就没有新中国一样，没有戴高乐，就没有今天的法兰西。即便在今天的各种民调中，戴高乐依然是法国人民最热爱的总统。

在戴高乐的领导下，法国推翻纳粹德国的统治，成为一个主权独立的国家，然后迅速发展民族工业，建立了从航空航天、核能发电、高铁、汽车，到科研、医疗、教育、文化等一系列在世界上数一数二的产业和体制，法国的经济也出现了史无前例的高速增长，增速最高的年份达到6.5%。

在国际上，戴高乐顶住美国压力，率先发展核武器；与联邦德国等五国一起建立煤钢联营和原子能共同体，推动欧洲联合，主张建立一个从大西洋到乌拉尔山的政治欧洲；于1964年1月27日在西方世界率先承认中华人民共和国；1965年退出美元金本位制；1966年退出北约军事一体化组织，并将北约总部和在法国基地的美军驱逐出法国。

因此，我们可以说，戴高乐的领导力学就是一种历史关头的责任学，一种通过各种艰苦努力使法兰西民族在世界民族之林中获得尊严、发挥大国作用的责任学。

戴高乐生前一直说这样一句话：“法国不伟大就不是法国。”

我们从戴高乐两次拯救法兰西命运和在艰苦的反法西斯斗争中坚持原则，敢与美国总统罗斯福、英国首相丘吉尔说不以维护法兰西的民族尊严和独立的坚定意志和高超的斗争艺术中看到了这样的领导力。

在冷战期间，戴高乐更是不惜与美国摊牌，坚持独立自主的外交政策，承认新中国，坚持核独立，退出北约军事一体化组织，撤销法国的美军基地，这一连串动作让美国这个超级大国大丢脸面。

在中欧国际工商学院的“大师课堂”上，拉法兰教授认为，美式的领导力是一种强烈的取胜意愿，其特点是注重技术、规则的应用；中式领导力则是一种“智慧型”领导力，领导者更像是一位乐队的指挥，帮助集体顺利运转；而戴高乐所代表的法式领导力是一种英雄主义的领导力，是伟大的事业成就了伟大的领导。在戴高乐将军的身上我们看到领导力的三个要素：第一，领导者应具备做事的热情，勇于承担责任；第二，领导者需要遵从现实环境条件；第三，领导者必须明确自身使命。

我非常认同拉法兰教授的分析，戴高乐的领导力充满了一种法国骑士般的浪漫色彩与英雄主义，可以这么说，戴高乐的伟大及其所体现的法兰西的伟大全是通过奋斗与争取得到的。

没有奋斗，就没有今天的法国；没有努力，就没有戴高乐的领导力学。

在福加西教授的眼里，戴高乐所有这些让世界目不暇接的外交大手笔都是在验证他的那些有关法兰西的某种想法。戴高乐是军人、政治家，但同时也是历史学家。他早年在圣西尔军校教授历史知识时就说过，历史的重任使法国在世界民族之林中具有一种特殊的地位。

福加西教授的话让我联想到许许多多法国朋友对我说的话，他们一致认为，戴高乐的领导力孕育于法兰西悠久的历史与文化之中，也是法兰西民族对人类社会发展的一种哲学理念在戴高乐身上人格化的表达，这也是戴高乐既是军人、政治家，又是作家、历史学家的原因。

我们只要看看戴高乐的六本著作，即《敌人内部的倾轧》（1924）、《剑锋》（1932）、《未来的军队》（1934）、《法国和她的军队》（1938）、《战争回忆录》（1947）和《希望回忆录》（1970），就会情不自禁地对将军丰富的历史知识、深邃的思想和简约又不失优雅的文字感慨不已。

许多朋友对我说，戴高乐之所以能在崇尚个人主义的法国社会中服众，除得益于其思想和意志力外，还得益于其优美的法语文字功底。

《戴高乐指挥学的教益》一书的作者雅诺森（B.Jarrosson）向我表示，同样是二战回忆录，看戴高乐的回忆录和丘吉尔的回忆录你会发现一个巨大的差异，前者气势磅礴，后者叙事精细。戴高乐是一个战略家，当年率先站出来抗击德国纳粹，自己无一兵一卒，靠的就是他的战略眼光。如 1940 年 6 月，戴高乐对投奔自由法国而来的莫里斯·舒曼（Maurice Schuman）表示，法国马上会赢得战争的胜利，原因是美国肯定会支持遭到纳粹进犯的英国，而希特勒肯定会撕毁《苏德互不侵犯条约》进攻苏联，德法战争将是一场世界大战，法国必定会得到世界各国的支持……

“在法国全面沦陷、举国投降主义甚嚣尘上时，戴高乐已看到了反法西斯战争胜利的曙光，这就是戴高乐的战略眼光。”雅诺森特意补充道。

的确，在法国的历史紧急关头，戴高乐就是凭着这样的远见卓识收获了一批又一批追随者。

戴高乐的讲话方式，通常道理深刻又语言简练，语气亲切、沉稳又平实无华。如 1940 年 6 月 18 日在英国 BBC 广播公司的讲话，动员所有不甘接受纳粹德国侵略的法国军人到伦敦与他会合，共同捍卫法国的领土完整和民族独立。

1946 年 6 月 16 日，针对二战前软弱低效的法国第三共和国，戴高乐发表了有关法国未来国家政体的“巴约讲话”（discours de Bayeux），明确提出要建设一个建立在民选总统基础上的强有力的现代政治制度。

1964 年 1 月 31 日，在向法国媒体介绍法国为什么要承认中华人民共和国时，他说道，“中国是一个比世界还要古老的国家”“承认中国，只是接受一种客观世界的存在”。

1968 年 5 月 30 日，面对“五月风暴”，戴高乐说：“作为国家和共和国合法体制的代表，我想了 24 小时，面对当前的形势，我决定我不能引退，我必须完成人民交给我的任务。”

戴高乐基金会主任巴海告诉我，戴高乐在每一个历史时刻的每一个讲话都语气坚定，表达清晰，深入浅出，让人听起来有一种如沐春风之感。然而巴海不无遗憾地对我说，这种语言魅力在今天的政治家身上已很难找到了。

当然，巴海又对我补充说，目前的法国疫情是个特例，但即便没有新冠肺炎，受全球化的冲击，今天西方国家的人们对未来也是普遍感到迷茫，正是这种迷茫使西方各国人民都在呼唤伟大的领导者。

换言之，今天世界的混乱也是领导力缺失造成的。从萨科齐、奥朗德到马克龙，他们都在效法戴高乐，希望重塑国家的权威和个人的威信，但法国社会 50 年来已变得越来越扁平，强人时代已经结束。况且，即使是戴高乐本人的权威，也是其几十年艰苦磨炼的结果，是时代风云造就的，现在的领导人要树立威信，只能从自身执政能力的提高入手。

戴高乐说，威信源于人们对你人格的敬仰，而非对你职务的畏惧。他还说，没有伟人，就不会有伟大的事业，而这些都源于一个人的追求。

我想，在戴高乐将军逝世半个世纪后的今天，之所以仍然让法国人民，让中国人民，让世界人民怀念，就是他的伟大的人格、光辉的思想和那种为民族独立和富强时刻准备赴汤蹈火、死而后已的精神，而正是这样的精神，使法国人，特别是年青一代重新燃起了对政治的激情。

我同时还想到，在越来越强调技术创新和金融资本特殊作用的今天，现实生活无情地告诉我们，无论技术创新还是经济繁荣都没有解决人类的思想困境，更没有丝毫提升世界各国领导力的水平。从戴高乐的人生轨迹看，他在幼年和青少年时期接受的是传统教育，对历史人文的学习非常重视。戴高乐既是伟大的政治家，也是一位崇高的人文主义者，一位优秀的作家、演说家。他之所以能够让桀骜不驯的法国人民顺服，很大程度上靠的就是这种人文力量。

在戴高乐逝世50周年的今天，让我们重温戴高乐的领导力思想，鼓励广大青年人在学习好各门科学知识的基础上努力加强对本国历史文化的学习，从而激励他们报效祖国，实现人生梦想，把青春和生命献给社会和公共事业。

让我们与法国青年一起高呼“政治万岁”吧！

第七章

深入骨髓的平等思想

为什么是法国人写了《21 世纪资本论》?

最近几年，法国经济学家托马斯·皮凯蒂（Thomas Piketty）突然成为世界级网红，其非常晦涩的经济学著作《21 世纪资本论》在全世界被翻译成 40 种文字，发行 250 万册（仅中国读者就贡献了 60 余万册），创下了学术类书籍发行的新纪录。

皮凯蒂从统计学出发，系统研究了法国大革命后 200 多年的资本主义发展史及欧美其他国家近 300 年的资本主义发展史，得出了一个非常重要的结论，即资本主义本身并无助于人类社会的公平发展。

皮凯蒂的书最初在美国一炮打响，美国学者将其奉为圭臬，美国著名经济学家、诺贝尔经济学奖获得者斯蒂格里茨甚至认为，皮凯蒂的书可以与马克思的《资本论》媲美。

由于美国大牌经济学家的背书，英美报纸连篇累牍的宣传，以及中国社会对公平的那种圣徒般的渴望，皮凯蒂的书在中国一夜走红，大有洛阳纸贵之势，各种研讨会目不暇接，皮凯蒂也就被捧成了中国学术界的网红。

不久前，《21 世纪资本论》续集在巴黎问世，这本书叫《资本与意识形态》（*Capital et Idéologie*），比《21 世纪资本论》还要厚，有 1 198 页，讨论的问题依然是社会公平，但分析问题的角度不一样，因而名叫“资本与意识形态”。

我看了皮凯蒂出席的不少书评节目，出版界对他近 5 年来就人类公平问题做出的又一次深刻思考给予了很高的评价，并对其严谨的学术研究、其对不平等体制的考证及寻求平等的解决方案所做出的努力给予赞赏。

如果用一句话来概括《资本与意识形态》，那就是贫富悬殊并不是命中注定的，而是政府的政策以及社会意识形态所致。

无独有偶，2019 年诺贝尔经济学奖的三位得主中有一位法国人，叫埃丝特·迪弗洛，她不仅是诺贝尔经济学奖历史上罕见的女性之一，还是最年轻的获奖者。诺奖评委会授予他们三人经济学奖的理由是表彰他们在“减轻全球贫困方面的实验性做法”。

由于迪弗洛年轻，为人低调，世人对其知之甚少。其实，她是美国麻省理工学院非常有名的经济学家，还担任过美国前总统奥巴马的经济顾问。

我看了她获奖后接受法国媒体采访时的讲话，发现她生命的基因里就有那种法国人对公平问题的执着追求。

她出生在法国一个新教家庭，爸爸是数学家，妈妈是儿科医生，热心社会公益，经常到非洲扶贫。在这样一个家庭出生的迪弗洛，从小就对生活充满感恩，对穷人有一种强烈的同情心。

作为经济学家，迪弗洛研究的课题是如何使贫困落后的农业国家或发展中国家实现工业化，摆脱贫困，走向富裕。也就是说，当世界主流经济学家都在扎堆研究财富生成理论时，她甘于寂寞，深入世界各个贫困国家和地区实地调研，潜心研究导致贫穷的原因，提出解决方案。

从迪弗洛获奖到皮凯蒂新作的全球影响，我想到了这两位法国学术精英成功背后的文化和专业背景因素。

所谓文化因素，我觉得法国知识分子那种对维护世界公平的神圣责任感甚为重要。为什么他们两位均选择公平作为研究方向，而非世人趋之若鹜的财富生成理论？我想，这可能与法国人对平等理念的追求和守护责任有关。

所谓专业背景因素，那就是法国人对数学的热爱，并且对严密的数学工具的使用游刃有余。如果仅凭良好的意愿和情怀，没有严密的数学和统计资料佐证，同样会与事无补。

法国人在这方面的成就让我想起法国人理性主义哲学的传统及类似笛卡儿、帕斯卡等哲学大师的数学功底。

就法国人的平等思想，我曾与许多法国朋友调侃过，我说一场法国大革命产生了世界级的影响，你们法国人都非常自豪，但如果一定要从法国大革命“自由、平等、博爱”这三个词中抽出一个作为法国人最愿意恪守的价值理念，它应该是什么？

10个法国人中有9个回答我：“平等。”

记得90年代初我第一次去法国留学时，我的一位有左翼倾向的法国老师名字叫沙尔文，有一天他说要请我喝咖啡，在喝咖啡时他突然问我：“你们怎么能让一部分人先富起来呢？”

我们喝咖啡的时间很短，后来阴差阳错，直到今天我再没见到这位沙老师，但我忘不了他当时的眼神，那眼睛里中流露出来的是对中国改革开放可能走向市场经济道路产生的失望。

再后来，我在法国待久了，发现持这样平等观念的法国人很多。但由于中国经济的成功和数亿中国人的脱贫，法国人与我交谈中，谈平等时针对法国社会的比较多，与中国社会进行比较的少，原因可能是出于礼貌，或者是他们根本不了解中国的情况，不愿言及他们不熟悉的话题。

在法国生活这些年，虽然媒体一直在批评法国的贫困人数在增加，农民如何破产自杀，在地铁里我也经常看到各种各样的乞讨者，最近还有一位学生因为交不起学费自焚未遂，但总的来说，法国还是一个平等的国家，而且在许多方面位于世界前列。

首先，这种平等体现在人际关系上，如老百姓与当官的关系相对比较扁平，别说见到自己选区的议员、市长、省长和大区议会主席，就是见到总统、总理和部长，也会不卑不亢。这当然与民选政治有关，在法国老百姓心目中，当官的都是他们选出来的，是他们的代理人，卢梭在300多年前的启蒙运动时就这么对法国人说过。

其次，这种平等体现在国家财富的分配上，因为这是大革命的思想，而对法国人平等理念最简单的测量方法就是根据基尼系数来分析法国社会。

法国统计署2018年的调查显示，法国的基尼系数为0.293（欧盟平均数为0.308），在欧盟国家中仅落后于荷兰（0.285）和瑞典（0.282），远好于其他欧盟国家。

数据还显示，在政府实施税收二次分配前，法国的基尼系数为0.516，在欧盟内最高，这主要是由法国CAC 40大公司高管收入和大量失业者之间的收入差距造成的。后来国家通过税改，将这种差距缩小，把钱从富人的口袋转移支付给低收入者，法国才得以跻身欧盟最平等国家之列。

在法国，这种社会财富的重新分配35%来自政府的强制性征税（尤其是个人所得税），65%来自政府的各种现金补助（如家庭最低收入金额补助、各类对家庭生育和抚育儿童的补助及贫困家庭住房补助）。通过税收和福利再分配，90%的中低收入家庭的生活水平从每年平均收入3 260欧元提升到10 020欧元，而10%的富裕家庭每年的平均收入则从73 160欧元降到56 430欧元。

除基尼系数外，能够形象说明法国社会平等情况的还有其橄榄型的社会结构，即中间大、两头小，中产阶级占主导地位。

在法国，绝大多数人的最低工资收入为1 500~3 000欧元，这些人就是所谓的法国中产阶级，月收入超过3 000欧元的法国人只占全国人口的10%，超过4 000欧元的占5%，只有1%的法国人月收入超过18 000欧元。

如果我们按欧元对人民币1∶8的比价折算，法国1%的富人月收入约合人民币 13 万元，这个收入在中国精英中根本算不了什么，但他们在法国已是我们所说的社会财富金字塔的塔尖了。

法国媒体几年前曾做过一个调查，法国真正意义上的富人总数大约 1 330 人，占人口的 0.002%。在法国杂志《挑战》（*Challenge*）的财富排名（它也被称为法国版的“胡润财富榜”）中，有 59 名财产 7 亿欧元以上的富人，首屈一指的就是贝尔纳·阿尔诺，其财富估计为 1 095 亿美元（995 亿欧元），超过亚马逊的创始人贝佐斯和微软创始人比尔·盖茨。

法国第二大富豪是欧莱雅的大股东贝当古夫人，但老太太已在 2017 年仙逝。第三大富豪是古驰的老板皮诺特（François Pinault）。

碰巧法国这三位富豪都是做奢侈品生意的，在 2019 年 4 月巴黎圣母院不幸着火时，阿尔诺和皮诺特都在第一时间宣布捐赠数亿欧元修缮款，从而再次引起人们的关注。

当然，法国也不仅仅是富人的法国，法国还存在着一个“贫困阶层”。这里所谓的贫困阶层是指收入不到法国平均收入 60% 的人，按照 2019 年的标准是，单身人士每月收入低于 1 050 欧元，如果按照 1∶8 汇率，就是每月收入不到 8 400 元人民币。

根据 2018 年的统计，法国当年的贫困人口数是 930 万，约占法国总人口的 14.7%，比 2017 年上升了 0.6 个百分点，这也是 70 年代后期以来法国贫困人口的最高水平。但统计署同时强调，贫困人口上升的 0.6 个百分点极有可能是政府取消了对贫困家庭每月 30 欧元的补助造成的。

除去 14.7% 的穷人和 5% 的富人，法国的中产阶级占了全国人口的 80%，这是一个非常典型的橄榄型社会，两头很小，中间特别大。

从这样的橄榄型社会结构中我们就不难明白，为什么在法国的中国老留学生都认为，相对于英美等西方国家，法国是最平等的国家，是西方世界里的“社会主义国家”。

法国人对公平的执着

什么是深入法国人骨髓的平等思想？

我想，在回答这个问题前，我们还是再回顾一下巴黎大主教是怎么评价希拉克的人生的。

2019 年 9 月 30 日上午，我出席了在巴黎七区古老的圣叙尔比斯教堂举行的希拉克总统葬礼，巴黎大主教米歇尔·欧伯提在做弥撒时颂扬希拉克的一生如同圣徒一样，将自己的爱给予所有的人，并称希拉克的这种爱既是无私的也是无限的，他给予的对象不分地位高贵与贫贱，他 80 多年的生命的意义就是让别人对生活重新燃起希望。

我想，如果法国人存在深入骨髓的平等思想的话，欧伯提大主教对希拉克的赞扬就是这种思想的验证。

法国社会对公平的看法源于天主教的传统教义，四海之内皆兄弟的宗教情结，使公平、互助、保持同情心等理念在法国形成了一种国家意志，如我在前面提到的国家医疗援助制度，它曾使刘锦勉先生的夫人和父亲等无数在巴黎的非法居留者能够享受到法国最好的医疗帮助，这不能不说是法兰西平等思想的伟大。尽管这使法国纳税人每年要多付出 10 亿欧元的额外财务负担，但在每次议会拨款辩论时，各党派议员都会一致通过这项拨款计划，因为这是共和国的一个原则，也是法兰西民族平等博爱精神的体现。

除了希拉克，我们还可以看到其他的法国政治家，特别是传统法国左翼政治家对平等理念的践行，如社会党鼻祖让·饶勒斯（Jean Jaurès），他的平等理念比以希拉克为代表的右翼政治家还要强烈。

作为左翼旗手，饶勒斯是 19 世纪末 20 世纪初第二国际和法国工人运动中的著名社会活动家、法国社会党的主要缔造者，他早在 100 年前就提倡人人平等、妇女解放、重视劳动、诚信等共和国价值，他在法国被视作法兰西民族的良心和社会进步的象征，是他为工人争取到了10小时工作制（原来是11小时），并第一次提出建立工人退休制度。

饶勒斯逝世后，另一位社会党人莱昂·布鲁姆（Léon Blum）在1936—1937年担任人民阵线联合政府总理，他通过法律在法国历史上第一次使工人每年享有带薪休假的权利，并将每周的工作时间限定在40小时以内。

1981年，法国社会党第一书记密特朗当选总统，马上将法国最低工资线提高10%，将家庭津贴和住房补贴提高25%，并对富人的财富开征巨富税，规定每周法定工作时间39小时，每年带薪假期5周，法定退休年龄60岁。

然而，法国社会党试图通过政府直接干预经济生活和参加第二次分配实现社会平等的努力，导致密特朗政府不得不在上台后很短的时间内实行紧缩政策，其不切实际的所谓社会平等压倒一切的左翼思想，加之其政府操作不慎，使法国经济蒙受了巨大损失。

1996年，法国社会党若斯潘政府通过一项法律，将密特朗1982年制定的每周39小时工作制再压缩到35小时。时任法国就业部部长奥布莱女士表示，此举不仅提升法国工薪阶级的福利水平，还会每年给法国社会至少创造10万个就业机会。

但若斯潘政府激进的社会福利政策使法国经济付出了重大的成本代价。每周35小时工作制并没有为法国每年创造10万个工作岗位；相反，它使法国企业的竞争力大大下降，也使世界许多投资者对法国望而却步，放弃了对法国的投资，使法国的就业出现了严重的问题。今天，人们回忆法国经济在近20年如何走下坡路时，通过35小时工作制被普遍认为是一个里程碑事件。

2012年5月，法国社会党再次上台，其第一书记奥朗德当选法国总统后，在第一时间做的事就是向法国富人征收税率高达75%的巨富税，此举在当时令世界舆论一片哗然。

奥朗德此举力度之大、速度之快，使他一夜之间成为杀富济贫的罗宾汉，成为法国人的民族英雄。但这样严厉的法律也使法国的富人们闻风丧胆，出现了一阵富人逃离法国的狂潮。如路易威登集团总裁阿尔诺，这个今天的世界首富，在奥朗德当选法国总统后立即申请比利时国籍以逃避巨富税，《人道报》当时在头版头条以“不爱国就滚开”的大标题，对其行为大加抨击。亲社会党的《解放报》头版刊登了阿尔诺的全身照，只见阿尔诺面带笑容，右手拎着打好行装的红色行李箱，上面写着醒目的大标题：“富翁，滚一边儿去！”（Casse-toi riche con!）这句话源自萨科齐当总统时的一句话：“Casse-toi pauvre con！”（“靠边站，穷鬼！”也可译成“靠边站，可怜虫！”）

对于奥朗德的这一杀富济贫政策，当时的法国舆论一边倒，上上下下都支持奥朗德，对阿尔诺等富人卷资出走义愤填膺，不少社会党议员甚至要求议会通过法律，剥夺“避税出逃者”的法国国籍，反映了法国社会根深蒂固的仇富和平均主义思想。

然而，法国社会党政府在替穷人代言，向富人大幅征税，迎合法国传统的平等思想的同时，由于其掠夺性的税收严重影响了法国企业家的积极性和法国企业的国际竞争力，很多企业的高管纷纷搬到法国以外的国家居住，一些外国大企业更是将公司的一些关键部门设置到国外。一些法国上市企业在巴黎招聘外国高管时，这些外国高管明确表示可在法国上班，但决不在法国定居，原因是法国的个人所得税太高，会让他们劳而无获。这些外国高管大多选择距离巴黎不到两个小时车程的伦敦，他们宁可把时间花费在路上也不愿为法国政府填财政窟窿。除了在法国上班的外国人，还有难以计数的法国人同样生活在伦敦，有统计显示是30多万，相当于法国一个大城市的人口，其中有许多人来伦敦就是为了避税。

出于同样目的，还有大批法国有钱人来到比利时的布鲁塞尔和瑞士日内瓦，在那里形成了庞大的法国富人社区。在法比边境有一个叫耐山（Néchin）的小镇，前来逃税的法国富人扎成堆。

对于社会党的均贫富政策，法国著名影星、曾主演《大鼻子情圣》《基督山伯爵》等经典影片的法国国宝级演员热拉尔·德帕迪约（Gérard Depardieu）非常气愤，他公开与当时的法国社会党政府总理艾罗（Jean-Marc Ayrault）对骂，尔后便选择加入俄罗斯国籍，成为一名俄罗斯人。入籍仪式结束后，他还受到普京总统在克里姆林宫的热情款待。会见中，普京反复说他喜欢德帕迪约的电影，是他的忠实粉丝。德帕迪约银幕上的硬汉形象与普京硬朗的性格很接近，他们英雄相惜，一时成为世界媒体的头条新闻。

法国右翼政党也对社会党的均贫富政策予以猛烈抨击，萨科齐曾指责此种政策是疯狂的，是对有才华的人、成功者、创业者的大惩罚，是将法国孤立于世界。反对党人民运动联盟议会党团主席雅各布（Christian Jacob）和前议长阿夸耶（Bernard Accoyer）也纷纷指责社会党是要将本来可以留在法国的最后几个富人全部赶出去。

记得当时有记者实在看不下去，他们从技术角度指责巨富税极其不公正，说有的退休老人一辈子住在自家的房子里，靠着微薄的退休金过活，但他的房价超过 130 万欧元，因此必须缴纳一笔巨富税，相当于一年 1 万欧元。如此一来，加上原本的房产税和居住税，退休和孤寡老人根本无法承受，只能卖房卖地，卷铺盖走人。

据媒体报道，法国共有 3 万家庭资产超过 400 万欧元，其应缴税率达到资产的 1.3%。这使得这些富人恐慌万分，纷纷出售自己的豪宅，导致法国的豪宅销售额一下增长了 20%，但价格却在不断走低。

需要补充的是，自 2015 年 1 月开始，奥朗德政府这项针对高收入群体征收的“富人税”事实上被悄悄地搁置了。2017 年马克龙当选总统，他上台的第一件事就是让这个名存实亡的“富人税”从法律上予以取消，因为这项极端的税收政策并不是法国社会平等思想的真实写照。

据媒体报道，这项备受争议的“富人税”仅在 2013 和 2014 两年里为法国政府提供了区区 4 亿欧元税款，却给世界留下了“不欢迎企业家来法国投资”的极大的负面印象，得不偿失。

奥朗德上台后，由于政绩平平，任期不到一半人心就失去大半，最终在任期结束时主动放弃了连任竞选。从这一尴尬局面中，我们看到的不仅是奥朗德个人政治生涯的败笔，社会党多年经营的政治资本也被他挥霍一空。

随着奥朗德的下台，法国社会党也分崩离析，法国人民选择了一位崇尚自由经济、强调效率的年轻总统。但深入法国人骨髓的平等思想并没有随着社会党的分崩离析而消失，相反，这种孕育在法兰西文化中的意识，早已根深蒂固，成为法国人游行罢工的本能反应。因此，就法国人是否在今后还会选择一位类似密特朗和奥朗德的政治人物来率领他们争取更多的公平，我真的没有答案，原因是在法国，人们对公平实在是太执着了……

波澜壮阔的社会公益大实践

如果说公平意识是法国人的一种全民意识或精神理念，抑或生命价值的话，那么，他们针对政府采取的通常是游行、示威、罢工，以争取自身的权利，而对社会弱势群体表达的则是平等（及其为平等所提供的帮助）、关爱和公益。在某种意义上，我认为，法国人骨髓中的平等思想使他们愿意将这样的理念融入广阔的社会大实践，从而形成一种特有的法兰西全民行善的大行动。

据法国统计署统计，法国目前有150万个各种类型的活跃协会，将近2 200万活跃志愿者，相当于三分之一的法国人在每天从事着各种各样的公益活动，如为了解决贫困者的吃饭问题，法国有一个著名的“爱心食堂”（Resto du coeur）。它是由法国著名喜剧演员高吕奇（Coluche）在20世纪80年代建立起来的，目标是每天给失业者和流浪者提供2 000~3 000份食物，但它在第一年的第一个冬天就分发了850万份，影响力巨大。其中原因有二：一是创始人高吕奇的知名度很高，二是世界著名钢琴家让-雅克·高德曼（Jean-Jacques Goldman）的参与。高德曼同时也是“最受法国人喜欢的法国人”（La personnalité préférée des français）。这个从1988年开始每年通过民调选出“最受法国人喜欢的法国人”的活动，汇聚了法国所有充满正能量的人物数十人，然后经过全体法国人投票产生，高德曼长年居于榜首。

据统计，2018年冬天，“爱心食堂”提供的食物高达1.3亿份，食品来源是法国老百姓的捐赠和加盟的大型食品商场、超市，这些企业将快到期而没有失效的食品无偿送给爱心食堂，由它向那些最需要的人提供。受益对象也从原来的失业者扩大到广大低收入人群，包括大学生，只要你按时排队领餐，就有你的份。

在解决住房问题方面，有皮埃尔神父（Abbé Pierre）创建的Emmaüs协会。

皮埃尔神父是一位普通的天主教神父、慈善家，也是法国抵抗运动成员、国民议会议员。他一生致力于救助无家可归者，为他们争取权益，多次当选“最伟大的法国人”。90年代初我在法国上学时，记得圣诞节和新年讲话，皮埃尔神父要比总统希拉克的讲话更受欢迎，而希拉克在其致辞中也总忘不了强调政府与皮埃尔神父的事业一致性，都是为了让法国社会更平等，让那些居无定所的人有一个栖身之处。

我曾在电视上多次看到，当难民、非法居留者强占巴黎市中心空置的房子而遭到警察武力驱逐时，皮埃尔神父总是以其弱小的身躯来试图阻挡警察的武力行动。他在法国人心目中就是一座道德丰碑，拥趸成千上万，这些人都是他的会员，志愿为其服务，因此在法国各地都能找到Emmaüs。

在帮助街头流浪汉和无家可归者方面，有神父罗瀚（Jean Rodhain）于1946年创建的“天主教救助”（Secours Catholique）协会。它旨在关注法国社会的贫困和社会排斥等公共问题，并寻求通过协会成员的努力来促进社会正义。1988年，协会成功地使法国政府将反贫困问题列为全国性的重大课题，并就反贫困问题给法国政府提供咨询意见。

天主教救助协会在法国各地有75个办公室、3 700个团队、66 000名义工，协会的口号是“与最需要帮助的人一起行动”。

除了上面这些直接关注社会平等、提供人际关怀的社团外，法国的公益组织还有很多，但我想着重介绍两个人，他们在法国都非常有名。第一位是著名的米其林三星大厨，叫马克斯（Thierry Marxe）。

他的名字与革命导师马克思只差一个元音字母e，他虽然没有马克思那样有学问，也没有马克思那样的雄心要解决人类平等的大问题，但他有一颗朴实的心，就是帮助那些困难学生学会生存技能，服务社会。他的厨师学校是与巴黎20区政府合创办的，目的是向那些有志于餐饮事业的失业者、求业者提供技艺。

马克斯是法国著名大厨，但他没有明星架子。他将自己的技能无私传授给他人，他的厨师学校成为法国失学、失业青年融入社会的一个非常有创意的平台。

法国还有一位名叫尼尔的企业家，被称为“法国的比尔·盖茨”，我在前面介绍法国创新创业时曾提到他，他在短短几年内就完成了一个创业传奇，从零开始，打造了一家名叫“自由”（Free）的法国无线通信超级公司，是法国青年创业的偶像。他还与巴黎市政府一道打造了欧洲最大的创新工厂 Station F。

尼尔办了一个学校，非常特别，叫 42。为什么叫 42？这是已故英国作家道格拉斯·亚当斯（Douglas Adams）的科幻名著《银河系漫游指南》提出的人类对宇宙和整个生命所有问题的答案。尼尔选择这个数字作为校名，就是要为人类找到解开宇宙和整个生命所有问题答案的钥匙。

但更为奇特的是，尼尔的这所学校完全免费，对 18 岁以上的所有人开放，也没有考试大纲，唯一的考试就是面试。一旦录取，学校也不上课，不考试，就是同学间每天相互学习，相互激发创造力。学校从 2013 年成立至今，不仅在法国，在美国硅谷也非常有名，非常成功，目前全世界共有 42 个校区，其中 21 个在法国。

马克斯和尼尔，一个是著名法餐大厨，一个是著名企业家，他们将自己的经验无偿传授给那些失业或待业青年。通过这样的技能传授，把这些年轻人武装起来，帮助他们找到了融入社会的新路径。

法国人的公益活动可谓百花齐放，五花八门，我的好友陆向明女士给我分享了一个有关她女儿的故事。

她的千金是在香港上的法语中小学，然后在法国上大学，目前在巴黎一家著名的拍卖行任职。她是一个热情阳光的女孩，除了工作就是看书、健身、听歌剧，但让她妈妈非常吃惊的是她还是一个收留非法移民的 NGO（非政府组织）的骨干。

这个 NGO 组织的主要工作就是帮助那些流落街头的难民找到一个暂时的栖身之地。作为这个组织的积极分子，她居然收留了一个 16 岁的非洲男孩，让他住在自己的家里。不仅如此，她还要放弃许多周末交友和娱乐的宝贵时间，专门陪伴这个非洲男孩，教他学习法语，给他庆祝生日，带他一起去玩攀岩运动等。

陆女士得知后对女儿的人身安全深感忧虑，可女儿很坦然，她告诉妈妈，收留这个难民是她作为这个组织成员的职责。“他的国家已毁于炮火，百姓生灵涂炭，到了法国成为难民，够不容易的了，这是他最需要帮助的时候，我不过是给他一个住的地方，有什么了不起的！”

妈妈说：“但他毕竟是个陌生人，特别是一个男孩，素昧平生就住到你的家里，你又是一个人，还要共用一个卫生间，妈妈怎么能放心？再说，难民救助毕竟是法国政府的事，与你又有什么关系？”

这个可爱的小姑娘马上回答她妈妈：“这与我关系可大了。我是这个协会的成员，作为成员，这是责任。我能给这个难民青年提供一点帮助，让他度过人生中这段困难的时期，我觉得我做了一件帮助他人的事，非常有意义。你说救助难民是政府的工作，这没错，但政府不也是靠社会力量吗？我身边的法国人做人道救助，从不说这是政府的事那不是政府的事，我们觉得只要对社会有好处，都要去做。至于人身安全，我当然会留意的。再说，这些难民总体非常感恩，恩将仇报的是少数，或者根本就不存在。”

当陆女士将她与女儿的对话告诉我时，我非常感慨，我也认识她的女儿，法语名字叫爱玛，非常知性活泼，看书不少，要不然也不可能到那么有名的拍卖行工作。

陆女士与我一样非常感慨，她对我说，爱玛从小学到大学，一直受的是法国教育，从她身上可以看到法国社会那种人道与平等理念在这一代年轻人身上的烙印。爱玛做公益也是因为她的同学和身边的人都在做公益，他们这些年轻人都很纯朴，希望通过他们的爱让社会更美好。

陆女士的女儿让我联想到有关法国人救助难民的一个非常有趣的故事。

话说有一位住在法意边境的农民，叫德里克 · 赫鲁（Cédric Herrou），他在 2016 年屡次自己开车，偷偷将总共 200 名来自厄立特里亚和苏丹的难民非法运进法国，并将他们安置在自己的农场和法国铁路公司一个废弃的度假村里，给这些人提供食物和在法国居留的各种帮助。

当然，他的这种做法明显是违法的，他遭到法国警察的逮捕也在情理之中。根据共和国检察官的起诉书建议，2017 年 2 月，普罗旺斯的艾克斯地方法院以向非法移民提供偷运、非法居留等各种帮助为由，判处赫鲁 8 个月监禁，并罚款 3 000 欧元。

赫鲁对此表示不服，认为他对这些非法移民提供的援助是无私的，而人道主义和博爱原则是宪法赋予公民的权利。为此，律师帮助他上诉至法国宪法法院，后者裁决其“出于人道主义目的帮助他人的做法属于宪法赋予公民的权利，无论受帮助之人在本国领土上逗留的合法性如何”。这样，艾克斯地方法院于 2018 年 12 月撤销了对赫鲁的有罪判决，并将案件转交给里昂上诉法院。

2020 年 5 月，里昂上诉法院正式宣布赫鲁无罪释放，免除一切刑事责任。

赫鲁马上在其推特上写下：“我被释放了 !!! 友爱现在不应该是一种犯罪，将来也永远不是一种犯罪。”

从赫鲁被法国警察拘捕的第一天起，这位在法意边境以种植橄榄为生、默默无闻的法国农民，突然间成为法国乃至世界上援助难民的象征性人物，他的事迹不仅被法国媒体广泛报道，更有法国记者拍摄纪录片在戛纳国际电影节上放映，向全世界讲述赫鲁平凡又感人的故事。不仅如此，欧洲人权法院、欧盟议会、联合国、数不清的非政府人权组织都在关心他的命运，而法国宪法法院的回复意见和里昂上诉法院的判决，让人又一次看到法国文化中的博爱精神，尤其是在这种精神与国家利益发生冲突时，居然是这样的理念让共和国检察官的公诉词变得如此无力。

是的，“友爱在法国不是一种犯罪，现在不是，将来也不是！”

陆女士女儿的故事还让我想到我大学同学刘力宾的儿子，这是一个让刘力宾说起来就眉飞色舞的孩子。

刘力宾的儿子在巴黎大学念法律专业，平时热爱做公益，但他的公益有点与众不同，因为他参加了巴黎市政府的一个叫 SAMU 的救助机构，每周都会抽时间在巴黎街头救助流浪汉，上老百姓家里救助病人，或在高速公路救助交通事故中的伤员。

力宾对我说，参加 SAMU 需要接受岗前培训，而培训是要花钱的。她不知道儿子是怎么搞到的钱，也不知道什么时候参加的培训，只知道他一天到晚很忙，不是在法学院上课就是到 SAMU 上班，救死扶伤，傍晚离家，凌晨回家，然后告诉她一宿的经历，又救助了多少人，等等。

力宾从儿子的脸上看到孩子很有成就感，很幸福，这使她深有感触。她对我说，她从来没有在儿子身上花过任何功夫，孩子三观正确，好像是与生俱来的。如果说外界因素的话，那就是法国的教育和法国社会公益的氛围。

力宾对我说，她的这个儿子非常阳光，就是参加体育活动也离不开公益，如儿子游泳好，就花钱参加了一个救生员的培训班，这样他就可以利用假期到海边沙滩救助海滨浴场的游人。还有，儿子参加铁人三项比赛，她都不知道，直到儿子到哥本哈根参加比赛那天，她看到儿子比赛后的脸书照片以及许许多多粉丝对他的点赞才知道。

她说，铁人三项比赛坚持下来要十几个小时，最后到终点的时候，儿子哭了，儿子说，他是对自己挑战极限的毅力而激动得哭了。力宾说，她由衷地为儿子积极阳光的性格骄傲，在孩子身上充分体现了法国人那种积极向上的精神。儿子现在一家世界著名的会计师事务所实习，但他的职业道路肯定是做公益或做对社会有益的经济工作。

力宾儿子的故事让我想起巴黎高等商业学院一位教授对我说的一句话：在今天的法国，许多年轻人找工作，已经将工作的意义放在报酬之上。同样一个工作岗位，青年人更喜欢选择那些为社会创造价值的实体经济，特别是在环保、健康、教育领域的工作，而非只是为挣得一份高工资，到投行、会计师事务所、银行等金融部门工作。这些给社会直接创造价值的工作在法国叫“积极经济”（économie positive）。几年前，受奥朗德总统委托，阿塔利还专门组织一帮经济学家写过一个相关的专题报告，在法国影响很大。

读者可能还记得我在前面提到一位叫纳哈妮的柬埔寨裔法国女企业家，她作为柬埔寨难民、孤儿，现在成功了，她要把她的爱全部回馈给收养她并让她安身立命、事业有成的法国社会。

她是巴黎东郊布希圣乔治市的市议员，自己开了一个小咨询公司，但她平时总是会利用闲暇时间来关心其所在社区亚裔的权益，并参与领导了两个 NGO 组织，一个是领养柬埔寨孤儿的，另一个是叫“社会杂货店”（Épicerie Social）的人道组织。

她告诉我，这些人道主义组织是她来到法国后受到法国人启发成立起来的。

她说得很实在：法国许多普通人，生活水平不如我，但他们都献身各种人道组织，我受益于法国社会，就更应该用自己的爱心去关心那些得不到温饱的法国穷人。

著名企业家冯达磊早已离开著名的依视路公司，在巴黎过着平静的退休生活，但他太太告诉我，老头整天参加各种社团活动，并以自己的名字建立了一个帮助青年人创业的基金，手把手教那些郊区移民后代如何创业。至于冯太太本人，一口气参加了三个法国社团，分别是青年创业辅导、环保和街头流浪儿救助方面的。她告诉我，她一周的时间几乎都用在这三个公益协会的活动上，很少有时间在家陪冯先生。

提到街头流浪儿，我从冯太太想到陆女士的女儿爱玛，也想到 20 多年前我在中国驻斯特拉斯堡总领馆工作时认识的一位叫波米耶（Pommier）的朋友，他是法国东部城市贝桑松医院的院长。夫妇俩收养了一个残疾黑人儿童，来自吉布提。收养时医院明确告诉他们孩子天生有缺陷，这种缺陷不是体质上的，而是精神上的，原因是其亲生父母都有精神病史。

耐人寻味的是，波米耶夫妇回答道，那就是上帝的旨意，希望我们照顾好这个可怜的生灵。我见到这个孩子时他已 15 岁，长得非常魁梧，足有 1 米 80。但他说话口齿不清，还经常发出动物般的吼叫，因此，波米耶夫妇专门花钱雇了个保姆来看护他。

我记得我们有一次同桌吃饭，但这个孩子的在场，让我这顿饭吃得很不是滋味，心中唯一的想法就是早点结束，但波米耶夫妇却吃得很坦然。我想，才不到一小时我就不耐烦了，而他们是一天 24 小时围着这个可怜的孩子转，如果没有那种大爱思想，是完全坚持不下去的。

当然，法国人平等思想的社会大实践，除了上面谈到的大量有关互助帮困等社会领域的慈善行为外，还有许多其他领域吸引着大量的社团活动，如环保、保护文化遗产、国际人道主义救助等都是法国人比较热衷的事情。有些人在这些领域毕其一生，成了相关领域的形象大使和社会良心的代名词，如法国有个很有名的航海家古斯都船长（Commandant Cousteau），正是由于他，法国人爱上了保护蓝色大海的事业和关心南极北极的气候变化。

古斯都老先生不仅在法国，在世界上也已成为法国的优秀代表。在他去世后，他的子女们继承父业，继续做保护海洋的社团工作，在法国非常受尊重。

法国还有一位叫尼古拉 · 于洛（Nicolas Hulot）的环保英雄，他的名字在法国如雷贯耳，是法国在环保领域的良心和行动向导。他是从希拉克到马克龙各届法国总统都要积极邀请入阁的环保大咖，2015 年作为奥朗德总统特使，代表法国在全世界游说，成功地协助法国政府举办了第 21 届世界气候大会。

马克龙上台后，于洛看好马克龙的环保政治主张，首次接受法国总统邀请入阁，担任副总理兼环境部部长，但他后来发现马克龙对环保事业缺乏诚意，他提出的好多环保主张均被政府总理或经济部长以经济优先的名义给“枪毙”了，非常气愤，一怒之下拂袖而去。

许多法国人对我说，他们非常理解于洛，他在政府中的位置很尴尬，与其作为马克龙的花瓶，还不如回到公民社会，继续做他的环保NGO事业，继续无拘无束地站出来批评政府，教育公众，潇洒地过他的草民生活。

我与于洛有过几次接触，但都不在他当政的时候。我发现他回到民间后充满活力，全世界环保界的朋友都在邀请他，这也说明法国公益人士不仅在本国深受爱戴，在国际上也有一大批追随者。

法国在世界环保界还有一位赫赫有名的大咖，叫亚恩·阿蒂斯–贝特朗（Yann Arthus-Bertrand），是世界著名的航拍大师，他拍摄的环保片《家园》（*Home*）在全球引起轰动。2010年上海世博会期间，我曾在联合国馆与其共同参加过几次活动，后在法国也有一些来往。他在拍摄《家园》后又拍摄了一部叫《人》的纪录片，在全球60多个国家采访了2 000多人，再将对这些人的采访汇集成片子。纪录片的首映式安排在联合国大会上，时任秘书长潘基文及出席2015年联大的许多国家元首观看了纪录片。同样，阿蒂斯–贝特朗的纪录片又在全球引起轰动。

最后，在全球人道救助方面，法国有一个叫“无疆界医生”（Médecins sans frontières）的NGO组织，专门针对饱受战争或动乱摧残的地区和贫穷国家人民提供人道医疗救援和抵抗疾病的救援工作，主要创始人是法国医生贝尔纳·库什纳（Bernard Kouchner）。该组织在国际热点问题上的人道主义救助非常出色，1999年还获得了诺贝尔和平奖。

无疆界医生在国际上非常受尊敬，那些战乱国家的老百姓都亲切地将此组织称为“French Doctor”（法国医生）。创始人库什纳医生在法国也非常有名，他曾是密特朗政府的人道事务部部长，在萨科齐当总统时又做了一段时间的外长。

库什纳在投身国际人道主义救助后，从一个普通的医生成长为法国在世界人道救助方面的旗帜和著名的政治家、外交家，说明了法国民间公益土壤的肥沃和力量……

男女平等——法国平等文化的另一面镜子

如果说法国人将平等视作社会文明进步或生存方式的一部分，那么，法国的男女平等也验证了法国人的这种平等文化。为此，我也觉得有必要将此引入我们对法国人平等问题的考量。

从渊源上讲，法国的女权运动也是西方妇女运动的始作俑者，然后从欧洲大陆、英国到北美，再传遍整个西方社会。

2018 年，达沃斯世界经济论坛根据经济参与度、政治赋权、教育程度、健康和生存四个指标衡量，将法国男女平等问题排在世界第 12 位。

2019 年 10 月 15 日，总部位于布鲁塞尔的欧盟性别平等研究所（EIGE）对欧盟成员国内女性在工作、薪酬、知识、时间、权利和健康等方面的指标进行评分，满分为 100 分，第一名是瑞典，得分为 83.6 分，其次是丹麦，77.5 分，第三名为法国，74.6 分。

2020 年 3 月 4 日，欧盟 Equileap 事务所对法国 CAC 40 上市公司董事会和高管中女性的数量、工资差距、雇佣方式、产假等进行了调查，结果表明，法国在欧洲市值最高的 255 家公司中名列第一，得分 52 分（总分 100 分），瑞典第二，总分 49 分，西班牙第三，46 分，德国第四，44 分，意大利第五，42 分。

此外，从健康角度看，法国女性也是仅次于日本妇女的世界第二大长寿群体，在法国的百岁老人中，百岁女性大有人在。有一个故事，说的是法国南部有一个公证人，看上老太太卡门·杰拉德的房产，于是他与杰拉德做了一个对赌，希望通过他为老太太生前提供一笔丰厚的月供以换取老人去世后的房产。有趣的是，老人活到102岁才去世，而这位公证人实在等不及了，居然先于老太太20多年就撒手人寰，最后是由其子女供养老太太到生命的最后一刻。

谈到法国女性，我们自然都会想到法国存在主义哲学家西蒙娜·德·波伏娃的著作《第二性》，她说："我们并非生来就是女人，而是被后天环境塑造而成的。女性不是天生的软弱，我们的特征是由社会塑造而成，社会越开放，我们越独立"。

波伏娃此书一直被誉为有史以来有关女性的最健全、最理智、最有智慧的一本书，甚至被尊为西方妇女的圣经，在世界范围内广泛传播，特别是她与存在主义哲学大师萨特之间的关系更是西方女性追求男女平等的榜样。因此，在世界各国女性中，波伏娃就是法国女性独立与自我的象征。

如果说波伏娃是法国战后男女平等最重要的象征的话，在历史上，影响法国的女性还有许多，其中圣女贞德（Jeanne d'Arc）一直被视作法国人民抗击外敌入侵的民族英雄，在一定程度上是国母的象征。在英法百年战争（1337—1453）时期，贞德率领法国军队与英国侵略军英勇作战，最后寡不敌众，不幸被捕，并被处以火刑。如今在法国诺曼底鲁昂市中心广场还能看到当年英军火烧贞德的遗址。

当然，法国的巾帼英雄也未必个个像贞德那样悲壮，也有不少以其出众的才华、美貌或手腕影响法国历史发展的杰出女性，如国王亨利二世的妻子凯瑟琳·德·美第奇（Catherine de Médicis），她不仅贵为皇后，同时还是弗朗索瓦二世、查理九世和亨利三世三任法国国王的母亲。作为一个女性，其权力可谓登峰造极。

还有路易十五的情妇蓬帕杜夫人（Mme de Pompadour），她才华横溢，热爱艺术，是巴黎上流社会沙龙文化的创始人，法国思想启蒙运动的大作家伏尔泰、狄德罗以及画家布歇和法尔康涅等都得到过她的慷慨资助。她还专门建造私人剧院和资助各种歌剧、戏剧和芭蕾舞剧团，参与设计法国皇家塞夫勒瓷器厂的艺术品和现在的法国总统府爱丽舍宫、协和广场和凡尔赛小翠安农宫的设计工作。

可以说，正是由于她的艺术情趣和乐善好施，法兰西文化在当时才得到迅速发展。

还有女作家乔治·桑（George Sand，1804—1876）、西多妮-加布里·柯莱特（Sidonie-Gabrielle Colette，1873—1954），都是法兰西灿烂文学星河中杰出的代表。当然，法国女性留下锦绣文章的并不限于她们二位。

在推动社会进步方面，值得一提的是法国女政治活动家、剧作家奥林匹斯·德·古格（Olympes de Gouges，1748—1793）在1791年写成的《妇女和公民权利宣言》。在这篇基于法国大革命《人权和公民权利宣言》起草的女性宣言中，德·古格首次在人类历史上提出妇女应享有与男子相同的权利。然而，由于她写此宣言的目的是突显法国大革命在男女平等方面的疏漏或失败，特别是她对罗伯斯庇尔红色恐怖政权的无情批判，使她不幸被送上了断头台。

80多年后，巴黎公社社员、革命家路易斯·米歇尔（Louise Michel，1830—1906）成为法国另一位女权主义者的旗帜。她深受伏尔泰、卢梭等人自由主义思想的影响，政治上属于激进的无政府主义思想的布朗基主义（Blanquisme），并积极主张废除死刑。

米歇尔有一句关于男女平等的名言。她说："妇女问题，特别是在今天，与人类的问题密不可分。"她还批评当时法国社会妇女的地位是

“一群被人欺压，然后被出售的活人牲口”，“我们在人类社会中的地位是不可能通过乞求得到的，它必须通过夺取而得到”。

即便在今天的法国，人们在谈到男女平等时，总不会忘记路易斯·米歇尔的历史性作用。

当然，要盘点那些影响法国历史的巾帼英雄，我们的名单是难以穷尽的。在法国妇女中，无论是女性科学家居里夫人（Marie Curie，1867—1934），还是时装达人可可·香奈儿（Coco Chanel，1883—1971）、法兰西夜莺歌唱家伊迪丝·皮亚芙（Edith Piaf，1915—1963），都是法国人民心中的骄傲，法国女性政治家西蒙娜·薇依（Simone Veil，1927—2017）在今天的法国人心目中依然具有至高无上的道德引领力量。

薇依夫人曾是纳粹犹太人大屠杀的幸存者，担任过法国卫生部部长、欧洲议会主席、法国宪法委员会成员和法兰西学术院院士。在20世纪70年代时她就致力于推动保障法国妇女堕胎自由的法律，她当年力主法国女性堕胎自由的发言至今让人振聋发聩。她说：“我们不能对每年30万次法国女性非法堕胎视而不见。”她进而歌颂法国女性的青春是“勇敢、热情和具有牺牲精神的。让我们信任它，捍卫它的最高价值”。

要知道，薇依当时在议会发言时，绝大多数议员都是男性，当时的法国社会受天主教的影响非常严重，人们思想非常保守，未婚先孕和堕胎都被视为一种罪，而非女性的权利，而正是薇依的勇气和维护法国女性的坚定决心，使这一主张男女平等的具有里程碑意义的法律得以通过。因此，她也被视作20世纪法国和西方世界最伟大的女性之一。

西蒙娜·薇依于2017年6月30日在巴黎逝世，享年89岁。2018年7月1日，马克龙总统主持仪式，将薇依的遗体安放在法国著名的先贤祠。在仪式上，马克龙表示，法国正是由于有了薇依这样的杰出女性才使法兰西民族的伟大成为可能。他高度赞扬薇依女士作为纳粹大屠杀幸存者为法国女性和欧洲联合所做出的不朽贡献。在这个安葬伏尔泰、卢梭、雨果等法兰西伟人的先贤祠中，薇依是第 5 位长眠于此的女性。此外，巴黎市政府为纪念她还将巴黎的一个地铁站命名为欧洲-薇依广场站。

的确，如同马克龙所言，法兰西的伟大在于其伟大的儿女，法国妇女与男人一样为祖国的伟大做出了重要贡献。然而，在我们感慨这种伟大或对今天法国女性的自由独立、知性优雅刮目相看时，我们更要看到她们在优雅美丽的外表后面所做出的不懈努力。

我们还是回顾一下一个多世纪以来法国妇女为男女平等而不懈奋斗的历程吧：

1907 年，已婚法国妇女获准自主支配自己的薪水。

1924 年，女性可以接受高等教育。

1928 年，女性公务员可享受两个月的全薪产假。

1938 年，女性不完全法律行为能力被废除，成年女性可像成年男性一样成为完全行为能力的主体，上大学、择业或获得身份证、护照不再需要丈夫的允许。

1944 年，戴高乐将军签署法令，宣布法国妇女可同法国男人一样参与投票选举和被选举。

1946 年，法官职务向女性开放。

1965 年，法国妇女可以开设银行账户，不再需要丈夫的允许便可参加工作。

1967 年，女性可以进入巴黎证券交易所进行交易。

1970 年，政府废除“一家之主”的概念，妻子与丈夫在家庭中具有同等地位。

1972 年，著名的巴黎高等商学院和巴黎综合理工大学变成了男女混合的学校。

1975 年，通过女子自愿终止妊娠的“薇依法”。

1975 年，保障妻子在婚姻生活中个人私密空间，禁止丈夫阅读其信件和代替其处理各种人际关系的法律获得通过。

1982 年，堕胎可由医保报销。

1983 年，通过男女同工同酬的“鲁迪法”。

1990 年，最高法院承认夫妻之间存在强奸行为。

2000 年，通过《男女竞选公职平等机会法》。

2002 年，规定丈夫在妻子产假期间可享有产假。

2011 年，明确规定法国企业董事会和监事会中的男女代表比例。

2012 年，通过处罚性骚扰犯罪的《性骚扰法》等。

总体看，法国在男女平等方面的进步可圈可点，最近几年需要再专门出台的法律并不多，全社会对女性地位和作用的认同早已达成共识，杰出女性越来越多，如现在的欧洲央行总裁、前国际货币基金组织执行总裁拉加德夫人，她当年就是希拉克政府的财经部部长。在密特朗总统时期还有一位女性总理，叫克勒松，也就是说，在 40 多年前法国就有了女总理。

我有一位非常好的朋友，是一位社会党领袖，曾一度是奥朗德首届政府呼声最高的文化部部长人选，后来他把这个位子让给了安瑞莉·菲里佩提。我问他原因，他很平静地说，社会党一直是男女平等的推动者，文化部部长由一位女士担任对外形象更好，为了党的利益，他当不当部长已不重要了。

在法国总理菲利普的内阁班子中，女性部长 18 位，男性 16 位，是第五共和国历史上女性最多的一届政府。在目前的法国国民议会中，女性议员为 228 名，比例达到 39%，也是历史上女性议员最多的一届议会。

法国政界女性参政的这一变化，说明法国社会在男女平等方面又迈出重要的一步。这些靓丽的成绩单与近年来法国女性事业的发展和 2000 年法国出台的《男女竞选公职平等机会法》都有密切关系。同样，这与希拉克总统当初成立的法国“性别平等观察所”的工作密不可分，后来奥朗德又将“性别平等观察所”升格为“男女平等高级委员会”，直接由总理负责，并发布年度报告。

2017 年马克龙就任总统后，将加强男女平等事业上升到修宪的高度。其考虑有三点：一是宪法应将男女平等置于核心地位，保障“完全的平等”；二是保障政治权力的平等共享，在所有政治机构、行业机构和社会部门，保障男女人数的比例均等；三是强调保障一些女性的新的基本权利，如节育权、不受性别暴力侵害权和平等享受国家财政公共资金的权利。

当然，法国在男女平等方面也不是不存在问题，如家暴、公共场合性骚扰和演艺圈利用权力对女性性侵等也时有发生。目前，在法国，各种女权运动依然如火如荼，特别是在男女同工同酬方面，法国女性收入平均水平在今天依然比男性员工低 20%，成为法国社会的一大耻辱。马克龙上台以来明确将“男女平等”作为其执政的重要目标。法国劳工部部长穆里尔 · 佩尼戈发誓，要在马克龙总统第一个任期结束前，也就是 2022 年之前实现男女全面平等，把 35 年前通过的男女同工同酬的“鲁迪法”落到实处。

通过盘点法国男女平等事业的进步和存在的不足，我们可以从另一个角度看法国人的平等文化，以及在这种文化下法国女性是如何发挥“半边天”作用的。

《社团法》——法国和谐社会的“定海神针”

如果说法国社会的公益实践是法国人平等思想付诸行动的广阔舞台，那么，1901 年《社团法》则是法国建立和谐社会的“定海神针”。

在法国生活，不知道 1901 年《社团法》的人很少，原因是它太有名了，全法国有 2 000 多万人不同程度地参与到各种社团协会，扶助老弱病残，几乎每个成年人都有一个属于自己的协会。我们可以毫不夸张地说，社团生活是法国人的一种特殊文化或生活方式。

根据 1901 年的《社团法》，在法国注册社团组织非常容易，只要三个人即可，但这三个人中，要有一个法人当主席，一个人负责财务，一个人当秘书。在这三个人中，至少要有一个是法籍。

此外，法国的社团组织名目繁多，几乎人类生活的所有领域都有涉及，从环保、扶贫、遗产保护，到职业教育、儿童关爱、动物保护、人道救助等无所不包，我在前面谈到的几位法国人士仅是他们中间的代表。

法国社团生活丰富多彩，在国家的政治、经济和社会生活中同样发挥着重要的作用。

首先，社团的出现对法国政治生活是一种有益的补充，它使公民的政治责任和政治家的生命得到了延伸。在历史上，法国社团可上溯到 18 世纪启蒙运动时期思想家伏尔泰、狄德罗、孔多塞等人倡导的沙龙文化。法国大革命的第二年，即 1790 年，法国法律就承认公民“享有和平集会和在彼此之间建立自由社会的权利”。1901 年，法国使公民的这项政治权利更为具体和制度化。

其次，法国社团也具备了相当的经济职能。2017 年，各种协会的预算加起来达到 1 133 亿欧元，约占法国 GDP 的 3.3%。它们在 2017 年创造的经济总量接近当年法国农业的产出水平（占 GDP 的 3.5%）。也就是说，法国社团对国家的经济贡献和农业产业不相上下。为此，我们不得不承认法国社团生活对法国经济发展的重要贡献。

统计还表明，2011—2017 年，法国社团的年均预算增长了 1.6%。在法国的所有协会中，约有 10.6% 的协会雇用受薪人员，即 159 个法国协会雇用了 185 万名全职和兼职员工，这个人数达到法国私人部门总就业水平的 10%。在此期间，法国协会的从业人数还增长了 2.4%，同期工资总额也增长了 11.1%。

此外，法国协会还使用了将近 2 200 万活跃志愿者的技能，相当于 142 万个全职或兼职工作岗位，且这种志愿者工作量每年还以约 4.9% 的速度增长。

由这些数字我们同样可以看出，法国各种协会对法国就业的作用是非常重要的。

最后，是法国社团的社会职能。由于社团的出现，那些政府和企业不能解决的问题全部由社团予以承担，于是，在法国，扶贫、民族团结、环境和遗产保护、人道救助等各种体现平等博爱、同情互助的社团组织应运而生，这些普通法国公益人的长期付出促使社会更加团结与和谐。

法国的各种民调还显示，法国社团在反种族主义、反对社会排斥、消除贫困、维护人权、毒品预防、环境保护、消费者利益保护，甚至文化、体育等领域所享有的社会可信度超过政府机构，类似前面提到的库什纳、阿蒂斯-贝特朗、于洛、尼尔、马克斯这些法国 NGO 组织的大咖，他们的公众形象要远高于那些在位的政治家，甚至总统本人。

鉴于法国社团在社会生活中扮演的非常特殊的积极作用，2001 年，在《社团法》颁布 100 年之际，法国政府还与各种法国公民社会组织代表签署了一项被称为“国家—协会宪章”的协议，鼓励法国公民更广泛地参与促进民主发展，从而避免在全球化的今天“从市场经济沦落到市场社会”的危险。

值得提出的是，法国社团组织近年来在法国仍然不断地蓬勃发展，每年保持着平均 7 万个新协会的创建速度，是 20 世纪 70 年代黄金时期的两倍多。

法国国家统计署的数字显示，16 岁以上 40% 的法国人都有参加各种社团生活的经历。因此，在法国，一个人可以不炒股，不买彩票，不看足球，不出国旅游，但不参加社团生活会很难，这不能不说是法国人生活的一大特色。

调查还显示，法国协会 64% 的负责人是男性，31% 的会长由自由职业者和中高级管理人员担任，其中，41% 的会长年龄超过 65 岁。由此也可以看出，社团生活是退休人员实现他们第二春的主要舞台。

从政府方面看，鉴于社团对建立法国式的和谐社会的重要作用，从中央到地方各级政府都对各种社团的活动给予了尽可能多的支持，甚至给予各种资金补助，如 2016 年经法国各部委确认的各种资助款项达到 46.9 亿欧元。在这些资助款中，用于“领土和住房平等”领域的资助为 13.02 亿欧元，其次是“团结，融入与平等”领域的 6.2 亿欧元和“工作与就业”领域的 5.95 亿欧元。这三项分别占国家财政对社团资助的 27.8%、13.2% 和 12.7%。

政府的支持除了直接财政拨款，还体现在对社团服务的采购方面，二者相加可占法国全国各种协会总预算的 40% 以上。

另外，法国的法律对公民参加社团活动也给予了税务上的支持，公民向社团捐款可享受免税或减税待遇，其减免幅度甚至可达捐款额度的 75%。也就是说，如果你为社团捐赠 100 欧元，真正的支出才 25 欧元，其余 75 欧元你在年底报税时就自动抵销了。

与国家补助和特殊的税务政策相对应的，就是法国老百姓对公益事业捐赠的善款。法国一年全社会募集的善款高达 75 亿欧元，其中来自

550 万个家庭的捐赠达到 45 亿欧元，企业捐赠 30 亿欧元。另外还有 10 亿欧元的实物捐赠。

在法国的捐赠人群中，女性占 53%，年龄 50 岁以上的占 51%。此外，28% 的捐赠者拥有大学本科以上学历，62% 信教，42% 的人月收入至少为 2 300 欧元，22% 的人月收入为 1 500~2 300 欧元，21% 的人月收入在 1 500 欧元以下。

由此可见，法国人的捐赠是一种普遍行为，在各社会阶层中都有人将自己的工资或积蓄献给公益事业，仅 2018 年法国电视慈善活动（Téléthon）一项就募集到善款 8 584 万欧元。这对一个只有 6 700 万人口的国家来说，不能不说是一笔巨款。

还有，在 2019 年 4 月 15 日巴黎圣母院遭受大火破坏后，法国文物基金会立即收到 10 亿欧元的善款，其中有法国大富豪和许许多多法国大企业的捐款，也有来自海外 150 多个国家的捐款，但法国普通民众的力量同样不能低估。他们没有阿尔诺那样的巨额财富，他们捐赠的 50 或 100 欧元都是通过自己省吃俭用节省下来的。

最后，我们再看看法国政府面对全社会的公益热潮采取了哪些鼓励政策。

自 2001 年法国全国纪念《社团法》100 周年以来，法国政府越来越意识到社团活动对法国社会和谐发展的重要意义。除了上面提到的税收优惠外，法国政府还通过制定新的法律支持社团的发展，如 2014 年 7 月 31 日有关社会和团结经济的法律、2015 年 7 月 23 日关于简化协会和基金会制度的法令，2017 年 1 月 27 日的平等与公民法律等，均在简化社团的行政审批，鼓励更多的法国人，特别是年轻人参与社团生活。

法国政府深知，在公共资源有限、国家作用有限的今天，要解决全球化所激发出来的各种问题，特别是在反种族歧视、促进社会和谐、扶贫等领域，只有社团的积极参与才能使政府和全体法国人一起捍卫大多数人的普遍利益。

为纪念法国基金会（Fondation de France）成立50年，2019年，法国基金会与法国慈善观察联合做了一个调查，发现自2010年以来，在法国基金会注册的各类基金会总数增加了30%以上，每年给社会公共利益至少创造100亿欧元的价值。

需要补充的是，法国基金会成立于1969年1月9日，是由戴高乐总统亲自签署总统令批准的，也是法国目前最大的民间公益机构，其宗旨就是促进法国慈善公益事业的发展。目前，由法国基金会管理的基金会有655个，在这些基金会下面，又挂靠了1 400多个源于企业、大学和个人名义的各种公益基金，共拥有资产270亿欧元。

最后，我想澄清一个人们对协会的误解，那就是在许多人的心目中，法国的各种协会与世界其他国家的协会一样草根有余，格调不足，很少有人会想到协会的雄厚财力和在法国社会生活中呼风唤雨的作用。

在法国，协会的草根性不假，否则，不可能有三分之一的法国公民参与。但由于社团在法国已成为政府、企业之外的第三种力量，在这些社团组织中，不乏那些具有国际影响力的组织，如“巴黎和平论坛”（Forum de Paris sur la paix）。这个组织是马克龙总统在2018年为纪念“一战”100周年而创建的和平机构，目的是希望在2018年11月11日70多个“一战”参战国聚首巴黎缅怀战争先烈之际，激发国际社会达成牢记战争教训、守住新世纪和平的共识。因此，其定位就是希望通过建立一个和平论坛，使之成为世界各国致力和平建设的交流平台。用巴黎和平论坛秘书长何伟丹（Marc Reverdin）的话说就是创建一个法国版的世界和平“达沃斯”。

但这个由马克龙总统亲自倡议并过问的巴黎和平论坛，名义上是国家论坛，实际上是民间运作，主席是前世贸组织总干事拉米，总干事是法国外交部政策研究分析司司长贾斯汀 · 瓦斯（Justin Vaïsse），法律地位就是一个民间社团组织，其所有的资金运作、协会目标设定等也全部受《社团法》约束。

法国还有一个非常著名的研究所——法国国际关系研究所（IFRI），是 1975 年由蒂埃里·德·蒙布里亚尔先生（Thierry de Montbrial）创建的。尽管这个研究所与法国外交部关系紧密，但其在法国的法律地位也是根据《社团法》成立的法国社团组织，唯一不同的是其活动的内容不是扶贫和环保，而是研究国际大格局。

该研究所在国际智库界如雷灌耳，与美国兰德公司、布鲁金斯学会、卡内基国际和平基金会、伦敦战略研究所等均有密切合作，目前在世界智库排名第二。

当然，如果再拓展一下，法国最有名的社团应该是“无疆界医生”，它由法国医生库什纳等于 1971 年创建，目前该组织已成为世界举足轻重的人道救助“帝国”，拥有工作人员和志愿者 3.8 万人，2014 年一年筹集到的资金达 12 亿欧元。由于其强大的影响力和 30 多年来对国际人道主义救助的突出贡献，这个原本非常草根的组织获得了 1999 年度的诺贝尔和平奖。

卡斯纳夫（Olivier Cazenave）是拉法兰任主席的法国“展望与创新基金会”（Fondation Prospective et Innovation）发起人之一和副主席，也是我无话不谈的好朋友，我们经常就法国社会的慈善公益事业交流看法，他告诉我当年他是如何与法国展望与创新基金会的首任主席、前参议长莫诺里（René Monory）一起创办此基金会的。他说，莫诺里常常告诫大家，这个世界为什么有那么多的问题，原因不是别的，是因为法国和整个世界处在一个全新的转型时期……

卡斯纳夫毕业于法国著名的波尔多法官学院，是法国国家审计署的大法官，从展望与创新基金会成立第一天起他就在基金会工作，先后担任总干事和副主席职务。在他身上我看到了一个法国高级公务员和公益人士的无私与敬业精神，在我担任吴建民之友协会主席后所做的一切公益活动，都得到了他的真诚帮助，特别是连续三年的“吴建民中法青年交流奖学金计划”和我们在巴黎里昂火车站树立的华工雕像，没有他的鼓励和支持，我肯定没有这个勇气或底气来做。他年近七旬，身患疾病，身高不到 1 米 60，体重不足 50 公斤，但弱小身躯的后面是强大的责任感和热情，他告诉我他不会倒下的，因为要做的事太多了。有一次他的手术进行了 6 个多小时，但在手术后不久他就给我发邮件，关心我们的工作。

对于这样使命感强烈、人格高尚的法国人，如果不是我亲身接触，是难以相信的，而正是这样的法国人组成了法国社团的汪洋大海。

朋友们可能还会问我，这些服务于社团和公益事业的法国人现在主要在想什么？换言之，今天的法国公益力量最关注的是什么？

与卡斯纳夫，我们谈得最多的是世界和平。

由于法国特殊的历史和地理位置，和平是一个重要的话题。所谓法国的特殊历史，就是“一战”、二战造成的肉体和心灵创伤随处可见。所谓特殊地理位置，就是法国是连接欧洲、非洲和中东的门户，任何周边国家的武装冲突、恐怖袭击都会殃及法国。

陆向明女士告诉我，她 30 年前到法国人家里做客，主人拿起酒杯说为了世界和平干杯，她当时不明白，心里想，不就是吃顿饭嘛，有必要说得那么大吗？但今天看来，法国人对和平的关切是真诚的。

拉法兰先生就不止一次对我说，他从政 50 年，从来没有感到世界像今天这样不安全，一方面是全球化，另一方面是国与国、文化与文化之间的撕裂，民粹主义、单边主义迅猛抬头，世界热点、冲突不断。为此，他专门成立了一个叫“和平领袖”（Leader de la paix）的 NGO 组织，希望通过这样的平台来加强世界和平力量之间的合作，保护世界和平。

我和卡斯纳夫谈得比较多的还有环保话题。

在法国，围绕气候变化产生的社会共识是最广泛的。不少社团负责人对我说，气候变化将是人类面临的共同挑战，是 21 世纪人类最大的政治，应该将环保作为一项普世话题。因此，在法国，人们思考的问题就是如何节能减排。在这样的社会共识面前，人们的生活习惯也都在悄悄发生变化，如素食者队伍不断扩大，出行使用公共交通或拼车的人数直线上升，随着节能减排而产生的各种新的商业模式不断涌现，如旧衣服和物品回收等。

需要再做补充的是，在法国波澜壮阔的社会公益实践中，政府总是扮演着重要的推手角色，而企业也都在政府和公众的监督下努力把自己培养成受消费者认同的“公民企业”，如 2019 年 9 月由马克龙总统签署的《促进企业成长和转型行动纲要》（PACTE）对企业的定义做出了新的规范，要求企业的经营活动必须有一个明确的“社会目标”。

为此，他们还对法国拿破仑《民法典》第 1833 条做出了修订，规定所有公司的经营中要有社会利益的表达，“必须在经营活动中考虑到其活动的社会和环境问题”。

推动此法的经济部部长勒梅尔在议会做证和接受媒体采访时多次表示，法国要“重新定义资本主义”，“必须是欧洲和世界最先进的，对经济增长、社会责任、环境保护均衡发展负责任的新型资本主义”。

勒梅尔专门委托法国工会前总干事诺塔女士（Nicole Notat）和米其林总裁塞纳德（Jean-Dominique Senard）提交了一份有关新时期企业发展的报告。在这份报告中，作为法国最大的工会负责人和法国最大公司之一的掌门人，诺塔女士和塞纳德总裁提出了企业存在理由的新的解释。也就是说，在全球化的今天，企业已不能将盈利和股东分红作为唯一的经营目标。

《促进企业成长和转型行动纲要》的实施，特别是对拿破仑《民法典》有关企业定义的调整，预示着一场新的资本主义革命的到来，不仅会使法国的经济再度充满活力，也会使法国企业在社会和环境领域的作用处于欧洲和世界的领先地位。

我常常与在法国的一些中国学者、企业家讨论，法兰西民族始终在世界上发挥那么大影响力的基础是什么？

有人说是法国人的思想和对世界的那种人文情怀，也有人说是法国人自有的那种伏尔泰式的批评精神，更有人提到是无处不在的法国文化创意产业的力量。

我觉得，同胞们讲的都在理，但还不算全面，如果加上法国人的社团生活，再加上法国人对公共生活的参与精神，那种视天下事为己任的主人翁态度，那种爱心和对弱势群体的最起码的平等与尊重，也许，这些才是让法兰西在世界的影响力经久不衰的真谛。

环顾我身边的这些法国人，从卡斯纳夫，到库什纳，再到阿蒂斯-贝特朗、于洛、尼尔、马克斯这些法国 NGO 的大咖，再到爱玛等这些普普通通的法国人或在法国生活的中国公益人，我看到了平等思想指引下的法国波澜壮阔的社会公益大实践，也感受到法兰西社会内部孕育的软实力，也就是这种思想的光芒和力量。

在我面前的这些法国人，不管他们的社会地位与职业的差异有多大，我很少看到他们对生活的那种喋喋不休的抱怨（尽管他们很容易这么做，就像所有法国人都有爱抱怨的天性），而是充满激情和不厌其烦地通过自己细小的行动，让不和谐的社会变得和谐起来，让不完美的生活变得完美起来。

因此，我觉得，遍布法国各地的社团组织才是法国发挥大国作用和法国人实现人生价值的发动机。

任何人都希望有一个完美的职业生涯。有人想当官，有人想发财，希望职业平台能带给他们所期许的各种所谓的“成功”。然而，同样也有许多人，他们当官发财兼有，或两者全无，但他们依然在职业生活以外，或在他们退休的银发时期，致力于找到生命的意义。

于是，在法国，总有那么些人，在他们职业生活外不知疲倦地参与各种社团生活，并用他们的热情、时间和理想去帮助他人，奉献社会，从而使不太完美的社会变得完美起来。在使那些社会弱势群体得到关怀的同时，这些人也在实现着自己的人生理想。

这就是我看到的在平等思想照耀下的波澜壮阔的法国民间公益实践。

第八章

寻找全球化世界中的法兰西新坐标

在法国，我经常与朋友一起喝咖啡。然而，在平静的咖啡馆里与朋友的交谈让我明显感受到的却是法国人生活的不平静。

由于全球化的强烈冲击，法国社会在社会转型、体制变革、观念冲击下有一种几乎沸腾的躁动力量。如果说法国人每天起床时会问自己，我们今天的生活会怎样，明天的法国又会怎样，那么，面对美国特朗普日益嚣张的单边主义、中东和非洲各种热点和源源不断涌向欧洲的难民、伊斯兰激进势力和恐怖主义、世界贸易冲突、气候变化等世界问题，法国人会从内心感觉到自己原来熟悉的那个世界已不复存在。在这个全新的全球化世界中，法国的坐标在哪里？法国是否还会像戴高乐所强调的那样，不伟大就不是法国？

从《美国陷阱》看今天的法美关系

2019 年 1 月，原法国阿尔斯通集团锅炉部全球负责人皮耶鲁齐（Frédéric Pierucci）出版了一本叫《美国陷阱》（*Le piège américain*）的书，他以其在美国身陷囹圄的亲身经历披露了阿尔斯通是如何被美国通用电气公司（GE）强制收购的，以及美国如何利用其《反海外贿赂法》打击美国企业在世界上的竞争对手的各种内幕。

皮耶鲁齐在书中详细描述了他被捕的经过。2013 年 4 月 14 日，当他出差抵达美国纽约肯尼迪国际机场时，人还没下飞机就被美国联邦调查局探员逮捕；然后，美国司法部指控其涉嫌商业贿赂，并对阿尔斯通处以 7.72 亿美元罚款；最后，他被投进大狱，一直到 2018 年 9 月才恢复自由；同时，阿尔斯通的电力业务被通用电气以低于德国西门子和日本三菱重工几十亿美元的价格收购。

由于皮耶鲁齐出版此书时国际媒体正密切关注华为孟晚舟事件，特别是华为董事长任正非在接受中外媒体采访时特意将此书放在案头，从而使此书在国内备受关注。皮耶鲁齐本人也因此不断做客国内各种媒体，其遭遇更被普遍视作“法国版孟晚舟事件”。

皮耶鲁齐的书由于涉及美国的“长臂管辖”问题，在法国也引起了很大的反响，作者通过媒体不懈地向法国社会疾呼：是向美国治外法权说不的时候了！

在巴黎，我见到了皮耶鲁齐，我们就美国治外法权对现行国际体制和各国主权的恶劣影响进行了交谈。皮耶鲁齐说，美国的这种治外法权，严重损害了法国企业的利益和国际化战略，甚至某种程度上瓦解了法国的工业。他说，像阿尔斯通一样，法国的其他大公司如阿尔卡特、道达尔、兴业银行、德西尼布铝制品公司、农业银行等在近年来也均遭到美国司法部的起诉，并向后者支付了超过 140 亿美元的罚款。

于是，我问他，这是否是美国的一种国家阴谋？

他说，如果不是国家阴谋，那为什么美国这一法律只适用于法国公司和欧洲公司？

他说，此条款启动 15 年来，共有包括法国公司在内的 40 家欧洲公司受罚，而没有任何一家美国公司被罚过，这如何解释？他提醒我，今天的国际竞争实际就是产业竞争，看看世界各国关系到国计民生的战略产业吧，在法国肯定是阿尔斯通，在德国是西门子，在日本是三菱，在美国是通用电气和西屋。为什么法德日这些工业巨子均遭到美国司法部的高额罚款？为何美国没有一家企业受罚？而这些企业的海外公共市场竞标的方式方法都大同小异，要说腐败人人都有份。

皮耶鲁齐语重心长地对我说，美国政府的施政第一要务是为企业服务，这一点我们法国人太单纯，都没有意识到。他说，美国政府为企业在国际上开疆拓土服务是其天职，今天的特朗普就是这样，我得感谢他，他的赤裸裸的方式比奥巴马的笑里藏刀好。前者让我们警惕，后者让我们麻痹。美国对欧洲公司罚得最狠的时候正是在奥巴马时期，而法国却偏偏有许多人认为奥巴马是在帮助法国，是法国的朋友。

我问他，如此严峻的问题，为什么要在他出书后才引起法国社会的重视？法国政府为什么没能保护好这些大企业？

皮耶鲁齐的回答非常苦涩，他说："法国政府手中没有强大的法律工具，欧盟也没有在此问题上的统一立场，法国单枪匹马，势单力薄。另外，在法国政府的许多人看来，这是一起民事纠纷，政府不应介入企业在海外市场拓展过程中的任何官司。这样的想法在欧盟成员国其他政府官员中也大有市场。"

我问："那至少法国政府应该对美国通过治外法权来压迫法国出售阿尔斯通这样的国宝级企业保持警惕吧？""是的，"皮耶鲁齐答道，"但对奥朗德政府而言，他需要的是就业，对企业的所有权并不太介意。当奥朗德听说通用电气能在收购阿尔斯通后创造 1 000 个工作岗位时已喜出望外。""然而，在今天，"皮耶鲁齐继续补充道，通用电气不仅没有创造 1 000 个工作岗位，还要消减 300 个工作机会，法国政府自食其苦果。"

就皮耶鲁齐所描述的通用电气收购阿尔斯通案，我也做了一些研究，我认为皮耶鲁齐讲的是对的。

首先，阿尔斯通将其电力和电网业务全部卖给通用电气，通过收购阿尔斯通，通用电气获得维护所有法国核电站的权利，法国独立的核电能力和主权因而不复存在。另外，由于通用电气染指法国核能，今后法国一旦还想将其核能源技术出售给中国、俄罗斯等传统客户时，中俄将由于担心通用电气影响它们自身的核能战略安全而不再购买。事实上，就在通用电气接手阿尔斯通电力业务后不久，就因合作上的某些小问题威胁拒绝给法电（EDF）提供服务，差点造成法国大面积停电。皮耶鲁齐说，今天通用电气能对法国人这么做，今后就会对其竞争对手中俄企业这么做。

其次，阿尔斯通出售给通用电气的价格远低于西门子和三菱重工，这使法国纳税人不禁打问号：既然阿尔斯通是因为缺钱才将其电力业务出售给通用电气，那为什么要以低价卖给通用电气？

最后，既然全国人民都不愿意看到法兰西的工业骄子被出售给美国，那么如此政治不正确的事，为什么富有独立自主意识的法国政府会同意？

皮耶鲁齐给我解释了奥朗德的思维定式。但好事的媒体还在刨根问底，它们发现此事居然与现任总统马克龙还有干系，原因就是他在当法国经济部部长时同意将阿尔斯通卖给通用电气，而他的前任、社会党左翼代表人物蒙特布尔部长则是强烈反对。蒙特布尔还因此出台了一项命令，授权法国政府以国防安全和公共利益的理由否决外国企业对法国相关企业的收购。此法在法国也叫"蒙特布尔法"（Le décret Montebourg），非常有名，当时蒙特布尔本人想以此法律禁止通用电气的收购。

然而，身为总统府副秘书长的马克龙插手此事，他在蒙特布尔不知情的情况下建议总统奥朗德予以批准，否则法国就成为委内瑞拉了，会给世界树立国家干预经济的坏形象……

后来，蒙特布尔因与奥朗德政见不合，辞去经济部部长一职，马克龙接替蒙特布尔，通用电气的收购也因此顺利得手。由于此兼并案实在太大了，法国国民议会也想出面干预，并成立了联合调查委员会，主席是共和党议员奥利维尔 · 马莱克斯（Olivier Marleix）。

马克龙在当时的听证会上表示，案子在他担任经济部部长前已经存在，他只是代表政府处理一件“既成事实”的事，他没有对自己的决定正确与否向议员们做出回答。

今天，这段马克龙的听证录像又被媒体揪了出来，有些人开始对马克龙的作用提出质疑。作为反对党议员，马莱克斯认为马克龙在此案中存在向议会隐瞒真相的问题。2019 年 7 月，马莱克斯将通用电气收购阿尔斯通案告到国家金融检察院，并被后者正式立案。

根据法国司法审理的习惯，国家金融检察院将会很快立案侦查，因此，我预感到阿尔斯通案在法国远没有结束，不少事情还在发酵之中，这是因为法国媒体有刨根问底的传统，严格的司法制度又赋予检察官独立的调查权，同时，议会和反对党都有制约和监督政府的职能。

在皮耶鲁齐看来，不管此案的结果是什么，至少能让法国人和法国政府通过还原事情真相来吸取教训，在未来防止重犯同样的错误。

2020 年 2 月，马莱克斯获得法国一个叫 ANTICOR 的民间反腐组织的“反腐伦理奖”。在颁奖仪式上，他很得意地说，这个奖成立以来，每年的获奖者都是新闻记者这样的“吹哨人”，政治人物一般无缘，如果得奖，也是因为丑闻或不检点获得的那种啼笑皆非的饭锅奖（casserole）。他作为第一个得到该奖项的法国右翼政治人物感到非常自豪。

然而，让我感到震撼的并不是马莱克斯的反腐斗士精神，而是皮耶鲁齐对中国人的警告！

他说：“在美国治外法权案方面，孟晚舟仅仅是开始。中国政府可能没有意识到，美国司法部在 2018 年 11 月就已明确要求联邦调查局重点调查中国企业在海外的腐败案。”

“事实上，”皮耶鲁齐补充道，“所有欧洲企业的海外腐败有 30% 发生在中国，美国联邦调查局很容易抓住欧洲企业的高管，然后由检察官出面恐吓，告诉他们如果不配合调查将面临各种美国法律指控，最高刑期可达 99 年。然后，美国检察官就会允诺给欧洲企业的高管减刑，或给予刑事豁免，但作为回报他们必须‘老实交代’。这样，这些当事人就会一五一十地向美国司法部交代他们在中国所做的事，而中国政府却一点都不知情。”

皮耶鲁齐对我说，这是一件涉及中国司法主权的头等大事，中国必须予以重视。他说，前不久德意志银行涉及在华腐败案仅是一个序曲。考虑到中国的“一带一路”项目，那么多中国企业在海外运营，美国司法部完全可以因为你是在美国上市的公司或者你使用了美元、美国互联网服务器等，再集中火力坑一把中国企业。

他看了我一眼，继续说道：“美国人会无所不用其极的，中国可要当心啊！”

是的，皮耶鲁齐通过《美国陷阱》向中法两国人民揭露了美国经济霸权的实质，它也让人感到在这样的背景下中法联合起来制约美国冶外法权的紧迫性与战略上的必要性。

然而，如果从巴黎来看法美关系的走向，这样的前景却很不明朗。

在巴黎，你会感到法美关系越来越复杂和难办。法国人对美国明显反感的人越来越多，特别是特朗普上台后鼓吹“美国优先”，让富有爱国精神和独立外交传统的法国人民义愤填膺，他们不能接受美国如此猖狂的“长臂管辖”，不能容忍美国破坏国际多边体制，不能容忍美国一家制定国际规则，为所欲为。

我仅以这次法国举办的希拉克国葬仪式为例吧。

当世界各国都派遣政要出席，甚至连非洲的小国都这么做时，美国政府没有官方代表，克林顿是作为希拉克的好友，以前总统身份出席的。更令人诧异的是，那么喜欢玩推特的特朗普总统，在整个希拉克逝世和葬礼过程中没有发过一句悼念的话。

法国人对我说，特朗普，包括整个白宫行政当局可能还在嫉恨希拉克当年在世界公开带头反对美国对伊拉克动武，让美国在世界丢脸。也就是说，即便在今天，由于希拉克在大是大非问题上的坚定立场使奉行“美国优先”的特朗普总统仍咽不下这口气。

同样，在法国人看来，特朗普“美国优先”的单边主义简直是对我们所处时代的嘲讽和反动。特朗普先是退出巴黎气候大会协定，然后退出伊朗核协议，再退出联合国教科文组织等国际多边组织，然后再在世贸组织内对欧洲盟国发难，对空客飞机进行所谓的反倾销调查，对法国输美农产品，特别是葡萄酒、奶酪等课以高关税等。

在安全方面，美国不断削弱北约作用，还经常威胁与欧盟在安全上脱钩，胁迫欧洲盟国提高北约防务的预算，从而使欧美的安全利益共同体面临战后最严重的危机，以至马克龙说出了“北约已脑死亡”的话。

由于从全球化市场竞争到全球治理理念上的冲突，法美关系近来十分紧张，法国媒体对美国人越来越不耐烦，批评美国的声音不绝于耳，但法国《世界报》的资深评论员、老报人阿兰·福拉松（Alain Frachon），让我看到法美关系的复杂性和微妙性。他说，法美冲突有时是利益因素，如当年戴高乐在西方世界带头与美国对着干，迫使美国取消美元与黄金挂钩的“金本位”制度，法国退出北约军事一体化组织，让美军离开在法国的基地。但法美冲突有时是因为理念不同，如希拉克批评美国向伊拉克动武，这涉及法美在处理国际事务和国家主权方面最基本的理念差异。

然而，阿兰又提醒我，那种夸大法美之间矛盾的说法是不客观的，阿尔斯通案确实让法国工业界和法国公众对美国“同仇敌忾”，美国确实是极端的单边主义，自私自利，但世界上哪个国家的政府不是为自己国家“自私自利”的？冷战结束后法国原来在两极世界里纵横捭阖的战略空间或缝隙没有了，美国社会又处在史无前例的特朗普孤立主义思潮中，美国优先与法国优先的冲突不可避免，但法美毕竟同属西方自由世界的大国，在价值观和对世界的看法上的一致性要大于对立性。

阿兰对我直言不讳地说，当世界涉及一些大是大非问题时，法国与美国站在一起的概率是非常高的。在前总统萨科齐的外交顾问、前法国驻美大使勒维特（Jean-David Levitte）看来，这就是法美的“特殊关系”。

历史上，法国是第一个支持美国独立建国的国家，法国人拉斐特（Lafayette）是美国家喻户晓的英雄。1824 年，门罗总统邀请 66 岁的拉斐特回访美国时，仅波士顿就有 30 多万老百姓扶老携幼迎接这位法国英雄。当 1834 年拉斐特去世时，美国全国降半旗致哀，全国所有军营鸣炮 24 响，国会大厦及全体美国人治丧 6 个月。

勒维特认为，法美友谊跨越了两个多世纪。在美国，至少有 500 个城市或村庄叫拉斐特。同样，是美国在“一战”和二战中解放了法国，在法国有数不清的街道或大街叫威尔逊大街和罗斯福大街。

勒维特还表示，法美两国对人权、自由、平等、博爱等普世价值笃信无疑并将此视作彼此的国家责任，而在实施这种国家雄心时的方式方法上的差异也使这两个国家的关系跌宕起伏，富有戏剧性，但这毕竟属于方法冲突，而非理念冲突。

勒维特大使提到的拉斐特这个历史人物，的确是法美友谊最好的象征。

1777 年 4 月，19 岁的青年拉斐特，凭着一腔热血，用自己的钱租了一艘战舰到美国支持美国人民的独立战争。

在美国，他与华盛顿建立了形同父子的战斗友谊，这种超越年龄和国界的友谊一直到华盛顿逝世。为表达对华盛顿的知遇之恩，拉斐特给自己的儿子起名乔治 · 华盛顿。

因此，回过头来看，当年华盛顿授予年仅 19 岁的拉斐特中将军衔，与其说是对其军事才能的认定，不如说是对这位法国后生的由衷信任。

带着这份信任，拉斐特两年后回到巴黎谒见国王路易十六，要求法国出兵支持美国独立。受拉斐特雄辩的口才的鼓动，再加上法英在欧洲大陆和北美争夺世界霸权的战略背景，路易十六同意派兵 6 000 人支持美国人的独立战争。

1780 年，22 岁的拉斐特带领来自弗吉尼亚州的大陆军作为先头部队与北美英军副司令康沃利斯交战，吸引了英军主力，使法军大部队与华盛顿会师，并在一年后的 10 月 17 日在约克镇战役中大败英军，取得美国独立关键性的军事胜利。

可见，拉斐特在美国享有多崇高的地位！同样，法国在那个时期的美国人心目中的地位就是民族救星，就如同二战时把法国从纳粹铁蹄下拯救出来的美国，这也是当年美国与英国的独立谈判在巴黎举行的原因。应该说法兰西的自由、平等、博爱思想对年轻的美利坚合众国治国理念的形成产生了关键影响。

同样，1789 年法国大革命爆发后，在举世闻名的《人权与公民权利宣言》撰写过程中，拉斐特等 13 位当年参加过北美独立战争的法国国民议会议员发挥了重要的作用。也就是说，是美国 1776 年《独立宣言》中的平等思想孕育了 1789 年的法国《人权宣言》，比如人生来平等的重要思想。

要想知道法美在政治理念上相互有多么认同和存在的紧密联系，我们只需要再看看另一位法国政治家托克维尔撰写的《论美国的民主》。

19 世纪 20 年代，托克维尔利用考察美国的司法和监狱制度之际，认真考察了美国的民主制度。1835 年，他发表了《论美国的民主》一书，详细论述了美国民主制度的特点和形成原因，其中他对美国人把个人奋斗精神与资本主义市场经济原则相结合所创造的美国民主予以高度赞扬。

此书一出版就得到法国精英乃至世界各国精英的广泛好评，该书也是目前世界政治学中研究美国民主政治体制的经典著作。

从托克维尔对美国民主制度的赞扬，到法国社会迄今为止对美国人渴望成功、强调首创精神的肯定，不难看出，尽管出于历史、文化传统等原因，法美矛盾此起彼伏，但在关键政治理念上法美两家是高度一致的。

这样特殊的法美关系，让我想到 1961 年美国年轻的民主党总统肯尼迪及其夫人访问巴黎的情形。

是晚，戴高乐将军在爱丽舍宫举行盛大的晚宴欢迎肯尼迪夫妇，并深情地赞美法美的传统友谊和两国人民对彼此文化、价值、理念的欣赏和尊重。轮到年轻的总统肯尼迪致辞时，他是这么说的："我来自美国，一个欧洲的女儿国家。法国是美国的老朋友，在我们这个国家出生以前，法国的影响，法兰西的哲学、文化和价值理念引领着整个西方世界。美国首任驻法国大使本杰明·富兰克林，也是我们国家的总统说过这样的话，'对世界上任何人来讲，一个人生下来就有两个祖国，一个是法国，另一个是自己的国家'。""我此行来到法国，并不是仅仅为了表达对我们这种传统友谊的珍视，而是要强调美法关系在今天将决定着整个地球上人民的自由……"

当我在百代电影公司（Pathé）的纪录片上看到英俊潇洒的肯尼迪这样形容法美关系时，我觉得，肯尼迪这段话非常形象地表明了法美在价值理念上的一致性和双边关系的特殊性。

作为老报人，阿兰在华盛顿、伦敦和世界许多地方常驻过，报道过许多历史事件。他对我说，看法美关系，不能只看媒体上的吵架，不要听政治家那些意气用事的大话，而是要看双方的历史和彼此对世界普世价值的坚守。

他说，看法美关系，你只要看看今天有多少法国青年到美国硅谷创业，再到诺曼底美军公墓看看，究竟有多少美国青年为法兰西的自由付出了宝贵的生命，你就知道从内心深处法国人对美国有多感激。

阿兰的话和皮耶鲁齐对我的忠告让我感到，在这个世界百年未遇之大变局的时代，法美关系与世界上所有的国际关系一样，同时受到传统的历史、文化因素和不断调整的市场经济利益的影响，因而将变得非常复杂，甚至扑朔迷离……

法国与德国

在法国生活，你会感到法国人不论谈什么，总是喜欢谈到莱茵河彼岸的德国，处处愿意拿德国说事或作为榜样。比如法国政治家们一谈到经济模式、就业、劳动市场改革等，就会情不自禁地说到德国人是怎么做的，并在讲完话后还会附上几个德国的例子。

因此，对正在实现社会转型的法国社会各界而言，德国就是一个无处不在的影子，或更准确地说是一种前进路上的坐标。

冯达磊对我说，法国人的确太需要认真学习德国的成功经验。在他看来，这些经验可主要归纳如下。

首先，德国人对企业家的尊重，这种尊重使德国企业家可以充分发挥他们的聪明才智，为德意志民族的强大发挥作用。如果法国人对法国企业家像德国人那样尊重，对他们创造的财富是感恩，而不是仇富，法国经济就会突飞猛进。

其次，法国工会要向德国工会学习，不要再搞阶级对抗和斗争，而是协商解决问题，劳方与资方同舟共济，不要事事罢工，让法国经济和企业付出惨重的代价。

最后，多学习德国人的严谨，脚踏实地。

冯达磊说，如果法国企业能借鉴德国的企业文化，法国经济就会如虎添翼。他给我举了空客的成功经验。他说法国人浪漫，德国人严谨，双方正好互补。当年空客总裁福雅尔（Noël Forgeard）与德国人恩德斯（Thomas Enders）就是成功的一对。福雅尔的思维是发散型的，像个诗人，这种想象力对企业的发展战略至关重要；而德国人恩德斯则脚踏实地，一心做好福雅尔发散思维的落地工作，二人堪称“黄金搭档”。

在法德企业文化相互学习、借鉴方面，两国政府共同投资的电视台 ARTE 也是一个杰出的案例。

ARTE 是密特朗总统和科尔总理在 20 世纪 90 年代建立的一个法德国家电视台，由两个国家不同的团队共同管理。ARTE 的总部在斯特拉斯堡，碰巧我在斯特拉斯堡工作过，对于这个法德电视台非常熟悉，也非常喜爱它的节目。有一次，ARTE 电视台的法国节目部主任帕迪诺（Bruno Patino）给我介绍了他们节目的运作方式。这个集法国人的浪漫与激情和德国人的严谨与务实于一体的天使般的组合，不仅成为又一个法德合作的样板，也成为欧盟国家内最具深度和人文特色的电视台。

的确，在法国民间，人们对德国人的严谨、务实、守纪律、讲大局等品质也都给予了很高的评价，我常常看到法国网民在网上的一些留言：

· 当法国制造业外流的时候，德国制造业依然是法国的两倍以上。
· 当法国人整天为政府控制财政赤字而大伤脑筋的时候，德国往往是财政盈余。
· 当法国出口连续下降时，德国对外出口多年来保持一枝独秀。
· 当你一次次在戴高乐机场、巴黎地铁被法国人无休止的罢工搞得筋疲力尽的时候，德国社会的劳资冲突总是在平静的协商氛围中得到解决。
· 当法国政府一而再，再而三地被反对改革的各种工团力量、行会组织赶下台的时候，德国人平静地接受了施罗德总理痛苦的社会福利削减方案，从而使德国的经济生机勃勃。

当你看到法国人这些评论的时候，你会感到法国人对德国人的敬佩是由衷的，而这种敬佩既源于德国人的严谨文化，首先源于德国强大的经济实力。

要知道，德国虽然面积只有35.7万平方公里，不到法国面积的70%（法国是55万平方公里），但德国人口有8 142万，是法国的1.21倍（法国是6 700万）。我们再看看德国的经济总量，2018年GDP是4 029万亿美元，人均GDP是42 326美元；而法国的经济总量就差好多，才2 488万亿，仅为德国的60%左右，但由于法国人口少于德国，法国人均GDP与德国还算比较接近，为40 536美元。

由于在和平时期国家的实力主要体现在经济方面，法国经济只占德国经济的2/3，这就决定了双方的力量对比。如德国的制造业在国民经济中的比重占20%以上，高出法国一倍多，这些制造业让德国在疫情下转产口罩和呼吸机非常容易，而法国就做不到。

其次，法国人羡慕德国人的是德国的经济增长质量很高，经济拉动靠的是制造业和出口。而法国则以服务业立国，以内需促增长，经济模式上就不如德国。

最后，法国人羡慕德国人的是其严谨的态度。不仅德国制造蜚声全球，德国人的信誉、产品质量和服务态度总是要比法国人略胜一筹。同样，正是德国人的这种严谨使德国政府在新冠疫情下的复工计划执行得比较顺利，即便在疫情最严重的时候，德国也没有禁足，还是靠老百姓的自律意识、保持必要的社交距离来战胜疫情的。

因此，就在法国停工停产的时候，德国的不少工厂还在正常运行，生产没有受到严重影响，这又是让法国人羡慕不已的地方。

我在前面提到的法国著名财经记者卡特伯安，其实也是法国著名企业家，担任过多家法国企业的高管。对于法德产业出现的差异，他认为还有如下几个因素。

（1）法国经济精英刻意将法国的产业定位突出在奢侈品、金融业，而弱化制造业。德国则以制造业立国，法德差异是法国经济政策、产业政策等一系列错误造成的。

（2）欧元对德国制造业有直接帮助，对法国制造业则是一种损害。当年法国那么积极地推动欧元，其目的是为了在政治上平衡两德统一的后果，从而将德国留在西欧，防止德国往东走。当时德国总理科尔提出，德国人比较简单，把欧元与马克的汇价定在 1∶2 比较好，否则德国人搞不清楚。如此，欧元从起步时就让德国原来的货币马克比欧元贬值了 15%，从而提升了德国产品的竞争力，而法国相形之下则降低了产品竞争力。

（3）德国制造业东移。两德统一后，联邦德国将制造业转移到了民主德国，后又转移到了东欧的捷克、波兰、匈牙利等，这些国家的劳动力成本比德国至少便宜 15% 甚至 30% 以上，从而又一次降低了德国产品的成本，提升了 15% 甚至 30% 以上的国际竞争力。与此同时，由于欧元相对于东欧国家的货币具有明显的汇率优势，而匈牙利、波兰、捷克等国的货币跟欧元相比要弱许多，至少又有 15% 的汇率优势被德国企业所利用。

（4）法国愚蠢的 35 小时工作制。正当德国为两德统一背上沉重的财政包袱时，法国社会党政府通过了 35 小时工作制，在法国社会大力推销休闲文化，从而使法国失去了勤俭奋斗的传统并进一步恶化了企业的国际竞争力。

卡特伯安表示，上述法德企业之间的差异性不是没有人注意到，如萨科齐总统就看到了这一点。于是他开始学德国，试图将法国的制造业腹地延伸到法国的后院地中海马格里布国家，如摩洛哥、突尼斯等。这些国家劳动力熟练，受教育程度高，当地的基础设施比较好，与法国的关系也非常好，又都讲法语。但这个美丽的“欧盟—地中海对话计划”却遭到了德国的强烈反对，而法国政治精英们又怕得罪德国，此项目就不了了之。

当然，对于卡特伯安把法德经济竞争力的差异归罪于法国的产业政策和35小时工作制，有些法国人是不同意这样的观点的，如巴黎工商会国际部的雷米。他认为，法国经济问题并非全在35小时工作制，德国实行35小时工作制的企业比法国数量还大，而且实行时间更早，为什么就没有影响德国的竞争力呢？

雷米认为，与德国相比，法国生育率高，年轻人要上学，需要不断地建学校或扩大校园，把钱投资于教学楼到学生宿舍的建设；而德国老龄化严重，出生率是负值，没有这样的需求。

此外，法国拥有欧洲最大的军队，德国则没有。如果有朝一日建立了真正的欧洲军，法国的军费让欧盟出，法国的公共财政赤字就会大大下降。雷米认为，现在的欧洲安全让法国一家独担是不公平的，德国不搞国防，不花钱，而法国只好自己花钱养起一支“欧洲军”。

在雷米看来，法德的经济差距会一步步缩小，主要原因是法国仍可享受相当的人口红利，而德国已进入严重的人口老龄化阶段，法国未来由于人口红利所产生的竞争力将重写法德经济关系历史。

在法国，人们谈论德国，就如同20世纪80年代国人谈论美国，各种观点五花八门，但大家都愿意将法国与德国对标，希望法国在各个领域内向德国学习。

当然，谈到法德关系时，说一千道一万，这是一种特殊的政治关系，世人称之为“法德轴心”或“法德夫妻”。这种关系完全是由戴高乐将军和阿登纳总理两位伟人亲手缔造的。

记得我在斯特拉斯堡当领事时，我与当地百姓经常谈及法德“化干戈为玉帛”的往事。由于斯特拉斯堡所在的阿尔萨斯地区历史上曾三次成为法德两个大国争夺的牺牲品（法国作家都德的《最后一课》，说的就是普法战争时阿尔萨斯如何沦陷为普鲁士的领地），当地老百姓曾对我开玩笑说，由于阿尔萨斯在法德争夺中出现三次拉锯而三次改变国家属性，他们的爷爷们一生就换了三次体现其国籍的护照。

在普法战争、“一战”、二战三次交恶后，戴高乐和阿登纳这两位历史伟人，超越自我、超越仇恨、超越民族，甚至超越了时代，发誓要将和平带给他们的子子孙孙。

1958 年 6 月，戴高乐当选法国总统。9 月，在其乡间别墅科隆贝双教堂村接待了阿登纳，两位伟人首次见面就一气谈了 4 个钟头，翌日又开始一天的长谈。其间，戴高乐还袒露心迹，说自己已经 67 岁，老了，是 40 年代的人物，不能面对命运的挑战了。阿登纳开玩笑说，他比戴高乐大 14 岁，更是老得不能再老，法德建立一劳永逸的和平就是他们的历史责任。

据统计，从 1958 年秋到 1962 年，戴高乐与阿登纳之间的通信达 40 余次，会晤 15 次，总计进行了 100 多个小时的会谈。特别需要强调的是，戴高乐精通德语，他们的交流是在没有任何翻译的情况下进行的。通过这种个人之间的友谊与信任，法德实现了真正的和解。

戴高乐形象地概括道：“对法国来说，在欧洲只可能有一个伙伴，甚至是理想的伙伴，这就是德国。”“德国和法国必须建立紧密的友谊。只有德法之间的友谊才能拯救西欧。”

戴高乐还说了一句：“欧洲联合将由法国和德国完成，法国是赶车人，德国是马。”

这就是法德特殊政治关系的渊源。

当然，法德修好还有一个重要原因，就是两国人民对和平的渴望。在 1963 年两国签署《爱丽舍条约》后，法德人民交流频繁，仅法德青年协会一家每年就要组织约 20 万法德青年参加各种交流活动，至今参加过此项目的两国青年已超过 1 000 万。此外，法德之间的友好姐妹城市至少有 3 000 对。

戴高乐还在路德维希堡亲自用德语向近千名德国青年发表演讲，称德国青年是一个伟大民族的儿女，德国民族为人类贡献了丰富的精神、科学、艺术和哲学瑰宝，以无数的发明创造和技术劳动成果改变了世界。

德国前外长、绿党领袖菲舍尔（Joseph Fischer）就是当时这群青年中的一员。他说，戴高乐发表的历史性讲话，影响了整整一代德国青年。

因此，当我们考虑法德关系时，两国间的这种特殊政治关系是至关重要的。多年来，法德关系融洽，法国乐于发挥其二战胜利国所获得的安理会常任理事国资格等政治和外交优势，加上德国的经济实力，两国“夫唱妇随”，使欧洲在国际政治中成为独立的一极。当年希拉克对布什发动伊拉克战争说不，施罗德的支持是具有决定性意义的。如果不是法德抱团，法国很难单枪匹马与强大的美国对着干。

关于法德特殊关系，回到巴黎的这几年，我经历了两件事，终生难忘。

一是 2015 年 1 月 11 日，法国遭受恐怖袭击。当奥朗德总统号召百万法国人上街大游行时，德国总理默克尔第一时间予以响应，并与奥朗德总统一起手拉着手，与来自 40 多个国家的政要和巴黎百万市民走在“共和大进军”的人流中。

我当时就是这个“共和大进军”中的一员，我通过手机上的电视实况转播，看到默克尔与奥朗德肩并着肩一起毫不畏惧地走在队伍的前列，那种法德两国人民对恐怖分子同仇敌忾及法德领导人心心相印的情感溢于言表。

默克尔在法国人最困难的时刻，不顾生命安危第一时间走上巴黎街头，充分体现了法德之间的互信关系有多么深。如此深厚的关系，且不说在亚洲国家之间不可思议，就是在欧洲国家之间以及欧洲国家与美国之间也不多见。

另一件事是，2015 年 3 月 24 日，一架德国之翼航空公司的 4U9525 航班在从西班牙巴塞罗那飞往德国杜塞尔多夫途中，被其精神失常的副机长撞向阿尔卑斯山，150 名乘客和机组成员全部遇难。

惨案发生后的第一时间，奥朗德亲自陪同默克尔到达现场，并指示法国各级政府和现场救援人员不惜一切代价帮助德国朋友找到他们亲人的遗骸，接待好前来救助和凭吊的德国家属。

我觉得，无论是德国总理默克尔在第一时间走在巴黎百万民众的游行队伍中，还是法国总统奥朗德第一时间亲自陪同默克尔到失事现场视察德国飞机空难，这种从法德两国领导人身上体现出的法德特殊关系，确实已大大超越一般的国家关系，它已进入法德人民和领导人之间的自觉情感之中。

就法德关系的未来，或在法兰西民族复兴的国际坐标中德国的位置，我也问了不少朋友，他们的回答出奇地一致。

作家洪多说，他爷爷参加过“一战”，但不影响爷爷对德国文化和民族优点的欣赏。德国是法国的榜样，许多方面我们要向他们学习。他还记得自己年幼时爷爷曾说过，要学德语，学习德国人的长处。

洪多认为，目前的世界充满危机，美国特朗普的单边主义愈演愈烈，英国脱欧，法国如要巩固和加强在欧洲乃至世界的地位和作用，就必须将法德合作进行到底。

企业家冯达磊表示，作为企业家，法国必须向德国学习。如果法德间能有更多像空客那样的企业，法德经济合作还会深化。如果法国企业能够真正向德国学习，从而建立一种法德企业家相互支持、取长补短的机制，法德企业就可以携手共赢，在国际市场上所向披靡。

冯达磊对我说，法国政府中有些人经济没搞好，非但自己不检讨，反而批评德国财政赤字政策，指责德国人对马约政府预算赤字严格规定那种清教徒般的坚守，这是不对的。冯达磊认为，对于法德这种成熟的合作关系，批评是完全可以的，但必须实事求是。法德两国应该在一些重大问题，如核能、环保、欧元区货币政策、北约防务等问题上直抒胸臆。

德国前外长菲舍尔认为，法德关系之所以能健康和谐发展，与两国领导人之间的开诚布公有关。他说当年他当外长时就曾见证过希拉克和施罗德“火花四溅”的时刻，但两位领导人又能从两国根本利益的角度换位思考，达成妥协。这就是法德关系的独到之处，这是法国与其他国家的关系中不具备的，这就是法德“夫妻关系”的写照。

对于这种“夫妻关系”，法德已形成实实在在的工作机制，如两国领导人必须每三个月见一次面，就欧盟和世界的重大问题交换看法，双方政府对口部长也随时保持密切接触，甚至出席对方内阁会议。马克龙当选总统后，他第一个出访的国家就是德国，向默克尔总理详细介绍其未来的欧洲政策和对国际事务的看法。

因此，从各种角度看，法德关系是一种成熟并且特殊的政治关系。

然而，法德关系和谐发展的根本原因是德国作为二战战败国，其国情决定了德国只能一心一意搞经济，“韬光养晦”或“闷声发大财”，而不能出头露面，更不能扛大旗当出头鸟。用戴高乐的话说，法德是双驾马车，德国是坐骑，法国是马车夫。但是，在德国的经济总量已是法国经济总量的 1.6 倍，人口是法国的 1.2 倍的今天，永远让德国人跟在法国人的屁股后面“夫唱妇随”，对今天的德国人，特别是广大德国青年来讲，确实有点难。这就如同在一个家庭里，夫妇收入相同，甚至夫人的收入是丈夫的 1.6 倍，夫人就可能对家庭事务多发表意见，甚至会自作主张。

由于法德不同的经济实力造成的力量对比的变化，法德在近年来不少问题上形成了不同看法，这种不同的看法所引申出的不同立场使历来和谐的“夫妻关系”出现龃龉。

首先，欧洲联合的理念不同。

法国由于经济实力明显弱于德国，在欧洲联合的主张上明显倾向于建设一个联邦制的欧盟，甚至希望有朝一日建立统一的欧盟外交和国防，深化欧盟国家一体化水平。而德国是欧盟国家中的老大，过度强调联邦制、突出布鲁塞尔欧盟委员会及其他欧盟机构的作用，就会稀释其老大的能量，因此，在推动邦联制的过程中，强调主权国家之间的合作，而非主权让渡，更符合今天德国的利益。况且，在法德两个国家的文化中，德国不同于法国的中央集权制度，各个州一直在国家生活中发挥着重要的作用，州越大，作用越大。

其次，财政政策与文化不同。

德国人工作勤奋、生活节俭，导致其财政政策非常严格，反对赤字财政、寅吃卯粮。而且，德国联邦银行与法兰西银行不同，由国家法律确保其独立性，不能轻易跟着政治家的指挥棒跑。而法国的情况恰恰相反，宽松的财政与货币政策是法国的国家文化，国家没钱的时候就会让其中央银行多印点票子。

由于建立了统一货币欧元，法德的不同财政政策就体现在对欧元区成员国财政赤字的不同看法上。当年为了搞欧元，法德推动出台了一个《马斯特里赫特条约》，规定加入欧元区的国家的财政赤字不能超过其GDP的3%，国债不能超过GDP的60%。这两条铁律使法国政府希望通过财政扩张刺激经济的想法落空，为此，法国一直伺机突破该条约的规定，德国则一直对法国保持警惕，一见到法国冒此念头就喊打，双方因此很不愉快。

最后，在欧盟对外政策方面意见不同。

由于历史和地缘因素，德国对欧盟东扩积极性很高，在东欧国家加入欧盟后，双方在经济、文化等领域的合作与日俱增，形成了一种新的利益体。而法国的影响力不在东欧，为抵消德国在东欧的影响，法国在欧盟内积极倡导南下战略，即所谓的欧盟与地中海国家对话，甚至与非洲大陆对话，但德国兴趣不大，法国南下战略连年受挫，这也是我在前面提到的卡特伯安等法国专家批评法国政府过于“唯德国马首是瞻”的原因。

在对待美国的问题上，尽管法德双方都在力争维护欧盟的利益，对特朗普的单边主义深恶痛绝，但德美关系与法美关系有很大的不同。如在经济方面，德国的经济以出口为导向，对美市场依赖大，德国不愿意跟随法国，推动欧盟向美国互联网巨头公司课税，以免遭到报复。在防务方面，德国依然看好美国的作用，希望美国继续当好北约老大，这样，德国就可以继续享受美国的安全红利和保护伞。为此，当马克龙单方面宣布“北约已经脑死亡”时，默克尔对马克龙非常生气，批评他对那么大的问题不事先商量就随意表态让她非常难办。默克尔甚至像母亲告诫儿子那样，希望马克龙不要在外面“闯祸”然后再由她来“擦屁股”。

总之，由于法德力量对比的变化引起双方话语权的变化，最后又引起两国之间的态度变化，但庆幸的是，法德毕竟是“夫妻”，小两口拌嘴，过一会儿就好，双方政法互信的基础非常牢固。就像德国前外长菲舍尔说的，当年希拉克和施罗德因为政见不同而“火花四溅”，但希拉克和施罗德又是最好的贴心朋友。在过往历史中，法德曾在许多问题上有过纠葛，包括统一货币的名称，欧洲央行的地点、央行行长人选，欧盟委员会主席人选、委员名额及欧盟各重要机构官员的分配等，双方总是“斗而不破”，最后总是会顾及欧盟的总体利益而相互妥协。

我认为，在全球化的今天，法德的共同利益决定了这对夫妻必然要好好相处下去，这是双方的利益所在，也是欧盟的利益所在。法德关系好，欧盟就好；反之，法德关系出问题，欧盟建设就出问题。况且，在今天法国的转型社会，就连法国精英都普遍认识到，法国要向德国学习的东西太多了。这样的态度转变，肯定会有助于法国政治家更好地理解德国的作用，从而使法德合作更健康地发展。

法国与欧盟建设

我们在前面已谈到，整个欧洲建设的过程就是由戴高乐和阿登纳亲手缔造的，没有法德修好就没有法德轴心，就没有今天的欧洲建设。但相形之下，法国的作用更重要，法国自始至终扮演着欧洲建设的重要推手的角色，戴高乐将法国比喻为欧洲联合的马车夫，是非常形象的。

了解欧洲建设历史的读者朋友都知道，是法国人舒曼提出的“欧洲煤钢联营”计划彻底改变了现代欧洲的历史。

舒曼是法国外长，却出生在卢森堡，当他出生时他还是德国人，“一战”结束后他又变成了法国人，个人经历让他对两个民族的恩怨深有体会。他认为，必须在法德两国之间建立一种利益共享机制，才能在双赢的基础上实现永久和平。

于是，在 1950 年，他提出将德国丰富的煤炭资源和法国丰富的铁矿资源进行“联营”，这就是“舒曼计划”的核心。由于有了法德煤钢联营，后面才有可能建立欧洲经济共同体和欧洲原子能共同体。1973—2013 年，欧共体历经八次扩容，成员国增至 28 国，特别是 1993 年的《马斯特里赫特条约》决定建立欧盟，使原来这个由法德推动的欧洲经济共同体慢慢成为欧洲经济和政治联合体。

由此可见，舒曼计划是一个出色的政治制度安排，它使为争夺资源在历史上进行过无数次战争，无数生命和财产毁于战火的法德不仅自己可以对战争说不，也可以带领整个欧洲进入长治久安。这就是法国对欧盟建设的历史贡献，舒曼也被后人誉为“欧洲之父”。每年的 5 月 9 日是欧盟的“舒曼日”，欧盟国家都要在这一天隆重纪念欧洲联合取得的新进展。我们可以这么说，欧洲建设的每一项成绩都是在法国的推动下取得的，没有法国的倡议和积极推动，就没有今天的欧洲联合。

然而，在迅猛的全球化浪潮的冲击下，今天的欧盟在这个充满挑战的世界中境况尴尬。欧盟（英国脱欧之前）虽为世界最富裕、最发达的经济体和市场，人口 5.13 亿，按世行名义利率计算，2019 年其 GDP 总量达 18.292 万亿美元，与美国的 20 万亿不相上下，但在这个动荡、充满不确定性的世界中，欧盟过于松散，成员国各自为战，政治人格不强，更多的是一个大市场的概念，迎接世界上的各种政治、经济、安全挑战的决策意志和能力较差，不仅在世界上没能发挥与其经济和人口实力相匹配的作用，在其成员国公众心目中也越来越成为一个脱离生活现实、效率低、不干事的官僚机构。

在这种不确定性中，英国从 2016 年 1 月公投决定脱欧到 2020 年 1 月 31 日约翰逊政府正式与欧盟敲定脱欧协议，如果不是这场突如其来的全球新冠肺炎，英国在 2020 年底前将与欧盟完成所有脱欧过渡措施，开始其新的历程。

英国人口 6 600 多万，2019 年 GDP 为 2.7 万亿美元，位居全球第五。英国又是安理会常任理事国，具有世界影响力，英国脱欧，对欧盟的经济和建设无疑是重大打击。

面对充满不确定性的转型世界和成员国公众发出的“欧盟向何处去”的责问，法国精英们颇有一种推动欧洲联合舍我其谁的强烈意识，各种有关推动欧洲联合的主张层出不穷，有的甚至将今天的欧洲联合上升到欧盟在当今世界格局中战略位置的高度。如拉法兰在其刚刚出版的《中国——巨大的悖论》(*Chine—Le grand paradoxe*)一书中，专门强调欧盟的团结与强大是其应对当今单边主义的美国和不断崛起的中国的唯一选择，否则，欧盟就会在中美对抗或联合中成为一枚微不足道的棋子或一个乒乓球，将摆脱不了让美中两个超级大国任意摆布的命运。

也有法国人对我说，面对美国的单极世界，唯有法国还能在西方大国中像当年戴高乐一样发挥其独立自主的外交，保持与中国、俄罗斯的对话与合作。为此，马克龙在 2019 年 12 月 5 日北约 70 周年伦敦峰会上与美国等一些北约成员国大唱反调，强调俄罗斯与中国不是北约的敌人。

对马克龙而言，振兴欧盟也等于振兴法兰西。作为总统候选人和当选总统，马克龙均在第一时间拜访默克尔，与其协调法德欧洲政策。马克龙还特意在其当选总统后破例将法国外交部更名为“欧洲和外交事务部”，以凸显其将欧洲联合作为法国外交重中之重的考虑。一位法国外交部的朋友对我说，振兴欧盟，既是马克龙谱写历史，也是法国在国际舞台上尽情挥洒的历史机遇。考虑到欧洲联合最坚定的支持者默克尔在执政长达 13 年后将黯然退出欧洲政治舞台和英国脱欧已成事实，在国际舞台上，作为欧盟内唯一的安理会常任理事国，法国自然而然成为欧盟政治与安全的唯一代言人。

在 2019 年 11 月 11 日举行的巴黎和平论坛上，马克龙的这番政治雄心还得到欧盟委员会候任主席冯德莱恩的积极响应，她表示，她上任后将立即把欧盟外交预算提升 30%，使欧盟有足够的能力在国际舞台上发出自己的声音。

然而，马克龙面临的欧洲已非当年密特朗时期的欧洲，某种意义上，欧洲联合已遇到二战结束以来从未遇到过的全欧性疑欧思潮，各国老百姓对欧洲联合的热情普遍下降，人们对冷战结束后欧洲政治一体化的前提条件提出了质疑，意大利、希腊和中东欧国家具有严重的离心倾向，相当多成员国中民粹和民族主义势力近年来迅速抬头。

我们还是再回顾一下英国脱欧所产生的影响吧。

2019 年 12 月 13 日，英国首相约翰逊在议会选举中大胜，强势脱欧成功；2020 年 1 月 31 日与欧盟完成所有分手的法律手续，这是欧盟 70 多年来第一次发生一个成员国通过公民公投形式退出欧洲一体化进程的情况。然而，对欧盟而言，这不仅是失去一个在欧洲和世界具有重要影响的大国和 6 700 万人口，更标志着欧洲国家重新回到 19 世纪和 20 世纪上半叶的民族国家时代。由于英国在欧洲经济、失业、移民等问题上的立场在欧盟内部想说“拜拜”的各种政治力量和民粹思潮中同样颇有市场，英国今日脱欧成功，对他们是否也意味着一种榜样或诱惑？

这就是法国精英最担心的地方！

在讷伊市国际俱乐部成立十周年纪念论坛的总结发言中，法国前外长韦德里纳警告大家，英国人务实、重商，脱离欧盟后极可能会另搞一套，而如果这“另搞一套”在解决失业、移民、国际贸易、投资等方面成功了呢？这是否意味着我们过去的欧盟政策是失败的？如果特朗普与约翰逊真的达成英美零关税贸易区，英国在欧盟以外自搞一套的政策是否也意味着欧盟将出现英国这样一个“欧洲版的新加坡”？从而不仅是欧洲联合在未来更加困难，也会诱使更多的欧盟成员国效法英国，离欧盟而去。

2019 年初以来，由法国著名哲学家列维等牵头，30 位欧洲著名的公共知识分子联名写公开信，在欧洲各主要报纸上呼吁欧洲公众不要抛弃欧洲联合这一人类的美好理想。与此相对应，马克龙本人也于两个月后在法国《巴黎人报》、英国《卫报》等主流报纸同步发表其“告欧洲同胞书”，呼吁欧洲各国老百姓坚持欧洲联合。

然而，如果说当初法国推动欧洲联合是为了防止德国军国主义东山再起，为的是将德国绑在欧洲联合的战车上，为了法德和欧洲的和平与经济繁荣，那么在今天，法国推动欧洲建设的力量支点又在何处？法国又靠什么来当欧洲联合体的头儿？

法国政治精英们明白，法国目前的 GDP 只占世界的 3%，法德经济总量相加，或法国与欧盟经济总量放在一起，法国说话就会财大气粗，这就是为什么 2019 年 3 月习近平主席访法时，马克龙请了默克尔和当时欧盟委员会主席容克在爱丽舍宫举行中欧领导人峰会，从而使一场中法双边元首会晤演变成中欧领导人峰会。

2019 年 11 月，马克龙第二次访华时又如法炮制，在其代表团中邀请了德国联邦教育与研究事务部部长和欧盟贸易委员，从而使一次中法双边访问又变成中欧对话。但其实外人都看得明白，如果法国足够强大，为什么不自己干，非得拉上德国和欧盟官员？

在这法德“一个声音对外”的背后，无法掩饰的是法德在欧盟内部博弈中法国影响力下降的可怕现实，如法国人曾想把欧盟统一货币称为“埃居”，德国人坚决反对，最后只好叫“欧元”。法国人想把欧洲央行总部放在里昂，德国坚决反对，法国只好同意放在法兰克福。法国人想突破《马斯特里赫特条约》的财政赤字限制，在法国和欧洲搞公共工程，以财政赤字刺激经济增长，德国人坚决反对，因此，也就没有什么法国人所说的欧元区政府，也没有欧版的“马歇尔计划”。轰轰烈烈的“容克计划”就这样热热闹闹地走了个过场。

除了法德力量对比的变化，法国政治影响力下降的另一原因是欧盟的不断扩大，原来是法德两国，后来是法德荷比卢 5 国，然后是 9 国、12 国、15 国，一直到今天的 27 国。这就如同在人际生活中一样，原来是一部分人的小俱乐部，现在玩大了，人多了就要分权，且民主国家每人一票，无论在欧盟委员会，还是在欧盟议会，法国的权重相应下降，像欧盟轮值主席国这样的机会，法国也要每 14 年才能轮到一回。

我们从欧盟机构的岗位分配同样可以看出，法国人出任重要岗位的机会明显比过去少了。法国人少了，替法国说话的人就少了。在此次欧盟新委员会人选问题上，马克龙提名的候选人古拉尔女士原来当过国防部部长，资历不浅，但居然被欧洲议会以其曾被法国司法部门怀疑挪用欧洲议会津贴来支付其本国助手工资的借口否决了，这在原来法国主导的欧洲联合史上是不可思议的。

如果我们把法德比作夫妻，法国就是欧洲联合大家庭里的父亲，作为一家之主，历来是说一不二，而今居然连法国总统的提名都被否决了。这表面看来是人选的问题，实际上是法国的权威出了问题。

消息传到巴黎，马克龙的反对党们没有批评欧盟，反而纷纷指责马克龙草率，让法国的尊严受辱。作为补救，马克龙立马请原来希拉克的经济部部长、现在法国著名计算机公司 Atos 的老板布雷顿（Thierry Breton）出征。后来，布雷顿果然不负重托，以其资历和能力得到欧盟议会的首肯，法国大国形象和尊严总算没有受到太大的损失。

我的不少法国朋友在言及此事时对马克龙在欧洲事务中处理问题如此轻率感到惊讶，但他们都觉得无论是对法国还是对欧盟，布雷顿都是最佳人选，其丰富的政治和管理经验，特别是在人工智能领域的知识储备，对欧盟在世界人工智能领域发挥重要作用意义重大。

2020 年 3 月以来，面对新冠肺炎疫情，法国充分发挥其在欧洲联合中的政治优势，推动了欧洲央行 7 500 亿欧元增购成员国国债的“紧急抗疫购债计划”（PEPP）及 3 600 亿欧元的量化宽松政策，使欧盟成员国在帮助本国企业纾困，给失业工人发放救济、共克时艰的旗帜下突破了欧盟多年来让法国等地中海欧盟国家非常不爽的《稳定与增长公约》，这无疑是法国欧盟政策的胜利。

然而，由法国、意大利、西班牙等 9 个疫情比较严重的国家提出发行“新冠债券”的主张却遭到德国、荷兰、奥地利和芬兰的强烈反对。

该债券旨在由欧元国家共同在资本市场借债，将募集的资金互分，并共同偿还债务及其利息。但财力雄厚的国家须支付比现在更高的利率，财力不足的国家则减少利息负担。一旦有国家丧失支付能力，其余国家将不得不替其偿还债务和利息。

因此，德国等反对的国家担心，债券可能成为无底洞，让富国补贴债台高筑的国家。而以意大利为代表的南欧国家多年来一直未能遵守欧盟财政纪律，其无节制的预算扩张政策和拒绝进行内部经济改革的策略将是欧元区埋下的另一颗炸弹。

不难看出，法德就新冠债券的政策分歧是：法国坚持认为，对意大利等疫情严重的国家仅仅提供“借贷”是不够的，必须给予财政“转移支付”，以便起到真正的救助效果。意大利的媒体也对德国等北欧国家进行了无情的批评，称意大利沦落为欧盟的“弃儿”。而对以德国为代表的欧盟富裕国家而言，由于欧盟内的穷亲戚实在太多，这样的问题没完没了，公众舆论不接受让自己纳税人的钱去填这些国家的财政窟窿。

但法德同时明白，一方面存在着欧盟共同债务，一旦债务责任失控对欧盟稳定性将造成负面影响；另一方面，如果意大利等疫情严重的国家爆发经济危机，将导致整个欧盟的经济危机。

两者到底孰轻孰重？这就是马克龙与默克尔的博弈之所在。

在 2020 年 4 月 23 日举行的欧盟元首峰会上，法德都没有找到让欧盟内部南北国家都能接受的解决方案，但两国都同意创建一个高达 1 万亿 ~1.5 万亿欧元的大规模“恢复基金”，协助 27 个成员国应对新冠疫情冲击、恢复经济。这个点子听起来很动人，媒体将其通俗地比喻为“马歇尔计划”，但钱从何处来？

欧盟委员会主席冯德莱恩建议将此与 2021 年 1 月生效的欧盟七年制预算挂钩，并要求成员国对欧盟预算的缴纳比例从原来的各国国民总收入的 1.2% 升至 2%，其中多余部分还要填补英国脱欧后遗留下的 750

亿欧元的财政缺口。

默克尔认为，这个建议雄心勃勃，尽管方向正确，但会让德国多交钱给欧盟。

事实上，德国的问题也没有那么简单。

法国人、意大利人或更广义上的欧盟老百姓普遍发现默克尔这个老奶奶确实可爱，富有人情味，照顾大局，例如她对接受叙利亚难民的态度。但德国又是一个联邦制国家，有些事并非总理说了算，如 2020 年 5 月 5 日，德国宪法法院裁定欧洲央行购买数万亿债券的量化宽松措施（PEPP）部分违宪，并指出欧洲央行没有审核这些措施是否适宜，而德国联邦政府和联邦议会未对此采取任何行动，侵犯了德意志联邦“基本法”。

法国此间的评论人士认为，这是德国在欧盟坐大的又一例证。

德国作为欧盟成员国，其宪法法院对欧盟机构的管辖本身是违宪的，但它在德国却是合法的，原因是德国宪法是二战后在美国人的帮助下制定的，目的就是为了制衡政府，防止今后德国政坛再出现希特勒似的人物。

因此，如果欧洲央行接受裁定，那就破坏了欧盟联合的基石；如果默克尔与欧洲央行一样也不执行裁定，那么默克尔就会违宪；如果默克尔接受裁定，欧盟游戏规则遭到破坏。

此事虽然貌似是德国人之间的法律游戏，但法国朋友对我表示，法国的位置非常尴尬。在今天的欧盟联合中，由于经济主导一切，法国在与德国的领导权争夺中已明显处于劣势，围绕新冠肺炎后的欧盟经济重建战略是又一例证。如果德国宪法法院判决取胜，德国在欧盟联合中又多了一个法律杠杆，德国人什么时候都可以使用它达到实现国家利益最大化的目的，而这些法国是不具备的。

因此，只要欧洲联合继续是经济联合，走的是大市场的路子，而非政治、军事、外交联合，法国在欧盟联合中的“马车夫”作用就会自觉不自觉地让给德国。

然而，2020 年 5 月 18 日，形势又出现了转折，默克尔同意马克龙的意见，德法双方建议在欧盟 27 国内创建一个 5 000 亿欧元的“恢复基金”，以帮助 27 个成员国在新冠疫情后恢复经济。

默克尔的态度转变让法国媒体喜出望外，法国舆论感到欧洲人的同舟共济意识在强化，联合的力量在上升。然而，这一次的“救世主”还是慈祥的默克尔老太太，靠的是她在德国政坛强有力的领导力和在欧盟内的崇高威望，但老太太已明确表示放弃连任，因此，在下一个危机面前，一个没有默克尔的欧盟，是否依然能保持“同舟共济”？是否还能不断深化联合，在国际上发挥欧盟应有的作用呢？

最后，有关法国影响力下降的问题，我们还可以从法语在欧盟的使用情况来予以验证。

我曾在 20 世纪 90 年代在中国驻欧盟代表团工作过，当时还叫欧共体，其委员会的工作语言主要是英语和法语，在所有文件中，法语文件不少于 10%。而我今天再到欧盟，能讲法语的欧盟官员越来越少，法语文件在欧盟机构中的使用比率已不到 3%。最近看到报道，欧盟不少讲法语的官员联名给新任欧盟委员会主席冯德莱恩写信，希望她能将捍卫法语的使用上升到保护文化多样性的地位。这些欧盟官员表示，语言既是交流的工具，也是一种思维方式和价值理念的载体，将欧盟机构的工作语言只限定在英语，将会使欧洲本来丰富多彩的文化和历史多样性被阉割掉，这对在国际舞台上倡导文化多样性的欧盟是非常可惜的。

在巴黎出席各种有关欧洲建设的研讨会时，我听到很多议论，人们总会在最后感慨一句，法国那么多点子是很好，但谁来落实？这种感慨让我内心多少会有一种对法国的恻隐之情，感觉伟大的法兰西曲高和寡，徒有报欧壮志，却无回天之力。

我想，这个问题本质上与法国转型时期遇到的各种困难有关，如果马克龙所倡导的一系列法国经济和社会改革取得进展，如果法国经济变得强大，法国在欧盟内重塑其领导地位就顺理成章了。

法国与阿拉伯世界

说到法国与阿拉伯世界的关系，这也是一个与《一千零一夜》一样长的有趣故事。

历史上，法国最早与阿拉伯世界的联系是由法国国王弗朗索瓦一世与奥斯曼帝国土耳其统治者苏莱曼大帝在1536年建立的联盟。这个被称为“基督教帝国和非基督教帝国之间的第一个非意识形态的外交同盟”，是弗朗索瓦一世针对哈斯堡王朝查理五世而与一个异教徒建立的战略性联盟，它持续了两个多世纪，直到拿破仑军队远征埃及，事实入侵奥斯曼帝国的土地，双方协议才宣告结束。而拿破仑在埃及的探险，也从此打开了法国人认识东方世界的大门。在法国，埃及学成为考古学中一门特殊的专业，阿拉伯世界的异国风情和东方文化吸引着法国一代又一代人。

1830年，法国征服阿尔及利亚，并将突尼斯、摩洛哥等纳入其保护国之列。“一战”后，法国又成为叙利亚和黎巴嫩的托管国。因此，法国与阿拉伯世界交往历史很长，这就是当初希拉克强烈反对小布什对伊拉克动武的原因。希拉克曾对小布什语重心长地说过，法国知道中东问题的复杂性，这是几个世纪以来法国人与阿拉伯人打交道得出的经验，而美国作为一个年轻的国家，离阿拉伯世界较远，则没有这样的体会，不知道阿拉伯世界的复杂性。

希拉克的话让我想起早年刚刚参加外交工作时，我在中国驻黎巴嫩大使馆当随员，法国驻黎巴嫩大使布朗（Paul Blanc）就对吴顺豫大使说过，法国对黎巴嫩发生的一切都非常关注，因为黎巴嫩到法国只需跨过一个地中海，那里的任何极端活动都会对法国社会产生严重影响。

随着我与法国人打交道年头的增加，我对这种法国与阿拉伯世界的依存关系有了更深入的了解，我的观察是：

（1）法国人与阿拉伯人有着天然的情感和血缘联系。

在法国的许多名人中，出生在阿拉伯国家的比比皆是，如德维尔潘总理出生在摩洛哥，政论作家阿塔利出生在阿尔及利亚。法国人还把出生在或生活在阿尔及利亚的人叫“黑腿子”（Pieds noirs），在法国的文学作品中就有许多描述法国人在阿尔及利亚生活的情形，如大作家加缪的《局外人》《鼠疫》等，而他本人就出生在阿尔及利亚的德雷安小镇。

（2）许多法国人与阿拉伯人保持着特殊友谊，如希拉克与阿拉伯世界几乎所有的领导人都保持了长达几十年，甚至半个世纪的友谊，从而使法国在阿拉伯世界具有任何国家领导人都不具备的亲和力。

希拉克与摩洛哥王室关系密切，是从国王哈桑二世到现在的国王穆罕默德六世的座上宾，晚年经常到摩洛哥度假，住在皇宫；他还与黎巴嫩总理哈里里私交密切，当希拉克退休时，哈里里总理将自己与卢浮宫一河之隔、位于伏尔特码头大街的私宅提供给希拉克全家居住。

当然，我们都不会忘记，希拉克还是巴勒斯坦权利机构主席阿拉法特的至交，特别是 1996 年希拉克访问巴勒斯坦时受到阿拉法特的隆重欢迎，这是西方大国第一位领导人访问巴勒斯坦，希拉克甚至因为以色列保安的阻挠大发雷霆，经 CNN（美国有线电视新闻网）画面直播，传遍世界。

当年希拉克警卫队的队长正好是我一个好朋友的丈夫，他给我叙述了当时的情形。他说，希拉克大发雷霆事出有因，他作为法国总统和西方大国领袖，在参观东耶路撒冷圣安娜教堂时希望与当地巴勒斯坦群众握手交谈，但想不到此举引起以色列安保人员的不快，想极力阻拦，希拉克当然不高兴啦，他不愿意法国的外交意志因为以色列安全人员的阻挡而受到遏制。为此，阿拉法特对希拉克感激不尽，称希拉克是解决阿以冲突的医生。

有意思的是，2020 年元月，也就是该事件发生 14 年后，当马克龙作为法国总统访问东耶路撒冷圣安娜教堂时（由于此教堂是 1856 年奥斯曼帝国送给法国的礼物，是法国在东耶路撒冷的四块领地之一），以色列安保人员不请自进，并与法国安保人员发生冲突。马克龙当时怒不可遏，当场用英语勒令以色列安保人员立即离开圣安娜教堂。从 CNN 等国际媒体的报道来看，马克龙的愤怒与当年希拉克的气势有一拼。

从希拉克、马克龙对以色列安保人员大发脾气可以看出，法国一直对以色列和阿拉伯世界之间的关系奉行着独立的外交政策。马克龙在访问以色列之际同时到拉姆安拉看望巴勒斯坦权力机构主席拉巴斯，并坚定地表示法国支持巴勒斯坦建国并以东耶路撒冷为首都，反对以色列在被占领土上建立非法屯居点。

马克龙甚至说了一句："纪念犹太人大屠杀不能成为制造分裂仇恨的借口。"此言一出，立即在阿拉伯世界收获了大量赞许和感激。

与法国政界和阿拉伯世界的密切关系相对应，生活在法国的大量阿拉伯人或阿拉伯裔法国人同样与阿拉伯世界有着千丝万缕的联系，特别是来自北非的摩洛哥、突尼斯、阿尔及利亚人，他们许多人都是双重国籍，受到很好的教育，在法国社会各种重要岗位上任职，包括难以计数的人担任法国内阁部长。为此，我们完全可以用"水乳交融"来形容法国与阿拉伯世界的关系。

（3）法国虽然景色优美，文化遗产丰富，但地下资源有限。德斯坦曾调侃，法国没有石油，但法国有思想。然而现代经济生活光靠思想是不够的，在某种程度上，甚至石油比思想更重要，如 1972 年的石油危机，就让法国人吃尽了苦头。因此，法国视阿拉伯世界能源供应安全为其经济生命线，是其与阿拉伯世界关系的重中之重。此外，法国同样视阿拉伯世界为其主要的出口市场之一，2018 年双边贸易额达到 570 亿欧元，法国的大企业一直对阿拉伯国家，特别是海湾国家的各种大型项目青睐有加。

当然，对于阿拉伯国家，法国也是它们进入欧洲市场的主要门户，在法国的大量阿拉伯人后裔成为阿拉伯企业与欧美企业打交道的天然的经纪人。至于那些海湾国家的王爷，他们不仅看上法国市场，更是对法国人的精致生活羡慕不已，在法花天酒地，简直不亦乐乎。

我的朋友昂罗曾是巴黎有名的五星级饭店莫里斯的经理，他就亲口对我说过，某个海湾国家的王爷将其饭店里的总统套间及整个楼层包了三个月，但爱玩的王爷竟然忘记来饭店睡觉，三个月只花钱不来住，富得直冒油。

其实，在巴黎人人都知道，巴黎有名的五星级饭店差不多都被阿拉伯富人买空了，他们喜欢巴黎的生活，当然最好的方式就是收购五星级饭店，这样不仅自己来巴黎时可以住，平时也可以接待四海来客，让自己的钱再生钱。也因为他们太有钱了，巴黎还发生多起针对他们的抢劫案，好在常常是破财消灾，没有发生过人员伤亡。

需要指出的是海湾袖珍国家卡塔尔，它的富豪不仅在巴黎收购饭店，还收购了巴黎圣日耳曼足球俱乐部。有一段时间盛传他们想请萨科齐当俱乐部主席，后来萨科齐选择到法国索菲特饭店集团当独董，与圣日耳曼足球队擦肩而过。

（4）法国与阿拉伯世界关系微妙，攸关法国社会稳定。如果说法国与阿拉伯世界的关系如同我叙述的那样有趣好玩，二者始终扮演“朋友”的角色，那么，法国社会内部的伊斯兰化问题就不会那么严重，法国也没有必要隔三差五就穆斯林妇女的围巾问题展开如此激烈的争吵。

我们曾在第二章谈到法国社会的伊斯兰化问题。由于大量的穆斯林生活在法国，任何涉及法国人与伊斯兰教义的纷争都会引起穆斯林的警觉，他们的年青一代与法国原住民的关系将决定着法国和谐社会的未来。正因如此，马克龙叫停了不久前法国社会围绕希贾布出现的争论，并警告如此下去法国离内战就不远了。

关于法国社会的伊斯兰化，我们还看到一些海湾国家对法国社会的宗教扩张，如它们通过各种所谓的基金会，捐款给法国的穆斯林来建设清真寺，向法国穆斯林派遣阿訇来传经布道，此举引起了法国内政部的警觉。

因此，在法国你会经常从电视上听到这样的辩论：法国究竟要不要为法国穆斯林的宗教生活建清真寺？

如果不建，那么，越来越多的法国穆斯林的宗教生活就会受影响，他们就会被迫在一些不符合规定的场所完成他们信徒的职责，如在拥挤不堪的场所，甚至在大街上，影响公共交通。

如果建，那么谁来出钱？让法国纳税人吗？显然不可能。一是法国是政教分离的国家，在法律上不允许；二是在情理上不允许，法国是天主教国家，你怎么能让天主教徒给异教徒建清真寺，实在是匪夷所思！

还有一个匪夷所思的办法，就是让穆斯林到法国的天主教教堂里做伊斯兰礼拜。原因是法国人自己信奉天主教的人越来越少，而且其中很多信徒喜欢把对上帝的信仰放在自己的心坎上，而非落实在各种天主教的礼拜和其他的宗教仪式上。因此，法国教堂人丁不旺是多年来的老问题。

有人为此建议，与其让教堂空着，经年不用失修，还不如让穆斯林用，这样对教堂的维护还有好处。反正都是在祈祷上帝，谁的上帝都一样。然而，这个貌似公允的建议在有清规戒律的宗教生活中显然是行不通的。

透过上面穆斯林做礼拜这个问题，我们看到的是一个非常严肃的现实，法国是要一个法国化的伊斯兰教（Islam en France），还是伊斯兰化的法国（Frace islamisée）?

试想，如果没有这些海湾国家的宗教扩张，法国社会的穆斯林是否会发展得那么快？如果没有伊斯兰宗教极端势力的影响，是否会有那么多法国青年历经千难万险，从土耳其入境叙利亚参加反对阿萨德政府的“圣战”?

据法国内政部统计，至少有700~800名法国人在叙利亚参加了“伊斯兰国”对西方的“圣战”。这些人有的到叙利亚时带着自己的子女，让他们为“圣战”献身；有的到了叙利亚后，与那些“志同道合”的女“圣战”分子同居后生下新一代，这些年幼儿童接近300人，成为法国社会安全的一大隐患。

目前，上述恐怖分子及其子女均在叙利亚由法国反恐盟友库尔德人看押着，法国希望这些人在土耳其或伊拉克当地接受审判和服刑，坚决反对将他们引渡到法国审判，避免将这些恐怖分子“引狼入室”。

就法国伊斯兰恐怖分子和法国社会内部的族裔冲突问题，我觉得有必要再谈一下法国与阿尔及利亚之间的复杂关系。

历史上阿尔及利亚曾属于奥斯曼帝国，1830年法国取而代之，并在此苦心经营了130多年，其中不排除血与火，包括大革命失败后王朝复辟时期的查理十世对奥斯曼帝国任命的阿尔及利亚总督的军事讨伐，并从此开始了法国对阿尔及利亚有计划的大规模移民，如1830年，就有3.7万法国和西班牙人分坐600多艘船移民到阿尔及利亚，甚至连阿尔及利亚这个名字也是法国人起的。我们看加缪的传记知道，他父亲是法国人，母亲是西班牙人，正好验证了这段历史。

1962年，经过阿尔及利亚民族解放阵线的浴血奋战，戴高乐政府终于同意阿尔及利亚独立，双方在法国埃维昂签署和平协议，法国正式承认阿尔及利亚独立。双方在后来建立了外交关系，但两国之间的关系一直非常复杂，法国人声称是他们创造了这个国家，并为其经济、社会、教育、医疗现代化立下汗马功劳，而阿尔及利亚人则认为，一部法国殖民史就是殖民者恃强凌弱欺压阿尔及利亚人民的历史，特别是战争的创伤始终没有得到医治，法国政府迄今也没有就法军对阿尔及利亚人民犯下的战争罪行道歉。法国政府因此最担心的就是法国足球队与阿尔及利亚队遭遇，如 2001 年 10 月两队的一场比赛中，当现场奏响《马赛曲》时，坐在看台上的阿尔及利亚裔法国青年一个劲儿地吹口哨，亵渎象征法兰西民族尊严的国歌。在场看球的希拉克总统当场愤怒地要拂袖而去，并责成法国足协主席西莫内（Claude Simonet）向全体法国观众道歉。

法国政府担心阿尔及利亚国内的任何问题都会涉及法国，如阿尔及利亚 2019 年 12 月的大选，法国政府就特别担心由于阿尔及利亚青年对军政府的不满，形成社会冲突和暴力活动，这样阿尔及利亚青年将寻求法国帮助或大量难民涌向法国。出于历史原因，阿尔及利亚在法国的侨民已有 200 万 ~500 万，是在法第一大外国侨团。这些人拿着法国护照，心里想着阿尔及利亚兄弟，因此，阿尔及利亚本国发生的任何问题都会传导到法国，从而使本已非常脆弱的法国社会形成新的不稳定。

（5）法国与阿拉伯世界的关系涉及地区安全大问题。戴高乐曾说过，“我带着简单的思维飞向复杂的东方”。戴高乐在这里讲的简单的思维，就是法国的国家利益的红线。然而，法国的某些领导人却没有对法国与阿拉伯世界的这种复杂关系保持高度警惕，相反，他们在执行法国对阿拉伯世界的外交政策时忽左忽右，摇摆不定，有时甚至非常情绪化。如萨科齐就在列维的影响下挑起了利比亚战争，从而彻底背离了戴高乐将军以及希拉克的阿拉伯世界政策，使法国在阿拉伯世界的形象和利益受损。

更可怕的是，法国的武力干预不仅导致利比亚 30 万人死亡和 80 万利比亚人沦为难民，以及 150 万叙利亚人战死和 620 万人沦为难民，还滋生了恐怖主义势力，如叙利亚的“伊斯兰国”就是在法国发生的恐怖袭击的幕后黑手。

法国朋友对我说，无论在奥斯曼统治时期，还是在“一战”、二战和战后 70 多年来，在阿拉伯世界与西方世界之间，法国传统的阿拉伯政策使法国始终扮演着独特的对话者与调停人的角色，但这种天然的外交优势一夜之间被萨科齐断送了。

法国对利比亚和叙利亚的武装干涉，在“人权高于主权”的漂亮口号下，名义上提升了法国的国际人权组织的影响力，但在全民的激情与冲动之后，法国自己把自己的后院搅乱，不仅对上述两国造成人道灾难，还给自己带来数不尽的恐怖袭击，更使成千上万的人流离失所，成为难民，如 2015 年一年申根国家就有 100 万叙利亚难民涌入。法国作为一个标榜人道的国家，又位于欧洲南来北往的地理中心，不可避免地成为叙利亚难民在欧洲的集散地。法国若不接受，与情与理都不合适。法国若接受，本身就没有钱，家穷又来穷亲戚，雪上加霜。时任总统奥朗德表示，法国同意在两年内接受 2.4 万叙利亚难民。即使在今天，我在巴黎地铁还能看到不少扶老携幼的叙利亚难民在乞讨，景象凄惨。

当前，世界各国都面临社会转型，新旧体制和理念冲突激烈，人民，特别是广大青年从未像今天这样渴望获得更多的自由和幸福。阿拉伯世界由于其内部宗教矛盾、社会矛盾、保守思想及独裁政体等因素，充满不确定性，甚至国与国之间、社会不同群体之间的冲突已日益增多和公开化。作为近邻，法国对此非常关注，担心阿拉伯世界的内乱造成新的难民潮，从而破坏法国社会的稳定。

在地区稳定方面，最让法国担心的是美国的中东政策，担心特朗普在中东实施战略收缩，不愿意继续为该地区的安全和稳定承担责任。由阿拉伯世界大量历史遗留问题造成的各国之间的积怨，以及大国干涉造成的代理人战争，可谓剪不断，理还乱；特别是埃尔多安领导下的土耳其，民族主义势力近年迅速抬头，称霸地区野心显露，2019 年 10 月甚至越境进入叙利亚打击法国的盟友库尔德武装，美国却坐视不管。法国对此非常愤怒，担心由库尔德看押的法国伊斯兰激进分子会乘机逃跑，再次潜回法国，制造恐怖活动。

法国与土耳其的矛盾还反映在对北约的态度上，马克龙刚说完北约脑死亡，埃尔多安就反唇相讥，说北约没有死亡，是马克龙本人死亡。法国外交部立即发表声明，谴责埃尔多安侮辱马克龙总统的人格，并召见了土耳其驻法国大使表示抗议。

总之，面对一个风云激荡的时代，一个因宗教、文化、种族、历史、领土主权等错综复杂关系交织在一起的阿拉伯世界，法国既需要确保来自中东和海湾国家的石油供应不受任何影响，又要维系与这个地区所有国家的良好关系，防止它们内部的矛盾激化，这是法国外交一种新的走钢丝游戏。

法国与非洲

就如同法国与阿拉伯世界一样，法国与非洲的关系非常悠久和特殊，如追溯历史，可上溯到法兰西非洲殖民时代，甚至更早，如 1364 年法国人在塞拉利昂海岸建立的小港和 1659 年在塞内加尔建立的圣路易城等。因此，法国人认为，是他们在非洲传播了法语和现代文明，非洲就是他们的后院，他们对非洲所发生的一切也因而有一种特殊的情感和责任。

同样，在巴黎的街头，衣着特别鲜艳的非洲人随处可见。

法国国家统计署的数字表明，在法国，来自撒哈拉以南非洲大陆的移民大约有 200 万，占法总人口的 3%，他们主要居住在大巴黎地区。如果我们再将北非摩洛哥、突尼斯和阿尔及利亚等马格里布三国的 430 万移民加在一起，那么，广义上的非洲在法人口就达到 630 多万，占法总人口的 9.4%。在这些国家中，除马格里布三国外，塞内加尔、科特迪瓦、喀麦隆、刚果（布）、刚果（金）、马里和马达加斯加等 7 国就有超过 50 万移民在法国。

非洲人在法国主要是开出租车，在各大商场、机关、学校、机场当保安，也有不少人专门在卢浮宫、埃菲尔铁塔、亚历山大三世桥上扮成木乃伊造型或装作机器人，一动不动地站着，供外国游客照相以换取几枚铜板。

在法国，最有名的非洲人大概就是法国国家足球队那帮球星，如齐达内、姆巴佩，还有法网冠军和流行歌手雅尼克·诺阿（Yannick Noah）、影星奥马·希（Omar Sy）等人，但我们很少知道科特迪瓦总统霍普埃特–博伊尼（Félix Houphouët-Boigny）曾是戴高乐第五共和国政府的部长，也很少有人知道在 1914 年时，塞内加尔人布莱斯·迪亚涅（Blaise Diagne）当选为法国在非洲殖民地选区的国会议员，是第一个进入法国国会并作为议员发言的非洲人。25 年后，他的儿子劳乌尔·迪亚涅（Raoul Diagne）成为法国国家队历史上第一位黑人球员。

在文化方面，塞内加尔总统桑戈尔（Léopold Senghor）早年留学法国，与法国总统乔治·蓬皮杜是好朋友。他是在法国最有名的非洲诗人、作家，1983 年还当选为法兰西学术院院士，是该院有史以来的首位非洲籍院士。

为展示非洲文化，1889 年，在法国大革命 100 周年时，法国政府还专门在其组织的万国博览会上邀请非洲殖民地国家出席，非洲文化的异国情调让好奇的法国人流连忘返。在巴黎东边环城有一个叫金门（Porte-Dorée）的地方，当年举办过非洲国家世博会，后来在此基础上建成了法国殖民历史博物馆。记得 2004 年中法文化年时，我们在那里举办过一个很大的中国当代艺术展。

在法国与非洲的交往中，除了文化，还有情感与命运的交织，这也非常重要。

在历史上，在法国最困难的时期，如“一战”，约 20 万来自非洲殖民地国家的非洲士兵与法军并肩战斗，其中 3 万人为法捐躯。这些人如同 14 万华工一样，没有他们，法国就不可能赢得“一战”的胜利。

在二战期间，就在法国沦陷、饱受纳粹德国铁蹄蹂躏时，也是辽阔的法国非洲殖民地国家给戴高乐将军的自由法国提供了反击纳粹德国的战略纵深。1944 年的布拉柴维尔会议，由法国民族解放委员会和戴高乐将军亲自组织，会议确定了在世界反法西斯战争中法兰西帝国的地位和作用。

对广大非洲人来说，法国是他们的宗主国，是法国人教他们认字，讲法语，传播知识，甚至传播天主教信仰，法国因而是他们的母亲国，来法国学习、工作、旅游都怀着一种朝圣般的心情。在所有法国人中，戴高乐无疑是他们最早认识也是最熟悉的法国政治家。戴高乐不仅将自由法国抵抗纳粹德国的战场移到法属非洲，对非洲殖民地国家二战后的独立事业也表示了理解。

非洲殖民地国家在 20 世纪 60 年代独立后，戴高乐与科特迪瓦总统霍普埃特–博伊尼一起积极寻找非洲独立后的一种法非特殊关系，即著名的“法非洲”（Françafrique）。

在戴高乐之后，非洲大陆最熟悉的法国人是希拉克。他继承戴高乐将军发展法非特殊关系的战略，并聘请戴高乐的非洲事务国务秘书雅克·福卡特（Jacques Foccart）担任其非洲顾问。希拉克几十年致力于法非特殊关系的不懈努力使其成为最了解非洲的法国领导人，这一点，我们只要看一下专程来巴黎出席希拉克葬礼的非洲国家元首的数量就明白了。

因此，在转型时期的法国，如何继承法非特殊关系的传统，打好非洲牌，对 21 世纪发挥法国的大国作用意义非凡。我想我们至少可以从以下三个方面加以说明。

（1）政治与外交方面。在目前非洲大陆 54 国的 13 亿人口中，26 个法语国家的人口达 4.31 亿，占非洲大陆人口的 33%。我们在前面介绍了法国与欧盟的关系，如果说法国以欧盟代言人的身份出现在国际舞台上，法国就代表了 4.5 亿欧洲人。同理，法国一旦以法语非洲国家代言人的身份在联合国舞台发言，法国就代表了 4.31 亿非洲人。

作为一个国力中等却依然要发挥大国作用的国家，法国要想继续伟大，非洲的作用无疑不可小觑。2003 年，希拉克就美国在伊拉克动武一事，不惜与小布什在联合国安理会对决到底，同时，来自安理会非常任理事国中的 5 个法国非洲盟友在关键时刻投了法国的票，从而大大提升了法国在联合国的外交表决分量。

（2）经济方面。非洲是一个拥有 13 亿人口的大市场，经济增速每年在 6% 左右，由于语言和文化原因，法国一直看好非洲市场。2017 年，法国有 3.8 万家企业与非洲有贸易业务，出口金额 29 亿欧元，占法国对外出口的 2.4%。这个数字虽然不高，但对法国仍然重要，特别是在法国企业对非投资方面，法国有超过 1 100 个集团的 2 000 多家公司在非洲有业务，是撒哈拉以南非洲最大的雇主之一，创造了近 50 万个直接和间接工作机会。同时，非洲拥有大量资源，法国经济发展离不开这些战略资源。拥有资源，就拥有了明天竞争世界经济强国的资本。

（3）军事方面。非洲大陆人口年轻，年龄在 15 岁以下的人口占 30%，年龄在15~60岁的人占了总人口的60%。非洲人口年轻，有活力，但非洲长期政治不稳定，贫穷和内乱滋长了恐怖主义和宗教极端势力。因此，法国必须在非洲长期保持其军事存在，以维护法侨和法国企业的利益。

法国目前在吉布提、科特迪瓦、加蓬和塞内加尔等四个非洲国家拥有军事基地，驻军3 000多人。我没有查到法国在非洲军事存在每年的支出，但据法国国防部提供的数字，法军海外军事行动（OPEX）的年度预算为10亿欧元，2020年后将提高到11亿欧元。法国的海外军事行动除存在于非洲外，还包括伊拉克、叙利亚、阿富汗等。我了解到，一个驻扎在海外的法军士兵的平均费用是每年10万欧元，由于是在海外执行军事任务，政府每年还需要为每个士兵额外支出3.5万欧元的各种社会性补助。

法国在非洲的军事存在对维护法国的利益、打击地区恐怖主义和提升法国世界军事大国地位具有相当重要的战略意义，但法国的军事行动不仅对其经济是一大拖累，也造成了法军的人员损失。截至2019年11月，法国仅由于参与马里和萨赫勒地区（撒哈拉沙漠和中部苏丹草原地区间一个总长超过5 400公里的区域）的军事行动，就造成44人死亡。最近一次伤亡事故发生在2019年11月25日，两架法军直升机在空中相撞，13名法军士兵当场死亡。沉重的经济负担和人员损失让法国舆论的矛头再次指向政府，法国在今天是否仍然可以单枪匹马在非洲充当“蝙蝠侠”？

2019年11月28日，马克龙在爱丽舍宫专门会见了北约秘书长斯托尔滕贝格，但总统府没有透露会谈细节。分析家认为，马克龙在目前法国财政拮据、在非军事人员损失严重的情况下引入北约等其他安全利益相关者，与法国共享非洲防务安全责任是不错的想法。然而，责任一旦分享了，权利是否也要分享？人们都清楚，法国在马里的维和，如果不是马里北部地区地下有丰富的石油储存，法国还有那么大的积极性吗？要是北约真的介入，一旦马里北部实现和平，未来的石油开采优先权又花落谁家？

总之，法非关系也如同法国与阿拉伯世界的关系一样，悠久又复杂，磕磕碰碰几十年了，估计还得继续磕磕碰碰下去。许多法国人对我说，戴高乐当年与非洲第一代领导人建立的“法非洲”，虽然在当时的特定条件下对法国和这些非洲国家的稳定发展有利，但在今天民主政治、公众舆论和国际社会的反腐压力下显然行不通，对这些非洲国家本身的发展也不利。一些国际媒体在近年来严厉批评法国对前法属殖民地国家的政策，认为相较于世界其他地区，前法属非洲国家是目前世界上最贫困落后、暴力冲突最多的国家。

从另一个角度看，法国近年来自身经济不好，对非援助一减再减，像过去父爱般地输血帮助非洲国家的方式已难以为继，为此，调整法国对非政策和策略已刻不容缓。我记得我在大使馆工作时，一位法国外交部的高官就对我表示，法国在非洲几十年来花那么多钱，都白费了。这些钱要是用在对华关系或对亚洲政策上，法国的回报会多得多。这位官员是在近 20 年前对我说的这番话，令人惊讶的是，我今天仍能听到不少法国政府官员这么说。

于是，今天的法国到底是将法非特殊关系看作一种资产，还是一种负债，或是一种责任，这是法国政府决策者面临的一大问题。

说起责任，这也是希拉克的观点，他说：“我们让非洲流血整整 4 个半世纪。”希拉克说的“我们”，当然包括法国，他首先做的是自我批评，因此，帮助非洲成为法国的一种道义和责任。前几年我碰到一位法国的前高官，叫博洛（Jean Louis Borloo），是萨科齐政府时期的副总理兼城市事务部部长，他退下来后想成立一只基金，负责给非洲提供发电基础设施。他认为，非洲的贫困在于缺电，有了电，就有光明，就有学校，有电视，非洲就有了未来。

说起对非洲发展的关注或帮助，这也是最近几十年国际社会最关注的话题之一。在联合国千年发展计划和联合国2030年可持续发展目标中，非洲脱贫具有极其重要的地位。而作为与非洲关系密切的发达国家，法国自然不能无视非洲对其国际政治和外交的重要意义。也是在此背景下，我们看到马克龙在当选总统后不久就出访非洲，在瓦加杜古大学向布基纳法索青年并通过他们向整个非洲的青年喊话，其中心思想是：非洲人自己要多想办法谋发展，这叫“自助者天助”。

马克龙在讲话中提到阿塔利，也就是我在前面介绍的那位马克龙政治生涯的贵人。阿塔利早就说过，法国的民族复兴离不开非洲的复兴，而非洲广阔的市场、年轻且不断增长的人口和丰富的自然资源，将为法国经济发展和在国际舞台上重塑大国地位提供巨大的帮助。

然而，法国今天的现实问题是转型困难，社会问题严重，谁来激活非洲这些潜在的资源？如果法国现在不站出来帮助那些陷入贫困和政治不稳定的非洲国家，而是任由别的国家进入法国传统的“后院”，法国又会怎么想？例如德国与非洲的贸易额远远超过法非贸易额，中国的“一带一路”倡议在非洲风生水起，法国是与德国一起积极开拓和加强非洲市场合作，还是积极开展法中在非洲的项目合作，让那些中国企业与法国企业一起帮助非洲国家？还是袖手旁观，最后让自己的市场份额慢慢被中国企业取代？这是法非关系遇到的又一个现实问题。

在以上所有问题中，我还听到不少法国朋友说，今天国力式微的法国必须放弃在国际舞台上高举“普世”价值旗帜，“替天行道”，帮助非洲国家等第三世界国家的传统做法，原因不是别的，是今天的法国已经有心无力了。

当年，法国之所以在世界上提出“自由、平等、博爱”的价值观，是因为世界的中心在法国，法国拥有欧洲最多的人口，拥有世界最重要的军队，因此，法国所有的主张自然就是世界的主张。今天，在特朗普领导下的美国对此都兴趣索然了，更何况 GDP 只占美国十分之一的法国。

但不管怎么说，法国精英们深知，在全球化条件下，像法国这样一个人口不及世界 1%、GDP 只占世界 3% 的中等规模国家，要想在外交上继续像冷战时期那样“买二等车票坐一等车厢”，非洲大陆对其意义重大。因此，非洲大陆究竟在法国的国际新坐标中属于资产还是负债，我想答案是显而易见的。

第九章

法国与中国

中法关系是一种心心相印的情感关系

来巴黎这些年，交了那么多法国朋友，我觉得处在转型社会中的法国，由于其历史、文化，甚至意识形态的特点，使法国人对新时代技术进步所带来的思想革命及其社会组织形式的深刻变化表现出恐惧、彷徨、困惑、焦虑的情绪，而这些情绪在中国社会就比较少，同胞们对全球化和科技进步带来的变化更容易接受，态度更为乐观。

由于中国近年来的飞速发展，在法国努力寻找其在全球化世界中的新坐标过程中，中国对其重要性不断扩大，有关中国的新闻也从 20 年前每月一条到现在几乎每天一条，甚至更多。中国所发生的一切已强烈地吸引着每个法国人。法中关系无论在形式上还是内涵上均发生了史无前例的变化。然而，不管变化有多么深刻，我认为，中法关系始终是一种情感关系。

首先，我感受到的是法国人对中国的巨大好奇，在这种好奇心的驱使下，巴黎有关中国的研讨会和包括商业活动在内的以中国为主题的各类活动令人目不暇接。我有时会对这样的热情感到纳闷，为什么法国人对中国会有如此大的兴趣？

于是，我问法国朋友，为什么对同样是东方大国的日本和印度，你们就没有显示出对中国文化的那种热情和痴迷？

法国朋友解释说，印度和日本的文化没有中国的文化那样“充满异国情调”，它们不像中国那样有着辉煌历史和值得法国人同情的不幸命运，也不像中国那样有遍布世界的众多侨民，更不像中国那样有丰富美味的佳肴。

也有法国朋友对我说，喜欢就是喜欢，“爱你没商量”。法国人爱中国是一种本能，我大可不必追寻原因。

作家洪多向我坦承，这些现象他也解释不清楚，比如说法国人喜欢俄罗斯、波兰和黎巴嫩，这可能与法国和这些国家的特殊历史关系以及这些国家人民的特殊命运有关。至于法国与中国的情感，很大部分缘于传教士和法国作家、外交官的作品和宣传，比如外交管保罗·克洛岱尔。

这位外交官作家在中国生活了近 14 年，与伏尔泰等法国作家喜欢从哲学和政治层面进行中法两国社会比较的做法不同，克洛岱尔是用实证的方式，通过他本人的直接观察，在他的笔下呈现晚清中国社会的方方面面。由于作家本人热爱中国文化并在作品中大量介绍中国文化，克洛岱尔可视作法国社会了解中国的重要“开门人”。

还有一位名叫谢阁兰（Victor Segalen）的作家、医生。他在 1910—1918 年多次到北京生活，创作了小说《天子》《勒内·莱斯》和大量诗集。谢阁兰的孙女劳尔·梅尔−谢阁兰（Laure Mellerio-Segalen）是我 20 多年的老朋友，她曾是法国雇主协会下属法中委员会的秘书长，为中法关系的友好做出了重要贡献。她还成立了一个谢阁兰基金会，由法国前总统德斯坦担任名誉主席，继续做她爷爷留给她的中法友好事业。

此外，在 20 世纪 30 年代的法国还有一本有关中国的书，轰动一时，书名叫《人类的命运》，作者是戴高乐政府的文化部部长马尔罗，小说以蒋介石大肆屠杀共产党员这一震惊世界的上海“四一二”事变为历史背景，描述了中国人民的苦难和为改变命运而进行的艰苦斗争。该书还获得 1933 年度的龚古尔文学奖。

时间到了 70 年代，法国政治家佩雷菲特出版了《当中国觉醒的时候，世界将为之颤抖》，这本书在法国之火爆，在法国出版史上实属罕见，当年就销售 85 万册，它再次激起了法国人对中国的巨大兴趣。

在中法漫长的文化交流史上，其实还有不少不为国人所知的故事。我觉得，了解这些故事对我们在中法关系中引入情感维度，将中法关系升级到 2.0 版，是很有必要的，比如：

是法国传教士、汉学家金尼阁（Nicolas Trigault，1577—1628）第一个将拉丁拼音带给中国，从而使中文可以用拼音表述。

是法国传教士、地质学家、古生物学家和思想家德日进（Pierre Teilhard de Chardin，1881—1955）在中国周口店发现“北京猿人”，并由国际考古界为之命名。

是法国传教士谭卫道（Armand David，1826—1900）第一个在我国四川省发现了大熊猫，从此使大熊猫成为中国的国宝。

是法国传教士饶家驹（Robert Jacquinot de Besange，1878—1946）在日军进入上海时保护了 30 万 ~50 万中国难民的生命。

相较于上述作家和传教士对法国人认识中国所产生的重大影响，那些曾在中国经商的法国老商号及它们在中国的传奇故事同样让法国人对中国神往。记得 20 年前有一次我参加路威酩轩集团（LVMH）的一个晚会，无意之中遇到轩尼诗老板的妈妈，她当时看上去已近 80 岁，但身体健朗，她上下打量着我，突然对我来了一句，“侬饭吃过啦？”我当时感到非常吃惊，老太太怎么会讲上海话？她笑着告诉我，她就是生在上海法租界，由上海阿姨看大的，普通话不会说，中国字看不懂，但说上海话没有任何问题。

轩尼诗老板的妈妈与我的上海话交谈，让我想起巴黎中国文化中心吴刚先生对我说的话。

吴刚系著名艺术家吴祖光和新凤霞的儿子，由于家庭原因，他与京剧大师梅葆玖非常熟悉。吴刚告诉我，梅葆玖来巴黎时会找他当年在上海上中学时的那帮法国朋友玩，当他们在一起时，他们不是讲法语就是讲上海话。吴刚说，当你看到那帮高鼻子蓝眼睛的法国老头老太与梅老用上海话谈笑风生时，你就会不由自主地被中法人民之间那种水乳交融的关系所感动。

对于中法这种水乳交融的情感关系，我同样可以从中国的角度找到国人对法国文化和法国人的那种天然的亲近感。例如国人热爱法国文化，不要说一些普通人，许多中国的著名知识分子，如蔡元培、陈寅恪、林语堂、钱钟书、巴金、傅雷等，著名画家如徐悲鸿、林风眠、常书鸿、潘玉良、赵无极等，著名音乐家如马思聪、冼星海等，也都受益于他们早年在法国的留学或游学经历。

当然，法国同样也给中国带来众多的革命家。受法国大革命、巴黎公社等革命思想的影响，中国涌现了陈独秀、李大钊等革命家，20 世纪 20 年代还发生了轰轰烈烈的留法勤工俭学运动。在总共约 2 000 人的留法勤工俭学队伍中，涌现了周恩来、邓小平、陈毅、李富春等 200 多名政治、国防、科技、文化领域的领导人。

我曾在《法兰西印象》一书中提到自己当年如何以“革命之子”的名义朝圣勤工俭学小城蒙塔日（Montargis），并在给蒙塔日市的市民演讲中强调中国现代化的长征始于蒙塔日。记得我的讲话曾让市长多尔（Jean-Pierre Door）非常感动。于我而言，我以“革命之子”的名义讲话是情真意切、发自肺腑的。2010 年上海世博会时，多尔市长又专门来拜访我，我们在法国馆就餐时还谈到了这段往事。

2019 年是留法勤工俭学 100 周年，5 月 4 日这天，也是轰轰烈烈的五四运动 100 周年纪念日，我又回到了蒙塔日这座革命圣城，与中法各界专家一起追忆这段荡气回肠的历史。出席论坛的蔡元培孙女蔡磊砢女士告诉我，她爷爷蔡元培曾在留学德国期间专门来到蒙塔日，考察中国青年留法勤工俭学活动，并给予了热情的支持。她对我说，蔡元培非常喜欢法国，还在北京亲自创立“中法大学”。在蔡元培眼中，法国就是文明与进步的象征。

我想，100 年后的今天，无论我们从什么角度看，这场留法勤工俭学运动都应该是人类留学史上的一大奇迹。一批中国的热血青年，从中国的四面八方来到蒙塔日。在 1920 年的 7 月 6 日至 10 日，一个叫蔡和森的湖南青年召集了 20 多个同伴在蒙塔日的市中心公园畅谈中国的命运和未来。这个蔡同学接下来代表这帮青年同学给远在中国湖南的同学毛泽东写信，认为中国要走向富强、实现现代化，必须建立一个革命政党，这个党的名字就叫“中国共产党”。

几个月后毛泽东辗转收到蔡和森的信，并在 1920 年 12 月 1 日给蔡和森写了封长长的回信，对蔡和森提出的建立中国共产党等政治主张给予充分肯定。

这件事发生在 1920 年 7 月，比中国共产党的建立正好早了一年时间。蒙塔日留法勤工俭学纪念馆馆长王培文对我说，这就是中共党史上著名的“蒙塔日代表大会”。与蔡和森一起发起本次大会的还有蔡和森的夫人向警予，以及李维汉、蔡畅等人。

蔡和森和向警予作为一对革命家伉俪，在中国共产党早期创建史上具有非常特殊的地位，向警予也成为中国共产党唯一的女创始人。1928 年 3 月 20 日，向警予不幸在武汉法租界被国民党抓捕，她宁死不屈，终年才 33 岁。更为可贵的是，这批在蒙塔日的市中心公园指点江山的年轻人，在短短 30 年的时间里就建立了一个崭新的人民共和国。

我想，鉴于上述各种原因，我们完全可以将中法关系定位为一种情感关系。大概我们很难在世界上再找到像中法那样在文化、思维和秉性上心心相印的两个国家。我想，这也许就是辜鸿铭所说的世界上似乎只有法国人最能理解中国和中国文明，“因为法国人拥有和中国人一样非凡的精神特质”。

然而，中国近年来迅速崛起，并在短短几年内超越法国后连续超越英国、德国和日本，经济总量直追美国。面对突然成为世界第二大经济体的中国，法国人对中国的看法出现了前所未有的纠结和分歧，或叫见仁见智。部分原因是每个人的职业、学历、文化背景不同，如一个在中国有投资的法国企业家与一个法国中学老师、咖啡馆小老板或雷诺汽车装配线工人对中国的情感就会有差异。另一部分原因是法国媒体的宣传。在法国，媒体没有一天不谈中国的，但对中国的看法完全取决于记者看问题的角度和信息占有量，因此往往是见仁见智。

从 2011 年元月来法以后，我就生活在法国人千差万别的对华情感中，不同职业的人表达了对中国的不同情感，我们不妨在此有闻必录一下。

首先是法国老百姓对中国的看法。

对一个普通法国人而言，他们对中国的印象主要来源于法国报纸，或者是眼前的大批在巴黎老佛爷百货公司挥金如土的中国血拼者，或者是报纸上一个又一个波尔多酒庄被中国暴发户买走的消息。他们的总体印象是中国人很有钱，中国人富了，中国将是未来世界的主宰。 在一些法国普通老百姓心中甚至还有一种中国崇拜，在他们看来，中国人干什么都行。要么不办奥运会，一办就是世界最好的；要么不办世博会，一办就是世界唯一的。中国政府很强大，又有战略规划和执行手段，只要中国人想做的事没有做不成的。如此，中国早晚要将小小的法国吃掉（la Chine va nous bouffer tôt ou tard）。

其次是法国媒体。

法国媒体对中国的报道不仅篇幅逐年增加，还非常高频率地将中国新闻置于头条，这是我过去在使馆工作时从未遇到过的。然而，法国的媒体对中国的报道负面较多，这虽说是法国新闻的特质，但频率过多，有时甚至会一周两三次。

我所说的两三次，不是那种一句话新闻，而是深度报道。比如，所谓的雷诺汽车公司中国间谍案；法国南方某大学的中国留学生考试集体舞弊；中国商品的质量问题（中国制造的床垫因电阻丝质量短路着火爆炸）；中国企业收购图卢兹机场的出资人刚刚签署协议就进监狱，并且投资不久中国资本就开始倒卖股份，赚钱后立马走人，完全不顾先前承诺和机场的长期利益。又比如，中国企业在法国中部地区购置大量良田却荒弃不种，中国企业购买法国索肖足球俱乐部后资金却不到位，等等。总之，法国媒体眼中的中国人、产品和企业都存在问题。

更匪夷所思的是，赫赫有名的法国《新观察家》杂志曾一度将中国大使馆在巴黎南郊招待所楼顶上的天线说成是“间谍”装置。稍年长的国内读者朋友，只要是在 20 世纪 70 年代到 90 年代末来法国出差、工作、学习，或因公赴非洲、南美在巴黎转机者，对中国大使馆下属的这家招待所应该非常熟悉。由于它的地址是“148，Rue du Lieutenant Petit Le Roy”（小勒罗伊中尉街 148 号），大家都称之为 148 招待所。那楼上的天线就是当年为了方便联系国内和中国驻非洲大使馆、医疗队、工程队所用的卫星电话装置，何以扯到经济间谍？

这件被《新观察家》杂志扯得沸沸扬扬的所谓中国“间谍”案自然是不攻自破，经过不到两周的歇斯底里，除了该杂志社这一期的杂志大卖外，没有人再注意巴黎南郊的 148 招待所究竟是中国的一个“间谍”中心，还是一家普普通通的招待所。

此事已经过去很久，但我一直在想，我在上海世博会工作 6 年，接待法国各界人士不下千人，为什么我接触的法国人全说中国好，羡慕中国的活力与经济发展，而到了法国后，特别是在今天的法国媒体上看到的对中国的报道却多是负面的呢？

如同在中国媒体眼中，巴黎的黄背心、香街的小偷和法国持续不断的罢工成了中国百姓了解法国社会的关键词，在某些法国媒体的字典中，中国是雾霾、产能过剩、农民工、失业、群体事件、腐败的同义词。

最近，随着中美贸易战升级，法国媒体对中国的关注度骤升，但关注的内容无非是跟着美国舆论跑。

2020 年初以来，随着新冠肺炎在法国迅速蔓延，截至 5 月 11 日，法国有近 14 万人感染，超过 2.5 万人死亡。一些媒体上出现了对中国的批评声音，甚至有人公然污蔑中国，但也有不少正直的科学家在电视采访或报刊文章中对所谓病毒来自武汉实验室的言论进行严肃批评，认为这在科学上是站不住脚的。也有医生在报刊上发文，介绍在 2019 年 10 月在法国就发生过新冠肺炎病例，因此，将病毒来源定位在武汉或中国不成立。

在新冠肺炎爆发前，我也曾特意到法国的一些大书店浏览了一下最近法国出版界出版的有关中国的书。由于法国是一个出版自由的国家，只要有市场，出版商什么书都愿意出，因此，书店里有关中国的书五花八门，我们仅从书名就可窥见法国社会的复杂心态，如介绍中法战略合作关系的《法国与中国：一种危险的关系》（*France-Chine, les liaisons dangereuses*），强调合作对法国不利；介绍中国在全世界迅速崛起，世界已属于中国的《现在是北京时间正午 12 点》（*Il est midi à Pékin*）；介绍中国企业在欧盟的国际化运营与欧盟需要采取的应对战略的《中国已到了我们家门口：欧洲需要一个新的应对战略》（*La Chine à nos portes Une stratégie pour l'Europe*）；介绍中国全球化态度的《中国与世界：中国与全球化论文集》（*La Chine e（s）t le monde: Essai sur la sino-mondialisation*）和《中国的崛起与战略逻辑》（*La Montée en puissance de la Chine et la logique de la stratégie*），以及法国人解读中国和平崛起的《世界面临中国民族复兴的经济、地缘政治和文化的挑战》（*L'Occident face à la renaissance de la Chine Défis économiques, géopolitiques et culturels*）和《中国想要什么？从毛泽东到资本主义》（*Que veut la Chine De Mao au capitalisme?*）

在媒体的渲染之中，我还注意到法国的民调对中国的评价所发生的悄然变化。巴黎著名的思想库“蒙田研究所”在2019年初委托凯度调查公司进行的一项民意调查显示，69%的法国人认为中国文化价值距离法国较远，43%的法国人将中国的科技进步更多地视为对法国的威胁，50%的法国人对中国在法国的投资持消极看法，其中17%甚至非常消极，但有78%的法国人觉得中国游客对法国有积极意义，认为中法两国在政治及文化领域关系良好的达到44%和48%。

对于中法关系性质的定位问题，27%的人认为中国是法国战略盟友，31%的人认为中国是对手，25%的人认为中法既不是盟友也不是对手。然而，认为中国是法国对手的比例仍明显低于俄罗斯（44%）和美国（35%），说明法国人在目前的世界格局中对自身国际地位下降产生了不安和焦虑。

根据2019年12月5日美国皮尤研究中心就中国国际影响力问题对法国人的民调，2019年，法国人对中国的好感度比上年下降了8个百分点，法国人对中国持有负面看法的占62%，甚至略高于美国（60%），超过德国（58%）4个百分点。

从法国媒体、出版界到蒙田研究所和皮尤研究中心的民调，我感受到今天的法国人对新时代蓬勃发展的中国确实存在一些陌生感，中国对他们而言不再是一种异国情调，不再是一种融合太极、中医、中餐、茶、禅修的优雅的生活方式，也不再是《道德经》等中国传统文化所倡导的处世哲学或儒学所倡导的社会生活组织方式的哲学思考。中国对他们而言已是一种客观存在，中国已进入了他们的生活，每天只要一起床，一睁眼，从电视新闻到生活起居品，再到街头和地铁随处可见的中国人、中餐馆，甚至各种中国节日，中国人用的微信及其特殊的消费方式，等等，无不影响着这些普通法国人的生活。

同样，虽然我人在巴黎，但我也明显感受到近年来国人对法国的看法发生了微妙变化，这从我回国与朋友的交往和在巴黎接待到访的国内朋友时的交谈就可以得到验证。如果不是爱马仕、LV 包和巍然耸立的埃菲尔铁塔、卢浮宫等这些在媒体上经常出现的关键词，抑或黄背心、罢工游行这样的新闻，法国在中国公众中的关注度和在媒体上出现的频率想必会少得可怜。国人也越来越怀疑，眼前的法国是否还是他们过去所认识和熟悉的法国？

我接下来再谈谈国人对法国的印象。

在巴黎，我接触了无数的老华侨、老留学生和来访的国内朋友，我让他们谈对法国社会的看法，概括起来大致有三类：

（1）法国落后了。

无论是来自北京、上海等大城市还是国内二线城市的朋友，大家一致认为巴黎的机场、地铁等基础设施太老了，在巴黎看不到一幢像样的现代化大楼。那些在巴黎坐地铁上班的中国上班族还会向我抱怨巴黎郊区火车、地铁不是罢工停运，就是在维修站台、轨道，相当数量的地铁线经常在行驶过程中出现停电等奇怪现象，让人感到非常不便。

一些在国内有投资的华侨企业家朋友更是对国内经济的蓬勃发展与法国僵硬的劳务市场、高得吓人的税赋做比较，他们说，在中国做生意非常方便，在法国则寸步难行。法国不是工作的地方，法国只是享受的地方，但即使享受，晚上下班后啥都没有了，没有消夜，也没有洗脚店。

（2）法国没救了。

很多人认为法国经济没搞好是咎由自取，全是因为法国的高福利制度和贪玩的民族性格。法国人千错万错，但最大的错还是当年让那么多的外来移民来法国。这些人的第一代还凑合，能干体力活，对法国多少有些贡献，但他们的后代中许多人靠吃政府福利过日子，对社会的贡献很小。

（3）法国人的生活才叫生活。

很多人认为法国人生活最有质量，无论是这里的空气、美食还是生活节奏，都是国人不可企及的。他们不为生活所累，对生命想得非常明白。每个法国人在其一生中都能做到掌握自己的命运，干自己爱干的事情。但讲这些话的人大多是国内的知识精英或在法国生活的老留学生，他们由衷认同法国人的生活方式，不奢侈，不攀比，活得健康真实。

听着同胞们的七嘴八舌，再品味法国媒体对中国的“羡慕嫉妒恨”和蒙田研究所、皮尤研究中心在法国做的民调，我突然感到，中法两国其实都处在一个全新的社会转型期，人们的各种纠结、焦虑不安，对新时期新生活的期盼和对传统的坚守，对外来事物的包容或排斥，将可能在一个较长的时间内保持一种常态。而越是在这样的情况下，人民之间的情感交流就越显得重要，尤其是在这场突如其来的新冠肺炎疫情的冲击下，重建国与国之间、人民与人民之间的互信已刻不容缓。在中国与法国之间，在两国主管部门签署空客等大的政府采购订单的同时，作为每个关心中法关系健康发展的人，似乎都应该为中法的沟通与情感关系做点什么……

巴黎大皇宫“中国之夜”

我之所以写巴黎大皇宫“中国之夜”，是因为这个故事有点特别，它是我和法国前文化部部长雷诺一起策划的一场中法民间推动的大型活动，时间是在 2014 年 1 月 27 日，即中法建交 50 周年之际，其中有些体会值得与有志于推动中法两国合作交流的读者朋友分享。

从根上说，我是这场活动的始作俑者，是我先找了雷诺，而且不客气地说，用的是“激将法”，“逼”他与我一起为中法建交 50 周年做贡献。

话说2013年1月中旬的某一天晚上，在巴黎大皇宫的圆厅（Rotonde）里，雷诺照例举办了一个巴黎上流社会式的新年团拜晚会，来了不少法国艺术圈的名人，包括希拉克总统的夫人贝尔纳黛特·希拉克等，非常高端。而我想到的却是一年后的1月27日，我们如何使更多的法国人、中国人知道它，记住这个中法建交50周年的特殊日子。

我把问题交给了雷诺，由于来宾太多，我们无法深入交谈，但约好一周后见面。

我如约见到他，和盘托出我的想法，且我的理由非常简单：

第一，这涉及中法建交50周年，这样的日子我们不能坐视不管。

第二，10年前，中法建交40周年，中国人民记得非常清楚，举世瞩目的埃菲尔铁塔变成中国红，整个香榭丽舍大道交给中国人盛装游行。50周年纪念日不能没有活动，也不能在形式上落后于40周年的活动。

第三，我们都是40周年纪念日活动的参与者和当事人，我们有道义和职责去做50周年纪念日活动。你是内阁部长，更应该做。

雷诺没有想到，说话一向客客气气的我，居然一点也没有把他当外人，毫不客气地开始派活。他圆瞪着双眼，看着我说："是的，我是部长，可我现在不是了！我与你一样，草民一个。这是个国家的项目，有法国政府、中国大使馆来管，你懂吗？"

我说，你讲得对，也不对，因为中法友好关系到我们每个人。为什么作为老百姓，我们就不能为我们各自热爱的国家做些什么呢？这样的事情，你不做，没有人说什么；做了，也没有人表扬。但它毕竟是50周年，是金婚纪念日，你懂吗？这样的机会，人的一生就一次。老实说，我们不做才会后悔呢，因为下次我们再想做已来不及了，原因很简单，下个50周年庆我们都已不在了……

雷诺看着我，若有所思，他似乎也感觉到这是一种责任。

我进而表示，老天阴差阳错让我来到巴黎，让我们俩在一起，这是人生的机遇，为什么不像10年前一样携手做一点让我们一生都感到自豪的事情呢？

雷诺继续看着我，把剩下的咖啡一饮而尽，然后对我说："那好吧，我去找一下共和国总统，他是我在国家行政学院的同学，我向他通报一下，听听他的意见，我们过一个星期再见面吧。"

这回是我看着雷诺，心里一阵感动。作为一个退休部长，他刻意远离政治，想过一种平静的生活，即法国人所谓的"幸福而不张扬的小日子"（Pour vivre heureux, vivons caché）。

我不知我的激将法的后果是什么，也不知我这样说、这样做对不对，会不会给雷诺在政治上引来麻烦，会不会给我自己平静的生活带来麻烦，我更不知道奥朗德总统会对此说什么。

看着雷诺，我们友好交往的往事不禁又浮现在眼前。

那是2006年10月秋高气爽的一天，雷诺作为法国文化部部长来到上海世博会做客，我接待了他并给他做了详细的介绍。然后，我们一起来到世博局大楼的大阳台上鸟瞰整个世博园区。我们一边看，一边聊，从世博会给上海带来的变化聊到中法在世博会上的合作，以及埃菲尔铁塔等巴黎世博会遗产在中国人心目中的崇高地位等。

雷诺对世博会后的场馆保留问题非常关注，还特意指了指江边江南造船厂的几个大吊车对我说，这是工业文明遗产，世博会要保留下来，否则，太可惜了。

"要不然，我以法国文化部部长的名义宣布将其列入人类文化遗产……"

我来巴黎后，我们经常走动，他还给我讲起2005年希拉克如何推动国际社会在教科文组织通过《保护和促进文化表现形式多样性公约》

的外交逸闻等。

一周后，我如约来到他的寓所，只见房间里已坐满了人。

雷诺请我入座，然后兴奋地告诉我总统本人对此活动非常重视，还专门让总统办公室主任和外交顾问燕保罗（Paul Jean-Ortiz）与雷诺一起对接此事。

总统在交谈中多次向雷诺表示，法中关系对法国非常重要，他会像当年庆祝法中建交 40 周年那样来庆祝 50 周年。

然后，雷诺将一屋子的人一一介绍给我，他们是艺术家帕特里克 · 布尚（Patrick Bouchain）和雷诺自己的团队，包括他的外甥布里斯（Brice）和他特别邀请的负责活动后勤保障的公关公司 ARTER。另外，音响大师蒂埃里 · 德雷弗斯（Thierry Dreyfus）、摄影家皮埃尔 · 吉内（Pierre Giner）也将加盟。

雷诺对我调侃道，他能请的人都请了，如果不是子弟兵的话（暗指来帮忙的外甥），至少也是一支志愿军。他还告诉我，布尚是法国优秀的装置艺术家、导演，曾在他决定将大皇宫恢复对外开放时一起策划了几次重大的活动。布尚不仅对大皇宫的建筑了如指掌，还对此项目充满激情。

布尚则对我说，雷诺是他的老领导，如果不是他，肯定不会有大皇宫的今天。在法国所有文化部部长中，他最欣赏的就是雷诺和雅克 · 朗格，他们不仅是政治家，也是艺术家、创意家。

就这样，在雷诺的领导下，这么一个被雷诺称为超级制作团队的小作坊开始运作了。我们的创意是要将中国和法国最典型的艺术与法国公众最喜欢的欣赏方式相结合，打造出一台“不辱使命”的好戏，以配得上中法建交 50 周年这样一个神圣的日子。

读者朋友肯定从电视和社交媒体网站上看到了这台戏，它由法国著名的马术大师巴塔巴斯（Bartabas）执导的法国马术表演拉开序幕，然后是旅法年轻钢琴家吴牧野表演的肖邦《英雄波兰舞曲》钢琴独奏，接下来是中央芭蕾舞团的女一号与法国巴黎歌剧院芭蕾舞团的男一号跳了一段法国歌剧《卡门》中的双人舞，再下面是河南开封塔沟武术学校的小武术队员风风火火的少林拳，最后是上海杂技团的自行车表演，以及2 000多名中法青年在电子音乐中狂欢，共度良宵……

让著名的法国马术开道，这是雷诺的创意。

他告诉我，要向伟大的中国致意，不仅要用法国骏马给人以奔腾的力量，也要在文化上与2014年中国农历马年相呼应，从而表达法国人民对中国文化和习俗的热爱与尊重。

接下来，无论是青年钢琴家吴牧野用钢琴来歌颂中法友谊，还是通过双人舞来表达中法友好，抑或法国人民最喜欢的中国少林武术和杂技，或者法国青年歌手乔伊斯·乔纳森（Joyce Jonathan）用中文演唱的中国歌曲《茉莉花》，都使整个晚会成为一个集激情与艺术及影像、声、光、电融为一体的美妙绝伦的艺术大赏。这样，一个极富美学意义的活动，被冠以“中国之夜”的美名。

第二天，法国几乎所有的电视台、电台、报纸均报道了本次晚会，平日异常苛刻的法国媒体一反常态，对活动充满溢美之词，并以“壮观无比”（spectaculaire）、“美妙绝伦”（magnifique）来形容整场晚会。当然，在高兴甚至骄傲之际，我第一个想到的还是雷诺为此付出的10个多月的艰辛和无数个不眠之夜。

应该说，这才是我讲述这个故事的本意。

是的，雷诺是希拉克的文化部部长、法国文化界一位标志性的人物，还是奥朗德总统的同学。但我们可能都忘记了，他与你我没有区别，他没有一分钱活动预算，没有专门的人手，他想做的一切都需要求人帮忙。但最根本的是，他还需要打理好自己的小公司，养活自己和秘书。

说实话，我们是在很不顺利的情况下起步的。

首先，我们在时间上太超前了。我们的项目是在 2014 年 1 月 27 日，是中法建交 50 周年庆的当天，无疑，这将成为中法 50 周年建交庆典系列活动的第一个节目，而当时两国政府就如何庆祝建交 50 周年的沟通工作还没有正式启动。要知道，法国与中国一样，政府的权威性很大，无论是法国的政府部门还是企业、老百姓，都喜欢看政府的脸色行事。

其次是经费来源问题。大皇宫庞大无比，布尚和德雷弗斯又是大手笔的大师，加上巴塔巴斯的马术、中国艺术家来法的机票及吃住、当晚的 VIP 晚宴、安保、场地费等，没有 100 万 ~200 万欧元的预算根本做不下来。而这笔费用支出，政府是一个子儿也不给。如果你想做好事，那你就自己去化缘。钱找来了，你搞活动，国家支持，皆大欢喜；钱找不到，活动搞不了，那就 Tant pis（活该）！

最后是各种关系的疏通。雷诺是前文化部部长，又当过国会议员，在文化界、政界口碑不错，但这并不意味着他一开口艺术家和企业家们就会“招之即来”。特别是，他面临着如何与中国的艺术家和企业家合作的问题，这其中会有国情、人脉乃至做事方法的差异。

如果要形象比喻当时的处境的话，可以用“三面楚歌”来形容他：一是国家机构对接，二是资金筹措，三是中国方面存在的未知数。

在这三者中，法国的国家机构需要他在拿出总统的“手谕”时他会显得非常“谦卑”，从而让各政府部门觉得这不是总统压下来的任务，而是大家共同的工作。在寻求法国企业合作伙伴时，他会用当议员和部长时练就的三寸不烂之舌，从战略高度强调参与“中国之夜”的意义。

然而，在与中国方面打交道时，他就变得一筹莫展。原因很简单，他不了解中国，也没有对话者。自从孔泉大使 5 月份奉调回国后，翟隽大使是在 2014 年 1 月 8 日才到的巴黎，也就是说，中国在这 7 个月里在法国没有大使。更严重的是，1 月 31 日是中国农历新年，中国人有在家过年的习惯，让中国的艺术家和企业家来巴黎而放弃与家人的团聚是不可想象的。

但雷诺也不是没有好消息。

戴高乐将军的长孙伊夫·戴高乐欣然接受雷诺的美意，出任“中国之夜”筹款委员会主席，由其负责资金的筹措。希拉克总统夫人贝尔纳黛特·希拉克专门给雷诺打气，表示大皇宫一直是给人好运气的地方，此次“中国之夜”当然也不例外。当然，最好的消息是构成法国巴黎 CAC 40 指数的 40 家跨国大企业绝大多数都在第一时间确认支持“中国之夜”。

剩下来的问题是与中国对接。

在这里我要特别感谢中国文化部外联局副局长蒲通，他是最早表态支持这项活动的中国政府官员，并对我多次强调此事意义重大，鼓励我要相信一定会得到中国政府的支持。在筹备过程中，我经朋友黄俭介绍找到了著名导演陈维亚，他在北京歌华大厦内的工作室接待了我。

他一边忙于和团队策划 2014 年南京青年奥运会开闭幕式，一边让助手给我递上一杯清香的龙井茶，开始与我侃侃而谈。他说：“此事太重要了，我们得接这个活儿！”“40 周年庆的时候，我就是中国人在巴黎香街大游行的导演。50 周年庆了，法国人有这份情谊，我们不能辜负了，我们应该做得更好才对！”

然后，陈导突然站了起来，以其艺术家的眼光看着我，并紧紧握着我的手说：“40 周年时，咱们中国人还不够强大，不够自信，今天我们强大了，我们的文化要走出去，在巴黎的大皇宫举办咱们的‘中国之夜’，了不起啊！”

他停了停又补充说：“如果说 10 年前我们还是街头艺术的话，我们今天就要进入艺术殿堂，到全世界有名的巴黎大皇宫演出，我们一定要干出样子来！”

我见到中央芭蕾舞团的冯英团长，她对我的突然到访表示非常理解，并对中芭能参与“中国之夜”表示荣幸和感谢。她说，中法建交 40

周年庆的时候中芭就是重要的参与者，并在巴黎夏特莱剧场专门演出了现代舞剧《大红灯笼高高挂》。我说，这个场景我非常熟悉，因为我出席了晚会，与舞蹈演员们还聊过呢。

冯团长的一席话，缩短了我们之间的距离，更让我有一种相见恨晚之感。这样，让中芭演员与法国国家芭蕾舞团演员同台演出的想法变得既清晰又可操作。

后来，在中国杂技协会的老朋友宓鲁的帮助下，我又联系上了正在巴黎演出的上海杂技团。杂技团的领导听我说是为了庆祝中法建交 50 周年的“中国之夜”晚会，马上指示前方演员排出最强阵容。

至于塔沟武校加盟，那完全是因为陈导的面子。学校校长听说法方在筹措资金方面遇到困难，二话没说，自费来到巴黎演出，让雷诺非常感动。

然而，最大的资金问题还是没有解决。

原先以为中国企业也会像法国企业一样拿出一半的资金，积极参与晚会，与法方伙伴共襄盛会。但是，到了 12 月初，中国企业还没有任何愿意出资的迹象。时间在一天天过去，雷诺像热锅上的蚂蚁，整天愁眉苦脸，有时甚至晚上睡不着觉。他不明白为什么中国企业不愿意出钱。

说实话，我也不太明白，本以为中国企业会冲着中法友谊，或至少冲着“大皇宫”的名气“慕名而来”。后来国内的朋友点拨了我，问我，你们这样的活动有单位挂靠吗？国内是什么对应单位？哪位国家领导人出席？朋友说，你连这样最起码的几个问题都回答不了，哪家企业会给你掏钱？

在这种等待奇迹的日子里，我内心忐忑不安，还真有一种对雷诺的负罪感。我担心这次娄子捅大了，让他在总统和法国人民面前威信扫地，让爱挑剔的法国媒体揶揄，甚至担心中法建交 50 周年庆的第一炮哑火会影响到整个庆祝活动，乃至中法未来50年的关系。

雷诺找我商量对策，请我喝咖啡。

他对我说，他晚上睡不着觉的时候就会马上想到我，说我是个“魔鬼”，害得他魂不守舍。但他同时又笑着看着我说，这一切他都认了，这是件非常有意义的事，他谁都不怨。他说，人活着不能太自私，他能为法中两个伟大的国家做点什么，即使失败了，也是很自豪的。

雷诺越自我解嘲，我越感到心理压力大。

我想，解铃还须系铃人，谁让我没事找事给他出这个馊主意的。于是，我绞尽脑汁，在不失优雅的前提下到处向朋友兜售“中国之夜”。此情此景，让我妻子感到非常不可思议。她问我，你又搭时间又搭人情，是何苦呢？她问我，难道50周年庆离了你就办不了？

就在我们像热锅上的蚂蚁一样坐立不安时，2013年12月6日，来华访问的法国时任总理艾罗与李克强总理一起在人民大会堂为中法建交50周年庆典活动举行徽标揭幕仪式。一下子，大皇宫“中国之夜”找到了“户口”，而且成为整个50周年庆活动的序幕。

更让我高兴的是，文化部外联局蒲通副局长通知我们，中方将由文化部下属的中外文化交流中心作为主办单位，文化部部长蔡武还将作为中国政府特使出席晚会。

但是，钱的问题依然存在。

无论从哪个角度看，“中国之夜”都是一次民办的官方活动。雷诺必须筹到足够的资金，否则，不是取消活动，就是削减节目。但常言道，“精诚所至，金石为开”，在我们的一片诚意下，华为法国公司、中国工商银行巴黎分行，以及广东企业根源集团均非常慷慨，给了我们很大的帮助。

然而，向中国企业筹资依然举步维艰。我托了不少朋友，他们也尽心尽力，但大伙努力了半天，结果事与愿违，没有一家企业的老板愿意来。企业家们提出的理由无非是不知道中国方面出席晚会的领导是谁，会不会是李克强总理，有没有商务部部长，要不然就是春节要与家人团聚，云云。

这样的理由我听了快 100 遍了，许多蜚声世界的中国大企业的领导也对我这么说。我真的觉得中国人的老话太对了，朋友归朋友，钱归钱。中法建交 50 周年庆固然重要，但任何中国企业也没有义务无条件给你捐款。

2014 年 1 月 6 日，翟隽大使来巴黎履新。

翟大使对“中国之夜”非常重视，在他的过问下，中国广东核电法国公司也赞助了这次晚会。这样，不仅资金上积少成多，活动也有翟大使亲自过问，雷诺的脸上渐渐出现了笑容。

下面的故事我不说大家也都知道。但在大皇宫“中国之夜”的艺术大餐后，我不禁想起雷诺每次与我见面时所发的感慨。

他说：“波，如果 1 月 27 日晚上巴黎大皇宫漆黑一片，50 周年的庆典只是在中国大使馆或在某个饭店里搞个招待会，你可以想象吗？你可以想象 40 周年庆埃菲尔铁塔变成红色，香街上中国人喜气洋洋在游行，而 50 周年这一天，广大巴黎人什么都没有看见、听到，我们两国的金婚纪念是在无声无息中度过的吗？”

更可贵的是,“中国之夜”的基调是在庆祝 50 周年时展望未来 50 年，2 000 名中法大学生是晚会真正的贵宾。雷诺对我说，等这些年轻人到了我们这样的年龄时，他们会自豪地回忆起当年的大皇宫“中国之夜”。他们会说，那是个难忘的中法青年狂欢的夜晚，On y était！（当时我们就在现场！）……

的确，那是个年轻人特别开心的夜晚，他们不用花一分钱，就能看到这么好的节目。

当 31 米 ×40 米的 4 块火焰般的红绸布和两块纯如白雪的白绸布，

像铺天盖地的红色和白色瀑布从天穹般的房顶呼啸而降，当身着秦俑盔甲的法国骑士们向你飞跃而来，当吴牧野的琴声绕梁三遭，当一对中法舞蹈家在《卡门》的舞曲中翩翩起舞，当少林功夫虎虎生威，当中国杂技扣人心弦时，我的眼圈湿润了。

站在一旁看节目的拉法兰总理知道事情的原委，冲着我的耳朵连连说了两声："谢谢，好样的！"他说："要是没有雷诺和你，今天就不可能有这样盛大的晚会……"

我伫立在晚会现场，偌大的大皇宫里交织着一片激光和电子音乐，眼前分明是年轻人的世界，艾罗总理、蔡武部长和晚会所有的中法名流早已离去，但青年们依然陶醉在艺术、激情和友谊之中。

在大皇宫大门口，年轻人依依不舍，还在抓紧照相，希望最后再用镜头留下这个美好夜晚的一切。我看到三个中国女孩，我问她们今天开心不开心？在哪个学校学习？学什么？在法国生活怎么样？今后打算做什么？

显然，她们根本不知道晚会后面的故事，也不知道我是何许人。她们更多地将我视作同胞或长辈。她们告诉我，晚会太美了，她们照了上百张照片，还觉得漏了不少。她们说，回宿舍后不准备睡觉，马上发微信，上脸书，与那些没能来的中国同学分享晚会盛况。

她们三个都是20岁上下，分别学经济、艺术和法律，来法两年多了，很适应，很喜欢法国。我说，听到你们说在法国很适应，很喜欢法国，我很高兴。

我说，中法建交下一个50周年的庆典交给你们了，希望你们大学毕业后能为中法关系多做点事。孩子们连连对我说，一定会的，一定会的。然后，三人消失在寒气袭人的夜色中。

此时，巴黎已过子夜，我快步走向末班地铁，在轰隆轰隆的地铁轨交声中，我的思绪也在不断地向前滚动。

“真够悬的，谢天谢地，幸亏搞成了！”我喃喃自语，半年多来筹备工作的一幕幕情形又像电影般在我眼前闪现。

我想到陈维亚、冯英这些中国著名的艺术家，他们听说“中国之夜”后马上积极参与，从未提出过要任何报酬，令人感动。还有文化部的赵心舒处长，平时工作特别忙，加班加点，协调中法文化机构在晚会上的合作。

当然，我也应该提一下郎朗，他对我说他是多么希望在 50 周年庆上为中法青年演奏一曲肖邦的曲子，但由于春晚彩排，他几无可能从美国飞巴黎，再在当晚回北京。在这关键的时刻，旅法青年钢琴家吴牧野不负众望，他的名字瞬间从大皇宫走向全法国、全中国。还有蔡国强，他亲自来大皇宫看现场，与法方导演布尚见面。但由于经费原因，他的焰火计划无法实施，甚为遗憾……

自然，我脑子里还闪现了另一个人，他虽然没有在现场，但此次活动的成功显然没他不行，他就是法兰西共和国总统弗朗索瓦·奥朗德。如果没有他作为国家元首的政治支持，这个活动在一开始就无法成立。总统日理万机，但仍通过其办公室主任和外交顾问随时跟踪晚会的进展，并在晚会前一天晚上亲自来到现场看彩排，第二天非常放心地赴土耳其进行国事访问。

我心里更是想到，法国真是个让人费琢磨的国家，一个退休的右派部长，居然能左右逢源，先是得到左派总统的支持，从而说服所有政府相关部门，后又动员了整个国家的艺术界、企业界、大学，搞了个法国社会“跨界秀”。

我数了数，晚会上有法国总理及文化部、司法部、法语事务部、交通运输部、住房部、数字经济部、卫生部、贸易部的 9 名部长或部长级代表，以及拉法兰等 14 位法国著名的前政要和包括希拉克夫人在内的各界名流出席。媒体报道整个晚会的观众达 1.5 万人，不仅在大皇宫史无前例，在巴黎的晚会史上也非常罕见。

我进而想到，子夜过后，国内朋友们又开始了新的一天，他们肯定在网络上和微信群里看到大量晚会的照片。此时我最想对他们说的是，在我们印象中那个惰性十足、毫无活力的法国社会，民间居然蕴藏着如此活力，国家的庆典活动竟然可以有如此玩法。

的确，我在此讲述这个已过去五六年时间的故事，为的是重温中法民间社会对中法友好的那种激情与活力，特别是法国社会内部的跨界合作能力对我的震撼和感动。即使在今天，那些参加过晚会的法国人还会与我分享那一晚他们的美好感受。我由衷觉得，其实，在国家关系中我们每个人都有不可替代的位置。

里昂火车站的华工雕像

无疑，巴黎大皇宫“中国之夜”是中法民间合作的一个好案例，但如何将中法交流拓展到一种新的“情感领域”，即在经济和文化交流后，让中法人民的交流升级到 2.0 版，形成一种真正的心灵对话，这是我一直在思考的问题。

记得在筹备“中国之夜”的过程中，我曾提出将晚会的名字称为“中法金婚之夜”（Noce d’or），但这个想法很快被法国朋友劝阻了。他们告诉我，如果将晚会定位为中法金婚之夜，就意味着中法是夫妻关系，但在法国人的语境中，能与法国称夫妻关系的只有德国，中法关系还不能算。如果简单套用，法国公众会感到诧异，效果不会好，也会有东施效颦之嫌。

于是我问他们，如果我们不能将中法建交 50 周年纪念称为“金婚”，那么，中法应该是兄弟吗？

我告诉他们，在 2003 年中国遭受 SARS 疫情时，希拉克总统派遣拉法兰总理按时访华，温家宝总理在见到拉法兰总理时曾激动地吟了唐朝诗人王勃的《杜少府之任蜀州》中的诗句“海内存知己，天涯若比邻”，并将中法关系比喻为知己、挚友。

我想起毛泽东主席在 1971 年 11 月 9 日惊悉戴高乐将军因心脏病不幸逝世的消息时给戴高乐夫人的唁电，称戴高乐是“反法西斯侵略和维护法兰西民族独立的不屈战士”。中法外交界也都知道，毛泽东敬仰戴高乐，戴高乐敬佩毛泽东，两位伟人虽从未谋面，却英雄相惜，相互仰慕和尊重，这样的一种情谊在世界领导人之间仅见，也超越了双方意识形态和政治制度的巨大差异，这是不是一种伟人间的情感？

周总理等老一辈留法革命家对中法友谊的高度评价和对法国文化的赞美，以及 1982 年小平同志在会见蒙塔日市长努布拉时，向他叙述自己 60 多年前那段青春激荡岁月时那种毫无掩饰的眷恋，这是不是一种情感？更有美国记者索尔兹伯里写的《长征——前所未闻的故事》中描述小平同志当年到联大开会，途经巴黎回国时专门给周恩来、陈毅元帅等捎上法国羊角面包，让那些在“文革”岁月受煎熬的老战友品尝他们钟爱的法国面包，这是不是一种老一辈革命家对法兰西的情怀？

当年为筹备巴黎大皇宫“中国之夜”时，我们在北京黄胄美术馆不期而遇黄胄夫人。80 多岁的老太太听说雷诺是希拉克总统时期的文化部部长，连连竖起大拇指对雷诺说，“法国，好，好。法国是文化大国，我们都很向往法国，我们要向你们学习……”

然而，当我翻遍各种历史文献和官方文件，也没能在文字中甚至在老百姓的日常表述中找到有关中法亲情关系的定位描述。

在巴黎，有数不清的中餐馆，巴黎电影院经常上映中国题材的电影，书店里摆放着各种中国书籍和旅游介绍，有一年一度的中国新年大游行，有每年近 300 万在卢浮宫、埃菲尔铁塔和老佛爷百货商场、香街

LV 专卖店前兴高采烈的中国观光客和血拼大军，但人们似乎对这样的亲情定位并不在意。

最让我诧异的是，我在巴黎成百上千的大街小巷中从未找到一条以中国人名或中国地名命名的法国街道。在巴黎，我更找不到一座有关中国人的雕像，这在崇尚多元文化的巴黎是很难解释通的。

为什么巴黎到处都是以外国人名字命名的街道，为什么巴黎有各种各样纪念外国人生平事迹的雕像或街心小公园，却唯独没有中国的？

为什么在中法有文字记录的 300 多年交流史上，从太阳王路易十四到伏尔泰、雨果这样的大哲人、大文豪，再到普通法国家庭，我所见到的那些迷恋中国小说、诗歌、儒学、中医、茶、饮食、武术、杂技等中国文化的法国人，却偏偏在这样需要宣泄情感的地方“粗心大意”了，把如此重要的情感表达方式给忘记了？

就这样，我产生了在巴黎街头竖立一尊中国人雕像的念头，我想用艺术的手法把中法关系推向“情感领域”2.0 版。而此时此刻，我想得最多的是“一战”期间来到法国的 14 万华工同胞！

我之所以想到他们，是因为在我脑海里一直浮现着当年陪同吴建民大使一起到法国北部索姆省凭吊华工墓地的那次“触目惊心”的经历。

是日，我们从使馆驱车 200 多公里，来到了一个叫诺莱特的华工墓地（cimetière chinois de Nolette），这里长眠着 849 位“一战”华工，他们有的有名，有的还有省籍，其中来自山东、河北的比较多。这些年轻力壮的中国农民，为了法国人民抵抗德国士兵的进攻，就这样默默无闻地客死他乡。

据统计，当年从中国各地来到法国的民工约 14 万人，其中 2 万人因战火、流行病、饥寒等原因牺牲，诺莱特的华工墓地仅是众多华工墓中的一个。此外，还有 3 000 多名华工在“一战”停火协定签署后决定留在法国，与那些喜欢憨厚勤快中国青年的法国姑娘或那些失去丈夫的法国妇女组建了家庭，他们是中国在法国的第一代华侨。

由于“一战”是法国历史上最残酷的战争之一，全世界 72 个国家参战，1 860 万人死亡，其中法国就死了 169.78 万人。为此，法国每年都要在 11 月 11 日“一战”停战日的时候全国放假，以纪念这一人类历史上的残酷战争。

2018 年是“一战”结束 100 周年，这一年的元月 8 日，刚刚当选法国总统的马克龙来到中国开始其任内第一次正式访华。在西安，他在向大学生发表演讲时，专门回顾了中法关系数百年的友好交往，并特别提到了这批“一战”华工。他说：“我要大家记住，在我们法国历史最悲惨的时刻华工们来了，他们是我们法国人的亲兄弟。”

我没在马克龙访问西安的现场，但我在第二天北京中法人工智能研讨会上见到不少马克龙代表团的成员，他们纷纷激动地向我转述了马克龙总统对华工的高度评价，并代表法国人民表达了对华工的感恩之情。法国朋友们对我说，他们都非常惭愧没有听说过华工的故事，也不知道有那么多华工为了帮助法国而魂断法兰西。

回到巴黎后，我意识到做好华工历史功绩的宣传是让更多的法国人了解和正确理解中国的一个机会，我要告诉法国人，在法兰西国难当头时，那些憨厚的中国农民是如何千里迢迢、奋不顾身帮助你们的。没有他们与法国人民患难与共，没有 2 万华工的生命和鲜血，法国的历史是否有可能会重写？

我记得当年希拉克在谈到华工历史功绩时也是这么说的，他说是华工们的灵与肉捍卫了法兰西的领土完整和自由。

于是，在明确想法后，我就先在自己的朋友圈内做了试探。

我首先想到了拉法兰总理的展望与创新基金会。我把想法与拉法兰主席做了分享，他非常支持，并让我与基金会副主席卡斯纳夫，就是我在前面介绍的那位身材弱小、意志如铁的法国公益人士保持联系。老卡对我的想法非常支持，他拉着我的手说：“波，你做的事太有意义了，需要我做什么，需要基金会做什么，我们都全力以赴。”

为了得到更多的法国政界人士的支持，我第一时间找到老朋友陈文雄。他是 13 区原来的副区长，现在是第一位华裔法国国民议会议员，并担任国民议会法中友好小组主席。他的参与不仅重要，也体现了法国国民议会议员们对我们这项民间倡议的支持。当然，我更需要得到中国大使的支持，没有中国政府的支持，我们的工作就失去了应有的高度。为此，我也专门给翟俊大使做了书面汇报，翟俊大使也对我们的想法给予了肯定。

但最根本的工作还是在雕像本身的艺术创作和雕像的落地方面，舍此一切都无从谈起。

说到艺术创作，我第一个想到的就是好朋友、中国著名雕塑家李小超。

我认识他是因为他曾给联合国教科文组织赠送了一尊陕西农民的青铜雕像。我真的被他创作的这尊栩栩如生的农民形象所震撼。从人物的面部表情到动作神态，李小超将这个庄稼汉的形象塑造活了，有一种呼之欲出的感觉。

我问他为何会有这么好的功底？他笑笑说，因为这些人物就在他的生活中，他对这些人非常熟悉，他本人就是其中的一员。他告诉我，他来自陕西一个农民家庭，父母斗大的字认识不了几个，他几十年的艺术生涯就是要感恩父母和养育他的中国农村。李小超因而也是中国迄今为止非常有限的塑造农村题材的艺术家之一。他的作品将农民、乡村教师、乡村手艺人、流动小商贩及农村世界里所有的一切都非常写实地呈现出来。无疑，他就是我想要的中国最好的华工雕像艺术家。

我马上通过微信找到了他，并把自己的创作想法告诉他。在微信另一端的他非常激动，他说他感谢我的信任，这是一个让他兴奋不已的事情，他一定会认真创作的。他还顺便告诉我，他此刻就在法国的蒙塔日，随时可与我见面。

李小超在法国，这对我来说并不奇怪，因为他热爱法国文化，并由于其高超的艺术手法，他的雕像作品已被尼斯、布莱斯特、蒙塔日等法国城市收藏，所以他来法国就如同走亲戚似的。这一点，也是我特别请他当雕像作者的原因。

我于是邀请他和我一起出席在巴黎 13 区政府一场有关“一战”华工纪录片的放映仪式，并与导演傅瓦德一起在影片结束后交流华工的题材。我同时也请来了卡斯纳夫先生，让他给李小超的创作提供灵感。

在电影放映会上，我还见到了华工第三代卡特琳娜，她回忆起幼年听奶奶讲的华工的故事，讲到那些华工当时如何到他们家串门，并摘园子里梨树上的梨吃。她说，她当时太小，也不知奶奶为什么对她讲这个故事，而且是反复地讲，但当奶奶讲到华工来到园子里摘梨树上的梨吃时，就不再讲下去了，她猜想肯定后来发生了一些故事，也许就是奶奶与中国爷爷的故事。

要知道，当时是“一战”最艰难、最残酷的时候，村里所有的男人都上前线了，且死的死，伤的伤，要不然就是那些华工，因为他们不是战士，只负责修武器、抬尸体，只有这些人还可能留在村里，而且是唯一的男人。因此，在战争的腥风血雨里，当那些丧夫失兄的法国村妇们遇到那些勤快善良的中国农民，那种对生的渴望与人的生命本能的眼神交汇时，一种心灵的火花就自然碰撞了出来。

卡特琳娜没有讲述她奶奶故事的细节，但我看了不少有关文献，当初华工与法国村姑村妇间的故事就是因为这种渴望被电一般的眼神勾起的。

有了艺术家的介入，接下来我要解决的问题是如何安放雕塑。

我通过巴黎市政府外办的朋友福斯迪娜（Faustine）拜会了巴黎主管副市长克米黛丝（Pénélope Komitès）夫人，向她表达了我的想法。她认为我的这个创意非常好，巴黎市一定支持，但由于巴黎市政府是民选机构，审批的权力在市政议会，不是她这个主管副市长，也不是市长伊达尔戈。她请我写一个报告，由她转交市政议会讨论，但何时讨论需要看市政议会的日程，通常这样的议题是需要排队的，请我做好思想准备。

一旁陪同我会见的福斯迪娜对我说，经过市政议会讨论可能不是个好办法，第一是将议题列入议事日程就很费时，估计得排很长的队才能轮到立项。第二，市政议会由不同的政治党派组成，一旦讨论肯定会七嘴八舌，各个党派会从自己党派利益角度看问题，很有可能会引起党派政治游戏，只要有一个人对中国不友好，此事就难以通过。她说，她过去也遇到过别的国家提出在巴黎安放雕像的事，至少需要两年时间，还不保证能够通过。

这两位热心的朋友还问我，希望雕像安放在哪儿？

我说，我希望这样美丽的中法爱情故事应该让越来越多的法国人知道，因此，首先一定是市中心区域。同时考虑到华工来法的历史特点，我希望描述的是他们抵达巴黎瞬间的那种感觉。华工们千里迢迢从中国坐轮船到马赛，然后从马赛到巴黎，再取道巴黎到北方战场。所以，如有可能，我希望在里昂火车站的广场上，让那些南来北往的法国人知道，是这些远道而来的“兄弟”在100年前与法国人民并肩战斗，是他们的生命和鲜血改变了法国人在战场上的命运和法兰西民族的历史命运。

我说，还有一个重要的原因是，“一战”结束后，根据合同，大部分华工都回到了中国，但也有3 000人选择留下来，他们的屯居点最初都在巴黎里昂火车站附近。他们给法国人当脚夫或开小饭店、五金铺、理发馆、修脚店等。里昂火车站也因此成为中国侨民在巴黎最早且最大的社区，这些华工也就成为中国在法国的第一代移民。

克米黛丝副市长听我介绍后突然两眼放光，她说，你应该找里昂火车站当局，他们属于法国国营铁路公司（SNCF），是国营企业，他们的管理方法可能比我们巴黎市要灵活，你应该去试试运气。

于是，在朋友的引见下，我找到了法国国营铁路公司的主管部门，并与他们探讨合作的可能性。

接待我的是贝利（Sylvain Bailly ）先生，他对我说，这个华工故事人人听了都会感动，如果能将雕像落在里昂火车站，这是我们法铁的骄傲，也是里昂火车站的骄傲。不过法铁是国有企业，层层审批是必需的，但法铁国企的属性又希望我们尽可能地多做社会公益活动，而里昂火车站前面的人行广场本身具备这种功能，因此，他希望我与里昂火车站站长一起找到一种双赢的合作模式。

到了里昂火车站，迎接我的是迈克尔副站长，他带我看了看里昂火车站人行广场上的一块空地，并对我说，他们经常在此举行各种艺术活动，将雕像安放在此是完全合适的。我看了看现场，确实非常理想，广场开阔大气，南来北往的人特别多，在此安放一尊华工雕像会马上引起人们的注意。

回到法铁总部，我把现场情况与贝利先生做了沟通，我告诉他我对场地情况非常满意，急切希望与法铁合作，为中法友谊共同谱写新篇章。但贝利同样也遇到内部的各种程序问题，如何将事情做了，又要合法合规，不违反中法相关制度？我们俩一起喝咖啡，开始头脑风暴。

作为民间公益组织的责任人，我希望这样的雕塑使法国人不忘历史，让中法关系进入情感交流的 2.0 版。作为国有企业，法铁需要为社会多做点事，但法铁是大企业，规章制度多，婆婆也多；我们是民间草根组织，船小好掉头。

我告诉贝利先生，只要法铁合适，我们协会做什么都行。

他于是问我，你们是否介意我把合同的措辞改一下？我问他，这是什么意思？他说，法铁不能简单地接受任何组织的赠予。即使在程序上你们能够满足，但赠予作品的内容和赠予形式也需要法铁基金会统一回复，而你希望在今年“一战”结束100周年之际，特别希望在9月20日国际和平节前夕举行仪式，因此，走赠予的路子肯定不合适。

贝利放下杯中的咖啡，突然问我：“徐先生，如果我们法铁出钱买下这件艺术品，您认为可行吗？”

“买？”我不由自主地叫了一声。“我是在做公益，我不需要你们出钱，你们出地方就行。”我急忙回答道。

贝利笑笑，让我别急。他对我说，买是合同的法律语言表述，即使是一欧元也可以，但它可以改变法律属性，使里昂火车站可以接受这件艺术品。

我立即站了起来，对他的建议拍案叫绝，我们俩都为我们的聪明才智得意，为我们的合作找到克服法律障碍的路径高兴。贝利请我给他三天时间，他要向主管领导报告，但他估计，这样的安排不会有问题。

三天后，他如约给我电话，告诉我上级领导非常支持，我们可以考虑一起起草合作合同。

艺术家找到了，场地落实了，接下来是以谁的名义来送这个雕像。

不少朋友对我说，你干得那么辛苦，又是倡议者、实施人，以你们协会的名义送即可，但我觉得，这尊雕像如果能以山东省人民政府的名义送可能要比我们协会好。当年14万华工，近10万是山东人，让山东的家乡亲人来送雕像，这个故事感人！

于是，我通过山东省委宣传部的朋友给龚正省长写了信，希望他能代表山东人民给法国人民赠送雕像，并出席我们第二天在联合国教科文总部举办的纪念华工来法100周年的论坛。我给龚省长的信马上得到他的回复，由于公务忙，龚省长本人来不了，但他委托省人民政府副秘书长孙建功代表他出席。龚省长的回信使我们赠送雕像的定位又上了一个高度。

但与所有的问题相比，让我最纠结的是人物形象的呈现。

我对小超说，我最希望看到的是山东人的那种纯朴和憨厚的神情在雕像上体现出来，我希望能让法国人从这个华工的脸部表情细节看到来自孔孟之乡的中国农民的那种善意、那种乐善好施的侠义精神，但在慷慨和热心肠中又有几分土气、木讷和不机灵。

我对小超解释说，我们要充分想象一下，当一个山东农民经过一两个月的海上漂泊，从马赛港登陆后，再经过一天一夜的火车到达巴黎刚刚下火车时的那种神情。长时间的舟车劳顿让他腰酸背痛，直不起腰来，但他对自己踏上法兰西土地是高兴的，他脸上应该有一种快乐、好奇和阳光，是一种中华民族性格的体现。

我说这个农民憨厚些、傻一些我并不在乎，我在乎的是他所代表的中国人的和平精神。要让法国人通过这个农民的面部表情看到中国人灵魂深处的那种 5 000 年的和平理念和融于血液中的那种中华民族的和平基因。这样，法国人看到我们 100 年前的农民形象，可能会对他们在今天理解中国的和平崛起有帮助，最终达到在他们心灵深处对中国人和思想的认同。

在 2018 年 9 月 20 日 17 时的雕像落成仪式上，随着我一二三的口令，翟俊大使、孙建功副秘书长、陈文雄主席、法铁领导罗佩尔、里昂火车站所在巴黎第 12 区区长埃尔巴兹、展望与创新基金会副主席卡斯纳夫、法国“一战”停战委员会外交顾问迪迪艾、法国外交部亚澳司中国处主管亚历山大等中法朋友一起拉开了雕像上覆盖的红绸布，一尊高 2.67 米、重 650 公斤的庞然大物如从天降落。青铜雕像展示的这位山东庄稼汉，高大的身躯略微前倾，背上是个小布口袋，脑袋上戴着胶东人的布帽子，特别是他脸上的那种憨厚、阳光和开心的微笑，让所有在场的人感动。

在场的中法朋友不约而同鼓起掌来，那位华工后代菲力普·孙看着雕像，一行热泪流了出来。他对我说，雕像太形象了，这就是他爷爷。巴黎山东饭店的老板老薛拉着我的手对我说，这个雕像栩栩如生，太像我们山东人了，也非常像他自己，国字脸，宽额头，气宇轩昂。

接下来照例是领导发言，大家对这尊华工雕像在巴黎最繁华的里昂火车站落成表示祝贺，希望中法两国人民能够牢记这段患难与共的岁月和这样一个美丽的中法爱情故事，让中法两国人民的交流从经济和文化进入到情感领域。

我请小超给来宾介绍他的创作构想。他说，他对华工的故事倾注了全部感情，亲自到山东采风，参阅了大量文献。他说这尊雕像只是他眼中的 14 万华工中的一个，但也是最真实的一个。这个从未离开过自己村庄的农民，突然看到火车站前巴黎车水马龙的街道、闪烁的霓虹灯广告牌，望着这个崭新的世界，他顾不上旅途疲劳，神色中充满了兴奋，但在艺术处理上，他更要体现山东农民的憨厚和仁义，通过这尊雕像，把那个时期的全体华工和整个中国农民的形象予以艺术的呈现。

其实，我最了解小超了，他为了雕像的制作可谓鞠躬尽瘁。我用“鞠躬尽瘁”这个词一点都不夸张，因为在创作过程中，他的岳父病危，但老人家为了不打搅小超，一直没有告诉他自己生病的情况，直到生命奄奄一息时才告诉爱婿。小超得知恩重如山的岳父为了他的艺术创造直到生命的最后一刻才通知他时哭得像个泪人。在送走岳父后，他化悲痛为力量，重新开始创造，他要用自己的努力完成好这样一件作品，以告慰岳父的在天之灵。然而，由于小超太过于投入，不慎从创作雕像的高台上摔了下来，当场骨折。但顽强的他想到我们的活动日期临近，想到他岳父像自己父亲那样对他的疼爱和对他创作华工雕像的深切期望，他硬是咬着牙，打着石膏，用起重机把自己抬起来继续创作。

当出席仪式的中法各界朋友向他的作品报以热烈掌声时，他的眼泪在眼眶里打转，他太太更是眼泪夺眶而出。我看在眼里，心里也一阵激动，但仪式上我没有时间介绍小超的故事，我仅仅是仪式的主持，我仅代表所有的中法两国朋友向艺术家表示热烈祝贺及由衷的感谢。但小超的故事我给参加仪式的巴黎政治大学中国学生会的同学分享了，今天再次诉诸文字，以便让更多人知道这样动人的事迹。

在雕像揭幕仪式前，我们提前三天进行安装。由于雕像是从国内空运，然后从机场仓库通过集装箱大货车运到火车站，根据警察局的要求，我们必须在早晨 8 点之前完成施工，以尽量减少对火车站旅客出行的打搅。当大吊车将雕像从集装像里取出，然后安放在现场时，尽管是清晨，现场已有不少到火车站坐火车的法国人，他们停下脚步，问我，这个人是谁？我说，你们猜猜吧。他们于是七嘴八舌说了起来，有人说是毛泽东，也有人说是孔子。我说都不对，这是来自中国山东的一个农民，他不远万里来到法国是为了帮助法国抗击德军。和他一起来的还有许多其他地方的农民，一共 14 万人，死了 2 万人。

当我讲到这里时，他们都停止了议论，对我说，这样大的事情，他们怎么都不知道啊！作为法国人，太羞愧了！他们说要感谢这些农民，是这些中国农民救了法国。当然，他们也说要谢谢我让他们今天知道这样一个美丽的故事。

说实话，张罗了大半年，尽管我与小超几乎每天都有沟通，也不断看到他创作时的照片，但第一次看到雕像从集装箱里取出放到地上时，我的内心还是非常激动，这毕竟是历史上第一尊矗立在巴黎市中心的华工雕像，也是第一座在巴黎市，甚至第一座在法国的中国人雕像，开了中法交往史的先河。

“一战”华工纪录片导演傅瓦德也观看了雕像的试安装，他对我说，看到雕像太让他激动了，他想哭。他说，让他深深感动的是中国农民那种善良和谦卑精神。“你们是来帮助我们法国的，你们为法国做了大好事，还死了 2 万人，可看到雕像上的这个庄稼汉，他没有任何居功自傲的神情，反而是那种惊人的谦逊，这是我们法国人身上不具备的高贵品质。”

我接着他的话题对他说，这位来自孔孟之乡的农民非常形象地诠释了中国人的和文化，而中国农民就是这样善良，安分守己，同时又有几分胆小怕事的心理。对你们法国人来讲，冒险和远征是你们的基因，而中国是农耕文明，小富即安，没有太大的野心。如果你们读懂了这一点，对今天中国和平崛起就不应该有任何害怕。

我做这尊雕像，从酝酿到实施，其间的甘苦不少。但让我欣慰的是法国朋友给予了很高的评价，他们从雕像中看到中国农民的伟大和自己的渺小，更看到法国对这段故事没有向世人讲述的一种愧疚。

菲力普 · 孙作为我第二天在教科文论坛上的嘉宾，在总结发言时大声呼吁，华工为法国社会做的实在太多了，而法国社会对华工们做的并不多，特别是巴黎某些地区还经常发生一些专门针对华人的暴力行为，这是忘恩负义，是不能容许的。

山东餐馆的薛老板对我说，我们华人在法国兢兢业业，天天努力工作，照章纳税，对法国经济和社会有重大贡献，但实在没有感觉到法国人对我们华人的足够尊重，法国人喜欢吃我们做的饭，但因为对我们不了解，爱不起来。你今天做的这个雕像太有意义了，它让法国人知道要对我们好，要念我们中国人的情才是。

当然，我在微信群里也看到一些在巴黎的同胞认为这个雕像不够气派，没有反映出中国人的气质，甚至有点过于谦卑，有点矮化了中国人。我马上在群里与他们互动，谈了我与艺术家讨论作品构思的过程。我说，任何艺术作品必须反映当时的现实，100 年前中国贫穷落后，山东农村还闹饥荒，华工来法国是为了每天挣上一两个法郎，他们是劳工！再说，那个时候的中国，不要说农民，就是有钱人也很寒酸，我们不能用今天的眼光来看 100 年前的中国。如果我们用今天走在香街上的中国人的神情来表达华工，就违背了事实，效果会很不好。

我说，我们想象中的雕像是表达一个坐了一两个月的船和 24 小时火车的山东大汉，他一路舟车劳顿，吃不好睡不好，腰往前躬是很正常的，但最重要的是他是一个阳光、大度、乐善好施的中国人形象，雕像要表达的就是中国人善良和谦卑的品质及融入中国人血液和生命基因中的和平思想。

大家听了我的解释，纷纷表示赞同，认为雕像确实拉进了中法两国人民之间的情感距离，也在某种程度上表达了中国人的传统和文化。

从“吴建民奖学金”看中法青年交流的明天

2016 年 6 月 18 日，吴建民大使因车祸不幸逝世，为了将吴大使的事业继续发扬光大，把吴大使在法国的那些对华友好的朋友圈保留下来，我与吴大使在巴黎的一些生前好友在法国成立了吴建民之友协会，拉法兰总理是我们的名誉主席，而“吴建民中法青年交流奖学金计划”就是我们的年度活动之一。

如果说当时成立吴建民之友协会是凭着一腔热情，一股冲动，那么，选择“创新创业”作为吴建民中法青年交流奖学金计划的主题则是我们一项经过深思熟虑的决定。

三年前，我们本能地觉得，如果说要在中法新时期的关系中注入一种情感维度，那么，青年就应该是建立这种关系的主体。基于此，我在前面提到的华工雕像落成仪式和在联合国教科文组织举办论坛时，总是会邀请巴黎政治大学的同学们作为志愿者，让他们与我们一道去构架中法青年心灵交流的桥梁。

我们觉得，中法两国都处在史无前例的社会大转型时期，两国青年生逢其时，他们既是充满机遇的一代，也是迎接巨大挑战的一代。在这个变化无穷的转型社会里，他们会对自己前途出现某种焦虑和纠结，对客观世界因为信息爆炸或瞬息万变而给他们带来的困惑无所适从。我们之所以选择“创新创业”这样一个中法青年彼此高度认同又有强烈需求的主题，就是希望通过这样一个共同主题，使他们产生共同语言，从而做到信息共享、经验共享、互信互爱，共创中法关系和世界的未来。

有关吴建民中法青年交流奖学金计划的情况，我在第二章介绍法国创业热潮时曾有所提及。我们的定位是 35 岁以下法国高校研究生、研究人员和有明确创业计划的创业者三类人，每年遴选 10 人，他们在通过笔试和面试后到中国实地考察创新创业。三年来，我们安排他们到过北京、上海、深圳、银川、杭州、成都、贵阳等地，到华为、腾讯、阿里巴巴、小米、京东等中国和世界著名的创新企业参观交流，也与中国各地的大学生、初创企业及各级地方政府、研究机构交流。由于这个项目以创新创业为主题，定位明确、高端，遴选严格，深受法国青年欢迎。他们在中国看到了在法国无法看到的事，见到了他们在法国难以见到的人，这样亲临实景的交流使他们对中国创新领域有了切身体会。

作为本项目的“教父”（Parrain），拉法兰总理总要在每年同学们访华前夕在其“展望与创新基金会”总部为同学们送行，他谆谆教诲同学们用双眼多看看中国，多与中国的年青一代交流。每次在这样的交流会上，拉法兰总会说起他当年像这些年轻人一般大的时候是如何到中国访问的，而当时的中国又是如何的一番景象。拉法兰鼓励同学们，21 世纪是中国的世纪，只有真正了解中国，法国才能参与到中国发展的各项机遇中。拉法兰曾对我多次表示，虽然我们每年只有 10 位奖学金获得者，但假以时日，这些人就是中法未来交流合作的“蓄水池”。他说这些法国青年热爱中国，了解中国，无论是对于法国企业，还是对于中国在法国的企业，都是不可多得的人才。

从诸多角度看，我们这个被同学们亲切地称为“吴建民奖学金”（Bourse Wu Jianmin）的项目在法国青年中的效果不错，我分享此故事，就是要说明中法青年情感交流的可行性。

首先，我们的项目非常应景，是“想法国青年所想，急法国青年所急”。中国历经 40 年改革开放，在世界创新领域异军突起，涌现了华为、阿里巴巴、腾讯等一大批国际一流创新企业。如今，中国无论是在世界创新领域发表的论文，还是创新领域的独角兽企业，均在世界数一数二。而法国由于高福利制度导致劳动力市场过于受到保护，社会严重缺乏创新土壤和动力。我曾在第二章谈到法国的人才流失问题，这确实很可惜。法国具有世界最好的工程师学校，但毕业的人才留不住，一是因为没有创新环境，二是因为法国市场太小，企业发展不起来。因此，法国工程师学校的优秀毕业生大多选择到美国硅谷发展，那些坚持留在法国的同学则由于在创新创业方面缺乏经验和国际资源，与中国青年创新交流的积极性很高。

作为本项目的合作方，北京吴建民公益基金会的副秘书长王琳女士告诉我，法国同学受教育程度普遍较高，他们渴望学习，总有问不完的问题。而对于中国在创新方面的经验和成就，他们在过去闻所未闻，亲眼看到后总是一路激动，觉得访华收获特别大，让他们有一种“刘姥姥逛大观园”的感觉，可谓流连忘返，每次访问结束她到机场送行时孩子们总要哭一鼻子。王琳说，和法国青年在一起待久了，真的觉得他们像自己的孩子那样可亲可爱。

其次是项目设计紧扣主题，内容丰富又互有补充。由于创新创业本身内涵丰富，我们希望同学们在华的两周时间里能够尽量多看那些在创新方面有代表性的中国企业和城市。我们说的有代表性的企业，自然也包括一些初创企业，特别是大学生办的企业，这样对法国同学们的启发性更大。在城市安排上，我们除了安排北京、上海、深圳等中国的代表性城市，还特意安排他们去了银川、成都、杭州和贵阳等，从而让同学们对中国的创新有一个较全面立体的概念。

最后是同学们的发言与感恩。我们迄今组织了三批共 30 位同学，他们回到法国后根据要求要给我们提交一份考察报告，详细记述他们的见闻和体会。在我们举办的论坛上，他们现身说法，介绍中国的创新创业，将他们看到的一个充满活力的中国如实介绍给法国公众。这些同学在论坛上也很不客气地批评法国媒体，说法国媒体没有把一个真实的创新中国告诉法国人。说到这些同学，从中国回来后，他们微信不离手，有不少人还给自己起了个好听的中国名字，并有意将自己未来的职业生涯与中法关系结合起来。

更可贵的还有这些同学的感恩之心。我们的一位评委、巴黎人文大学副校长丹尼-雷米（Cédric Denis-Rémis）告诉我，他在上海见到 2017 级“吴建民奖学金”计划的一位同学，该同学对他说，“吴建民奖学金”计划让他收获特别大，甚至改变了他的一生。

自然，“吴建民奖学金”计划才刚刚起步，远没到做总结的时候，但我愿意将这些点滴故事诉诸文字是因为我想到一个更大的问题，那就是处在转型期的中法两个社会，我们究竟应该如何通过青年之间的情感交流来提升两国在全球化时代的情感交流水平。

在巴黎，透过斑驳陆离的法国社会，我觉得不同文化与政治制度导致不同的观点实属正常，在让法国人了解今日中国的过程中，光有过去辜鸿铭所说的中法的心心相印是远远不够的，大皇宫“中国之夜”、华工铜像固然对双方人民的情感联系有帮助，但仍有许多事需要我们去不懈努力，而青年交流则大有可为，方兴未艾。

（1）由于中国的迅速发展，法国人对中国的看法近年来发生重大变化，但法国青年接受新生事物快，对中国的一切比较包容，接受起来相对容易，如在蒙田研究中心的民调中，法国青年对中国的国际形象看法正面的比例远高于法国社会其他阶层。青年们渴望了解中国。对广大法国青年而言，中国代表着机会，选择中国就是选择机会。

"吴建民奖学金"计划评委、巴黎高商前副校长拉松（Jean Paul Larçon）和罗兰贝格法国总部负责人克里斯蒂安对我说，如今巴黎高商的优等生毕业后想留在巴黎 CAC 40 上市企业总部的人越来越少了。这些法国青年愿意到中国碰碰运气，因为在中国他们有发展空间，而在总部不仅工作没有挑战，而且蜗牛般的升迁也让他们受不了。

（2）法国转型期间社会阵痛严重，劳动力市场改革困难，就业问题短期内难以解决，其中，法国青年就业更是首当其冲。虽然马克龙上台三年来，改革大刀阔斧，15~24 岁年轻人的失业率终于回到 20% 以下，但它依然是 1978 年前的 4 倍。也就是说，正当中国改革开放 40 年昂首阔步大发展的时候，法国青年的失业率在这 40 年却像坐了直升飞机一样直线上升，成为法国的一大社会问题。

法国青年失业问题主要集中在那些受教育程度不高的青年身上，原因有二：一是教育体制中职业教育不够发达，不能像联邦德国一样通过大力提供职业教育来吸引青年就业；二是失业青年大都是移民后代，这些移民后代受教育程度低，说明他们本人或他们的家庭融入法国社会的程度不高。

因此，鼓励法国青年创新创业，不仅是法国政府的政策，也是法国青年的利益和兴趣所在。像马云、马化腾、刘强东、雷军等中国青年草根创业的故事，对法国青年具有强大的吸引力和示范作用。目前的法国社会，经过马克龙总统坚定不移地改革，法国社会青年创业已蔚然成风，他们对与中国青年同行交流热情高涨。因此，我们坚持以创新创业为中法青年交流主线，符合法国青年的愿望。

（3）以“吴建民奖学金”优胜者为例，我注意到法国青年精英中学习中文和取中国名字的人越来越多，他们对中国有兴趣，关心中国所发生的一切，他们是未来法国大企业的总裁、政府各类经济机构的掌门人，也许还是未来法国的经济部长，甚至总理。因此，他们应该是未来中法交流合作的主力军。吴建民生前曾告诫中国青年，“爱祖国，爱人类”，法国青年对此也非常认同，但接下来的问题是我们如何将这些热爱中国文化的法国青年汇聚在一起。拉法兰提出了“蓄水池”的概念，中国在法国驻华大使馆教育处也专门成立了一个“法国在华学生学者联谊会”。

由此我想到美国在二战后在国际舞台上提升其“硬实力”和“软实力”的做法，如美国不仅有经济领域的“马歇尔计划”，还有促进人文交流的“富布赖特计划”。6 年前，中国提出了“一带一路”倡议，但与之相对应，是否也应该有一个旨在推动“一带一路”国家青年交流的中国版的“富布赖特计划”？

（4）2019 年恰好是以周恩来、邓小平等为代表的老一辈革命家留法勤工俭学 100 周年。100 年前，是法兰西的教育改变了这一代中国青年精英。100 年后的今天，作为世界第二大经济体的中国，是否也应该通过教育来改变法国青年精英？在每年我们收到的“吴建民奖学金”计划的候选人作文中，我经常被这些法国青年丰富的想象力感动。这些同学提出在法国设立一所中国大学，让中国的企业家和大学教授来向法国青年介绍中国的创新创业经验，开设必要的课程。也有同学提出，要在法国的大学内开设中法联合创设的课程，颁发中法两国政府承认的文凭。还有同学提出，应该大力提供这样的双方大学生间的主题游学项目。这些想法让我想起海外的美国大学，如我在巴黎看到的美国大学和在黎巴嫩见到的美国大学，这些美国大学与东道国青年和知识界建立起一种直接的交流关系，对双方的理解、互信和合作意义重大。

2019 年 5 月 4 日，在我出席蒙塔日纪念留法勤工俭学 100 周年的论坛上，蒙塔日新市长迪戎（Benoit Digeon）找到了我。他说，蒙塔日市政府愿意将一幢花园洋房献出来办一所中国大学，就像 100 年前迎接邓小平那一代中国青年一样，他们将再次展开双臂迎接来自中国的莘莘学子。他说，这个学校的名字就叫“中法人工智能大学”，他已给法国教育部领导汇报了，他们很支持。

蒙塔日是中法友谊的象征，离巴黎不远，离法国科教城沙克雷更近，交通便利，迪戎希望我们予以支持。“这样的话，”他得意地望着我说，“中国就有一所 100 年前在里昂由法国人出资的‘中法大学’和一所 100 年后在蒙塔日由中法两国合办的‘中法人工智能大学’。”

我觉得迪戎市长的话有道理，也是时候了。

值得一提的是，2021 年 9 月也将是著名的里昂中法大学成立 100 周年。

在 100 年前，这所由李石曾、蔡元培等倡导的中法高等教育合作的先驱和摇篮，培养了中国原子能物理先驱郑大章、海洋学先驱张玺、民族学先驱杨堃和著名诗人戴望舒、画家潘玉良等中华民族的科技和人文英才；100 年后，我们是否也同样有责任为法兰西民族培养一批了解和热爱中国文化的法兰西科技和人文英才呢？

结语

新冠肺炎冲击下的法国社会转型再思考

在此书完稿之际，一场始料未及的全球范围新冠肺炎疫情将法国置于一种停摆模式中，往日喧嚣的巴黎和激情四射的法国突然从地球上消失了，如果不是每天晚上 8 点法国人自动聚集在自家的窗前和阳台上或击掌呼叫或引吭高歌，我们可能都忘记了这些不安分的法国人在地球上的存在。

自然，这场疫情无论是对法国人生命的摧残、对法国经济的破坏，还是对人们信心的打击，对转型中的法国社会无疑又是一次严重的冲击，因此，对新冠肺炎条件下的法国社会转型再思考已是本书不能回避的问题。

同样，由于疫情当先，焦头烂额的马克龙政府也主动将前一段撕裂法国社会的退休金制度改革按上了暂停键。

如今的巴黎静悄悄的，天天动辄就上街抗议游行的人们突然像钻进地下似的再也看不见了，随处可见的咖啡馆紧闭着大门，往日车水马龙的街道任由小鸟和鸽子任意漫步玩耍，没有社会冲突的法国，静谧的街道，加上远处的埃菲尔铁塔，这里的一切实在醉人……

机场没有了航班，地铁没有了乘客，从窗前向外远眺，往日狭窄的巴黎街道也显得宽阔了许多。

路上看不到一个行人的原因是人们被政府的巨额罚款所震慑，也有人们那种对死亡本能的恐惧，也有法国人本身守纪律的文明素质，更有人从哲学意义上对死亡进行了表达，如“不要对死这样的结果看得太重，而要看重生的过程，好好活比好好死更有意义”。

讲这话的就是法国哲学家安德烈·孔德·斯庞维尔（André Comte-Sponville），他提醒法国人，死亡是生命的一部分，有生必有死，而且绝大多数法国人都不会因新冠肺炎而死。人们死亡并不完全因为疾病，没有疾病也要死亡。这不是什么他的一家之言，而是生命科学本身，因此，生命的意义就在于生命的过程，而非死亡的意义或死亡的形式。

记得过去总有国人提醒我说，法国人最怕死，他们就吃喝玩乐还行，一打仗就怕死，就会输。然而，在禁足期间，法国人表现出的不怕死的例子却很多，例如那些战斗在第一线的医护人员。

我曾在书中提到我的好朋友，那位在斯特拉斯堡国立医院工作的刘医生，他的女儿今年医科毕业，第一次作为实习医生在医院工作，而她所在的医院就在法国疫情最严重的上莱茵省，年轻的姑娘亲自参加了对新冠肺炎病人的抢救工作，每天要面对数不过来的亡者，通常是病床上的尸体刚刚抬走，新的病人就被抬了进来，然后再由她一个一个给死者家属打电话，通知死亡噩耗。

试想一下吧，一个20多岁的小女孩儿，刚刚穿上白大褂，就看到生命像狂风吹灭的蜡烛一样，接二连三在她面前消失……

电话另一头的刘医生在向我叙述时感慨万千，我在赞扬他培养了如此勇敢和心灵美丽的女儿的同时，眼泪在眼眶中打转。什么叫救死扶伤的人道主义？什么叫勇敢？什么叫怕死与不怕死？

刘医生女儿的故事感人至深，《阿尔萨斯最新消息报》还有专门对她的采访，记者给的标题是《抗疫前线的生命天使》。

其实，像刘医生女儿这样的美丽故事非常多，许许多多已经退休的医生重新回到医护岗位，更有那些收入微薄却要每天上岗的护士，她们在禁足期间没有交通工具，住在城里的旅馆费用又太高，经常是投亲靠友或在热心朋友的帮助下找到一个栖身之地。

难能可贵的是，就是这些普通的人，包括那些平时根本不让人注意的人，如急救人员、养老院护工、快递员、垃圾工、出租车司机等，用他们的无畏精神保证了法国社会的有序运转。

在 2020 年 3 月 18 日至 5 月 11 日禁足的 55 天内，法国人有意无意进入了一种全民反思的状态。

反思的内容有的针对法国公共医疗体制，为什么法国纳税人交了那么多钱，法国在疫情面前却不堪一击？

也有人针对菲利普政府，为什么对戴不戴口罩的问题法国政府总是出尔反尔？更有许多人开始对前阶段的退休金制度改革所形成的社会对立反思，认为那些没有上街游行却默默无闻地为社会工作的人，他们的职业应该得到政府和全社会的承认，如护士，他们的工资在法国平均线以下，而邻国德国的护士工资却高于全国平均工资 15%。

当然，法国人的反思是全方位的。

有人说应该把疫情看作地球末日的到来，法国人应对社会转型和人与自然的关系重新定位，如法国环保的风向标人物、前环境部部长于洛，在《世界报》上发声，向法国人提出疫情结束后有关人与自然关系的 100 个问题。

与此同时，法国著名演员朱丽叶·比诺什（Juliette Binoche）和物理学家奥雷利安·巴罗（Aurélien Barrau）在《世界报》上发表了《不再回到旧日“常态”！》的呼吁信，声称当前的新冠肺炎危机是一场世界生态灾难，是一场生态领导的“观念危机”，所有指标都表明人类的生存已面临直接威胁，这是一种全球性系统崩溃，后果将无法估量。他们呼吁法国和世界上每位决策者和普通公民努力摆脱那种根深蒂固的思维逻辑，进而对人类生命最终目标、价值观念和经济模式进行一场彻底的思考与改革。他们认为，人类的消费至上主义使人类本身难以为继，要重新审视人与自然环境、气候变化和社会上越来越不平等的现象，而做到这一切，需要每个人的勇气，没有坚定的意志改变就不会发生。

那么，什么时候改变这一切？ 马上！比诺什说我们已经等不及了，因为这已攸关整个人类的生存与尊严。

在法国，人们喜欢将疫情视作新旧世界的分水岭，疫情结束后人类将进入一场对自身发展模式的全面大反思，法国也要进入一场围绕人与人、人与自然和生命终极意义的全面大反思。

一些法国人甚至对我说，今后书写历史时，人们将会把是否经历过这场磨难作为一种新的叙述方式，就如同当年我们的前辈把经历过二战等战争的考验作为一种时代标志。

有趣的是，在这场疫情面前抱怨的法国人并不多，人们更多的是将此视作一种人生体验，一次在生命路程上的闭关反省，就如同一个人在世俗生活久了，要找一个僻静的地方过一阵苦行僧的生活那样，利用禁足的时间，停下脚步，思考一下人生的意义所在。

为此，在封城前后法国人在相互提醒注意安全的同时，总少不了顺便说一句“禁足快乐”。

在与世隔绝的 55 天里，我照例保持与洪多、卡斯纳夫、福尔芒丹等人的网络联系，在这个面临生与死又看不到敌人的困难时期，在这场自 1918 年大流感以来法国遭受到的最严峻的公共卫生灾难面前，我们相互鼓励，大家最爱说的一句话是：“想想明天的世界吧，我们还能做点什么？”

“这是最好的时代，这是最坏的时代；这是智慧的时代，这是愚蠢的时代；这是信仰的时期，这是怀疑的时期；这是光明的季节，这是黑暗的季节；这是希望之春，这是绝望之冬。”这是英国大作家狄更斯的小说《双城记》开头的一段话。

由于全球化、云计算、人工智能、超音速飞机，人类的技术、思想传播与人员相互流动达到了历史空前水平，从而使地球上的所有文明和社会形态遇到了史无前例的交融或冲击，从某种意义上讲，当今人类社会科技进步速度之快、人与人之间交流之频繁和人的寿命之长，应该是人类社会最好的时代，但由于全球化和科技进步对各国社会带来的强大冲击，使许多国家的老百姓普遍感到困惑和受伤，从而让他们感觉这是“一个糟糕、愚蠢、怀疑、黑暗和失望的时代”。

今天，在这“最糟糕”的时代，人类又多了一个共同的敌人：Covid-19！

2020 年 5 月 11 日，法国终于盼来了解禁的日子，全国人民在忐忑不安中迎来了第一个工作日，除极个别地铁（13 号线）客流较大外，几乎所有的公交车、地铁、郊区火车上的人都是稀稀拉拉，看上去就知道人们复工的愿望很低。在巴黎最主要的商业区台芳斯，放眼望去，只有安全人员在来回溜达。这里的一切表明新冠肺炎给法国人留下的心理阴影有多大。

从各个角度看，在这个“最糟糕”的时代，新冠肺炎既让法国社会团结，也使法国社会进一步撕裂。可以肯定的是，疫情结束后，对政府危机处理的追责，围绕着全球化、移民、退休金制度改革等先前马克龙启动的重大改革问题的大辩论还会继续，冲突依旧；根本原因是法国目前的福利经济制度，与新冠肺炎的出现无关。

然而，诸如新冠肺炎中法国的公共卫生体制对抗击疫情所发挥的关键作用及其免费制度，不仅是英美体制难以比拟的（我们只要看看美国人的死亡人数和高昂的医疗费用），也是广大法国人沾沾自喜的制度优势，他们希望加强这样的公共部门而不是削弱，而这一切又显然与马克龙在疫情前所倡导的削减公共开支的努力背道而驰。

为表彰医护人员在抗击疫情中的核心作用，政府决定对每个医护人员提供 500~1500 欧元不用纳税的奖金，但许多医护人员表示，需要钱的不是他们自己，而是他们的医院。

由于政府拨款持续下降，许多公立医院设备老化，人员不足，已到了难以为继的地步。这也让我想到在禁足前马克龙到医院视察时，就有一位医生当场很不客气地批评马克龙对公共医疗体制不关心，并警告如果国家再不出手，法国优良的医疗体制将会毁于一旦。

因此，禁足的结束，并不是矛盾的结束，而是法国社会转型时期新旧矛盾重新浮出水面的开始。

首先，法国人发现他们的文化和存在方式与这个世界越来越有点格格不入了。在这个数字化生存的时代，不要说法国，就是整个欧洲都错过了这趟时代列车。在这样一个数字技术主宰一切的时代，世界上只有美国和中国两大玩家，法国人不但要从此记住 GAFA 和 BATX 这些古怪的外来词，还要熟悉微信、淘宝、支付宝等中国人的新发明，就连他们禁足期间的网上会议软件 Zoom 也是一个硅谷的中国人发明的。

法国人意识到，就像人类历史上任何一种新的工业文明到来一样，用不用电，坐不坐汽车，看不看电视，用不用移动支付与电商，已完全不取决于他们了，而是一个新的时代和新生活方式的开始。

2020 年 5 月 27 日，法国参议院以 186：127 通过了法国政府在法国公众中安装健康码 Stop Covid 的计划。此前几天，国民议会以 338：215 通过此法案。这个原本用意良好、技术操作非常简单的应用却在议会辩论中引起轩然大波。

在表决前，法国政府一再强调这个应用里的数据只保留 14 天，整个应用系统在疫情结束后立即自动销毁，且法国人均以自愿原则参加此系统，整个过程受到“国家信息与自由委员会”（CNIL）的直接监控。

为赢得议员们的支持，政府甚至主动表示，法国强大的民主政治不会因此法而受到丝毫削弱，法国社会不会出现乔治·奥威尔的小说《一九八四》中的“老大哥”，政府在任何情况下也不会通过此法来加强对公民隐私的控制。相反，通过此法有利于法国在今后美国的数字霸权面前建立属于法国自己的“数字主权”。

然而，在国民议会和参议院投票时，反对票之高及法国媒体和民众对此法的强烈保留意见反映出法国社会严重的矛盾心理。一方面，新冠肺炎让法国人遭受世纪创伤，经济倒退，百姓苦不堪言；另一方面，类似中国、韩国、新加坡利用科技手段的抗疫经验，却因为法国社会对公民隐私权的极度重视而难以在法国得到运用。

从这个意义上讲，数字化革命与新冠肺炎给法国人带来的痛苦是一样的。

由于健康码 Stop Covid 需要参与人数达到 60% 才有效，而在今天的法国社会，这个公民响应率肯定达不到，因此，即便法律通过了，实效性也是问题。同理，数字化时代将有更多的人工智能技术的运用，而这些技术的运用离不开数据，没有一定程度上的数据开放，就不会有法国自己的人工智能技术和产业发展，就不会有建立在此基础上的机器人、物联网、移动支付和数字货币，而这一切，又是疫情结束后新的国际产业和技术进步的特征。

总之，法国将又一次面临一个在抗击疫情时曾经遇到的两难选择。

如果在抗击疫情时马克龙总统坚定地表示，法国将不惜一切代价保护法国人的生命，那么，在后疫情时代，法国依然面临是个人隐私重要还是生命重要，是效率重要还是公民隐私重要的悖论。如果没有这样的一个“文化革命”或“生存方式革命”，法国将永远不可能出现属于自己的 GAFA 和 BATX，更不会出现类似中国那样如火如荼的电商和移动支付、电子货币。

“To be or not to be”（做还是不做），这是法国社会转型中遇到的一个新问题，而这对于笛卡儿和伏尔泰的子孙们来说确实不是一件容易的事。毕竟，如同法国人所说的那样，他们的质疑文化需要他们了解这种数字技术革命究竟会在未来给人的自由和社会组织形式带来什么样的变化。

换言之，是追求眼下的效率，还是保护人的自由空间和隐私——一种貌似虚幻但对法国人又像空气一样不可或缺的生活元素。

2019 年年底，我应邀到法国东部城市贝桑松做一个有关中国主题的演讲。这是大作家雨果出生的城市，非常美丽，我 30 年前曾去过。我下榻在市中心一个叫“北方饭店”的旅馆里，晚上住店的人很少，白天街上的店铺也基本上关着。热情的店员告诉我，经济不景气，游客越来越少，至于商店门可罗雀的原因，则是因为郊区有大超市，人们早已不在城里购物了。

回到嘈杂的巴黎，迎接我的则是电视台无休止的辩论，街头无休止的罢工游行和那场源于 2019 年 12 月让世界震惊的“宇宙级”反马克龙退休制度改革大罢工，然后就是这场突如其来的新冠肺炎疫情，让法国全国进入暂停模式，让鸽子在街头漫步、小鸟在梢头歌唱，一切变得如此平静，但我深知禁足结束后，生活已不能回到过去了！

从巴黎街头愤怒的游行群众，到贝桑松“北方饭店”无奈的店员，到刘医生女儿那样奋不顾身的白衣战士，再到洪多、卡斯纳夫、福尔芒丹等书中人物，我看到的和描述的是法国人在目前社会转型过程中的一种众生相，在这样一种无奈或磨难，甚至痛苦的后面，我看到的是饱满的精神和一个个积极的人生。

为此，我试图通过本书来如实记录这样的社会变迁过程，现在书写完了，但整个写作过程让我感觉对法国社会转型的思考才刚刚开始。

我在书里讲了几个故事，无论是那些对话还是场景描述，都是我在法国的亲身经历。我为此深感荣幸，能在法国认识那么多朋友，观察他们的人生，听他们的故事，并与他们一道去体验人类历史上这样一次新工业文明导致的社会转型，当然也包括这次百年不遇的公共卫生灾难。

但我同样觉得，法国的问题也是世界的问题，我更愿意在全球视野中观察法国社会的这场深刻危机，并对人类社会当前面临的各种经济、文化和生存方式挑战提供某种借鉴。比如在禁足期间全体法国人那种修道士般的对生命的考问，比如法国医学界的实事求是精神和媒体对政府疫情管理能力的严格问责。

如果在疫情后，马克龙的退休金制度改革在社会对话的基础上达成了共识，并将每个公民的最低退休工资以法律的形式固定下来；如果马克龙围绕法国社会未来前进方向的大辩论证明有效，并成为一种新的国家治理模式；如果法国社会在确保公民权益的同时，在市场竞争的逻辑和人的幸福之间找到一种新的平衡；这对世界各国在新时期的国家治理是否可以提供借鉴?

为此，对于国内朋友常问我的看到法国人没完没了的社会风潮，是否就意味着法国已经完蛋了的问题，我一般不予以直接回复。不回复的原因有两条：一是回答这样的问题需要较长的时间，几句话讲不清；二是每个人看问题的角度不同，自然结论不同。

为了让读者自己得出结论，我在描述法国社会问题时尽量全面和毫不掩饰，如此读者才能全面了解社会转型为法国各阶层人民带来的痛苦，如此我们才能实事求是地分析这些痛苦的成因，找到摆脱痛苦和国家社会生活重建的钥匙。我觉得痛苦其实并不可怕，关键是要看到痛苦后面的希望。这就如同妇女分娩，一个新世界的产生自然要源于从老世界脱胎换骨，没有分娩的阵痛就不可能诞生新的生命。

法国人的这场空前的社会改革，实际也是法国人对从大革命以来一直崇尚的国家在经济生活中的作用问题的重新审视。与英美纯自由竞争经济形成鲜明对照的是，法国一直有国家直接干预经济的传统，这种法式国家资本主义一直被英美经济学家诟病，但在法国战后重建过程中，正是戴高乐推行的这种国家资本主义使法国经济迅速起飞，并实现了连续30年的经济景气。然而，由于国家过去直接干预经济生活，造成国有企业效率低下也是不争的事实。近20年来，法国政府也被迫像英美国家一样选择小政府大服务的经济模式，但囿于法国的传统文化，法国政府参与的公共服务仍一直在法国经济生活中占有较高的比例。

因此，今天法国的社会变革，同样也是一场经济模式的变革。提高效率、减少福利成本、减少政府参与以优化资源配置，这就是法国人痛苦的根源，但我们是否能通过这样的阵痛看到这个社会转型后新的世界的形成？就拿养老金制度改革来说吧，世界上又有多少国家存在着这种不平等的特权？法国政府今天要动那些既得利益者的奶酪了，这样的改革如果成功了，是否对法国社会的现代化是一大推动？这就如同当年在法国大革命时取消贵族特权一样，法国人总是一次又一次以他们激情四射的方式呼唤人类的平等，这一次，他们是否能在法国人之间再次实现平等？

我以全景式的方式介绍法国社会的转型，为的是能够让读者真正进入这个社会，发现其运作机理，从而在那些看上去不合理，甚至荒诞的后面找到其合理的运作逻辑。比如在这样一个乱哄哄的社会，法制、言论自由、反种族主义、世俗化、医疗及教育免费等共和国原则坚如磐石；如黄背心与罢工，这在我们眼中严重的社会冲突在法国人看来正是其法制精神的体现，而非国家政治生活的无序化。

在这个因为转型带来纠结、纠结带来浮躁的社会里，还有约三分之一的国民在社团生活中找到他们的人生价值。这种善的力量，在欧美也常常被称为“法国社团生活模式”，发挥着政府和市场均做不到的作用，从而成为和谐法国的驱动机。在法国，由于多元文化和鼓励张扬个性，在我们面前的法国往往呈现出光怪陆离的色彩。而公益人士往往与资本和政府不同，他们行善是践行其人生价值，所以他们处事特别低调，但低调并不能抹杀这个庞大的公益大军的存在，正是由于他们的存在，在这样一个浮躁的社会里，法国人之间还能感受到人间的关爱和温暖。

我在书中还特意介绍了几个朋友的不同人生，这种多彩人生是法国社会的传统，更是一种力量，否则，通向共和国总统的大门不可能向 39 岁的政治素人马克龙敞开，法国社会也不可能人才辈出，群星灿烂。因此，看法国的劳动力市场体制是灵活还是僵硬，是一个非常辩证的问题。如果说僵硬，那完全是为了保护员工的权益，让员工在剧烈的市场竞争中实现权益最大化；如果说灵活，那是对人的最大关爱，任何国家公务员可以因个人原因停薪留职 10 年，从而确保这些国家精英在社会的舞台上大展身手，成为人生的赢家。

值得庆幸的事，在我们看到法国人的痛苦的时候，我们还发现这个民族的浪漫、激情，热爱生活、富于梦想的本质依旧，那种手不释卷和对人类未来思考的热情还在，那种对哲学与思辨痴迷的传统还在。我有时觉得这个民族确实可爱，他们当中总有一些人居然在气象万千的今天还如此淡定，不去考虑创造财富，而是喜欢考虑那些远离现实生活的东西，但正是这种童趣和对人类的公平与进步的孜孜以求，使世界有了一个创造，这个创造就叫法国。为此，我们是否也可以说，由于有了法国，我们不再寂寞，这个世界也变得好玩多了？

作为一种体会，我觉得我们在考察一个国家发展的时候是否一定要从经济这个唯一的考量出发？如果我们从 GDP 增速角度看，法国的衰落是不争的事实，但在这个法国人自己也已谈论了三四十年且天天在自我批判的话题中，当你改变考量方式，如根据法国经济、社会、环境理事会的年度报告，你可以从基尼系数、人均 GDP、医疗、教育、假期长度等人文指标及法国在国际上获得的各种奖项指标得出截然不同的结论。此外，我们看到，在当今世界，无论在欧盟建设、全球治理、维和、气候变化，还是国际贸易、投资、金融和教育、健康、创新、人工智能等重大问题上，法国的声音依然独特和重要，衰落的法国在世界上依然发挥着重要的作用。

由于 GDP 只考量一国经济表现，而非其国民的幸福或福祉，近年来国际上有越来越多的国家倾向于用一种更加人文的指数来衡量一个国家的现代化水平，如从 2014 年起就有一种叫“社会发展指数”（Social Development Index，SDI）的衡量方法。

它是由一个在美国的叫“社会进步势在必行”（Social Progress Imperative）的非政府组织，根据阿玛蒂亚·森（Amartya Sen）、道格拉斯·诺斯（Douglass North）和约瑟夫·斯蒂格利茨（Joseph Stiglitz）三位诺贝尔经济学奖获得者的理论，从人的基本需求（食物、水、住房、安全）、基础福祉（基础教育、信息、健康和可持续环境）和发展机会（人权、选择自由、不受歧视、接受高等教育）三个维度来考察一国的社会发展水平。

该组织每年从最初调查的 50 个国家到今天全世界 144 个国家进行抽样调查，并将结果整理成世界排行榜。整个调查工作还得到了哈佛商学院波特（Michael Porter）教授和麻省理工学院斯特恩（Scott Stern）教授的指导。

2019 年，法国在这项调查中排名为世界第 15，属第一梯队，但仍落后于北欧国家。挪威、丹麦、瑞典、芬兰、冰岛等北欧五国均排在世界前六名，瑞士位于第三。

法国滞后的原因是在对社会少数族裔的宗教自由和接受教育的平等方面，我相信，这可能是由于最近几年法国伊斯兰化引起的一系列社会问题造成的。同样，世界第一政治经济强国美国也由于在医疗、教育等方面出现的不平等问题而排名全球第 16 位。

国民幸福总值（Gross National Happiness，GNH）则是由不丹国王吉格梅·辛格·旺楚克在1979年提出的，并在后来写入不丹宪法和不丹政府的施政理念。2011年联大会议敦促成员国将幸福作为社会整体发展的目标。不丹政府的国民幸福总值包括心理健康、身体健康、教育、时间利用、文化多样性和弹性、善治、社区活力、生态多样性和复原力、生活水平等9个指标。

2019年，法国的国民幸福总值排名为第24，又一次远远落后于北欧国家，反映出转型时期的法国在诸多社会人文指标方面还有待进一步提高。

与此同时，我们也同样看到达沃斯世界经济论坛将法国男女平等问题排在世界第12位，欧盟将法国女性在企业高管中的比例和就业平等分别评为第一和第三，同时，法国女性还是世界第二大长寿群体。

写到此，我又想到在本书前面提到的那位前巴黎工商会主席盖伊，他对我说过，要换一个角度看法国。

记得他还告诉过我，国际上还有一个叫“好国家”（也有译成优良国家）的指数（Good Country Index）。他说这是一个叫西蒙·安霍尔特（Simon Anholt）的英国人提出的，然后他的团队从2014年起连续通过对联合国、世界银行和其他国际性机构以及非政府组织提供的35个不同类别的数据，就全球125个国家对世界科技、文化、国际和平与安全、世界秩序、全球气候、经济繁荣与平等以及健康与福利等的贡献程度予以打分排序。

盖伊说，在2018年和2019年的排序中，法国分别位于世界第八和第九。

我根据盖伊的提示，专门上网查了查，能获得前十名的几乎都是北欧小国，原因是考核标准比较苛刻，如仅在科技方面就要考察一国的外国学生人数、发表于国际期刊的文章数量、诺贝尔奖得主人数和国际专利申请数等。在文化方面要看对世界创意产品与服务的输出量。在国际事务方面要看对国际维和的贡献、是否拖欠联合国会费、公民免签证进入国家数量、全球网络安全指标分数、从事慈善捐赠的人数百分比和收容难民人数；还有新闻与网络自由等。

此外，盖伊还不无得意地告诉我，法国还是2018年瑞士“达沃斯世界绿色国家”排行榜的全球榜眼，仅次于瑞士，领先于第三名的传统绿色国家丹麦。

他说，这个排行榜是由美国耶鲁大学和哥伦比亚大学根据全球可持续发展的24项指数进行严格梳理后得出的，因此，能将法国置于全球所有国家的第二位，说明了法国在世界绿色生活中的领军作用。

为此，我觉得当我们的眼光稍稍偏离一下GDP，而是更多地根据SDI、GNH和世界各种机构提供的有关男女平等、绿色生活、国家品牌等综合因素考察，我们今天眼中的法国是否就变得更加立体和全面了？

面对如此深刻的社会转型，一方面，法国出现了问题，国力呈现衰落，走下坡路了，这也实属难免，世界大国的崛起谁不是风水轮流转？另一方面，我们也要看到马克龙政府今天如此坚定的改革意志以及法国社会内部的纠错和再造机制，“让法兰西再次伟大”不是不可能。

历史上，法国人大起大落的命运世人皆知，且已被写进教科书，如拿破仑滑铁卢惨败、拿破仑三世色当被俘、二战期间被纳粹占领、第四共和国陷入阿尔及利亚战争、越南奠边府战败，在这些法国历史上国家几近崩溃的时刻，法国最后总是转危为安，并在不久后实现新的崛起。

总之，从罢工和黄背心等让人眼花缭乱的社会风潮，得出“法兰西民族到了最危险的时候”未免过早，或至少这种观点不够全面，特别是当你看到私营企业的员工照样在努力工作，广大青年正热火朝天地开始他们的创新创业时。

在整个新冠疫情甚嚣尘上时，无论是医护人员，急救员、养老院护工，还是普通的快递员、清洁工、出租车司机，他们不畏生命威胁，坚持工作，从而保证了社会的有序运转。

此外，常常被认为无组织无纪律的法国人，他们对政府的禁足规定是严格遵守的，甚至连那些所谓问题比较大的大城市郊区也是秩序井然，并没有发生人们平常担心的治安问题。因此，当我们换个角度看法国时，你会对那些因为罢工就预言法国就此告别其伟大与辉煌的说法不以为然。戴高乐曾经说过，“大国之所以成为大国，是因为有成为大国的意志”，连绵不断的社会风潮就是法国要再度成为大国的一种意志磨炼过程。

作为大国，这是由法国特殊的历史和其民族秉性决定的，用戴高乐的话说就是因为法国对世界有“一个想法”（une idée）。戴高乐当年曾经明确警告说：“法国人只考虑吃喝和提高他们的生活水平。牛排加炸薯条，确实很好；再来一辆四马力的小汽车，也很有必要。但所有这一切不能构成一个国家的雄心。”

法国国家的雄心是什么？就是法兰西的伟大，不伟大就不是法兰西，这是戴高乐将军交给法国人民的历史任务。在将军逝世 50 年后的今天，对法国人民而言，这样的嘱咐依然振聋发聩。

戴高乐将军的这句话也让我联想到毛泽东主席对中国人民说过的那句话：“中国应当对于人类有较大的贡献。”

中法两国都处在史无前例的社会转型过程中，尽管由于历史、文化和制度的差异，双方在社会转型方面遇到的问题及其呈现形式有较大的差别，我也无意在两国之间做任何比较，但“他山之石，可以攻玉”，法国社会中那些淡定的人、淡定的思想对中国社会应该有所启迪。

作为一种对法国社会转型开放式的描述，我特意在第九章谈到了法国与中国的关系。我想，中法两国人民在社会转型过程中所体验的那种纠结与痛苦应该大同小异，但如果我们在讲述痛苦的时候也把希望描述清楚，就可能会对双方的理解和互信有较大的帮助。

我在这一章还专门提到中法关系中的情感交流问题，以及青年交流的作用。我认为，越是在浮躁不安的社会转型时期，中法两国人民越要开展情感交流，一起微笑面对这“百年未遇之大变局”。总之，中法人民之间的合作就是人民互信的合作，就是一种寻找共同感动的过程。没有心灵的碰撞，哪里会有命运共同体的建设？

华工的故事在100年后有了一个完美的结局，然而法国神父饶家驹的故事还不被大多数中国人知道。中国人都知道有一个叫拉贝的德国人在南京大屠杀时救助了数千中国难民，然而，神父饶家驹救助中国难民的人数要比拉贝还多，时间上也要比拉贝早，这样美丽的故事值得我们去大讲特讲。

从中法人民的心灵对话，我突然又想到伏尔泰根据元朝戏剧《赵氏孤儿》改编的《中国孤儿》，是如何在18世纪的法国上流社会产生重大影响的，以及20世纪20年代，中国作家盛成用法语发表的小说《我的母亲》是如何征服每个法国人的心的。

我想，无论是伏尔泰的改编，还是盛成感人至深的母亲故事，这些都是中国人灵魂和命运的写照，得到的是法国人的理解和同情。虽然时代不同了，中国的强大也非伏尔泰和盛成所处的时代可比拟，但同情和理解应该是人类亘古不变的情感需要，这是任何繁荣与富足不能取代或带来的。

为此，同处在这场史无前例的社会转型过程中的中法两国，大讲特讲共同的过去及今天面临的共同命运，在心灵上予以碰撞，建立一种新的互信与合作，应该是中法两国一起再次伟大的需要。